필란트로피
산업론

필란트로피 산업론

A Theory of Philanthropy Industry

HY COLLECTION 017

산업의 관점에서 바라본 한국의 필란트로피

비케이 안 지음

사공

머리말

몇 해 전 미국의 필란트로피 전문가로부터 "문제만 명확히 정의되면 밤샘을 하고 몸으로 때워서라도 어떻게든 해결할 수 있으니 문제를 잘 식별하고 정의할 줄 아는 리더십을 키우는 것이 제일 중요하다"라는 정말로 공감되는 말을 들었다. 처음에 필자는 기부산업의 정의와 본질을 찾는 여정에 참여한다는 것에 기대하며 책을 쓸 생각을 했지만, 아직 기부문화 자체도 확고히 자리 잡지 않은 한국 상황에서 과연 설득이 가능할지에 대해 의구심이 들어 몇 년 동안 고심만 해왔었다. 하지만 우리처럼 설익은 문화라도 먼저 산업으로 자리 잡아 문화가 굳어지는 케이스를 다른 나라나 다른 산업에서 목격한 후 자신감과 의무감이 생겼다. 특히 많은 국제 모금기관들이 한국을 아시아 기부산업의 테스트베드(Test Bed)로 삼고 있을 정도로 성장하고 있고, 이 주제가 기부문화의 부정적인 인식과 나눔의 부작용을 이겨낼 배짱을 키우는 데 도움이 될 것이라는 생각이 들었다. 특별히 꼭 집어 왜 기부산업이 필요한가를 설득하기보다 필자가 수년 동안 학생들에게 기부와 관련된 과목을 가르치고 있고 또한 비영리조직에게 컨설팅을 한 경험을 바탕으로 여러 가지 케이스를 나열해놓고 독자 스스로 자신만의 정의와 본질을 찾기를 기대하면서 출판을 결심했다.

필란트로피로부터 온 기부산업을 일부에서는 Aid Industry, Nonprofit Industry, Charity Industry 등으로 부르기도 한다. 필란트로피 산업은 기부산업과 자선사업을 넘어서는 개념으로서 포괄적으로 더 큰 영역이다. 현재 영리와 비영리의 경계선이 불분명해서 영리영역까지 포함하고 있다. 또한 작은 의미로는 일명 'Aid industry(도움 산업)'라고 하며, 선물 경제(gift economy)와 평판 경제(reputation economy)를 합친 조직 평판자본(reputational capital)을 바탕으로 조건 없이 주는 것이다. 기부산업을 주장하기 전에 용어의 합의가 있어야 하는데 그 이유는 단어에서부터 분석적 사고를 하게 되기 때문이다. 이 책에서는 필란트로피 산업, 기부산업, 비영리산업 등의 용어를 혼용해서 같은 의미로 쓰고자 한다.

헤겔(GWF Hegel)은 "인류의 역사는 남들에게 인정받기 위한 투쟁의 역사"라고 말했다. 인간에게는 경제적·물질적 욕망이 있을 뿐 아니라 다른 사람들로부터 진정한 인간으로 인정받기를 원하는 비물질적인 욕구가 더 충만하다. 기부 역사라는 것은 수많은 정치·경제·문화 체제와 제도들이 경합을 하다가 가장 좋은 체제와 제도로 진보하는 과정을 거쳐 오늘날 기부산업에 이르게 되었다. 그래서 기부산업의 본질은 기부가 다른 사람으로부터 적절하게 인정받는 행위를 돕는 것이라고 본다.

한국의 비영리단체 미션에는 대부분 선진국형 기부문화 확산과 건전한 기부문화 성장에 기여한다고 명시되어 있는데, 기부문화는 현실적으로 기부산업에 베이스를 두고 있지 않으면 단지 일회성 구호로만 끝날 수 있다. 한국에서 나눔을 강조하는 단체의 입장에서는 그냥 조건 없이 기금을 주고 떠나주기를 은근히 바라기 때문에 현장 실무자들 입장에서는 필란트로피의 개념이 자기중심적이고 힘과 권력의 과시이며 간섭자로 취급하기에 한국에서 기부산업으로 도입되는 것에는 그리 반가운 개념이 아니었다. 관련 법도 1950년대 금지법, 1980년대 규제법, 2000년대 촉진법으로 의식은 진화하고 있지만 기부산업이 자리 잡은 기부 선진국에 비해 아직도 갈 길은 멀어 보인다. 하지만 기부문화는 한 나라의 가장 높은 정신문화에 근거하기에 다른 어떤 산업보다 기부산업의 가치가 크다는 것을 굳게 믿는다. 이제 한국도 정을 기반으로 한 기부정서의 좁은 공간에서 벗어나 기부문화를 정착시키고 기부산업으로 진화해야 한다. 어쩌면 기부산업이 기부문화를 추동해 정착시킬지도 모른다.

기부문화가 활성화된 나라는 대부분 기부가 산업화된 나라들이다. 산업화된 후 기부문화는 탄력을 받았다. 이미 선진국은 기부가 문화에서 산업으로 발전한 지 오래되었다. 보통 문화가 산업을 이끌고 가지만, 산업이 오히려 문화를 이끌 수도 있다. 문화와 산업이 어느 정도 균형이 맞는다면 좋지만 산업이 문화를 이끌고 가서 꽃을 피워 성공한 예가 많이 있다. 미국의 기부산업이 기부문화의 발전을 이룩한 것이 좋은 예이다. 미국은 자연히 기부문화가 활성화된 뒤에 산업으로 발전한 것이 아니고 산업을 먼저 이루고 문화를 이끈 것이다. 사람의 욕망과 원트(want)를 자극하고 기부자의 만족을 위해 애쓴 것은 산업화된 후부터이다. 산업에 종사하는 사람이 전문가와 산업의 일꾼으로 인정받아야 적극적인 기부를 유도하게 된다. 기부산업의 본질을 찾는 것이 중요하다.

나눔이라는 개념은 너무 편협적이어서 이러한 개념으로는 개인의 문제를 해결하지 못한다. 또한 공동체의 의무를 강조하여 숨어 있는 인간의 본능을 무시하는 현상 때문에 산업으로 성장하지 못한다. 가장 큰 이슈는 아마도 보상문제 때문일 것이다. 나눔은 마치 성직자가 결혼하여 가정을 이루거나 봉급을 받는 것을 문제시하는 것처럼 보상을 금기시하지만, 필란트로피는 다른 산업 사이클과 함께 움직이며 종사자는 전문 직업으로 인정되어 성장하고 있다.

기부산업은 다른 어느 산업보다 가치 창출의 기회가 많다. 재물이 주는 영향력은 생각보다 그리 크지 않아서 단순한 재화의 이동만으로는 산업화될 수 없고, 산업이 건강하게 유지되려면 기부자와 수혜자 그리고 중간 매개자가 서로 만족해야 한다. 재물을 모으는 재능과 명성 등이 사회에 더 유용하게 쓰일 수 있어서 그것을 사회에 환원하는 프로세스가 바로 기부산업의 프레임이다.

개인이나 기업의 기부가 명성을 얻기 위한 투자 포트폴리오의 일부라면 문화가 아니라 산업이 되어야 한다. 기부문화는 현세대의 기부가 지속적으로 이어지고, 그 지속성으로 인해 DNA에 내재되어 다음 세대까지 이어져야 가능하다. 단순히 유명인의 기부에 대한 미담 정도로 기부문화 활성을 기대해서는 안 된다.

모든 기부 관련 분쟁은 '자발성'과 '공익성'에 대한 이견 때문에 나타난다. 이 단어에 대한 개인의 체감 온도 차이는 매우 심하다. 한국에서는 아직 개념 정리가 안 되어 기부산업을 이야기하면 기부를 상업화한다는 오해가 있다. 근본적인 기조에는 이해상충(Conflict of Interest)이고, 사실 성우(聖牛)로서 기초적인 인성교육에 포함되지 않아 악순환이 반복된다. 그래서 국민적 공감대와 학문적 연구가 더욱더 필요한데, 여기서 기부문화를 산업으로 승화하자는 뜻은 '산업화(Industrialized)하자'라는 뜻이지 '상업화(Commercialized)하자'라는 뜻은 아니다. 서로 흩어져 따로 움직이는 것들을 연계하고 통합하여 시스템화하자는 뜻이기도 하다. 하지만 한국에서 수직적 조직문화, 요청을 적극적으로 하지 못하게 하는 법적 제약과 정서 등을 어떻게 넘을 것인가가 관건이다. 중국은 이미 기부문화를 거치지 않고 바로 기부산업으로 전환 중인데 그 발전 속도가 놀랍다. 아마도 국가 정책과 해외 진출 전략이 맞물려 관민의 엄청난 투자가 일어나고 있기 때문일 것이다. 일본은 한국과 총기부금액이 비슷하지만 기부산업을 일자리 창출로 보고 산업화가 진행 중이다. 앞으로 이 두 나라가 한국의 기부시장에 영향을 미칠 것이 뻔하기에 관심과 협력을 모색해야 한다. 한국이 이 두 나라에 비해 먼저 시작했지만 발전은 더디다. 창업이든 창단이든 무언가 새로 시작하고 조직한다는 것은 고용을 하고 비품을 구비하는 비용이 발생하고 투자가 필요하기에 산업이 되는 것이다.

기부자는 자신의 문제를 해결해주는 기부상품과 단체에게만 기꺼이 대가를 지불한다. 기부자는 자질이 미달된 세상을 변화시킨다는 명목단의 프로젝트가 필요한 것이 아니다. 그래서 단체는 기부자에게 꾸준히 '레종 데트르(raison d'être)', 즉 '존재의 이유'를 설득해야 유지된다. 산업화는 지속가능성에 결정적으로 도움이 된다. 이때 이 책에서 기부산업화의 이론적 배경을 모디스 오퍼랜다이(modus operandi[M.O], 상식적으로 이해하기 어려운 수준의 결과나 현상의 원인을 추론하는 방법을 말하는데 필란트로피의 생태계에서 원인들 간의 관계를 체계적으로 규명하거나 특정 현상의 작동원인들 간의 연쇄적 관련성을 추적하는 과정에서 적용되는 방법)로 데이터를 수집 및 관찰한 근거의 패턴을 통하여 가능한 원인을 추정해내거나 원인들 간의 관계를 파악해내는 데 중점을 두어 설명하였다. 하지만 때때로 필란트로피는 복잡계 안에 있어서 인과성(causality)에 대한 집착을 포기하고 상관성(correlation)에 만족할 수밖에 없음을 이해하기 바란다.

제4차 산업혁명의 실체에 대한 논란에도 불구하고, 열기는 아직 뜨겁다. 인공지능 등 빠른 속도로 발전하는 기술 혁신에 의해 신개념 비즈니스와 산업이 생겨나면서 기부산업 생태계가 크게 바뀌는 것은 틀림없다. 일자리뿐 아니라 사회경제 체제도 상당한 변화가 예상된다. 그렇다면 과연 이 시점에서 정부의 역할은 무엇인가라는 주제를 이 책에서 다루었다.

필란트로피에 블록체인을 접목하려는 움직임이 활발하다. 하지만 블록체인 기술자가 필란트로피를 보는 관점과 필란트로피 전문가가 블록체인을 보는 관점에 있어서 그 차이는 매우 크다고 할 수 있다. 비영리에 블록체인 기술을 적용하여 ICO를 신청하고 있는데 그들의 백서(white paper)를 들여다보면 공통적으로 기술 개발자가 비영리의 문제를 정확히 파악하지 못하고 있거나 코즈를 너무 가볍게 여기고 있는 것은 아닌가 하는 생각이 든다. 대부분의 블록체인 기술자가 비영리 세계를 직접 경험한 것이 아니라 표면으로 나타난 현상을 보고 해법을 제시한 것이다. 물론 개발자는 '블록체인의 효용성'에 포커스를 두고, 즉 블록체인 유용이 목적인데 반해 비영리는 블록체인이 목적이 아니라 수단으로 보기 때문에 보는 관점이 다르다. 예를 들어 투명성을 통해 신뢰를 준다든지 비용절감이나 익명성을 통해 기부를 촉진한다는 주장은 필란트로피 생태계를 너무 단순하게 생각하고 있고 깊이 이해한 것이 아니다. 특히 투명성은 그리 간단한 문제가 아니다. 개발 기업의 인력들을 보면 '남을 돕는 일'에 실패를 경험한 현장경험자가 부족하기에 코즈를 건성으로 이해하여 억지로 블록체인에 적용하는 것처럼 보인다. 코즈 해결에 관심이 있는 것이 아니라 케이스를 만들기 위한 마케팅의 일환으로 보인다. 그래서 필란트로피의 전문가가 블록체인을 이해하는 관점으로 옮겨가야 한다. 사용 후기가 필란트로피 전문가로부터 나와야 진정한 파트너십이 가능해진다. 그래서 이 책은 비영리 종사자에게는 블록체인 입문서가 되기를, 블록체인 관계자에게는 필란트로피 산업을 이해하는 입문서가 되기를 기대한다.

한국의 기부문화는 여러 이유로 더디게 발전하고 있다. 문화 자체만 가지고 결과를 예측하지 못하고 조율도 힘들다. 좋든 싫든 앞으로 기부문화는 산업화로 가게 될 것이다. 하지만 자연히 산업화를 기다릴 수만은 없기에 산업화가 주는 장점을 살리고 단점을 미리 대비하는 교육 자료가 필요하다. 기부산업을 추동하는 힘을 미리 찾아 다른 분야의 산업화를 통해 시행착오를 배우고 기부 메커니즘을 바로 이해하여 큰 흐름을 읽을 수 있는 한국형 가이드라인이 제시될 필요가 있다.

이 책에서 제시한 모델들은 한국 국가 1년 총 예산이 미국 총 기부금과 맞먹는 규모의 기부선진국(미국, 영국, 호주, 캐나다) 등에 통용되는 현재 진화 중인 기부모델인데 인위적으로 어떤 '보이지 않는 손'에 의한 것인지 아니면 자연히 구성된 것인지는 몰라도 한국의 상황과 비교 분석하면서 하나의 가이드라인을 제시하는 목적으로 쓰였다.

이 책은 대학에서 강의용 교재로 쓸 것을 염두하고서 기부산업이 왜 필요하고 한국의 현주소는 어떠하며 앞으로 어떤 노력이 필요한가를 '필란트로피 산업론'이란 제목 아래 쓴 것이다. 하지만 이왕이면 기부 관련 산업 종사자 및 이해관계자뿐 아니라 영리산업에서 비영리산업으로 사업영역을 확장하려는 기업가나 기부 정책을 책임지는 정부 관리자들도 읽었으면 하는 바람이다. 아시아 필란트로피 산업의 스탠더드가 한국에서 만들어지기를 기대하며, 이 책이 우리의 기부문화가 산업화하는 데 가이드가 되기를 바란다.

차례

제4장 필란트로피와 산업의 상관관계 • 133

제5장 필란트로피 산업의 생태계 • 169

제16장 세상을 바꾸는 나눔의 통합적 디지털 혁신 통화: IFDC • 431

제1장

기부산업의 이해

1

기부산업의 본질을 찾는 여정

1.1 기부산업의 본질

1840년 전까지만 해도 서양에서는 병의 근원이 인간의 성질이 네 종류의 체액(體液)의 배합으로 정해진다는 중세의학의 학설로 이루어졌었다. 그래서 병은 이 네 가지 채액의 불균형에서 일어난다고 믿어왔다. 하지만 수술 전 손을 씻는 것만 해도 회복률이 높아진다는 사실로 인해 병균을 발견하게 되고 새로운 의학의 역사를 만든 것처럼, 수세기 동안 기부문화에서 기부산업으로 진화하고 있지만 아직도 지속 가능하고 생산적인 기부산업에도 '생각의 전환이 필요함'에 공감하여 지적 호기심을 가진 수 많은 탐구가들이 본질을 찾기 위한 여행길에 참여하고 있다. 실제 수십 년 경험의 미국의 필란트로피 전문가에게 들은 크게 공감되는 말이 "문제만 명확히 정의되고 파악했으면 밤샘을 하고, 몸으로 때워서라도 어떻게든 해결할 수 있으니 문제를 잘 식별하고 정의할 줄 아는 리더십의 사람을 키우는 것이 제일 중요하다"이었다. 아마도 이것이 기부산업의 본질 중 하나일지 모른다.

본질은 우주의 기본 원리처럼 시간, 공간, 에너지의 교환을 통해 진화한다. 예를 들어 음식점은 맛으로 승부하는 장사가 아니라 사람으로 승부하는 장사라는 것이다. 호텔 사업은 서비스로 승부를 보는 것이 아니라 부동산과 장치 산업이다. 시계산업은 시간의 정확도가 아니라 패션이 산업이다. 책 판매의 본질은 표지이고 크루즈 산업의 본질은 배 안의 카지노라면, 과연 기부산업의 본질은 무엇인가? 사실 기부산업은 거대한 세상의 변화를 위한 뜬구름과 얄팍함의 조화이다. 다른 고급언어로 이야기하면 '서생의 문제의식'과 '상인의 현실감각'을 동시에 갖고 있어야 한다. 이상과 현실을 넘나들면서 큰 프레임과 디테일의 균형을 동시에 맞추어야 한다. 그래서 균형, 순환, 진화 안에서 너무 한쪽으로 몰리면 안 된다.

좀 더 깊이 기부산업의 본질을 찾기 위해 우선 필란트로피의 판도라의 상자를 이해해야 한다. 본래 사람이 돌부리에 걸려 넘어질 때는 큰 돌 때문에 넘어지는 것이 아니라 작은 돌에 걸려 넘어지기 마련이다. 큰 문제는 눈에 보이기에 조심하게 되어 대책을 마련하지만 작은 것은 자만하거나 보이지 않기 때문이다. 필란트로피의 판도라 상자를 열게 되면 생각지 않던 문제가 튀어나온다. 한국에서는 기부의 영웅이 쉽게 생겨나는 만큼 하루아침에 '기부 사기꾼'도 탄생한다. 본래 장르는 "The Business of Giving"의 좋은 의미이지만 아무래도 비즈니스 마인드가 겹치다 보니 비윤리적 사익의 부산물이 나오기 마련이다. 기부문화의 본질을 망각한 기부산업은 사상누각이 된다.

필란트로피가 엔터테인먼트에 먹히는가? 아니면 필란트로피가 엔터테인먼트를 이용하는가? 한국은 필란트로피의 개념이 생소하고 약하기에 전자에 속하기 쉽다. 사회문제를 너무 가볍게 보고 이벤트 정도로 해결하려는 인식에 문제가 있다. 겸허하고 진중하게 다룰 문제에 대한 심각성을 망각 하게 한다. 그리고 과도한 기대로 인해 그 결과에 실망하게 된다.

1.2 나눔의 본질

나눔은 전통적으로 자선이나 박애를 의미했다. 그러나 이 개념은 일방적, 시혜적인 관계를 뜻하는 경우가 많다. 요즘의 나눔은 공유의 개념으로 진화하고 있다. 하지만 한국의 공유는 사회문제를 담기에 그릇이 너무 작다. 그래서 나온 대안적 개념이 상호 부조(mutual aid), 사회적 자본(social capital), 관계재(relational goods) 등이다. 나눔을 있는 사람이 없는 사람에게 베푸는 일방적 행위가 아니라 나눔을 통해 자원과 효용을 늘리고 궁극적으로는 자신도 도움을 받는 사회 구성원 전체의 호혜적 행위로 파악하자는 것이다. 그런 개념의 발현이 요즘 화제가 되고 있는 미국 부호들의 '기부 자본주의'라고 할 수 있다. 나눔을 투자의 패러다임으로 본다면 크게 네 가지가 달라진다. 투명성에서 임팩트로, 마중물과 round funding, 보고 문제, 생태계의 변화 등이다.

기부문화(giving culture)가 활성화되기 전에 감사문화(gratitude culture)와 기부자와 소통문화(donor communication)가 선행되어야 한다. 기부자에게 기부를 교육하기 전에 받는 자가 진정으로 감사하는 방법을 알아야 가능하다. 물론 기부의 동기 중 하나는 감사해서 기부를 하지만 받는 사람이 감사하지 못하면 그 기부는 일회성으로 끝난다. 기부 후에 기부자와 소통이 원활하지 못하면 문화로 발전하기 힘들다. 기부자 에티켓은 결혼에티켓이 아니다. 기부에 대한 감사는 결혼식 참석에 대한 감사 인사처럼 1년 안에 느긋하게 해도 되는 것이 아니다. 적절하게, 개인적으로, 그리고 빠르게 해야 한다. 기부자가 두 번 기부하는 이유는 바로 빠르게 개인적인 감사가 있었기 때문이다.

인생은 수행이고 수행은 자신을 희생하면서 한다. 자기 희생을 통해 다른 사람을 행복하게 해주는 게 최고의 수행이다. 기부가 수행의 일부라고 생각한다면 남과 나눌 때 필요 없는 것을 나누는 것이 아니라 희생을 주는 것이다. 해외의 어느 유명 모금가는 "누구든 세상에 태어나서 인간답게 살 자격이 주어지지만 세상에 머물다 갈 때 이 세상에서 머물던 방값을 지불하고 간다고 생각하면 된다"라고 했다. 결국 사회 시스템이란 평등하게 살 자격을 박탈하는 사람에게나 방값을 떼어먹고 도망하는 사람에게 적절하게 벌을 주는 시스템이다.

사람은 무엇을 버리는가에 그 사람의 품격을 가름한다. 남는 것을 주는 것이 아니라 자신에게도 필요하고 모자라는 것이지만 이것을 포기할 때 더 빛을 발하고 공감하게 한다.

1.3 모금의 본질

우리가 요청을 두려워하는 이유 중 하나는 자신의 사익을 설득시키는 것에 자신이 없거나 파렴치한으로 보이기 때문이다. 그러나 결과적으로 자신의 모금 동기를 알린다는 것이 쉬운 일은 아니지만 오히려 상대에게 이기심을 알려 주는 것이 도움이 된다. 그래야 좀 더 당당해지고 서로 오해나 실망을 하지 않는다. 그리고 모금 직원에게 외적인 보상을 어떻게 해주겠다는 말로 내적 추동력의 뒷다리를 붙잡지 않아야 한다.

펌프도 마중물이 필요하고 돈벌이도 돈을 투자해야 가능하다. 하지만 나눔은 투자결과가 확실치 않다. 그 리스크를 얼마만큼 받아들이는가에 달려 있다. 모금은 무언가 얻는 기술이 필요한 것이 아니라 주는 기술을 배우는 것이다. 기부는 받기 위해 주는 것이고 모금도 받기 위해 주는 것이다. 나눔이나 모금교육은 어떻게 주는 가를 배우는 교육이다. 예를 들어 모금가가 모금의 본질을 잘못 이해해서 발생하는 문제는 사실 심각하다. 비영리단체들의 설립자가 비영리조직의 본질을 이해하지 못하고 시작하는 경우가 대부분이기에 문제의 발단이 된다. 조직의 설립자가 생태계

원리를 잘못 이해한다면 조직의 회계적 문제(financial problem)와 모금의 문제(fundraising problem)를 혼동하여 근본적인 재정 문제를 모금으로 해결하려는 잘못을 저지르게 된다.

단체의 구성원은 서로 마주 보는 것이 아니라 같은 곳을 바라보는 것이다. 그러나 같은 방향이라도 약간의 각도 차이가 있다면 길게 가면 갈수록 서로 가는 방향이 달라진다. 모금은 먼저 어떤 사회의 문제를 같이 인식하고 있으며 해결책에 대한 동의와 함께 변화할 수 있어야 한다. 변화하지 않고는 아무것도 일어나지 않는다. "보여야 믿는다"라는 말이 있었지만 지금의 모금은 믿어야 보이는 것이다. 아인슈타인의 말을 빌리자면 "우리가 만든 문제를 같은 머리로 문제를 해결할 수 없다", 즉 생각의 변환이 필요하다. 현대의 모금은 단순이 코즈(cause, 모금이유)를 파는 것이 아니라 생각의 전환까지 파는 것이다. 코즈가 아무리 훌륭해도 생각의 변환이 없으면 문제가 보이지도 않고 해결점에 동의가 안 되면 공감을 얻어내지 못하는 것이다. 무엇을 생각하고 어떻게 생각하는 것까지 팔아야 한다.

모금은 비영리단체의 운동이다. 운동을 하지 않으면 비만이 오고 근육이 줄고 뼈가 힘을 잃게 된다. 모금을 하지 않으면 관계의 다이어트에 큰 문제가 생긴다.

모금을 시작하기 전에 자신의 자아(ego)에 귀를 기울여야 한다. 세상을 변화시키기 위해 모금을 한다는 큰 명제가 있겠지만 숨어 있는 개인적 동기는 무엇인지 파악해야 한다. 무엇 때문에 모금을 하려고 하는가 물어보면 거의 다 '공익을 위해서'라거나 '세상이 필요로 해서'라는 대답을 하지만 속에 숨어 있는 동기는 알려지기를 꺼려한다. 문제는 자신의 숨어 있는 동기가 만족되지 않는 한 모금은 성공할 수 없다는 것이며 일회성 이벤트로 끝나게 된다. 그 동기가 생계형이든 커리어 추구형이든 미션형이든 어느 정도 차이는 있지만 사익은 반드시 존재한다. 개인적 동기는 족쇄가 되기도 하고 동기를 해결해주는 자의 노예가 되기도 한다. 모금의 실패는 기부자와 수혜자, 그리고 모금가의 동기를 파악하지 못한 것에서 기인한다. 사익에는 물론 급여와 보너스를 받기 위한 생계형과 커리어 추구를 위한 것도 포함되지만 잘못된 것은 아니다. 서양의 모금 환경은 사익을 어느 정도의 선에서 자연스럽게 인정하도록 만들어졌지만, 한국의 모금환경은 그렇지 못하여 모금이 매우 어렵고 이해상충이 늘 발생한다. 그래서 모금의 성공은 그 진정한 동기를 얼마만큼 이해하는가에 달려 있다. 밝혀진 모금의 명분과 숨어 있는 동기의 간극이 작으면 작을수록 성공률은 높아진다.

모금 전문가가 일반인과 다른 점은 마치 노란 메탈 중에서 진짜 금을 혹은 순도를 알아내는 것과 마찬가지로 이 많은 사람들 중에서 잠재적 기부자를 찾아내어 기부자로 만들어내는 능력이다. 모금은 모금의 상품을 파는 것이 아니라 새롭게 모금을 생각하는 방법을 파는 것이다. 특히 한국에서의 모금은 코즈(cause, 모금 이유)를 팔기 전에 모금의 본질을 사도록 해야 하는 노력이 부담으로 작용한다. 모금을 어떻게 생각하느냐에 대한 패러다임이 바뀌어야 한다. 나눔을 어떻게 보는가와 모금을 어떻게 보는가가 동시에 바뀌어야 가능해진다. 모금의 목표 달성은 가치실현을 위한 스피드가 필요하다.

2

기부산업화의 필요성

2.1 기부산업화가 필요한 이유

현재 한국은 전 국민이 '자선의 함정'에서 헤어나오지 못하고 있다. 필란트로피 산업은 사실 기부산업을 포함한다. 필란트로피 산업은 기부문화를 근간으로 하는 기부산업보다 더 포괄적인 의미가 있다. 필란트로피는 '나눔'과 달리 기부, 모금, 참여, 서브하는 통합적인 개념이기에 사회문제의 근본적인 뿌리를 찾는 노력으로, 자선의 일시적인 현상을 치유하는 의미와 달리 계획적이고 조직적인 장기적인 투자인 셈이다. 그래서 필란트로피 산업을 육성한다는 의미는 국가 백년대계를 위해 소프트 인프라를 세우는 것과 같다.

필란트로피 하면 커다란 재단들이 먼저 떠오르지단 실상 비영리단체의 95%는 규모가 작은 곳들이다. 한국의 나눔에 대한 일반적인 인식은 주로 '준다'라는 개념이다. 이러한 개념은 사회문제를 해결하기에는 그릇이 너무 작다. 이것은 마치 사람마다 체질의 차이가 있는데도 불구하고 모두 똑같은 약을 처방하는 것과 같다. 기부선진국에서 하는 참여, 봉사, 요청이라는 부분이 빠져 있기에 효율과 효과가 동시에 떨어져 제 역할을 하기 힘들기 때문에 기부문화 촉진 전략에 중대한 오류가 발생한다. 일반적으로 문화가 발전하여 산업이 이루어진다고 하지만 한국의 경우에는 기부산업을 먼저 세팅하여 문화를 끌어올릴 수 있다. 기부산업으로 정당한 사익을 추구하는 사람까지도 포용해서 건설적인 선순환을 유도해야 한다.

① 점점 재해피해가 늘어나고 있고 그에 따른 구호산업이 늘어나고 있다. 미국국립기상연구소(NCAR)의 케빈 트렌버스는 "날로 심해지는 지구온난화로 인해 재앙적 허리케인이 발생하기에 적합한 환경을 조성하고 있다"라며 "지금껏 겪지 못한 위력의 허리케인이 계속 등장할 가능성이 있다"라고 했다. 이같이 재해 피해가 늘어날수록 기부를 요청하는 단체가 많아지면 사익을 챙기려는 비리 단체도 생겨나게 되고, 따라서 모금 피로증후군(fundraising fatigue)과 동시에 자선 피로증후군(compassion fatigue)으로 인해 기부가 줄어든다. 각종 횡령 사기 사건은 "기부 포비아"라는 말이 나올 정도로 위기를 맞이한다. 기부산업화는 내부적 조직화를 통해 윤리를 기반으로 규제와 촉진의 균형으로 이를 방지한다.

② 기복(祈福)적인 기부문화에서는 '가난한 사람을 도우려면 내가 먼저 잘되어야 한다'라는 것이다. '부자가 되어서 가난한 사람을 돕고, 성공해서 약자를 도우라'고 한다. 그러나 세상의 힘과 부로 약한 자를 돕겠다는 것은 많이 가진 것을 지키려고 그 안에서 헤어나오지 못하는 부의 함정(wealth trap)이다. 필란트로피 산업은 그러한 부의 함정에서 빠져 나오도록 돕는다. 그리고 작은 돌뿌리에도 넘어지는 것을 방지하는 완충 역할을 해준다.

③ 한국의 나눔의 개념으론 문화에서 산업을 담기에 너무 그릇이 작다. 나눔은 너무 편협적인 개념으로 개인의 문제를 해결하지 못하고 공동체의 의무를 너무 강조하여 개인의 욕망을 억제하기에 산업으로 성장하

지 못한다. 나눔은 주고 가는 것이지만 필란트로피는 나눔과 달리 계획적이고 조직적으로 이해관계자가 넓게 퍼져 있고 다른 산업과 깊게 연관되어 있다.

④ 부의 재분배는 죽음, 세금, 모금을 통해 이루어진다. 죽음을 통해 재산의 재분배를, 세금을 통해 사회복지와 공익의 실현을, 그리고 나눔과 모금은 이것이 제대로 순환되도록 돕는다. 한국에서 죽음과 세금은 산업화되었지만 나눔과 모금은 아직 진화 중이다. 기부문화가 기부산업이 되었을 때 주체인 비영리단체는 미션을 통해 수혜자에게 이득을 주고, 기부자의 필란트로피 실현을 돕고, 단체 내 종사하는 스태프들의 직업이 될 수 있는 산업으로서 충분한 가치를 부여받는다.

⑤ 미국도 마찬가지이지만 지난 몇 년 동안 전체적으로 기부금이 줄고 특히 중산층의 기부가 현저하게 떨어지고 있다. 관계피로증후군(engagement fatigue)이 여러 인간 관계망에서 나타나고 결과적으로 모금하고 기부하는 것이 전과 같지 않다. 특히 한국의 새로운 젊은 세대는 기존의 전통적인 구호단체의 반응에 공감하지 못하고 시니어층의 유산 기부는 좀처럼 나아질 기미가 보이지 않는다. 그래서 한국의 기부문화는 위기이고 특별한 조치가 필요하다. 어차피 수백 년 내려온 기존 도시에 도시계획을 할 것이 아니라면 새로운 도시 계획이 절실히 필요하다. 겨우 남아있는 한국의 기부문화 위에 기부산업이라는 계획도시의 청사진을 만들어야 한다.

⑥ 기부를 보는 관점에 있어서 일회성 캠페인 등의 하나의 문화로 보는지 아니면 산업으로 보는지 그 접근 태도에 따라 결과는 확연히 달라진다. 이미 기부산업은 우리 주위에서 '자아실현산업', '체면산업', '흉내산업', '난제산업', '욕망산업' 등 여러 얼굴을 가진 야누스와 같은 별경으로 불려왔다. 특히 여러 다른 산업과 복잡하게 연결되어 있기에 대학과 비영리단체 간의 산학협동으로 발전한다면 국가적으론 소프트웨어의 기간산

업으로 승화되어 새로운 일자리 창출과 수출도 가능해진다.

⑦ 우리는 지금 매우 도전적이고 흥미로운 시대에 살고 있다. 역사적으로 이렇게 많은 다른 이름으로 불리는 세대가 한 시대에 산 경우는 없었고, 기부의 진화나 기술의 발달이 한 시대에 공존하던 시대도 없었다. 앞선 사람과 뒤쳐진 사람의 차이가 이처럼 벌어진 적도 없었다. 특히 한국 역사상 30~40대가 부모세대보다 잘 살지 못하는 시대도 없었다. 기부선진국과 달리 '인구절벽'이란 굵직한 문제와 청년 일자리, 노인인구 증가 등의 도전적인 문제가 이를 가로막고 있다. 이런 문제를 기부산업화로 순화를 통해 그 차이를 해결할 수 있다.

⑧ 기부산업은 사행산업처럼 '자기파괴형' 산업이 아니라 가치를 생산해내는 뜻 있는 분야이고 그 안에서 가치의 교환이 일어난다. 고기 잡는 기술은 단순히 고기 잡는 기술만을 말하지 않는다. 그 기술을 통해 인간이 사는 방법과 동기와 열정을 함께 배우는 것이다. 립서비스와 진심은 차이가 있을 수 있고 진심은 지갑을 여는 순간 증명되기도 한다. 보통 기부자의 관심과 기부 의사는 다르고, 기부 의사와 실제 전달은 또 다르다. 정말로 기부할 의사가 있다면 단체에게 계약 기간, 계약 금액, 그리고 옵션과 답변 기일 등 구체적인 조건을 제시하고 다른 단체들이 이를 알지 못하도록 한다. 기부산업은 의도와 실행의 갭을 메워 지갑을 열게 한다.

⑨ 기부산업은 후원 체계(process) 완성을 돕는다. 체계적인 프로세스는 공장의 파이프라인을 연상하면 된다. 양식장의 치어들은 한 탱크에서 성장을 시작하지만 서로 성장하는 속도가 다르기에 다른 탱크로 차례로 옮겨가면서 다른 영양분과 환경을 만들어주어야 한다. 한국은 원 배치 시스템(one batch system)이지만 산업화를 통해서 여러 배치로 나누어야 한다. 현재 한국은 비영리 시장에 너무 중복되어 왔다. 같은 서비스를 이곳저곳에서 하므로 이중 투자가 되어 낭비를 한다. 버스로 같이 올라갈 산을 각자 승용차로 올라가는 격이다. 가는 길은 좁은데 서로 연료를 쓰고

장비를 사고 비용을 들여 같은 목적으로 가지만 결국 기부자만 손해를 본다. 비영리는 협업이 중요하지만 자신들만의 왕국을 만들기 위해 자원의 낭비는 문제 삼지 않는다. 물밑에서는 자존심과 질투심의 전쟁이 벌어진다. 산업화는 이러한 중복투자를 합리적으로 없애주는 기능을 한다.

2.2 기부산업화가 가능한 이유

고유의 전통문화가 산업이 되어 수출상품이 되고, 엔터테인먼트 문화가 한류 열풍으로 산업이 되었다. 기부가 산업이 될 수 있다는 적극적인 생각은 투자 유치도 가능하게 한다. 현재 비영리단체의 가장 큰 패러다임의 변화는 개인이 단체의 미션을 돕는 것이 아니라 단체가 개인의 미션을 돕는 것으로 바뀌었다는 것이다.

이것이 기부문화의 산업화가 가능한 환경적인 변화이다. 기부를 하나의 산업으로 보는 이유는 2006년 경제 전문 기자인 토마스 레인지(Thomas Range)가 독일의 기부문화를 비판하면서 제시한 다음의 세 가지 내용과 동일하다. 첫째, 기부를 윤리적 혹은 도덕적인 측면보다 경제적인 측면에서 냉철하게 바라본다. 둘째, 기부를 통해 정서적인 만족감과 경제적인 소득을 동시에 얻을 수 있음을 모든 잠재기부자에게 인식시킨다. 셋째, 이런 인식이 현실화될 수 있도록 기부의 통로를 넓히고 보상의 혜택을 가시화하는 등 기부문화를 제도적으로 정착시킬 것, 다시 말해 기부도 기부산업(Philanthropic Giving Industry)으로 승화될 수 있다는 것이다.

2.3 미국 기부산업화의 예

미국은 전체 기부금의 규모가 국방비의 절반을 넘고, 비영리단체의 수는 200만 개가 넘으며, 종사자는 수백만 명이 넘는다. 그야말로 거대한 산업이다. 미국은 비영리 종사자가 10%를 넘고 국민 총생산량의 많은 퍼센티지를 차지할 정도로 기부가 산업화되어 있다. 미국의 필란트로피 교육은 기부문화 차원을 넘어서 기부산업으로 승화되어 있고, 리더십 교육으로 재단 관리, 비영리, 개발전문가, 정치인을 만들기 위한 직업교육(vocation)화 되었다. 예를 들어 폐품 재활용이 환경운동도 되지만 그것이 산업을 만났을 때는 직업이 되고 또한 열정, 동기와 보상도 생겨 활력이 생기게 된다.

2.4 한국 기부산업화의 저변

한국은 사농공상의 인식이 저변에 깔려 있으며 '사'는 문화이고 '상'은 산업이기에 저급하게 취급해서 발전하기 쉽지 않다. 안전을 담보로 장사할 수 없고, 기부를 담보로 장사할 수 없다. 하지만 문화의 근간이 튼튼하다면 산업으로 발전할 수 있다. '공'이 기술이 발전하여 안전 교육, 컨설팅, 도구의 장사, 더 나아가 안전 산업으로 발전한다면 사회 안전문제는 긍정적으로 발전될 것이다. 마찬가지로 기부도 기술이 발전하여 기부교육, 컨설팅, 모금 관련 선물 등 욕망을 충족시키는 산업으로 발전할 수 있는 것이다. 관련 산업이 발전되어 진화되면 문화를 좀더 견고히 하기도 한다.

흔히 사회적 습관의 변화는 정치 지도자나 사회운동가의 솔선수범이나 기부 캠페인이 만들어낸다고 생각한다. 하지만 실제 사회적 습관의 극적 변화는 대부분 신기술과 그 기술을 잘 활용하는 아이디어가 만들어

냈다. 은행의 창구 대기표, 지하철 승강장의 스크린도어, 자동차의 블랙박스 등 그런 사례가 많이 있다. 입으로 주창하는 의식문화 개혁이나 제도 개선보다 첨단 디지털 기술의 합리적 사용이 새로운 사회적 습관을 만드는 데 훨씬 효과적이다. 그런 사회가 진정한 기부선진국이 되는 데 큰 도움이 된다.

필란트로피 산업화는 다른 섹터에 비해 상당히 진행 속도가 느리다. 필란트로피를 보는 관점의 차이로 서로 상반되는 목소리들이 있어 왔고 때와 장소에 따라 누가 주도권을 갖는가에 의해 다르게 진행되어 왔다. 현대 서양의 기부나 모금은 제도화(Institutionalized)와 직업화(Professionalized)에 근본을 두고 발전해 왔다. 20세기 초 미국에서 산업화 이후에 생성된 거대 자본이 필란트로피 자본으로 유입되어 제도권화 혹은 조직화된 재단 형태로 되면서 종사자들이 전문성을 갖춘 직업이 되도록 동기를 부여해주는 과정을 거쳐 왔다. 그래서 교육으로 대학에서 관련 전공학과도 생기고, 관련 자격증 제도도 생겨서 한마디로 서양의 필란트로피는 서서히 직업화되고 있다. 배분과 모금에도 일자리를 제공하고 경력을 개발시키는 그 자체가 산업발전에 도움이 된다고 보는 것이다. 인간의 본성인 돈, 명예, 권력을 제도권 안에서 윤리적으로 인정하는 것이 서양 모금이론의 고체이다. 기부는 이타주의 보다는 인정욕구를 기반으로 한다는 전제하에 이론이 성립되었다.

하지만 이런 움직임에 반대하는 목소리도 있다. 그 이유를 두 가지 관점에서 살펴보자면 필란트로피는 아직 과학화나 객관화를 할 수 없는 콘텐트(Body of knowledge)로서 다른 메디컬이나 공학과 비교해서 브족하다는 관점과, 필란트로피의 본질이 자발적인 선행의 의미이기 때문에 굳이 직업화하면 본질이 변색될 것이라는 관점이다. 사실 한국은 이런 관점을 주장하는 결정권자로 인해 산업화가 느리게 진행되고 있다. 그러서 다른 이견에 공통 분모를 찾아내는 과정이 선행되어야 한다

2.5 기부산업화의 환경 조성

환경 캠페인에서 생태관광(Ecotourism)이 나왔고, 기업에도 필란트로-투어리즘(Philanthro-tourism)이 나왔다. 경험의 기회를 만들고 팔면서 인간의 욕망도 충족시키는 것이다. 단순한 재화의 이동이 아니라 가치를 창조하는 산업이 된다면 이야기가 달라진다. 하지만 기금조성산업이 기존 유통산업 및 기간산업을 망친 사례도 있다. 아이티 지진 때 상수가 수백만이 들어와 기존 상수도 공급망을 무력화하고, 아프리카 말라리아 퇴치를 위해 모기장을 보낸 것이 모기장 생산 산업과 유통산업을 망쳐 오히려 말라리아 사망률이 더 올라간 사례 등이 있다. 그래서 단체에서 기금조성 역량강화 교육과 함께 사업의 분배 역량 교육이 밸런스를 이루도록 해야 한다.

기부가 산업으로 가기 위해서는 다음과 같은 환경 조성이 필요하다.

① 부자를 기다리는 문화에서는 산업화되기 어렵다. 그러므로 적극적인 요청으로 목표 지향적일 때 산업으로 진화될 수 있다.

② 필란트로피의 체계를 시스템화한다. 기부 생태계를 유지하고 모니터링을 해서 산업 윤리를 굳건히 한다.

③ 기금조성 전문가의 역할이 매우 중요하다. 기부산업의 각 섹터와 연결을 위해 매개체 역할을 하는 기금조성 전문가에 대한 인식이 그 나라 기부문화의 척도이기에 기금조성 전문가를 육성하는 것이 산업을 살리는 첫걸음이다. 이것은 기부가 산업이 될 수 있을 정도로 충분한 욕구와 시장이 형성되어 있는가에 대한 질문이다.

④ 기부산업에는 반드시 평가시스템이 들어 있어야 한다. Standard&Poor 처럼 단체의 크레딧을 평가할 수 있는 시스템이 있어야 한다.

⑤ 기부문화에 앞서 시민의식, 교통문화, 질서의식 함양이 먼저 진행되어

있어야 한다.

기부를 개개인의 능력과 성격의 문제로만 생각했던 우리 사회도, 주는(Giving) 문화를 제도화하기 위해 노력해야 한다. 이를 통해 모두가 심리적, 경제적 만족을 얻고, 사회와 국가가 발전할 수 있다고 보는 기부선진국의 시각을 도입해야 한다. 이러한 시각이 한국에 적용될 때에야 비로소 NPO, 대학(학계), 관계 영리회사, 복지기관(Social Work) 등 네 분야가 서로 연계될 수 있고, 그렇게 되어야만 인력, 금융자산, 소프트웨어 산업 등 상생의 순환이 원활히 돌아갈 수 있다.

네 분야가 경쟁구도보다 겸손한 연결점(Node)에서 서로 허브(Hub) 역할을 하도록 스스로 노력해야만 이러한 상생의 순환이 가능하다. 서로 다른 섹터에서 협력해야 한다는 인상을 받을 때 서로 협력한다. 다시 말해 거래 과정이 어느 정도 합당하고 공정히 처리된다고 믿을 때 가능할 것이다. 그렇지 않다면 우린 영원히 죄수의 딜레마(Prisoner's Dilemma)에 빠지고 만다.

3

기부산업화의 명과 암

기부와 산업이란 말이 합할 때는 균형 있게 동시에 명과 암을 보는 눈을 가져야 한다. 산업화가 좁은 의미로 공업화(工業化)와 같은 개념으로 사용되지만, 넓은 의미에서는 산업구조의 재편에 수반하는 사회·경제·문화 등의 전반적인 변화 추세를 포괄한다. 최근 기부선진국들을 중심으로 지식·정보·서비스산업이 경제활동의 중심적인 비중과 위상을 차지하게 됨에 따라 산업화를 거쳐 탈산업화(post-industrialization)가 진행되고 있는 추세도 있다는 것을 인식하고 있어야 한다. 전통적인 산업이란 개념은 콜린 클라크(Colin Clark)의 『경제진보의 제조건』에서 산업부문을 제1차 산업(농림·어업), 제2차 산업(광공업), 제3차 산업(상업·교통·서비스업)으로 구분하고, 경제가 진보함에 따라 노동인구나 국민소득의 비중이 제1차 산업에서 제2·3차 산업으로 옮겨간다고 했다. 이것을 기부산업에 적용하자면 제3차 산업을 넘어 더 나아가 AI, IT, 빅데이터 기술의 발전으로 제4차 산업으로 진화함에 따라 산업부문 사이에 부가가치 생산성과 효율성의 차이가 존재하는데, 경제발전은 일반적으로 부가가치의 생산성이 낮은 부문으로부터 상대적으로 높은 부문으로 대체되는 산업화를 필수적으로 거치게 된다.

기부산업화의 특징으로는 과학기술의 진보와 생산성 향상, 기부산업 종사자 윤리의 확립, 각 직업의 전문화, 종사자들의 획일적 작업, 계층구조의 피라미드화, 농촌인구의 빠른 도시유입, 핵가족의 일반화, 기부형태의 획일화와 기부수준의 향상 등을 들 수 있다. 이와 같이 산업화는 개인에게 폭넓은 기회와 자유를 주어 사회적으로는 대규모 결과를 달성하고 개인에게는 능력에 따른 만족을 선사하였다. 그러나 성장제일주의에 입각한 대형단체 중심의 산업화 정책은 인컴과 정보의 불균형을 심화시켜 사회적 불평등을 낳으며 열악한 단체층의 소외, 아노미 현상, 상대적 빈곤감과 박탈감의 형성, 횡령, 환경파괴, 기부후진국의 선진국 종속 등의 문제점을 낳아 발전적인 대안을 찾아야 한다는 목소리가 커지고 있음을 주지해야 한다.

4

필란트로피의 세 가지 함정

기부산업은 필란트로피 생태계에서 일어나는 함정에 빠지는 것을 방지 하거나 나오도록 돕는다. 개별적 움직임과는 달리 기부자 만족을 위해 산업적 네트워크를 통해 시스템적으로 함정을 알리고 교육하고 프로그램을 개발하게 된다. 빠지기 쉬운 세 가지 함정을 살펴보고자 한다.

4.1 자선의 덫

우리나라 기업들의 글로벌 사회공헌 활동은 대부분 자선의 덫에 걸리기 쉬운 모델이다. 명확한 산출물의 결과가 나올 수 없는 일방통행식 자선활동이다. 거꾸로 말하면, 비즈니스의 결과가 안 좋으면 언제라도 지원을 끊어버려야 하는 프로젝트가 되는 것이다. 예를 들어 후원기업의 이사회 결정으로 더 이상 단체에게 프로젝트 지원을 중단하자 해당 지역 자치단체, 학교 학생들의 지원 요청이 잇따랐고 결국 기업은 앞으로 5년 동안 일정의 기금을 주기로 하고 씁쓸하게 마무리 지었다. 이 기업은 이른

바 '자선의 덫(charity Trap)'에 걸린 것이다. 단체의 입장에서는 비현실적인 기대(unrealistic expectation)로 인해 제대로 역할을 하지 못한 것이기도 하고 '희망고문'의 덫에 빠진 것이다.

4.2 원조의 덫

지금까지 전혀 사람들을 빈곤에서 끌어내지 못했다. 빈곤국에서 구호 활동을 하는 사람들은 그 이유에 대해 '빈곤국에서는 시장이 제대로 운영되지 않아서 시장을 올바로 형성하기보다는 구호 활동이 더 중요하다'라고 믿고 있다. 이것이 바로 "원조의 덫"이다. 국민들은 스스로 사업을 시작하는 시도는 하지 않고, 자국에서 구호활동을 펼치는 정부기관 혹은 비정부기관에서 일하려고 애쓴다. 정부들은 빈곤국이라는 이유로 다른 여러 나라들로부터 상당한 후원금을 받을 수 있기 때문에 굳이 산업 발전을 저해하는 장애물들을 제거하려 노력하지 않는다. 결국 지역 산업은 정부의 통제와 구호금 사이에 끼어 성장할 기회를 갖지 못하게 된다.

4.3 무제한 자격 증후군의 덫

모금현장에서 기부자가 기부하지 않는 이유를 말하는 것 중에 "처음에 수혜자에게 기부하면 감사(gratitude)해 하고 두 번째 주면 은근히 기다리게 되고(anticipation) 세 번째 주면 아주 대놓고 기대(expectation)하고 네 번째 주면 아주 당연히 받을 자격이 된다고(entitlement) 생각하고 안 주면 짜증내고 다섯 번째 주면 완전히 의지하게(dependency) 만들어 폐인을 만들게 된다." 이런 현상을 우린 무제한 자격 증후군(Entitlement

Syndrome)이라고 부른다. 다 그런 것은 아니지만 정부 지원금에 목을 메고 있는 Entitlement Syndrome을 갖고 있는 단체가 처음에는 여유를 즐기다가 나중에 아주 힘들게 되는 경우를 종종 보게 된다. 모든 수혜자가 Entitlement Syndrome을 갖고 있다고 보고 그냥 무턱대고 주기가 겁이 난다고 말하는 기부자에게는 조건 없이 주는 구제상품 요청은 공감이 떨어지기에 빌려주는 사회적 투자식 은행상품에 대한 기부요청이 더 유리하다.

5

기부산업화의 혁신적인 접근 방법

하나의 프로젝트가 성공적인 모델로서 성장하기 위해서는 네 가지 접근방식을 적용해 볼 필요가 있다. 각각의 항목에 대한 내용을 살펴보도록 하자.

가. Triple Bottom Line

'지속가능경영'을 위한 3대 축으로서 '기업이익', '환경 지속성', '사회적 책임'이라는 세 가지 기준으로 기업 실적을 측정하는 비즈니스 원칙을 일컫는다. 결국 하나의 프로젝트가 '지속성'을 유지하기 위해서는 이 'Triple Bottom Line'을 반드시 고려해야만 한다.

- 기업이익: 본 모델이 기업에 이익을 가져다 주는가?
- 환경 지속성: 본 모델이 환경적으로 지속 가능한가?
- 사회적 책임: 본 모델이 사회적으로 문제되지 않는가?

그림 1-1 기부산업화의 네 가지 접근방법

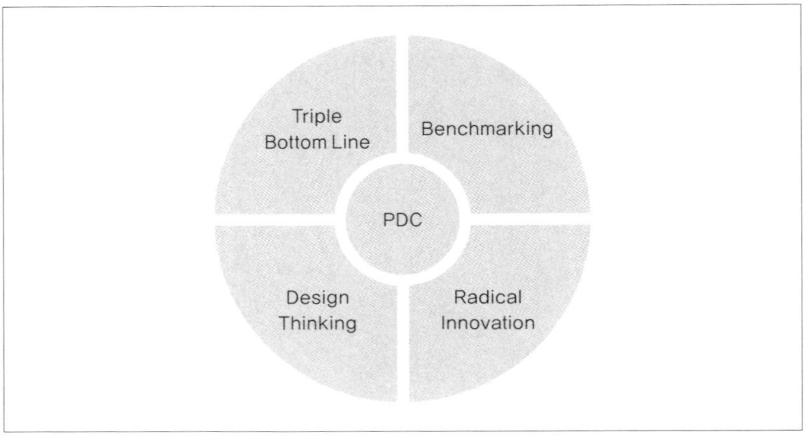

그림 1-2 Triple Bottom Line

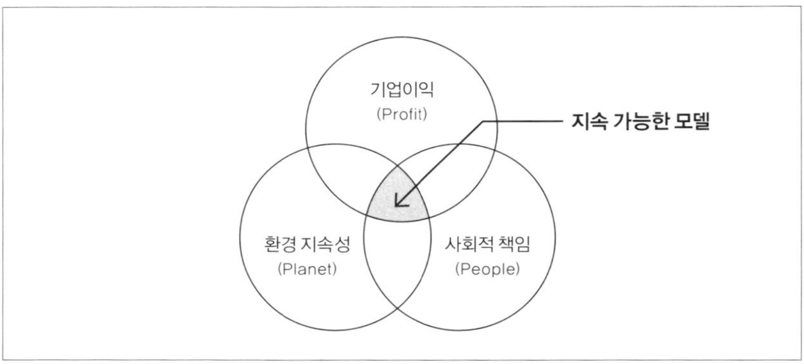

다른 말로는 '3p'라고도 하며 기업 이익은 'Profit', 환경 지속성은 'Planet', 사회적 책임은 'People'과 밀접한 관계가 있다고 하겠다.

따라서 본 기부산업화를 지속 가능한 성공적인 모델로서 발전시키기 위해 'Triple Bottom Line'기법을 사용할 것이다.

나. Benchmarking

해당 분야에서 성공적인 모델이 되기 위해서는 '벤치마킹 분석'이 필요하다. 벤치마킹에는 다양한 유형이 존재하는데, 대표적으로는 '전략적 벤치마킹, 프로세스 벤치마킹, 성능 벤치마킹'이 꼽힌다.

- 전략적 벤치마킹: 조직을 구성하거나 아이템을 개발함에 있어 큰 영향을 줄 수 있는 시장, 진행, 과정, 기술, 유통 등의 다양한 요소에 대한 '새로운 동향, 전략'을 분석하는 벤치마킹
- 프로세스 벤치마킹: 제품과 서비스의 '설계, 제조, 유통, 서비스' 등의 전반적인 과정에 대한 분석을 수행하는 벤치마킹
- 성능 벤치마킹: 제품 및 서비스의 '품질, 가격, 속도, 디자인' 등의 다양한 분야에 초점을 맞추어 이들의 '경쟁력'을 바탕으로 비교하며 벤치마킹

이와 같은 세 가지 벤치마킹 기법을 토대로 기부산업화에 '비트코인, 타임뱅크, 지역화폐' 등의 다양한 사례들을 벤치마킹하여 성공적인 모델로서 성장해 나갈 것이다.

다. Design Thinking

디자이너가 제품을 생산하고 아이디어를 구상하기 전에 반드시 거쳐야 하는 과정이 있는데, 바로 'Design Thinking'이다. 그 과정은 아래와 같다.

- Understand: 수혜자와 기부자에 대한 이해가 필요. 이를 바탕으로 상대 중심으로 전체상황을 이해하는 과정
- Observe: 프로젝트에 대한 가치와 관계자들의 행동의 결과를 관찰하는 과정

그림 1-3 Design Thingking Process

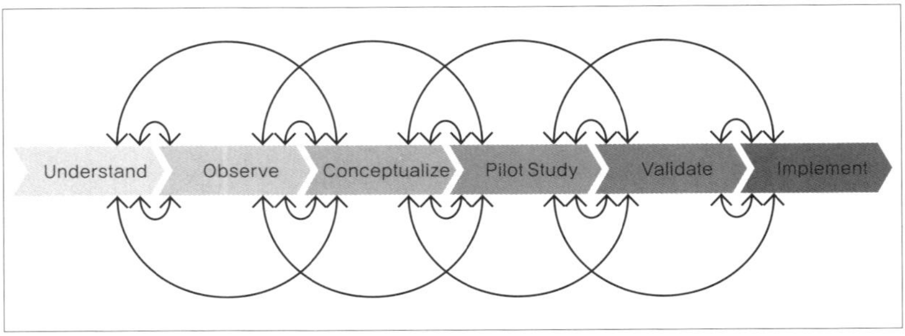

- Conceptualize: Understand, Observe 과정을 통하여 명확한 개념을 확립하는 과정
- Pilot Study: 약식·모의 시험과정을 거쳐 프로젝트를 분석하는 과정
- Validate: 일련의 테스트 과정을 거친 후 프로젝트의 정확도를 확인하는 과정
- Implement: 좀 더 구체적인 접근을 통하여 세부적인 관찰과 문제점을 발견하는 과정
- Iterate: 다시 관찰, 문제점 해결을 꾀하고자 프로젝트의 개념을 재수정하는 반복 작업

이것이 기부산업화에 있어서 중요한 이유는 정작 기부산업화를 구현 하더라도 통용되는 사회와 시장은 시시각각 변하기 때문이다. 따라서 지속적인 'Design Thinking'을 통하여 시대에 발 맞추어나가야 한다.

라. Radical Innovation

기존 모델과 동일한 프로젝트라면 비영리 시장에서도 살아남기 어렵다. 따라서 'Radical Innovation(근본적인 혁신)'이 필요하다. Radical Innovation이란, 획기적인 성능향상이나 비용절감의 가능성을 제공하는 전례 없는 성능이나 특징을 갖고 있는 제품·공정·서비스를 일컫는다. 이를 통해 기존 시장이나 업종을 변화시키거나 완전히 새로운 시장이나 업종을 탄생시킬 수 있게 된다.

- Develop insight about the market: '혁신'이란 현재의 시장에 대한 '통찰력'에서부터 시작되기 때문에, 먼저 시장을 바라보는 안목을 길러야 한다.
- Create radical value proposition: 고객을 지속적으로 유치하기 위해서는 프로젝트의 이용자에게 가치가 있어야 한다. 따라서 근본적인 가치를 창출하는 일련의 과정들이 필요하다.
- Explore creative service models: 시장을 변화시킬 혁신에는 대부분 기관 내부에서의 '근본적인 변화'가 요구된다. 즉 근본적인 가치를 인지하게 되었다면 이를 넘어서 창의적인 모델을 탐색하는 과정이 있을 때

그림 1-4 The five-stage framework in Radical Innovation

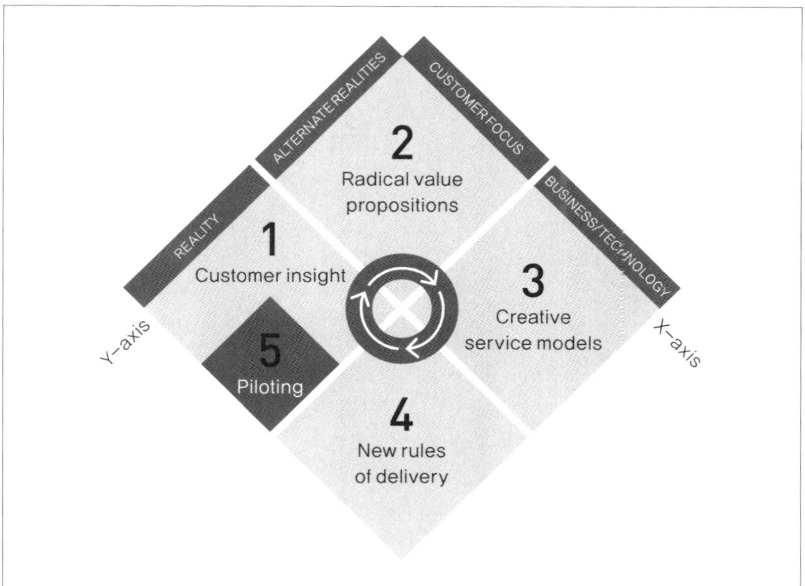

출처 Design Management Review, 2008

성공적인 혁신이 일어난다.

- Bend the rules of delivery: 서비스의 생산과 소비는 동시에 일어나기 때문에 새로운 서비스를 제공하고자 할 때 규칙을 바꾸는 것이 항상 요구되며, 가끔은 그 정도가 상당하지만 그 방식을 바꾸는 것은 상당히 어렵다. 따라서 서비스를 제공하고 설립하기 이전에 먼저 제공방식에 대하여 다양한 관점으로 바라볼 필요가 있다.
- Iteratively pilot and refine the new service: 이러한 근본적·급진적인 혁명에는 위험성이 따르기 마련이다. 그렇기 때문에 이러한 일련의 과정들을 반복하고 문제점을 찾아 수정함으로써 새로이 제시할 모델이나 서비스를 다듬는 과정이 필요하다.

기부산업화라는 모델 자체가 기존에 존재하던 '기부와 나눔'에 패러다임을 제시하는 아이템인 만큼, 'Radical Innovation' 기법을 적용하여 비영리 시장에 성공적인 혁신을 제시하고자 한다.

6

한국 비영리산업의 현주소

6.1 비영리산업의 배경

우리 사회를 보면 비영리산업이 경제에서 차지하는 중요성을 잘 인식하지 못하는 경향이 크다. 전 세계의 고용조직 중 10% 이상이 비영리단체로 분류되며, 국가별로 편차가 있지만 고용의 5~11%를 비영리단체가 담당한다. 현재 한국 경제에서 비영리단체가 차지하는 비중은 GDP 순위에 비해 매우 작다. 한국의 비영리단체 수는 전체 사업체 수에 비해 매우 적지만, 영리기업 종사자의 5% 이상이 비영리단체에 의해 고용된다. 가히 '비영리단체가 살아야 나라가 산다'라는 구호를 외칠 수 있을 정도로 비영리단체의 역할이 중요함에도 불구하고 우리나라 비영리단체들이 처한 현실은 잘 알려진 대로 녹록지 않다. 통계에 잡히지 않는 개인 기부금, 자원봉사, 물품 기부 등이 기부금 총액에 포함되지 않아 저평가되어 있다. 한국 공익법인 수입현황을 보면 사업연도 2016년(총 8049개) 기준 총수입은 124조 3982억 원이며, 이 중 공익사업(기부금+보조금+기타)은 72조 5734억 원이며 수익사업 수입 51조 8248억 원으로 나왔다. 이때 공익사업비율이

58%이다. 기부금 수입 현황은 공익법인 기부금 수입은 2015년(총 8584개) 5조 6589억 원이며, 2016년(총 8049개) 5조 5545억 원으로 924억 원이 감소했다.

법적으로 1951년 모금금지법, 1995년 모금규제법 등은 모금을 규제의 대상으로 삼았고 겨우 2007년에 모금촉진법이 나왔지만 이름뿐이어서 오랫동안 비영리단체가 어려움을 겪고 있다. 또한 내수 침체 장기화에 따른 성장잠재력 약화, 단체 간의 과도한 경쟁, 영리기업과의 거래에서 빈번히 발생하는 불공정 관행 등 다각적인 차원에서 비영리단체의 어려운 상황들로 파악되고 있다. 그 중에서도 인력난은 비영리단체가 차지하는 높은 고용 비중에도 불구하고 많은 경영자들이 토로하는 애로사항이다.

청년실업 해결이 심각한 국가적 과제로 대두되고 다수의 청년들이 일자리를 찾지 못해 수년간 취업 재수·삼수를 해야 하는 상황에서도 비영리단체들은 오히려 구인난을 호소한다. 이러한 미스매치는 미래 전망의 불확실성, 영리기업과 비영리단체의 임금 격차, 그리고 영리기업에 비해 열악한 근무 조건에서 비롯되는 비영리단체에 대한 청년들의 부정적 인식에 주로 기인한다고 볼 수 있다. 또한 이런 인식의 기저에는 비영리단체가 한국 사회에서 차지하는 낮은 위상 때문에 개인적인 평판자본(reputational capital)을 쌓기가 힘들고 영리기업을 상대로 '을'의 위치에서 고된 격무를 감당하기가 쉽지 않을 거라는 청년들의 판단이 자리하고 있는 것으로 보인다. 그러나 규모의 한계를 돌파하고 성장의 발판을 마련하기 위해 연구·개발 및 시장 확대에 비용을 지출하고 많은 경우 국가나 기업을 상대로 보조금에서 수익을 내야 하는 상황에서 비영리단체의 신규 취업자들에 대한 대우는 한계를 인정할 수밖에 없는 게 어쩔 수 없는 현실이기도 하다.

6.2 기부산업 발전이 더딘 이유

① 산업화 인식 부족

한국의 기부문화가 발전이 더딘 이유는 문화가 산업화되지 못해서다. 이미 저변에 산업화가 되어가고 있다는 것을 인식하지 못하는지도 모른다. 유통되는 금액만으로도 기부산업이 당당히 경제체제의 한 일원인 것에 충분한 증거가 되지만, 아직 한국에서 인정받지 못하고 있는 형편이라 투자도 하지 못한다. SIC(Standard Industry Classification)에서 어정쩡하게 표기되어 종사자가 정당한 권리를 갖지 못하고 있다. 산업의 성공을 위해서는 인간의 본능인 이기심을 거스르지 않고 인정할 것은 인정해야 한다. 기부 관련 테크놀로지는 발전하지만 이를 받쳐주는 정신적인 것이 따라주지 못하고 있다.

기부자를 기다리는 문화에서는 산업화되기 힘들다. 적극적인 요청목표지향주의일 때 산업으로 성장할 수 있다. 기부산업은 체계와 시스템화를 촉진해서 효과적·효율적으로 문화를 다져나간다. 기부산업에서는 반드시 Rating 시스템이 들어가 있어야 하며, SP(Standard Poor)처럼 단체의 크레딧을 평가할 수 있는 시스템이 있어야 한다. 또한 기부 생태계를 유지하고 모니터링하여 산업윤리를 공고히 한다.

② 신뢰자본 부실로 인한 위기

미국 기부문화에 견인차 역할을 하고 있는 세 가지는 서민들의 정기 월정기부(CMS), 중류층의 기부자 조언기금(DAF: Donor Advised Fund), 상류층의 개인 재단(PF: Private Foundation)으로서의 사회환원이다. 미국의 가장 큰 기금조성 단체는 Fidelity Charitable Fund인데, 주로 DAF 형태로 가입하고 중류층이 주 고객이다. 이것은 신뢰에 기반을 두어야 가능하다. 어느 나라든지 기부문화는 중류층에 기반을 두고 발전하는데 한국은 중류층이 점점 줄어든다고 한다. 서민은 경제사정이 최악이어서 못하고, 김영란법은 그나마 중류층의 발목을 잡고, 최순실 사태는 상류층 혹은 기업의 주머니를 열지 못하고 있다. 그야말로 짧은 시간 안에 일어난 삼중고의 Perfect Storm의 시기이다. 미국의 경우에는 이런 스캔들이나 사태가 벌어지면 1년에서 1년 반 정도 시차를 두고 영향을 받지만, 한국의 경우에는 그 영향이 즉각적으로 나타난다. 이를 보면 계획 없이 감정에 따라 기부를 하고 있다는 것을 여실히 알 수 있다. 기부의 명분보다 이해관계로 기부가 이루어지니 문제가 생기면 하루 만에 신뢰자본이 신기루처럼 없어지는 기부문화의 민낯을 보여준다.

③ 정보의 불균형

정보의 불균형은 이해 관계자의 불만과 갈등의 출발점이다. 커뮤니케이션 기술이 발달한 대형 단체들은 정보의 수집, 생산, 가공, 분배 능력이 뛰어나 양질의 다양한 정보를 신속하게 기부자들에게 전달할 수 있는 반면, 소형단체들은 이런 능력이 떨어져 양질의 정보를 전달하기 힘들다. 우리 사회의 복지 불균형을 바로잡는 역할을 하는 민간 모금기관들 역시 극심한 빈익빈 부익부 현상을 겪는 것으로 나타났다. 바로 정보의 불균형에서 시작된다. 상위 1.2%의 기관이 전체 모금액의 77.3%를 차지하고 있는 반면, 하위 64.6% 기관의 모금액은 1%에 불과했다.

④ 기부문화 위기

미의 기준이 눈이 크고 키가 큰 것이라면 성형수술의 성행과 키를 크게 하기 위해 약을 먹거나 키 높이 구두가 팔리고 키 큰 사람과 결혼할 것이다. 성공은 힘이고 부러움의 대상이고 자기 만족이고 모든 사람들이 원하기에 그 기준에 따라 움직인다. 결론적으로 성공의 기준을 바꾸면 모든 것이 바뀐다. 현재 한국의 성공 기준은 정상이 아니다. 기부문화는 모든 문화의 중간에서 문화척도의 풍향계이자 저울추이다. 만약 성공의 기준이 많이 베풀고 희생하고 사회적으로 긍정적인 영향을 주는 정도로 가름된다면 세상은 변화할 것이다. 농사량은 그 해 환경에 따라 다르기 때문에 기부금액으로 수은주 100%를 정할 것이 아니다.

리더십이 기부와 모금을 보는 프레임이 변해야 한다. 중요한 것은 시스템이 아니라 시스템을 움직이는 사람이다. 사람이 변하지 않으면 기부의 암흑기가 온다. 5~10년 안에 베이비 부머의 사회환원을 유도하지 못하면 다른 세대는 줄 것이 없다. 사회적 임팩트를 줄 만한 금액이 쌓일 틈이 없어지는 것이다. 출생은 줄고 노인 인구는 늘어나는 인구절벽 시대에 들어서면 민간 기금조성은 그 앞날이 어두울 수밖에 없다.

6.3 기금 배분의 문제점

현재 한국의 기금 배분방식에는 개선할 부분이 많다. 비영리 단체에 지원하는 기금 자체가 '꼬리표(earmark)' 달린 예산들이어서 특정 사업 이상의 다른 뭔가를 궁리하고 시도하기 어려운 구조이다. 창의적인 사업은 아예 생각도 하지 못한다. 특히 정부에서 사회복지시설로 지원하는 예산에는 사업비 항목이 아예 없고 인건비·관리운영비 등이다. 단순한 '복지 하청업'이다. 오직 외부 기업이나 재단에서 들어오는 지원금만이 프로그램을 돌리는 유일한 동력이다.

그런데 이런 기금 지원도 한계가 있다. 매번 어느 곳에서도 시행된 적 없는 창의적인 사업이어야 하고, 지원 기간도 길어야 3년이다. 지원이 끝나면 또 다른 재원을 찾아야 한다. 노하우가 쌓이고 필요한 사업이라 여겨졌다고 해도 기존에 깔려 있는 사업비가 없으니 스스로 이어나가기도 쉽지 않다. 그러다 보니 현장에서 엇비슷한 사업들이 기관을 달리해가며 반복되는 현상도 많다. 또한 사업 노하우가 공유될 플랫폼도 없다.

규모가 큰 어떤 재단들은 각각의 재단이 연간 수십 개에 달하는 사업을 한다. 이런 사업들이 분야, 지역, 사업 성격 등으로 나누어 결과보고서를 쉽게 공유하는 플랫폼만 만들어져도 좋을 텐데, 재단별로 들어가 일일이 어떤 사업이 있는지를 찾아봐야 한다. 이것도 사업 유형보다 연대기순으로 정리된 경우가 대부분이라 현장의 노하우가 공유되지 않는다. 역량이 강화되기 힘든 구조가 현 한국의 기금배분 상황이다. 만약 민간이나 정부 차원에서 기부문화를 기부산업으로 인식하고 인정한다면 이런 문제들이 점차 해결되는 데 큰 도움이 될 것이다.

6.4 거액의 위험감수 자본이 모이지 않는 구조

필란트로피 산업이 육성되기 위해서는 반드시 리스크에 대한 개념 확립이 필요하고, 또한 소통을 위해 이와 관련된 모든 부문에서 용어의 통일이 필요하다. 자연히 리스크 산업과 리스크 매니지먼트가 포함되고 리스크를 인정하는 시스템에 기반한 펀드가 투자되어야 한다. 한국사회에서 필란트로피에 대한 위험부담을 갖는 재원이 모이지 않는 이유를 열거하자면 다음과 같다.

1) 사회 시스템의 변화에 대한 절실한 필요성을 아직 인식하지 못함
2) 필란트로피스트들이 시스템 변화를 위한 스타트업을 발견하여 도울 수 있는 지원 부족
3) 리스크의 개념에 대한 이해부족으로 단기적인 사회적 임팩트를 보지 못해 투자를 주저함
4) 다른 영리 벤처 캐피털에서 갖는 긴급성과 절제력이 상대적으로 없으므로 책무성이 부족
5) 현재의 시스템으로도 이익을 얻고 있다고 생각하는 비영리의 리더가 사

회변화로 자신에게 돌아오는 상반된 보상이 부족하다고 봄

위에 열거한 다섯 가지의 부족을 해결하기 위해 움직이고(moving) 창조하고(inventing) 구축하여(building) 확장하면(scaling) 필란트로피 산업이 형성될 것이다. 그래서 좀 더 세밀하게 리스크를 감수하는 기부산업에 리스크 캐피털이 유입되어 필란트로피 생태계를 건강하게 만드는 데 크게 도움이 되는 선순환 구조가 될 것이다.

6.5 Big Data 준비 부재

다보스포럼에서 '떠오르는 10대 기술' 중 첫째로 선정된 것이 빅데이터(Big Data)이다. 기부에 필요한 자료는 하드웨어에서 소프트웨어, 콘텐츠를 거쳐 데이터로 옮아가는 추세이다. 모바일인터넷·스마트폰·소셜미디어에 힘입어 엄청나게 쏟아지는 데이터가 IT(정보통신 기술)의 새로운 금맥(金脈)으로 인정되어 기부산업에 이용될 수 있다는 뜻이 된다. 다른 분야도 마찬가지지만 web 1.0은 단순한 인터넷 연결로 정보를 찾는 것이고, web 2.0은 쌍방 소통이 가능한 SNS가 있고, 소위 말하는 web 3.0은 서로 빅데이터를 만들고 이용하는 단계를 말한다.

빅데이터는 단순히 데이터의 양이 많다는 것이 아니라 일상생활을 포함한 모든 영역에서 더 가치 있는 정보와 서비스를 제공할 수 있어서 비영리단체는 새로운 모금 상품을 발굴하며 국가는 기부문화를 높이는 인프라를 갖게 됨을 의미한다. 영리 회사가 구매자 혹은 소비자의 패턴을 데이터베이스화해 경영의 효율을 높이듯이 비영리단체는 기부자의 기부 패턴을 각 섹터별로 데이터베이스화해 연계된 빅데이터가 형성되는 것이다. 빅데이터의 위력은 2016년 미국 대선에서 입증된 바 있다. 빅데이터가 활

용되는 것은 선거만이 아니다. 개인 의료정보가 체계적으로 활용되면 진료 비용을 줄일 수 있고, 큰 병을 예방할 수 있으며, 맞춤형 평생 의료 서비스도 가능해진다.

물론 비영리 분야도 마찬가지이다. 비영리단체는 스스로 살아남기 위해 빅데이터에 의존하려 하지만 국가는 무엇을 해야 하는가? 공공 분야의 국가 지식과 데이터를 민간에게 개방하면서 동시에 보호하겠다는 의지는 빅데이터 처리를 둘러싸고 혼란을 낳을 수 있다. 데이터와 정보는 공공 자산이며 자유롭게 사용할 수 있다는 것은 교과서적인 답이다. 하지만 국가가 구축한 과학·기술·문화 분야의 공공 데이터베이스라 할지라도 저작권법은 재산권을 인정하고 있고 이용 계약에 동의하지 않으면 데이터 자체에 접근할 수 없는 게 현실이다.

한국 민간 데이터베이스 산업은 2011년 기준으로 10조 원대로 6만 명 고용 규모라고 하지만 뉴스·문화 등이 60% 정도이며 투자가 많이 필요한 경제·과학 등의 전문 데이터베이스는 축소되는 구조이다. 특히 포털을 통한 데이터베이스 서비스 비중이 38%에 이르는데 포털은 광고에 의존하는 정보의 소비 플랫폼이라는 점에서 민간 분야의 빅데이터 기반은 우려할 만한 수준이다.

지금의 방식으로는 글로벌 기부산업 경쟁력 싸움에서 이길 수가 없다. 먼저 공공분야의 빅데이터를 개방하고 민간단체가 쉽게 재창조할 수 있도록 특단의 조치가 필요하다. 그리고 각기 작은 단체에서 '데이터 기부'를 통해 누군가가 허브 역할을 하여 빅데이터를 만들어야 한다. 같은 시간에 데이터 범위도 공공기관 홈페이지에서 수집할 수 있는 수준이 아니라 상업적 가치가 있는 것을 국가가 지식재산권을 포기하면서 쏟아내야 한다. 기부문화 향상의 기초 소재인 데이터가 자유롭게 흘러나오는 '빅데이터 유통 허브'로 만드는 것이 기부산업을 위한 국가가 풀어야 할 선결 과제이다.

6.6 중진국 함정

중진국 함정이란 개발도상국의 경제발전 초기에는 순조롭게 성장하다 중진국 수준에 온 어느 순간 성장이 장기간 정체하는 현상을 뜻한다. 1인당 소득으로 선진국·중진국·후진국으로 분류할 때 중진국은 4천~1만 달러 범위에 속한 국가들을 통칭한다. 경제적 '중진국 함정'이 나타나는 원인은 크게 두 가지 요인에서 기인한다. 무엇보다 짧은 기간 안에 성장 단계를 일정 수준으로 끌어올리는, 이른바 압축 성장(reduce growth)을 주도하는 경제 관료들의 사고가 경직으로 바뀐 것이 가장 큰 요인이며, 경제 운영체계도 소득이 일정 수준 도달할 때 임금 상승 등 '고(高)비용·저(低)효율' 구조로 바뀔 때 시장경제 도입 등을 소홀히 한 것도 원인이다. 역사적으로 '중진국 함정'에 빠져 경제 발전단계가 다시 후퇴한 국가는 의외로 많았다.

1960~1970년대 이후 브라질·아르헨티나·칠레 등 중남미 국가들은 전형적인 '중진국 함정'에 빠져 '종속이론'이 탄생한 결정적인 계기를 제공했다. 옛 소련은 1인당 소득이 1만 2,000달러에 도달했을 때 성장이 정점에 이르렀다. 영국의 경제전문지 이코노미스트는 중국의 경제성장률의 둔화와 물가상승의 가속화, 확대되고 있는 도시와 농촌의 소득격차 등을 들어 향후 중국 경제가 중진국 함정에 빠질 수도 있다고 예측했다. 중국의 필란트로피 성장이 눈부시지만 중진국 함정에 빠진다면 곧 거품이 사라질 수도 있다는 관측이다.

필라트로피의 중진국 함정은 개인소득이 2~3만 달러일 때 주로 나타난다. 개인 소득이 1~2만 달러일 때는 주로 자신을 위해 사용하지만 2~3만 달러가 되면 주위 사람에게 관심을 갖기 시작한다. 한국은 개인소득 1~2만 달러 시대에서 나타나고 있다. 개인 소득의 증가는 기부금 증가를 가져오지만 기부시스템에 대한 투자와 산업이 뒷받침 되어주지 못하여 총기부금액 증가는 둔화되었다. 정부 보조금에 의존하던 비영리단체까지도 준비 없이 모금시장의 경쟁에 뛰어들어 과열된 양상을 보여주고 있어서 기부자나 모금가의 피로 증후군이 만연하다. 그래서 기부문화가 산업으로 진화하는 데 발목을 잡고 있다.

6.7 기부문화에 대한 시각 변화 필요

기부는 사회 구성원 모두가 이익을 나누는 기부자본주의(Philanthro-capitalism)적 시각에서 실천해야 한다. 한국의 기부문화는 부(富)의 사회환원을 담아내는 그릇이다. 그러나 기부가 하나의 문화로 정착하여 좋은 결실을 맺으려면 우선 우리사회에 만연되어 있는 다음과 같은 기부에 대한 오해들을 해소해야 한다.

① '기부자격'에 대한 오해를 버려야 한다. 즉 돈이 많은 부자, 넉넉지 못해도 타인에 대한 사랑과 동정심이 충만한 사람 등 이러한 사람들에게만 기부자격을 부여하는 습관적 오해를 버려야 한다. 이런 오해들이 쌓이게 되면 기부는 어느 특정인이나 경제적으로 선택받은 사람만 할 수 있다는 인식이 강해지고, 그 만큼 기부문화의 확산속도도 느려진다. 아쉽게도 한국의 미디어에서도 이러한 습관적 오해를 부추기는 경향이 있어 보인다.

② '오른손이 하는 일을 왼손이 모르게 하라'를 기부의 진정한 원칙이라고 보는 오해는 없어져야 한다. 막대한 재산을 사회에 기부할 때 떠벌리지 말고 아무도 모르게 조용히 해야 그것이 진정한 기부자라는 생각이 보편적인 사회정서이다. 그 결과 모금단체를 감시하는 시스템이 유명무실해지는 상황이 발생하기도 한다. 또한 기부선진국의 비영리단체에서 책

무성(Accountability)의 실천의 근간이 되는 기부자 권리장전(Donor Bill of Rights)은 우리나라 모금 전문기관의 모금관행 때문에 한국사회에서는 제대로 힘을 받지 못하기도 한다.

③ 돈과 명예가 있는 대기업 CEO, 정치가, 연예인, 고소득층이 재산의 상당 부분을 사회에 환원해야 한다는 '사회적 압박'을 해소해야 한다. 이러한 사회적 압박에 따른 기부는 선한 행위이기 때문에 당연히 해야 한다는 의무적 관점에서 접근했기 때문에 한계가 있기 마련이다. 실제로 기부를 하며 나누고 봉사하는 사람들은 '해야 한다'라는 강박관념에 따라 실천하고 보람을 느끼는 것은 아니다.

기부를 단지 주고받는 행위로만 한정하는 우리의 시각은 도움을 주고 도움을 받는 서로에게 더 이상의 활력을 불어넣지 못한다. 나아가 기부를 마음이 아닌 실천으로 행하게 하는 것은 동기부여에도 도움이 되지 않는다. 돈이 있는 사람이라면 자신의 몫을 다른 사람에게 꼭 베풀어야 한다고 말하는 윤리적인 신념을 일반인에게 강압하는 문화는 장기적으로 봤을 때 도움이 안 된다. 이제 우리는 올바르기 때문에 행해야 한다는 윤리적인 강압에서 벗어나 기부를 좀 더 현실적으로 사회 여러 구성원이 다같이 이익을 볼 수 있는 하나의 산업이라는 새로운 시각에서 봐야 할 때가 왔는지도 모른다.

이렇듯 기부를 하나의 산업으로 보는 이유는 2006년 경제 전문 기자인 토마스 레인지(Thomas Range)가 독일의 기부문화를 비판하면서 제시한 내용과 동일하다. 첫째, 기부를 윤리적 혹은 도덕적인 측면보다 경제적인 측면에서 냉철하게 바라볼 것. 둘째, 기부를 통해 정서적인 만족감과 경제적인 소득을 동시에 얻을 수 있음을 모든 잠재기부자에게 인식시킬 것. 셋째, 이런 인식이 현실화될 수 있도록 기부의 통로를 넓히고 보상의 혜택을 가시화하는 등 기부문화를 제도적으로 정착시킬 것. 즉 기부도 기부산업

(Philanthropic Giving Industry)으로 승화될 수 있다는 것이다.

산업화가 되어야 NPO, 대학(학계), 관계 영리회사, 복지기관(social work) 등 4개의 분야가 서로 연계해 인력, 금융자산, 소프트웨어 산업 등 상생의 피순환이 원활히 돌아간다. 기부를 개개인의 능력과 성격의 문제로만 생각했던 우리사회에서 주는(giving) 문화를 제도화하는 노력으로 모두가 심리적, 경제적 만족을 얻고 이를 통해 사회와 국가가 발전할 수 있다고 보는 기부선진국의 시각을 도입해야 한다. 이러한 시각이 한국에 적용될 때는 4개의 분야가 서로 허브(Hub) 역할을 하려는 경쟁구도보다 겸손한 연결점(Node)의 역할을 하도록 스스로 노력해야만 현실적으로 가능하다. 서로 다른 섹터에서 역시 협력해야 한다는 인상을 받을 때 우리는 서로 협력한다. 다시 말해 거래과정이 어느 정도 합당하고 공정히 처리된다고 믿을 때 가능할 것이다. 그렇지 않다면 우리는 영원히 죄수의 딜레마(Prisoner's Dilemma)에 빠지고 만다.

6.8 기부산업화의 '국가적 자아 실현'

진정한 선진국이란 욕구의 기본단계(의식주, 안전 등)를 넘어 자아실현(National Self Actualization)의 단계에 있는 나라를 말한다. 자신의 나라를 넘어 다른 나라의 문제에 관심을 갖고 어려움을 도우려고 하는 시도 자체가 자아실현의 징조이다. 기부문화는 그 자아실현의 발현이다. 정상적인 기부는 자신의 자아를 찾는 데에서 시작하고 끝을 맺는다. 나머지는 노이즈이고 허상이다. 하지만 기부산업화는 그 노이즈를 건설적인 선순환으로 돌리고 이용하는 것까지 포함한다. 그러므로 기부산업화는 국가적 자아실현을 돕는 것이다. 만약 개인의 자아실현과 조직의 자아실현, 그리고 국가의 자아실현이 일치(alignment)한다면 그것은 그야말로 축복이다. 국가는 조직의 자아실현을 뒤에서 제도적으로 돕고 조직은 구성원의 자아실현을 실행하게 하는 것이 주 미션이다. 만약 기부가 자아실현 중심에 서 있다면 기부산업화는 선택이 아니라 필수이다.

영화 '마션'만 보더라도 화성에 탐사대를 보내기 위해 필요한 장비들, 시설, 우주선 등의 준비를 위한 투자금액은 어마어마한 것으로 나온다. 이렇게 천문학적인 금액을 들여 선진국들이 우주연구를 하는 이유는 무엇일까? 이에 대해 우주연구가들은 바로 인간이 가지고 있는 미지의 세계에 대한 호기심이며 지구로부터 이곳을 점차 확장해 나가는 게 인간의 본능이라는 것이 그들의 대답이다. 하지만 반론도 만만치 않다. 우주 탐사나 이주 프로젝트의 천문학적 비용에 비하여 기대할 수 있는 성과나 실행가능성은 미미하다. 옛날 신대륙 발견처럼 그냥 그곳에 간다고 해결되는 것이 아니다. 그럼에도 계속되는 이유는 인간의 무한가능성에 대한 맹신과 과학자들의 생계유지의 필요가 맞아 떨어지기 때문이라고 보는 견해도 있다. 마찬가지로 실제 결과도 없으면서 수많은 돈을 자선에 퍼붓는 인간의 본능은 무엇인가? 기부자의 개인적 자아실현의 욕구와 모금의 중요성을 주장하는 모금가의 생계유지와 맞아 떨어지는 것과 무관하지 않다고 말할 수 없다.

세상의 변화를 위한 사회환원도 개인의 자아실현, 조직의 자아실현, 국가의 자아실현을 충족시키는 하나의 도구이다. 국가의 자아실현은 경제활동을 통해 세 마리 토끼를 동시에 잡는다. 하나는 돈을 버는 과정이 필란트로피와 연계하여 사람을 이롭게 하고, 번 돈을 이로운 데 쓰는 전 과정이 국가의 자아실현을 만족하게 한다.

제2장

필란트로피 산업의 이론적 배경

1

이론의 근거

필란트로피 산업의 이론적 배경을 근본적으로 이해하기 위해서는 필란트로피(Philanthropy), 디벨롭먼트(Development), 그리고 펀드레이징(Fundraising)에 대한 기본 콘셉트를 알아야 한다. 한마디로 필란트로피는 가치 교환의 개념이고, 디벨롭먼트는 개인 또는 비영리단체가 갖고 있는 가치와 다른 사람들의 가치 사이에서 공통분모를 찾아내는 과정이며, 펀드레이징은 찾아낸 공통의 가치를 실현하기 위해 행동으로 옮기는 것을 말한다.

문화에서 산업으로 발전하면서 필란트로피 산업에 종사하는 필란트로피스트들과 이해관계자들, 디벨롭먼트 산업에 종사하는 디벨롭먼트 프로페셔널과 그 이해 관계자들, 그리고 모금 산업에서는 펀드레이저와 이해관계자 등 세 부류로 나뉜다. 그러나 개념에 따른 표기이므로 같은 사람일 수도 있다.

가. Philanthropy

현재 특색 있고 전통적인 필란트로피의 네 가지 축을 경험하고 있다는 것을 이해하면 된다. 구제, 개선 및 사회 개혁, 시민 참여 등 각 전통 안

그림 2-1 필란트로피의 출생

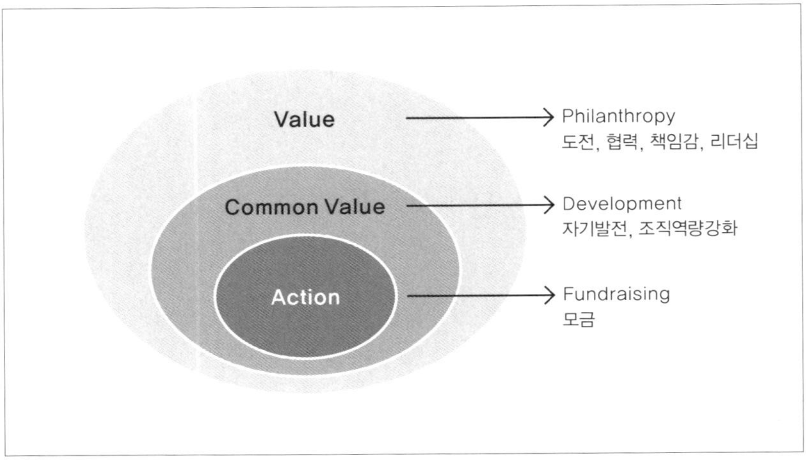

그림 2-2 필란트로피의 네 가지 축

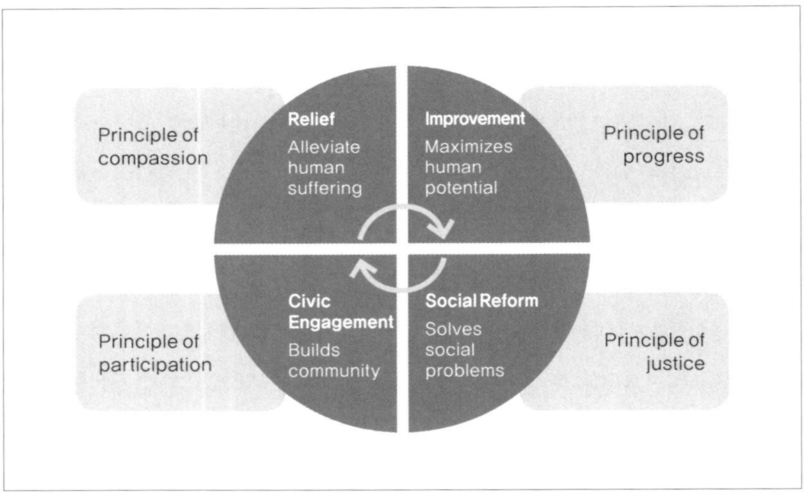

에서 자선사업의 네 가지 원칙과 목적이 다르게 정의되어 왔다. 처음엔 자선 혹은 필란트로피 활동의 구호는 인간의 고통을 덜어주기 위해 '연민의 원칙'에 따라 움직이는 것으로 이해되었다. 그 다음에는 '진보의 원칙'에 따라 개선되어 개인의 잠재력을 극대화하고자 노력하는 것으로 이해되었다. 그 다음에는 '정의의 원칙'에 따라 개혁이 진행되고 사회 문제를 해결하고자 하는 것으로 이해되었다. 최근에 와서 재단 및 기타 비영리단체는 필란트로피적 방식으로 방향을 전환하기 시작했으며, 일부 사람들은 '참여의 원칙'에서 시민 참여를 언급하기 시작했다. 그들은 지역 사회와 관계를 강화하고 시민들 간의 대화를 증진시키는 데 재원을 투자하고 있다.

나. Development

디벨롭먼트(Development)의 본질적 개념은 아버지 격인 필란트로피(Philanthropy)에서 찾아야 한다. 이때 필란트로피는 궁극적으로 가치를 실현하는 목표점을 말한다. 필란트로피의 4축 중 디벨롭먼트는 발전(Progress)과 참여(Participation)가 본질이다. 자식 격인 모금(Fundraising)은 목적이나 목표가 아니고 수단으로서 중간 과정이다. 모금의 상위 개념인 디벨롭먼트는 일련의 모금을 통해 분석화 과정을 거쳐 체계적으로 방법론

그림 2-3 모금의 진정한 역할

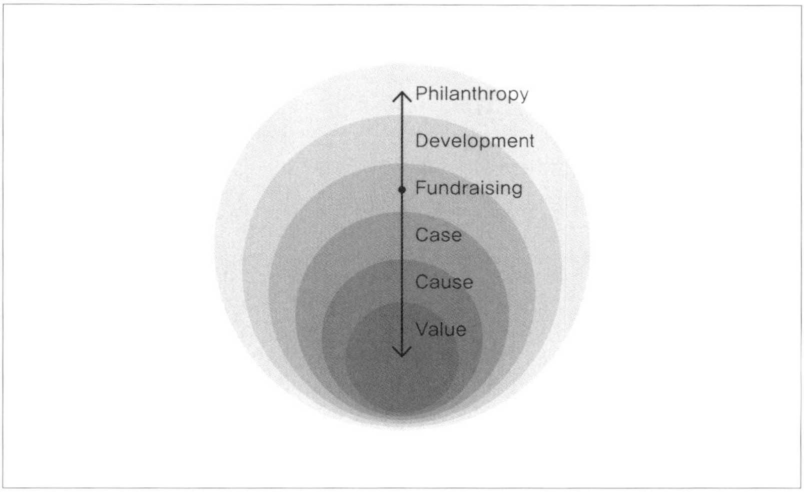

화시켜 성장해 나가는 발전적 과정이며, 단체와 개인의 공통가치를 찾는 과정이다. 결국 모금은 디벨롭먼트에서 얻은 가치의 공통분모를 행동으로 옮기는 행위를 말한다. 양파처럼 더 안으로 들어가면 가장 코어 부분에 가치(value)가 존재하고, 그 위에 사회문제(cause)가 있다. 만약 누군가가 이러한 사회문제의 해결책을 제시하고 참여 공감대를 얻기 위해 모금의 기회를 갖는다면 이것이 케이스(case)가 되고, 그 케이스가 모금 상품으로 발전하는 것이다. 필란트로피의 씨앗은 가치에서 시작하며, 이런 발전 과정을 배우는 것이 필란트로피 교육이며 모금교육의 핵심 내용이다.

그림 2-4 Development Professional의 역할

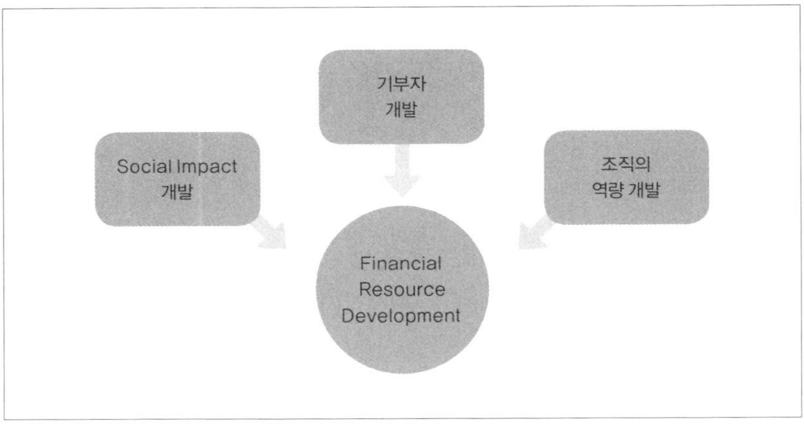

그림 2-5 비영리조직의 Development 성숙 단계

여기서 디벨롭먼트 개념은 단순이 단체의 발전으로 해석해서는 안 되며 단체의 역량 강화, 지역개발을 통해 발전하는 것, 기부자의 필란트로피적 발전 등 크게 세 가지 의미를 포함한다. 넓게는 금전적인 것을 넘어 재능, 영향력, 정보, 전문성, 네크워크 등 모든 종류의 자원동원(resource mobilization)을 말하며, 좁게는 재정적(금전적) 자원개발을 의미한다.

마케팅의 핵심 키워드는 세분화(segmentation)이고, 모금 캠페인은 통합을 말한다. 여기서 관련성(relevance)은 전략적인 커뮤니케이션에서 나온다.

한국의 어느 대학 총장이 미국 시카고에서 있었던 AFP(Association of Fundraising Professionals) 모금 세미나에 참석했다가 모금이 과학적이라는 것을 깨닫고 감명을 받았다는 신문기사를 본 적 있다. 모금이 과학적이라는 것에는 누구도 반론을 제기하는 사람은 없는데, 그 이유 중 하나가 바로 이미 영리 분야에서 마케팅 전략으로 많이 사용하는 Segmentation 기법을 사용하기 때문이다. 이 모든 것이 경쟁에서 비롯되었다. Segmentation을 하려면 초기비용이 발생하지만 결국 투자 대비 효율성과 총 기부금 증가에 반드시 필요하다. 그래서 많은 모금교육 세미나나 논문은 이 분야에

그림 2-6 Development의 네 가지 요소

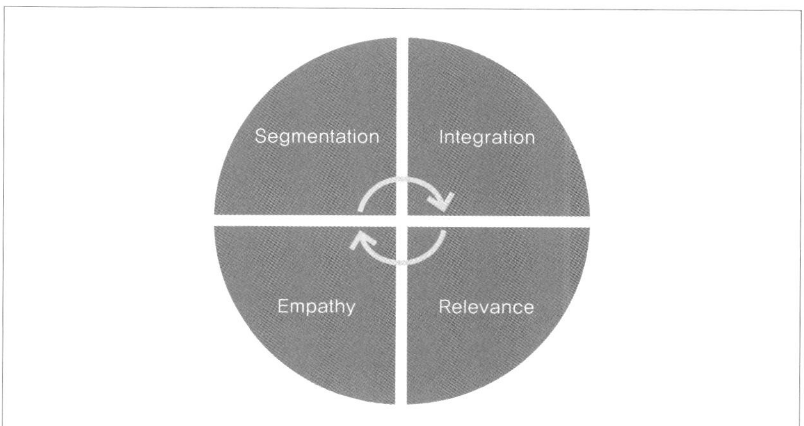

그림 2-7 Philathropy Strategic Communication, 5R

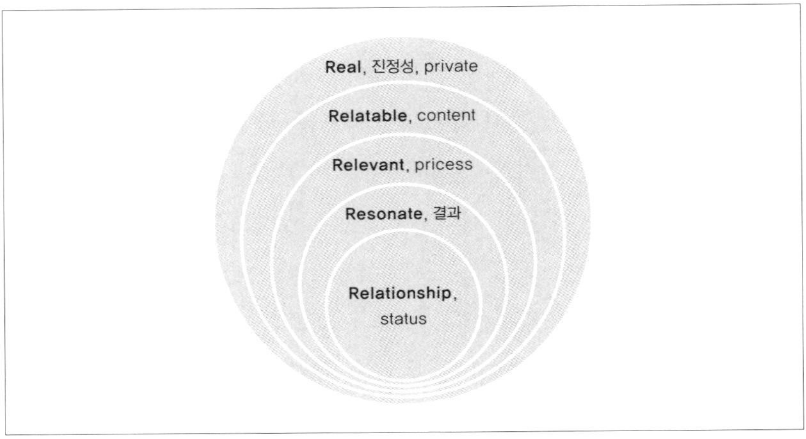

초점을 맞추는 추세이다. 예전에는 일일이 수작업을 통해 구분했으나 최근에는 데이터베이스 운영기술의 발달로 손쉽게 이루어지고 있다. 모금에서는 주로 메일을 보낼 때 쓰이는데 잠재기부자를 여러 특징으로 나눌 때, 예를 들면 우편번호별로, 수입, 생활패턴 등으로 나누어 접근방법을 다르게 시도하는 등의 방법으로 활용된다. 보내는 안내 내용과 사진 등을 그들에게 맞는 '맞춤형'으로 보내고, 통화 내용도 다르게 구분해 진행하는 것이다. 가령 미국의 비영리단체는 메일을 보낼 때 렉서스 차종 소유자에게는 500달러 기부를 요청하지만, 현대 차 소유자에게는 100달러를 요청한다. 요즘은 실제로 쓸 수 있는 수학적인 모델도 나왔고, 메일뿐 아니라 모든 소통(Communication)의 통로로 발전하고 있으며, 고액모금에도 전략적으로 각 계층별로 접근방법을 달리하고 있다. 하지만 한국의 경우는 비영리의 고객 대상으로 하기에는 너무 인프라가 부족하기에 비영리 리더들은 조금씩 투자하여 경쟁력을 강화하고 미래를 대비해야 한다.

통합(Integration)은 모금방법을 한 장르만이 아니라 균형 있게 마치 포트폴리오를 갖듯이 캠페인을 동시에 하는 것이다.

● **그림 2-8** Progressive Donor Involvement

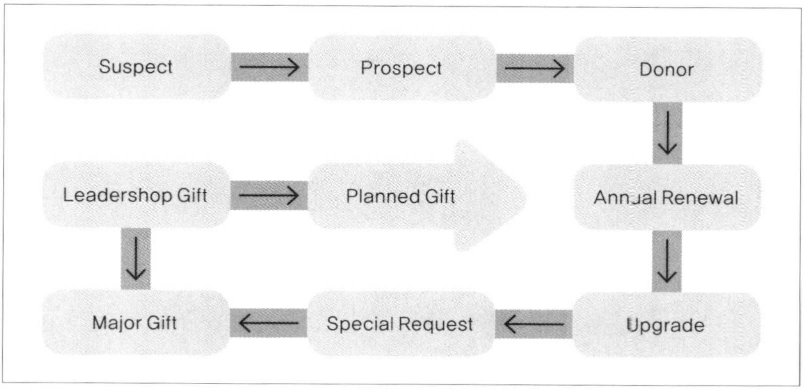

단체는 기부자가 '요람에서 무덤까지'라는 개념으로 필란트로피 여행길의 디벨롭퍼(Developer)가 되어 같이 동행하는 것이다. 한 번의 기부가 여러 번으로 늘어가고, 금액 또한 점점 늘어나서 고액기부자가 되고, 결국 마지막에는 유증을 남기도록 돕는 역할이다.

다. Fundraising

모금 성공을 위한 네 가지 요소는 아래 표와 같다.

여기서 펀드레이저(Fundraiser)가 매뉴얼을 통해 체계적인 명분을 세

● **표 2-1** 모금 성공의 네 가지 요소

명분	리더십	기부자	시스템
•명확 •기관의 비전과 연결 •기부자들의 투자를 최대한으로 가능하게 함	•캠페인의 리더로 합의 및 헌신 •리드기프트 •요청자역할	•현재 기부자들의 서포트 •유망한 잠재기부자들의 폭넓은 풀	•연간기부와 캠페인을 위한 모금 시스템 • 스탭들 •모금 활동 •기부자/잠재기부자 관리 •데이터베이스

● **그림 2-9** Donor Cultivation Pyramid

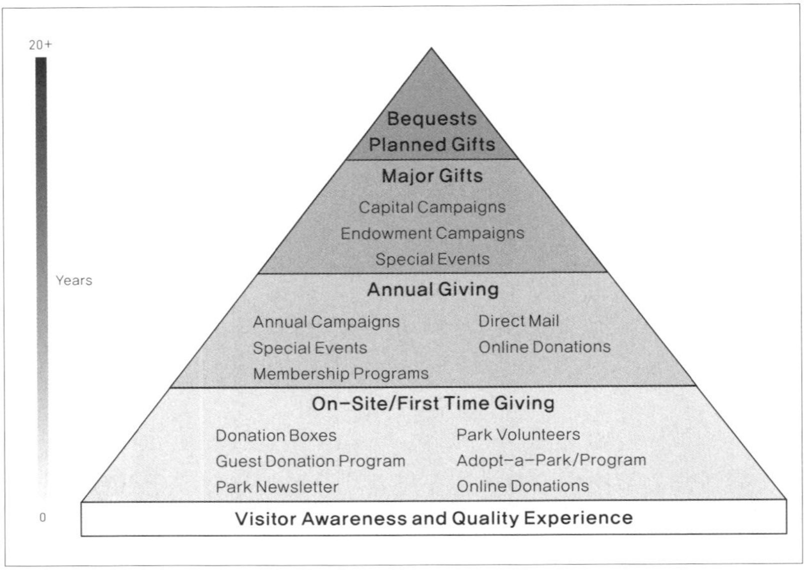

우고, 리더십의 참여와 요청을 구체적으로 규정하고, 기부자 발굴에 효율성을 높이는 것은 시스템에 소프트웨어적인 인프라를 구축하기 위함이다. 현재 미국에서는 펀드레이저를 네 가지 직종으로 세분화 하였다. 일반 비영리단체에서 일정한 월급을 받는 전문모금 스텝(Professional Development Officer), 모금에 직접 관여하지 않고 컨설팅을 하는 것(Fundraising Council), 비영리단체와 계약을 통해 모금을 대행하는 것(Professional Solicitor), 주로 영리를 목적으로 캠페인을 통해 공익을 위한 물품이나 서비스를 제공하는 것(Commercial Co-Venturer) 등이다. 주마다 요구 사항은 약간씩 차이는 있지만 기금모금 활동을 하기 전에 관계당국에 등록해야 한다. 등록은 12월 31일에 만료되며 매년 1월까지 갱신해야 한다. 여기서 내부적으로 조직 내 모금 담당 직원뿐 아니라 전체적으로 필란트로피 문화가 전제되어 있어야 모금이 성공할 수 있다.

2

산업 정착을 위한 3대 요소

기부산업이 문화로부터 안착하기 위한 성공 사례가 일회성이나 특수 상황만을 말해서는 안 된다. 반드시 그 생태계 안에 프로페셔널로서 종사하는 사람이 되기 위해 Research, BOK(Body of Knowledge), Best Practice라는 세 가지가 서로 연관되어 있어야 지속 가능한 산업으로 자리 잡는다. 다음은 미국의 모금전문가가 어떻게 전문직으로 인정받고 기부산업의 일원이 되었는가의 예이다.

가. Research

가벼운 미담 위주 스토리의 성공 사례보다는 반드시 실패한 이유에 대해 좀 더 진지한 리서치가 필요하다. 성공 사례는 사례가 발생한 곳에서 낸 보도 자료를 중심으로 미디어가 스크린 없이 발표하기에 다른 사람들이 재연하기 힘들다. 이해관계가 없는 제3자가 냉철하게 조사하고 발표해야 한다. 예를 들어 소득별 기부현황, 기부자 동기, Donor Retention 등 데이터를 생산하고 피드백을 해서 Best Practice를 만들어내는 기초 데이터를 생산해야 한다.

그림 2-10 모금성공의 삼각관계

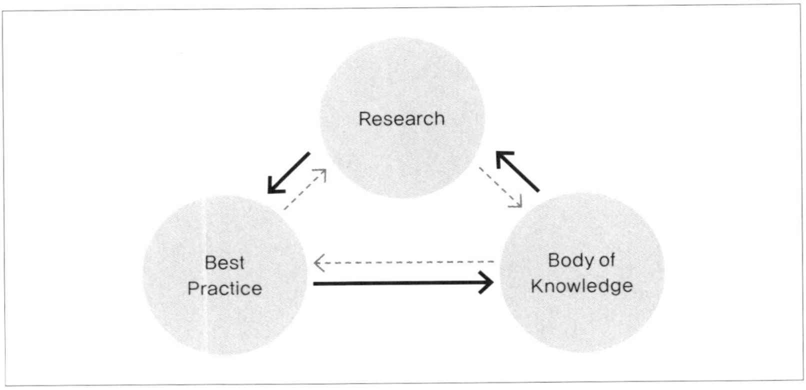

나. BOK(Body of Knowledge)

모금가의 월급 수준, 일한 양, 평가 기준 등 리서치를 통해 BOK를 만들어야 한다. 모금분야 표준 프레임워크인 BOK의 경우는 관련 자격증을 공부하는 이들에게 백과사전과 같은 책으로서 전체적 개념, 용어, 활동 등 모금 관련 분야 전문영역에서 공인된 정석들을 모아놓은 지식의 집합체를 말한다.

다. Best Practice of Fundraising

모금방법 혁신 등 특정 모금활동 분야에서 업계 최고의 성과를 창출해낸 운영방식을 지칭한다. 차별적 경쟁우위를 위한 단체 핵심역량의 기초를 제공하며, 따라서 비영리단체들이 응용해야 하는 진정한 벤치마킹 대상이다. 소정의 목표를 달성하는 데 적절하고도 효과적인 수단이라는 점이 경험과 연구를 통해 입증되어 널리 인정받는 절차나 지침. 국제 기록관리 표준 ISO 9000등의 모범 실무를 지향하는 표준이다.

3

Good Practice와 Best Practice

'Good Practice'라는 개념과 'Best Practice'라는 개념은 본래 분명한 차이가 있음에도 흔히들 혼동해서 사용한다. 'Good Practice'는 모든 모금단체에게 통용될 수 있는 교과서적인 방법이고, 'Best Practice'는 그 중에서도 가장 큰 성과를 낸 단체가 사용했던 방법으로 관심을 끌고 '돈'이 되는 방법이다. 이들이 산업을 이끄는 견인차 역할을 한다. 많은 해외 모금가들이 한국에서 한국 모금활동의 베스트 프렉티스를 찾으려고 노력해왔다. 그래서 'Best Practice Hunter'들은 미국이나 영국 등의 기부선진국에서 말하는 베스트 프렉티스와 비교도 해 보고, 또 다른 벤치마킹을 통해 배움을 얻고자 하는 호기심도 있었다. 하지만 결국 한국의 검증되지 않은 몇몇 성공 케이스만 갖고 돌아가 사례발표 정도로 끝냈고, 국제적으로 '한국모금의 Best Practice'라는 타이틀로 발표된 것은 거의 없었다.

문제는 한국의 Good Practice는 미국의 Good Practice의 범주를 벗어나지 못했고, 아직 정립이 되지 않은 상태라는 것이다. 사실 Good Practice는 더 좋은 Best Practice가 나오지 않고 도전이 없으면 그것이 Best Practice가 되고, 새롭게 혁신적인 방법이 나와 좋은 결과가 있다면 그것이 Best Practice가 된다. 하지만 Best Practice는 어느 한 단체에게만 가능하고 환경과 조건이 다른 단체에게는 더 이상 적용이 안 된다. 예를 들어 심장수술에서 keyhole Surgery는 현재 한국과 미국에서도 Best Practice이지만 워낙 장비가 비싸고 기술이 필요하기에 제3국에서는 사용할 수가 없다. 이런 경우 제3국에게는 더 이상 Best Practice가 아니다. 하지만 한국이나 제3국에서의 Open Heart Surgery는 Good Practice이다.

모금에서 지극히 상식적이고 당연한 기부자에게 감사하기나 각종 윤리적 정책 정도는 Good Practice이지 Best Practice가 되지 못한다. 현재 한국의 모금방법은 서양의 몇 나라에서 온 Good Practice이며 아직 Best Practice로 발전하지 못하고 있다. 더 많은 리서치와 BOK를 통해 Best Practice를 만들어야 한다. 현재 한국의 상황은 경제와 권력의 힘이 필란트로피의 약점을 이용하여 악화되어 가고 있다. 학문적 기초가 부족한 상황에서 체계적인 리서치를 통해 각 분야의 Best Practice를 찾아내고 BOK를 축적해야만 제대로 된 필란트로피 산업의 토대가 된다.

4

신뢰의 트라이앵글

고도의 사회적 존재로서의 인간에게 가장 가치 있는 자원은 신뢰이다. 장기적인 관계를 유지하려면 시간이 지남에 따라 신뢰를 얻고 유지해야 한다. 삶의 모든 측면에서 마찬가지이지만 특히 비영리기관은 지속 가능한 네트워크를 확보하기 위해 신뢰를 얻을 수 있는 모든 것을 해야 한다. 특히 기부산업은 신뢰의 삼각형(Trust Triangle)을 기반으로 한다.

신뢰의 삼각형에는 능력, 신뢰성(믿음직함) 및 돌봄이라는 세 가지 코너가 있다. 신뢰할 만하다라는 것 하나만으로 완벽한 것이 아니다. 신뢰의 완성은 약속을 했을 때 지킬 수 있는 능력과 계속적인 보살핌으로 믿음을 주게 되어 결과를 예측하는 것이다.

조직은 어떻게 신뢰를 유지하는가? 삼각형이 클수록 특정 사람이나 특정 분야에서 더 신뢰를 얻는다. 신뢰의 역량을 얻거나 늘린다는 것은 삼각형을 확장하는 것과 같은데, 이때 한 범주가 다른 두 범주를 뛰어넘을 수는 없다(한 변이 길어봐야 나머지 두 변이 따라주지 않으면 삼각형이 형성되지 않는다). 즉 얻을 수 있는 신뢰는 항상 가장 약한 속성에 의해 제한된다. 누군가가 유능하고 신뢰성이 높지만 사람들에 대해 신경 쓰지 않는다면 신뢰의

그림 2-11 신뢰의 트라이앵글(Trust Triangle)

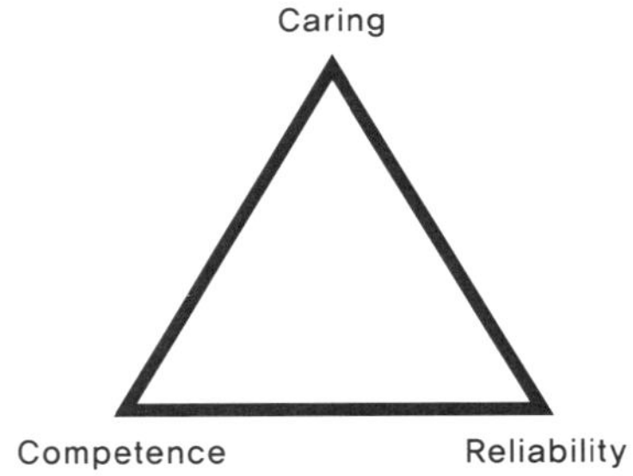

삼각형이 손상될 수 있다.

① 능력(Competence): 예상되는 것을 얼마나 잘 수행하는가? 초보자인가, 능력 있는 사람인가, 마스터인가?
② 신뢰성(Reliability): 약속과 일관성을 얼마나 잘 보여 주나? 단순히 말뿐인가 아니면 말한 대로 실행하나?
③ 돌봄(Caring): 다른 사람들이 당신의 목적을 위한 수단인가? 아니면 올바른 이유로 올바른 일을 할까?

신뢰의 삼각형의 목표는 강점과 약점을 파악하는 것이다. 그래서 능력, 신뢰성, 돌봄이라는 삼중의 제약은 단체의 책임감을 유지하는 데 도움을 주고 노력해야 할 부분이 무엇인지 제공한다.

다행인 것은 모퉁이 중 두 개가 기술 숙달보다 특성과 관련이 있다는 것이다. 보살피고 신뢰할 수 있는 특별한 재능이 필요하지 않으며 기술 역량은 시간이 지남에 따라 선택할 수 있다. 무엇보다 신뢰는 점진적으로 획득되지만 한순간에 파괴될 수도 있다는 사실을 알고 있어야 한다. 신뢰를 쌓고 양성하며 지키는 데 혼신의 힘을 쏟아야 한다. 신뢰를 쌓으면 네트워크도 구축되며, 네트워크가 구축되면 가능성은 무한해진다.

5

맥클러랜드의 욕구 이론

산업은 욕구에서 시작된다. 모금캠페인을 진행하려면 여러 욕구 이론 중에서 단체가 무엇을 줄 수 있는가를 뒷받침해주는 이론을 응용하게 된다. 그중에서도 고액기부나 캠페인 캐비닛에 참여시킬 자원봉사자에 대한 연구가 필요하다. 모금가가 가장 많이 이용하는 '동기를 찾아 욕구를 충족시켜주는 이론' 중에 매스로우와 쌍벽을 이루는 '맥클러랜드 이론'이 있다. 심리학자 데이비드 맥클러랜드(David McClelland)는 동기유발에 관여하는 욕구에는 'Three Needs Theory'가 있다고 말한다.

① 성취욕구(Achievement Need: nAch): 탁월해지고자 하는 욕망, 평균을 초과한 결과를 내고 싶어하는 것, 성공의 성취감 욕구

② 권력욕구(Power Need: nPow): 타인의 행동에 영향을 미쳐 변화를 일으키고 싶어하는 욕구

③ 제휴욕구(Affiliation Need: nAff): 개인적 친밀함과 소속감을 통한 우정에 대한 욕구

그림 2-12 David McClelland's Theory of Needs/Acquired Needs Theory

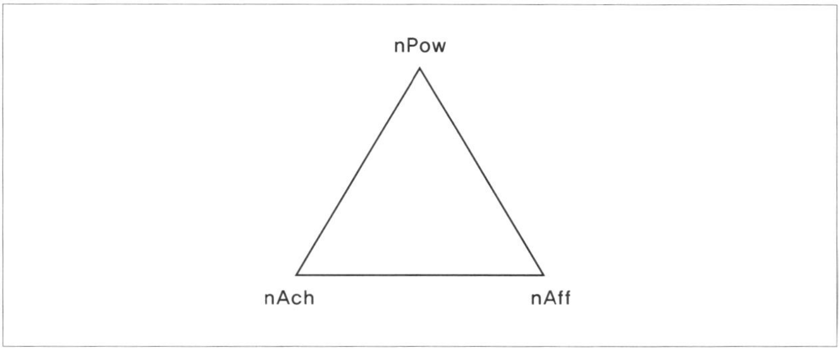

Need for Power:	The meed to make others behave in a way that they would not have behaved otherwise; the desire to control others, to influence their behavior, or to be responsible for others
Need for Achievement:	The drive to excel, to achieve in relation to a set of standards, to strive to succeed
Need for Affiliation:	The desire for maintaining friendly and close personal relationships

사람에 따라 nAch, nPow, nAff이 각각 다르며, 이들은 각기 다른 양상으로 동기부여가 나타난다. 특히 한 분야에 두드러진 경우도 있고 조금씩 세 가지가 혼합되어 있는 경우가 있다. nAch가 높은 사람은 타인에 비해 월등한 성과를 냄으로써 자신의 존재 의미를 확인하고자 할 것이다. 이들은 지나치게 가능성이 낮은 업무나 아주 쉽게 달성할 수 있는 목표에는 거의 관심을 갖지 않는다. 능력 대 운이 5:5로 작용할 수 있는 프로젝트에 참여할 때 강한 동기부여가 되며 자신의 능력을 드러내고자 한다. 스스로의 능력을 자신이 확인할 수 있는 상황을 좋아한다. 그리고 성취 뒤에 반드시 적절한 공개적 인식(public recognition)을 해주는 것이 필요하다.

nPow가 높은 사람은 타인에 대해 영향력을 행사하며 통제할 수 있는 일에 자극받는다. 책임 맡는 것을 즐기며, 권력 쟁탈전이 심한 상황에 기꺼이 참여한다. 실제적인 업무 성과보다는 높은 지위에 올라서 타인에게 영향을 미치는 것에 관심을 갖는다. 그래서 리더십의 책임자가 되고 그

● **그림 2-13** Organizational Hierarchy of Needs

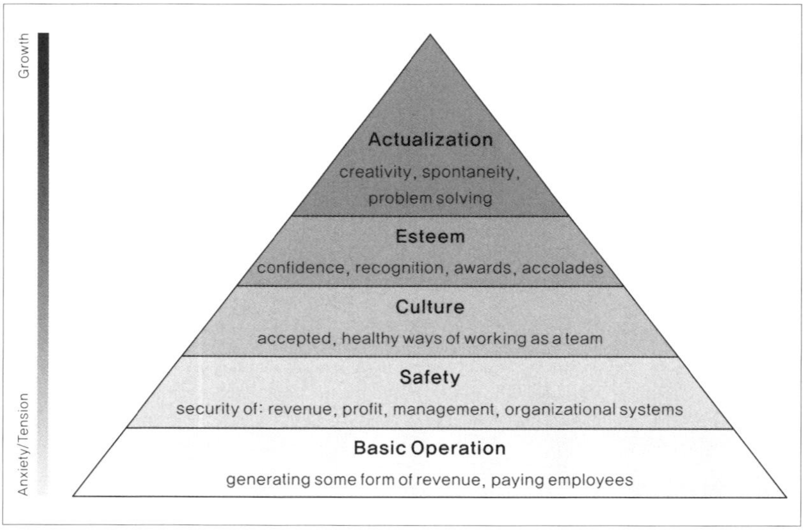

직책이 맡겨져야 제 능력을 발휘한다.

nAff가 높은 사람은 다른 사람에게 인정받고 이들과 좋은 관계를 맺는 것에 우선순위를 둔다. 경쟁적인 상황보다는 협동적인 분위기를 좋아하기에 상호 이해를 넓힐 수 있는 상황을 지향한다. 그래서 캠페인의 분위기가 '재미있고 좋아야 하며 또한 유명한 사람들이 많이 있는' 그런 환경을 만들어주어야 한다.

맥클러랜드는 그림 테스트를 통해 어떤 사람이 nAch, nPow, nAff 중 어디에 속하는지 판단할 수 있다고 했다. 어떤 상황을 그린 그림을 보여주며 이 상황에 대해 설명해 보라고 한다. 그 설명을 통해 피험자의 무의식적 동기를 파악해낼 수 있고, 그가 셋 중 어디에 가까운지를 알 수 있다 했다. 그의 연구는 다음과 같은 결과를 도출했다.

① nAch가 높은 사람은 책임이 주어지고, 결과를 즉각 확인할 수 있으며,

중간 정도의 리스크가 있는 일을 좋아한다.

② nPow가 높은 사람이 관리직에서 성공하는 경향이 있다. nPow가 높으면서 nAff은 낮은 사람이 고위 관리직에 오른다(고위 관리직에 있기 때문에 높은 nPow와 낮은 nAff을 나타내는 것인지도 모름).

③ nAch는 훈련을 통해 개발될 수 있다.

④ nAch가 높은 사람은 영업관리직에서 크게 성공하지 못할 수 있다. 거대 조직의 관리직 중에는 높은 nAch가 그다지 많이 없다.

하지만 캠페인 현장에서는 그림으로 테스트를 할 수 없어서 기부자를 만나 시간을 두고 대화를 통해 경청을 하거나 혹은 다른 지인에게 물어본다. 모금가 훈련 시 상대에 대해 잘 모를 때 상대가 자신을 어떻게 소개하는가, 명암에 어떻게 쓰여 있는가, 어떤 질문을 주로 하는가를 살펴보면 어떤 욕구를 갖고 있는지를 어느 정도 알 수 있다. 그의 욕구를 파악해서 그에 맞는 욕구를 충족시키는 제안을 해야 하는 것이다.

많은 단체가 존재하지만 같은 입장에 놓여 있는 것이 아니다. 매스로우의 이론에 근거한 조직도 개인처럼 욕구계층이론이 적용된다. 조직의 가장 근본적인 필요는 어떤 형태든지 수입을 만들어 직원들 월급을 주기에 급급한 첫 단계이다. 그것이 만족되면 두 번째는 수입이 꾸준하게 들어와 안정적인 시스템을 구축할 필요가 있는 단계이다. 세 번째는 단체의 문화가 건강한 방법으로 일할 수 있는 분위기를 만들 필요가 있는 단계이다. 네 번째는 단체가 자긍심을 갖고, 인정받으며, 포상을 받고 싶은 욕구가 있는 단계이다. 마지막으로는 조직의 자아 실현 단계로서 사회문제를 창의적이고 임팩트 있게 해결하고 싶은 욕구의 단계이다. 그래서 자아실현의 단계에 있는 단체는 필란트로피를 실현하는 조직으로서 최대한의 역할을 할 것으로 기대된다.

6

기부산업의 본질적 Iron Triangle

현존하는 모금 관련 교과서나 스피커들은 현대 모금의 본질을 'Iron Triangle'로 압축해서 말했다. 이것을 이해하게 되면 같은 맥락인 기부산업의 본질도 이해할 수 있다.

가. Value Based

사람들에게 돈은 그 사람의 희생의 값으로서 인생의 우선순위 중 위쪽에 있다. 기부를 한다는 것은 그 보다 무엇인가 더 상위 가치를 발견한 사람의 행위이다. 자신의 값진 것을 포기하고 성취한 것에 큰 의미를 두며, 그래서 이것은 가치기준에 따라 다르다. 기부는 돈보다 더 귀중한 것의 가치를 찾아낸 사람의 감사 표식이다. 그래서 기부는 축복이고 행복인 것이다. 그 가치를 발견하지 못한 자에게는 기부는 만용이나 위선으로 보인다.

필란트로피는 가치에 근거한다. 필란트로피가 산업으로 정착하기 위해서는 먼저 다음의 가치 요건을 만족해야 한다. 1966년 심리학자 에드워드 라스(Louis Edward Raths)는 진정한 가치로 인정하기 위한 7단계를 주장했다.

① Prized and cherished 개인이나 조직이 값지고 소중하게 생각하는 것

② Publicly affirmed 개인이나 조직이 그 가치를 공개적으로 단언할 수 있는 의지가 있어야 하는 것

③ Available alternatives 의무가 아닌 다른 선택을 할 수 있는 자유를 갖고 있어야 하는 것

④ Chosen intelligently 지혜롭게 결과를 고려해서 선택한 것

⑤ Chosen freely 외부 압력 없이 결과를 생각하고 자유롭게 선택한 것

⑥ Action 자신의 신념을 행동으로 표현하는 것

⑦ Repeated action 일관된 패턴으로 행동의 반복을 요구하는 것

나. Donor Centered

단체 중심이 아니라 기부자 중심이다. 지구가 천체의 중심을 믿는 천동설에서 지구는 태양을 중심으로 도는 지동설이라는 인식의 패러다임의 변화가 필요하다. 기부자의 로드맵을 먼저 물어보고 이해한 뒤에 단체의 로드맵과 비교하여 교차하는 점이 있는가를 먼저 봐야 한다. 경청을 하는 이유는 설득하기 위한 것이 아니고 상대방의 비전을 듣고 이해하기 위함이다. 고액기부자의 경우라면 더욱 그러하다. 그래서 고액모금가란 단체의 로드맵을 이야기하기 전에 기부자의 로드맵을 먼저 물어볼 수 있는 여유와 내공이 있어야 한다. 그의 관심과 필요가 무엇인지 알기도 전에 기금요청을 한다는 것은 말이 되지 않기 때문이다.

다. Result Oriented

결과(Outcome) 중심이란 '전략효과 중심'이란 말과 상통한다. 필란트로피의 역사는 이미 서양에서 100년이 넘었지만 10년간 모든 필란트로피의 주제로는 결과중심이 가장 중앙에 서 있었다. 기부자는 확실한 기부목적과 목표가 있고 결과를 얻으려 하며, 기금을 배분하는 재단은 증거

중심의 전략으로 배분하기에 결과가 나오기 전에 꼼꼼히 중간 경과를 모니터링 하려는 추세에 있다. 자선은 겉으로 들어난 현상을 치료하지만 필란트로피는 근본적인 원인(root cause)을 찾아 실행하는 결과 중심이다. 또한 impact와 투명성도 중요하지만 output보다 outcome을 향하는 것이 세계적인 추세이다. 예를 들어 마케팅에서 output은 1:1 마케팅의 반응률(click through) 같은 피상적인 지표인 것이고, outcome은 실제 기부율을 말한다.

7

비영리단체 브랜드의 수학적 의미

비영리단체에 대한 기부는 단체의 브랜드와 밀접한 관계가 있다. 단체가 제공한 프로그램에 대한 기대와 실제 경험과의 만족도 차이에 따라 결과에 영향을 준다. 기부자들의 기대치가 경험에서 얻는 만족보다 크면 차이가 생기게 되어 기부자는 떠나고 경험에 대한 만족이 기대치보다 크면 기부자는 남는다. 이것이 어떤 기간 동안 포지티브로 유지하면 축적이 되어 더한 값이 비영리단체의 브랜드로 남는 것이다. 이것을 수학적으로 표시하면 다음과 같다.

$$\text{브랜드 만족(BS)} = \sum_{\text{브랜드 Touch points over time}} \text{브랜드 경험(BEP)} - \text{브랜드 기대(BEX)}$$

$$\text{브랜드의 참 뜻(BM)} = \frac{\delta \text{브랜드 만족(BS)}}{\delta \text{시간(t)}}$$

기울기가 플러스(+)면 비영리단체의 브랜드는 상승하고, 마이너스(-)면 브랜드 가치는 감소한다. 여기에서 주목해야 할 것은 비영리단체 touch point는 전화 상담, 웹 경험, 공연 프로그램 등이 있지만 잠재기부

● **그림 2-14** 비영리단체 브랜드의 순환

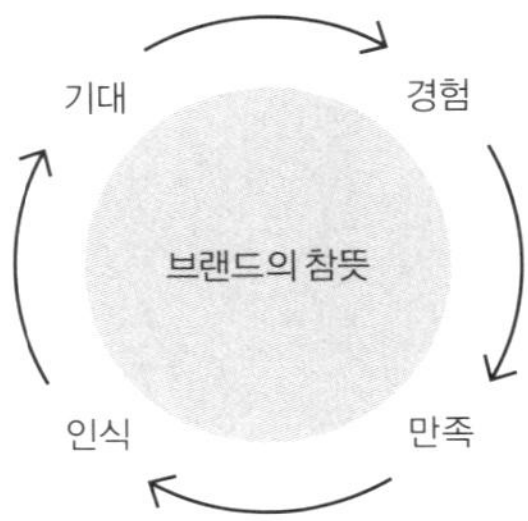

자가 비영리단체와 접촉하는 경험으로서 제공하는 프로그램도 물론이지만 가장 영향을 많이 주는 것이 모금을 주 목적으로 하는 이벤트인데 Burnout 된 스텝들이 진행하는 이벤트의 태도는 그대로 노출이 되어 만족도가 떨어지기 십상이다. 그래서 단체의 입장에서 참신한 시도로 하는 작은 이벤트에 놀라운 만족도를 줌으로써 단체의 혁신적인 시도도 필요하다. 비영리단체의 브랜드는 위과 같이 순환이 이루어진다.

브랜드의 가치와 의미는 어느 기간 동안 경험을 통해 만족을 얻고 인식의 변화로 기대를 하고 다시 경험을 하는 순환을 반복하여 얻어진다.

한편 기부금 요청자의 평판(reputation)이 개인에게는 브랜드와 마찬가지의 효과가 있다. 요청의 성공여부는 요청의 내용 혹은 명분과 스킬이 중요하지만 요청자의 개인적 신용이 전제가 된 뒤에 나머지도 가능해진다. 요청을 받은 사람이 그전에 요청자와의 경험과 기대에 차이가 많이 났었다고 기억한다면 요청을 받아들이기가 힘들어질 것이다.

8

기대의 차이에서 오는 갈등

단체 내부의 모금에서 발생하는 문제는 기대 차이(Expectation Gap)에서 시작된다. 그 기대는 비영리단체 자원개발자를 고용하는 단체의 거버넌스의 기대 차이이다. 우선 기대는 시간적 기대와 목표액의 기대에서 서로의 역할에 대한 기대 차이로 나누어 생각해 볼 수 있다.

첫째, 시간적 차이이다. 실제 모금이 이루어지기 위해 비영리단체 자원개발자 혼자 다 할 수 있는 것이 아니고 단체의 모금능력, 정서, 문화, 이미지, 준비 등 많은 요소들의 영향으로 서서히 효과를 볼 수 있다. 하지만 고용한 입장에서는 그 결과물에 대한 기대 타임 테이블이 서로 달라서 갈등이 생긴다. 미국이 한국보다 기대 타임 테이블의 차이가 적은 이유는 거버넌스 중에는 모금 경험이 많고 단체의 상황을 합리적으로 이해하여 비영리단체 자원개발자를 환상적인 Rain Maker로 보지 않기 때문이다. 한국에서 누구든지 단체에서 처음으로 모금 전문가로서 일을 하게 될 때 이러한 기대 차이는 넘어야 할 큰 산이고 잘못되면 희생양이 될 수 있다.

둘째, 목표액에 대한 기대 차이이다. 보통 경험이 적은 단체는 비영리단체 자원개발자를 고용하고 실제보다 더 큰 목표와 기대치를 설정한다.

실무상 비영리단체 한 명의 자원개발자가 할 수 있는 모금액은 비영리단체 자원개발자 임금의 10배 정도로 잡는 게 업계의 관행이다. 즉 4년 동안에 4억이 월급으로 나간다면 40억 정도로 설정한다. 평소 4년에 100억을 모금하는 단체는 비영리단체 자원개발자로 인해 140억 정도를 모금할 수 있을 것으로 기대하는 것이 정상이지만 200억, 300억이라 생각하는 기대는 과도한 것이어서 결과에 대해 갈등이 생긴다.

셋째, 역할 분담에 대한 이해 차이다. 주로 거버넌스를 잘못 이해함으로써 생기는 차이다. 비영리단체 자원개발자가 혼자 다 알아서 할 것으로 여기고 자신들은 모니터링만 하고 문제점을 지적하는 역할로만 생각하는 데 문제가 있다. 심지어 어느 단체의 CEO는 "우리가 할 수 없으니까 전문가를 고용하는 것 아닌가?"라고 반문한다. 모금 전문가는 모금에 대한 태도와 행동의 변화를 내부 구성원으로부터 시작하여 외부로 발전시켜 나가도록 만드는 역할이다. 그래서 거버넌스의 지갑을 먼저 열게 하는 자원개발자의 역할에 대해 불만이 생기는 것이다.

9

리더십의 Commitment 모델

결국 기부는 Commitment에 관한 이슈이다. 보통 조직의 충성도와 신뢰도에 비례하는 경향이 있지만 기부의 경우는 다른 변수가 많이 내포되어 있어서 충성도와 신뢰도는 연관이 없을 수도 있다. 하지만 Side Bet Theory(Howard Becker[1960]는 조직충성에 대한 개념을 설명하면서 '얹어 걸기 이론[Side Bet Theory][한광현, 2005 대한 경영학회지 번역]'을 언급한 바 있다. 그는 사람들이 기왕에 하는 투자 또는 기부로 인해, 지대한 관심을 나타내며 어떤 행위를 지속하려는 현상을 '얹어 걸기 이론'이라고 설명했다. 다시 말해서 개인이 다른 조직으로 옮길 경우[다른 곳에 기부하는 것, 다른 곳에 우선순위를 두어 더 Commitment 하는 것 등] 보수, 지위, 책임, 권한 등이 증가하여 매력적인 직장 분위기를 맛볼 수 있음에도 조직을 떠나려 하지 않는다. 왜냐하면, 시간의 흐름에 따른 얹어 걸기의 변화나 개인과 조직 간 거래 내용의 변경으로, 현 조직의 구성원으로 남아 있는 것이 보다 많은 이익을 획득하는 것으로 믿기 때문이다)가 리더십 경우에 적용될 만하다. 기부금이 다른 조직원과의 관계에 들어가는 사회비용의 투자로 보고, 무엇을 주고 얻을 것인가 생각하게 된다. 하지만 아직까지 계산법에 도전을 줄만한 캠페인이 없었다. 지금까지 리더십의 모금캠페인에 대한 Commitment는 크게 나타나지 않았기 때문에

그림 2-15 Type of Commitment

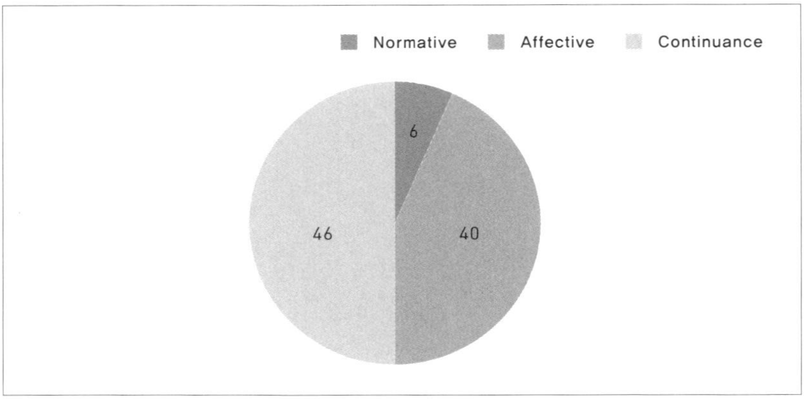

조금씩 Commitment를 늘리면 목표에 도달할 수 있는 Commitment를 하게 될 것이다. 문제는 단체의 모금 지도부가 어떤 방식으로 어느 정도 Commitment를 할 것이고, Stakeholder들의 Commitment를 유도할 것인가에 대한 것이다. Meyer와 Allen's(2007)의 Three-Components Model of Commitment를 1:1 인터뷰를 통해 알아볼 필요가 있다. 여기서 Affective는 좋아서 가담하는 것이고, Continuance는 자신들이 필요해서 하는 것이고, Normative는 나눔의 의무나 책임감에서 나온 것이다. 가장 이상적인 형은 이 세가지 유형이 균형을 갖고 있어야 하지만, Normative는 매우 취약한 것이어서 필란트로피의 이해와 교육이 필요한 상황이다.

10

기부산업 시장, TAM and SAM

모금목표 시장은 무엇인가? 처음 모금상품을 만들어 출시하고 서비스를 개시하면 모든 시장에서 엄청난 수익을 얻을 수 있다고 기대한다. 하지만 대부분 예상보다 적은 수익과 지속적인 수익 하락에 놀라움과 분노 그리고 잘못된 과거에 대해 고민하다 결국 침몰한다.

스타트업은 굶어 죽지 않는다. 물에 빠져 죽는다. _숀 캐롤런

벤처투자자가 잘못된 시장을 선택하는 것은 결국 회사 성장의 한계를 모르고 시작하는 것이 된다. 또한 대부분의 보고서는 전체 시장의 크기를 나타낼 뿐이며 내가 수익을 낼 수 있는 시장을 나타내는 것은 아니다. 대부분 잠재적인 시장의 크기를 자신의 목표 시장과 혼돈한다(참고: 판매를 성공적으로 만들어라 http://leanstartupkorea.com/?p=116).

특히 시장의 크기를 검증하기 위해서는 잠재 사용자, 고객의 수, 사용자의 증가율, 고객의 활성화율에 대해 지속적인 관찰과 개선이 필요하다.

시장은 크게 전체 시장(TAM: Total Addressable Market), 유효 시장(SAM:

● **그림 2-16** 시장 규모 비교

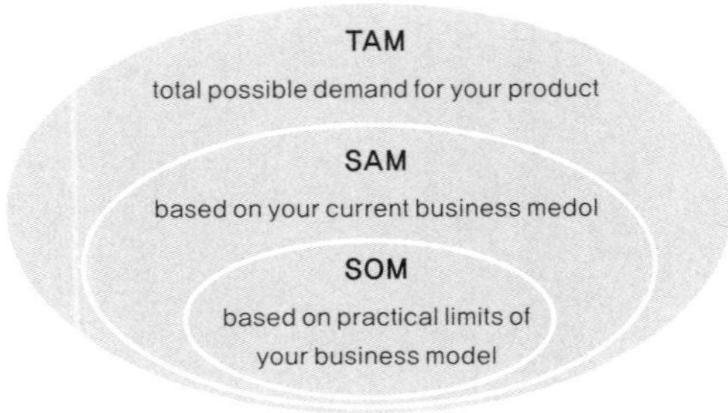

Service Available Market), 그리고 목표 시장(Target Market) 또는 수익 시장(SOM: Serviceable Obtainable Market)으로 나누어 살펴볼 수 있다. 대부분 보고서는 전체 시장 또는 유효 시장에 대한 부분이 많다. 이 시장은 대기업 또는 기존 기업 중에 최대 수익을 위한 기회를 노릴 경우에 유효하다. 스타트업은 목표시장을 대상으로 해야 하고, 필요에 따라서는 이보다 작은 개개인에 맞는 맞춤형 시장(작은 니치 마켓)을 목표로 해야 할 수 있다. 따라서 시장 규모를 정확하게 이해하고 이를 기반으로 회사 수익과 매출에 대한 계획을 세우지 않는다면 회사는 2~3년 후에 시장의 크기가 작아 고전할 수 있다. 예를 들면 목표 시장은 다음과 같다. 20세에서 30세 여성의 비율은 약 200만 명이며, 이 중 50% 만이 회사를 다니고 있으며, 이들은 한 달에 평균 1켤레의 구두(신발)를 구매한다. 구매 평균 비용은 약 4.8만 원이다. 따라서 목표 시장의 크기는 대략 480억 원이다.

위의 예에서 내가 목표로 하는 시장에서 과연 내가 얼마나 파이를 가져갈 것인지 고민해야 한다. 또한 제품의 비용에는 보이지 않는 부분도 있다. 제품에 대한 계약, 사용자가 제품을 이해하는 데 필요한 시간, 그리고 신제품의 발생으로 나타나는 교체 비용과 매몰 비용도 고려해야 한다. 이러한 비용을 고려해야 실제 시장에서 파이의 크기와 더불어 수익을 얼마나 가져갈 수 있는지 확인할 수 있다. 비록 영리시장에 통용되는 이론이지만 비영리도 마찬가지로 적용된다.

11

기부산업화를 통한 사회혁신 5 I's

아인슈타인은 사회문제를 해결하기 위해 "같은 수준의 생각으로는 그 문제를 해결할 수 없다"라고 했다. 이 말은 문제를 일으킨 장본인이 같은 수준의 생각으로는 그 문제를 해결할 수 없다는 말처럼 들린다. 특히 난제인 사회문제는 혁신적인 발상과 혹은 아이디어를 가진 제3자에 의해서 가능하다. 그는 방법론에 있어서 "문제를 찾아내고 규명하는 데 시간을 쏟으라"라고 했다.

사회문제 해결을 위한 혁신에도 공식이 있다. 문제가 무엇인지 규정하는 능력(Identity), 그리고 새로운 것을 발견하기보다는 새로운 시각(Perspective)을 가지면 새로운 것이 보인다는 것이다. 새로운 시각으로 새로운 것을 찾아내는 통찰(Insight), 통찰을 구체화할 수 있는 아이디어를 모아내는 것(Idea), 이를 실행하는 배짱과 희생을 하는 능력(Implement)과 그리고 실제로 긍정적인 변화의 결과(Impact)를 가져야 한다. 이 다섯 가지를 곱해야 혁신(Innovation)이 탄생한다. 일명 'I×I×I×I×I=I'라는 혁신 공식으로 다섯 개의 I(Identity, Insight, Idea, Implement, Impact)를 곱해 혁신(Innovation)이라는 답을 얻는 공식이다. 덧셈이 아니고 곱셈이기에 이 다섯 개 I 중 하나만 0(제로)이어도 결과는 0이 된다. 사회 혁신을 원하는 많은 이들은 아이디어(Idea)에만 집착하는 경향이 있는데, 그 어느 하나라도 소홀해서는 혁신이 이루어질 수 없다. 혁신이 어려운 이유는 기존에 익숙했던 것들과의 끈을 끊어야 하는 일이어서 감정이 소요되기 때문이다. 이대 인문학적 넓이와 과학적 깊이를 더해 혁신이 완성된다.

IDENTITY + INSIGHT + IDEAS + IMPLEMENTATION + IMPACT = BREAKTHROUGH INNOVATION

12

기부와 사회적 교환 이론

현대의 기부관련 학자들은 기부문화를 일방적인 기부로 끝나는 것이 아니라 사회적 교환의 개념으로 접근한다. 모금 이론 중 사회적 교환(Social Exchange)에 대한 개념이 차지하는 비중은 매우 크다. 사회적 교환이란 다른 사람에게 행한 자신의 행동이 그에 상응하는 결과를 가져다줄 것이라는 기대에서 사회적 행동이 이루어진다고 하는 이론으로 교환과 관계가 주된 요소다. 관계 마케팅과 사회적 교환 이론은 기금모금의 기초 개념으로 볼 수 있다.

사회 심리학에서 파생된 모든 경제적 제안이란 그들이 input한 것을 정당화하기 위해 무엇인가 받았을 때 일을 하여 그 대가를 치르는 것에 대해 말한다. 하지만 일반적인 시장 교환과 달리 기부의 교환은 기부자에게 이익이 돌아가지 않을 수도 있으며 어떤 것은 사회로 환원되기도 한다.

Lord(1983)는 모금가에게 말하기를 “사람은 받기 위해 주는 것이다. 단순이 주고 만다는 느낌보다는 투자하여 무엇인가 받기를 원하기 때문에 이는 교환의 프로세스이며, 그래서 우리는 기부자에게 빚을 진 것이다”라고 했다. 이 말은 현대 모금의 윤리관과 책무성의 기초를 마련해준다.

철학자인 Mike Martin(1994)은 "기부는 이타주의와 이기심의 합산으로 나온 것이다. 그래서 이기심이 관계를 유지하기 위해서 이타심보다는 조금 강하지만 그것만으론 불충분하기에 서로 보완하고 연결되어야 한다"라고 말했다.

사회적 교환 이론은 교환과 관계가 있는데 Mixer(1991)는 그것에 시스템 이론을 가미하여 "모든 비영리단체는 자급자족을 할 수가 없으며 주위 환경과 교환을 통해 존재할 수 있다. 주는 자와 받는 자가 끊임없이 상호이익을 추구하기 위해 교환하는 과정 속에서 유지해야 한다"라고 했다.

한편 Pratt(1991)은 기부금이 일종의 힘이 되기에 기부자와 비영리단체 사이에서 힘의 균형이 깨지면 서로의 공저와 공평한 소통은 사실 힘들다고 말한다. 특히 열악한 비영리단체의 경우는 힘의 균형에 밀려 '구걸'의 형태로 기부금 요청을 하게 되기 쉽다는 것이다. 하지만 한쪽에서는 비영리단체에게 주는 기부금으로 인해 사회에 주는 영향력이 실제로 힘으로 작용하기에, 당당하고 동등하게 가야 한다고 주장하는 학자들도 있다.

2006년 유명 록밴드 U2의 보컬리스트 보노가 시작한 '레드(Red) 프로젝트'를 예로 들자면, 레드 프로젝트는 상품에 빨간 딱지를 붙여주는 대신 세계기금모금에 동참하도록 하는 일이다. 프로젝트에 참가한 아메리칸 익스프레스, 애플, 델, 모토로라, 갭의 매출은 늘어나고 직원 만족도도 올라갔다. 사회적 마케팅이 브랜드 이미지와 고객 충성도를 높인 결과이다. 기업의 사회적 책임을 강조하는 한편 빈곤 퇴치 프로그램의 효율적 운영에 필요한 공공, 비영리, 민간부문의 성공적 파트너십 원칙을 제시한 이 아이디어는 쉽게 기부가 사회적 교환으로 이루어진다는 이론에 기초를 둔 것이다. 사회적 마케팅을 빈곤문제 해결 및 사회복지 증진을 위해 교환이론, 시장 세분화, 경쟁 같은 마케팅의 원리와 기법을 적용하는 것이다.

13

필란트로피의 다섯 가지 자본금

필란트로피 산업이 발전하기 위해선 자본이 있어야 하고 지속적인 투자가 필요하다. 하드 자본, 즉 물리적 자본인 돈도 중요하지만 더 잘 작동하고, 더 빠르며, 저렴하게 할 수 있도록 만드는 일종의 비물리적 자본인 소프트 자본과 관련이 있다. 다음은 다섯 가지 소프트 자본에 대한 설명이다.

① 신뢰자본(Trust Capital)

가장 중요한 자본으로, 프랑스 철학자 부르디외의 주장에 의하면 사회(소셜 네트워크), 문화 자본도 있다. 사회 구성원 간 신뢰는 사회자본에 속하고 경제 자본과 달리 아무리 많이 써도 고갈되지 않는다고 말한다. 미국의 정치사상가 프랜시스 후쿠야마는 '신뢰'의 가치를 특별히 중시해서 "한 국가의 경쟁력은 한 사회가 고유하게 지니고 있는 신뢰의 수준에 따라 결정된다"라고 했다. 비영리단체 구성원들이 보편적인 규범에 기초해 규칙적으로 정직하게 그리고 협동적으로 행동할 것을 서로 기대하는 것이다. 그래서 건강한 기부문화 안에 각 단체가 갖고 있는 신뢰자본도 국가 경쟁력이 되는 것은 당연하다. 신뢰는 단체의 결속력을 굳게 하고 계약과 거래의 불필요한 비용을 줄이고 예측 가능성을 높여 모금에 결정적으로 도움이 된다. 스티븐 코비는 신뢰의 첫 번째 요소는 말과 행동의 일치라고 했다. 단체가 무엇을 하겠다고 하면서 기부금을 받고 그 말대로 행함으로써 신뢰를 얻는 것이다. 신뢰는 빤짝 아이디어에서 나오는 것이 아니라 꾸준히 '발품'을 팔면서 얻어진다. 즉각적인 보상이 있던 말던 남이 알아주던 말던, 손해를 보는 것 같으나 결국 신뢰는 경비를 절감하게 만들고 자본화 되어 브랜드화 되는 것이다.

② 협력자본(Coordinated Capital)

파트너십 자본이다. 많은 보조금 수혜자가 추구하는 체계적인 변화를 달성하기 위해 그들은 이제 함께 협력해야 한다는 것을 알고 있다. 그 어느 때보다 많은 기부자들이 아이디어를 공유하고 전략을 조율함으로써 협력할 뿐 아니라 실제로 실사를 합리화하여 관리, 감독, 평가 및 학습을 합리화 한다. 총기 폭력을 줄이고 기본적인 과학 연구를 촉진하며 학생들이 교실에서 학업에 성공할 수 있도록 돕고 주택을 더 저렴하게 만드는 등 다양하게 기부자의 기금을 제공한다. 잘 수행되면 이러한 공동자금은 대규모로 임팩트를 크게 증가시킬 수 있다. 자선기관 중개자의 부상으로 인해 많은 기금 제공자는 중개인과 재정 보증인을 통해 다른 기부자의 기금을 모으고 있다. 이를 통해 처음부터 새로운 비영리단체를 설립하는 자본 집약적인 부담 없이 새로운 프로젝트를 시작하기 위해 여러 분야에서 협력할 수 있다. 중개자는 촉매제 역할을 하는 아이디어를 제시하고, 전통적인 자본 배치에 대한 중요한 '테스트를 통해 배우기(Test and Learn)'를 시범적으로 실시하여 효과를 평가한 후, 유효한 것으로 입증된 뒤에 확대 실시하고, 데이터가 많이 모인 후에야 실행방식을 조정하는 대안을 제공한다. 중개 기관의 전략적 사용을 통해 자금 제공자는 새로운 네트워크, 접근 방식 및 조직을 창업하고 가속화하며 전략과 보조금 수립을 조정한다.

③ 정책 및 옹호 자본(Policy&Advocacy Capital)

정책 옹호 활동은 캠페인이나 운동(movement) 수준에서 변화를 촉진시킬 수 있는 상호 보완적인 활동이라는 것을 점점 더 인식하고 있다. 예를 들어, 투표 결과에 긍정적인 결과를 가져온 인식 프로그램에 자금을 지원하여 필란트로피 활동의 참여를 돕는다. 이것을 인식한 기부자들이 옹호 및 정책 노력을 뒷받침하는 데 더 큰 역할을 할 수 있다. 보다 완벽한 공공정책을 수립하는데 투자된 자본이 종종 큰 영향을 가져온다는 사실을 인식하고 보다 완벽한 툴킷(tool kit)을 사용하여 정책 및 옹호 분야를 더 깊이 이해할 것으로 본다.

④ 위험 자본(Risk Capital)

자선 사업은 태생적으로 위험을 감수해야 함에도 불구하고 자본이 쉽게 위험에 빠지지만, 아직 한국 필란트로피 생태계에 영향 위험을 평가, 측정, 관리 및 완화하는 산업 표준은 존재하지 않는다. 경험에 따르면 4명 중 3명은 RFP 프로세스 중에 위험에 대해 묻지 않기에 결과적으로 비영리 단체는 위험에 빠질 확률이 높아진다. 진정으로 우리가 촉매적인 존재라고 믿는다면, 자신의 입장을 재정의하고 위험 관점에서 보조금을 다뤄야 한다. 단순 자선 사업을 넘어 필란트로피 산업은 미리 리스크를 감안하여 예산과 기획 안에 위험자본 형태로 있어야 한다.

⑤ 유연성 자본(Flexible Capital)

점점 임팩트 투자가 주류가 됨에 따라 기부자가 고정관념에서 벗어나 창조적인 방법으로 영향을 주기 위해 금융 자본을 배치할 수 있는 특권을 누리게 된다. 많은 기금 제공처는 최근 복구 가능한 보조금 및 대출의 형태로 상당한 자본금을 모으고(Impact Investing) 협력했다. 이들은 저소득층의 성인이 교육 장벽을 극복할 수 있도록 기술 기반 솔루션을 사용하는 기업 및 비영리단체의 성장을 지원하기 위해 유연성 있게 여러 도구를 사용해 왔다. 실제로, 이러한 자금 제공자는 금융 자산과 함께 긍정적인 사회적 수익을 창출하는 마켓을 새로이 창출하는데 도움을 준다.

제3장

필란트로피 산업의 새로운 교육과 학문

1

융합의 필란트로피학

DP(Development Professional), 펀드레이저(Fundraiser)는 이미 융합 전문가다. 요즘 과학지식과 관련 비즈니스를 이해하고 현장에서 적용할 수 있는 '과학-비즈니스 융합 전문가(PSM: Professional Science Master) 양성이 한창이다. 과학이 없는 모금은 깊이가 없으며, 인문학이 없는 모금은 그 넓음을 이해할 수 없다라는 말이 있다. 또한 많은 대학에서 소프트웨어융합과의 취지에 맞도록 이공계 출신들에게 부족하기 쉬운 커뮤니케이션, 정책, 경영기술 등과 인문/사회과학적 소양을 갖추도록 전문 고양과목의 수강

표 3-1 대학에서 필란트로피의 역할과 다양한 해석

관심분야	다양한 해석
• 공대: social engineering, 적정 기술 • 문화 예술대: 메세나, 재원조성 • 비즈니스, 파이넨스: 비영리 경영, effective altruism • 인문학부: 인성교육	• 경제학자: 인간의 욕구의 극대화, 경제학의 일부 • 사회학자: 계층간에 권력과 갈등의 완화 • 사회복지학자: 세금과 복지의 균형 • 의학자: 코티졸과 옥시토린의 분배 • 생물학자: 유전자 보존의 방법

을 강화하고 있으며, 융합소학회를 설립하여 학생들이 인문·사회의 식견을 갖추도록 하는 프로그램을 기획하는 등 진정한 융합형 인재를 길러내기 위해 최선을 다하고 있다.

필란트로피		
	+ 기술	= 적성기술
	+ Medical	= 적성의료
	+ 디자인	= 착한 디자인
	+ 비즈니스	= CSR, CR, CSV
	+ 교육	= 인성교육
	+ 금융	= Social Investment
	+ 법, 세금	
	+ Development + Funding	
	+ Social Service	
	+ Communication	

가. 필란트로피 교육산업

이미 미국에서는 프로페셔널 자격증뿐 아니라 대학에서 필란트로피 관련 학과도 생겨나고 교육시장이 확대되어 교육산업의 일부분이 되었다.

나. 필란트로피 커리큘럼 디자인

교육 과정 디자인을 위한 접근 방법은 주로 네 가지로 나눈다.

① 사실 개념: 기부 트렌드와 기타 필란트로피 관련 통계를 사실에 근거한 정보 제공과 분석의 툴로서 사용한다. 정확한 데이터를 보는 시각을 키운다.

② 동기 개념: 주로 왜 기부를 하는가 그리고 왜 해야 하는가 등, 자신의 숨어 있는 기부인자를 재발견하도록 도움을 준다. 인간의 본성을 이해하고 동기를 격려하는 방법으로 공감과 설득 능력을 키운다.

표 3-2 4 Major Approach for Phianthropy Curriculum

• Factual Concepts	• Motivational Concepts
• Procedural Concepts	• personal DevelopmentConcepts

③ 과정 개념: 어떻게 하는 것이 현명한 방법인가, 가장 적합한 효율과 효과적 방법의 접근으로 논리적이고 합리주의적인 능력을 키운다.

④ 개인적 발전의 개념: 자아실현이든 경력 개발이든 자신의 발전을 위해 스스로 업그레이드하는 방법을 찾아낼 능력을 키운다.

다. '나눔 지도사'가 전문가로 인정받기 위한 다섯 가지 요건

이제는 한국도 비영리 활동가에서 비영리 전문가 시대로 바뀌고 있다. 비영리 선진국인 미국에서 비영리 분야의 전문가는 과연 어떤 사람을 말하며, 한국에서 전문성 강화를 위해서 어떤 노력이 필요한지에 대해 알아보고자 한다. 미국은 기부문화를 단순히 윤리적 교육으로 시작했기 때문에 실패한 경험을 가지고 있다. 한국도 '나눔'이라는 주제를 윤리나 교양 정도로 생각하고 시작했다면 실패할 확률이 높을 것이다. 현재 국내 상황에서 교육적 가치를 가진 비영리 모델을 만들어 보여주기가 대우 어렵다. '나눔 지도사'는 나눔을 지도한다는 명분으로 강사로서 직업창출과 기부문화 확산을 위한 목적으로 만든 민간 자격증이다. 하지만 수요가 있다 해도 적절한 강의료나 전문가에 대한 비용을 지불하려 하지 않는다. 정부가 계속해서 대신 지불할 수는 없으며, 수요처 또한 찾기도 힘들고, 신청자도 줄어 악순환이 되는 딜레마이다.

미국은 필란트로피(Philanthropy)가 이미 문화 차원을 넘어 전문성을 인정받은 기부산업으로 승화되어 재단관리, 비영리 개발전문가 등, 직업교육(vocation)화 되었다. 예를 들어 폐품의 재활용이 환경운동도 되지만 그것이 산업을 만났을 때는 적절한 동기와 보상도 생기는 직업이 되어 활력이 생기게 되는 것이다. 비영리 전문가가 어떻게 전문성을 유지해야 하는가에 대해서는 국제공인기금조성전문가(CFRE, Certified Fund Raising Executive)를 벤치마킹한다면 도움이 될 것이다. 적어도 다음에 열거한 다섯 가지는 갖고 있어야 비영리 기금조성 영역에서도 전문가(Professional)로 인정받을 수 있다.

첫째, Recognized Body of Knowledge. 반드시 인정받은 Body of Knowledge(BOK)가 있어야 한다. BOK는 단순히 용어모음, 읽히는 책 리스트, 웹사이트 모음, 전문가의 기능 설명 등의 서류 뭉치라는 의미 이상의 포괄적인 지식의 모음을 말하는 것이다. 특히 조사(survey)를 통한 직업분석(job analysis), 업무분장(job description), 보상, 연구자료(research) 모음 등을 충분히 갖춘 그룹에 가입되어 있어야 한다. 이것은 어느 날 갑자기 만들어지는 것이 아니라 구성원의 헌신적인 노력, 자본, 시간이 소요된다. 많은 전문가 협회가 생기고 없어지는 이유는 바로 BOK가 부실하기 때문이다.

둘째, Continuing education for professionals. 직업적으로 활동을 하면서 교육은 계속해서 받아야 한다. 모금에 대한 교육은 초보 비영리 모금가가 기금조성에 대한 문법을 배울 수 있도록 돕는 교육이다. 도움을 구하는 요청을 자연스럽게 할 수 있는 문화를 만드는 교육이며 구름 위에 떠 있는 이상을 현실에 대한 감각이 생기도록 만드는 교육이기도 하다. 비영리 기금조성은 '서생(書生)적 문제의식'과 '상인적 현실 감각'이 동시에 있어야 한다. 일부 모금가는 두 가지 중 한 가지만 가지고 있는데, 이렇게 부족한 것을 가르쳐 주어 변화할 수 있도록 돕는 교육이기도 하다.

초보자가 좋은 장비를 갖추어 사진을 찍는다고 해서 좋은 결과물을 얻을 수 있는 것은 아니다. 좋은 결과물을 얻기 위한 교육을 통해 전문 사진가의 영역에 들 수 있는 것처럼, 비영리의 모금도 누구든지 할 수 있지만 전문가가 되기 위해서는 충분한 교육과 훈련이 필요한 것이다. 교육 대상자로서 기금조성 교육을 받기 전에 스스로에게 세 가지 질문을 해 보자. 이 질문은 지금까지 기금조성 교육을 받은 후, 별 효과가 없었던 이유가 되기 때문이다.

① 나는 조직 내에서 내가 배운 대로 기금조성 플랜을 만들어 진행할 수 있는 위치에 있는가?
② 기금조성 운동에 대해 내가 생각하는 가치는 무엇인가? 그 가치가 잘 부합(match)하지 않는다?
③ 조직 내 기금조성 환경을 바꿀 힘이 내게 있는가? 열정은 있으나 조직 내에서 힘과 권한이 없고 책임만 있어서 열정이 사라진다?

셋째, Code of Ethics. 윤리적 사고에 있어서 조직, 팀원에 대한 믿음과 사회에 대한 가치관이 나타나는 행동과 일치할 수 있도록 해야 하며, 윤리적 딜레마를 만날 때 그것을 넘을 수 있는 가이드라인이 필요하다. 비영리 영역에서 활동하는 사람들이 공감하고 동의한 윤리 규정을 정기적으로 점검, 수정, 훈련을 통해 보완해야 한다.

넷째, Certification for Practitioners in the Profession. 비영리 기금조성과 관련한 공인된 자격증을 소유하고 있어야 한다. 교육으로 얻을 수 있는 것이 수료(certificate)이고, 교육과 더불어 경험의 검증을 통해 얻은 것이 자격증(certification)이다. 자격증 그 자체보다 그것을 얻기 위해 준비하는 과정을 통해 오히려 기술과 지식을 더 습득하게 된다. 그래서 결과도 중요하지만 본인의 희생과 노력이 동반되는 그 과정을 체험하면 직업에 대한 자긍심이 더 커질 수밖에 없다.

다섯째, Research studying the profession. 기금조성 전문가는 데이터를 토대로 연구조사(research)하여 영향(impact)을 평가할 수 있는 도구

(tool)를 만들 줄 알아야 하며, 그렇게 해서 나온 것(outcome)을 관련 분야의 사람들과 공유해야 한다. 그리고 다음과 같은 사항을 스스로에게 질문해 보았을 때 만족할 만한 대답을 할 수 있다면 진화하는 전문가이다.

① Testing? (신념과 경험을 계속 테스트하나?)

② Review? (결과를 검토하나?)

③ Create Knowledge? (지식을 만들어내나?)

④ Shared? (지식을 공유했나?)

⑤ Relevance? (배움이 사명(mission)과 관계가 있는가?)

이렇게 다섯 가지를 갖추고 내적 동기, 충분한 훈련 기간, 조언해줄 멘토, 직업을 유지할 환경까지 갖춘다면 국제사회에서 인정받는 나눔 전문가가 될 것이다. 비영리 분야 전문가들의 업무수행을 열정이나 희생만으로 강조하던 시대는 지났다. 데이터를 근거로 하는 과학적인 접근과 결과를 중시하는 시스템 안에서 행해져야 한다. 그리고 평생 지속될 전문가가 되고 유지하는 것은 시간의 경영(Time Management)이 아니라 에너지 경영(energy management)임을 잊지 말아야 한다.

2

인성교육, 그리고 필란트로피

2.1 인성교육과 필란트로피

가치관은 어려서부터 교육을 통해 채화된 것으로 특별한 계기가 없으면 잘 바뀌지 않는다. 이러한 가치체계에 의해 개인의 이미지가 만들어지고, 이러한 이미지는 그 사람을 나타내는 인성이 된다. 인간다움의 또 다른 이름이 인성이다. 개인이 느끼는 감정으로는 7성인 희로애락애오욕, 타인과의 관계에서는《맹자》〈공손추편(公孫丑篇)〉에 있는 말이다.

> "불쌍히 여기는 마음이 없는 것은 사람이 아니고, 부끄러운 마음이 없으면 사람이 아니며, 사양하는 마음이 없으면 사람이 아니며, 옳고 그름을 아는 마음이 없으면 사람이 아니다. '불쌍히 여기는 마음'은 어짐의 극치이고, 부끄러움을 아는 마음은 옳음의 극치이고, 사양하는 마음은 예절의 극치이고, 옳고 그름을 아는 마음은 지혜의 극치이다."

이런 내용은 서양의 필란트로피의 개념과 연결고리가 있어 보인다. 인성이란 '자신의 내면을 바르고 건전하게 가꾸고 타인·공동체·자연과 더불어 살아가는 데 필요한 인간다운 성품과 역량'이다. 이러한 역량은 학교생활, 일상생활 등을 통하여 자연스럽게 길러져야 하고, 학습자의 지속적인 사고와 행동의 변화를 통하여 가치가 내면화되어야 한다. 다시 말해서 별도의 인성교육보다는 교육의 전(全) 과정을 통하여 명시적 그리고 잠재적으로 길러져야 한다. 인성은 특정 자격증을 가지고 가르치는 것이 아니라 마을과 사회, 국가가 모두 학교가 되어 공동체 구성원이 서로 공감하면서 가슴으로 배우고 내면화된 가치를 삶 속에서 실천하도록 해야 한다. 인성교육은 한 장소에서 하루아침에 이루어지는 것이 아니다. 오랜 시간 동안 다양한 장소에서 여러 상황들을 경험하면서 그곳에서 함께하는 사람을 통해 형성된다. 인간의 궁극적 목표인 행복을 만들어가기 위해 인성교육이 필요한 것이고 그것은 사람과 공간에 의해 이루어진다.

필란트로피 교육은 자선과 경제개념을 동시에 배운다. 현재 한국에서 진행되고 있는 인성교육에 나눔이 포함되어 있지만 구체적이고 현실적인 콘텐츠가 부족해 아쉽다. 그 콘텐츠를 유대인의 교육인 탈무드의 커리큘럼에서 일부 벤치마킹 하는 것이 좋다고 생각한다. 유대인은 금전 관계와 관련한 자선에 대해 아주 어릴 때부터 가르친다. 토라나 탈무드를 가르치기 전에 중점적으로 남을 사랑하는 기부방식인 자선을 가르치는데, 추상적인 것보다 실제적인 것을 가르친다. 유대인에게 부자가 많은 이유는 용돈에 대한 경제교육을 시작으로 노동교육과 경제교육이 병행되어 20대 이전에 이미 올바른 경제관념을 갖고 세상에 나가도록 만든다. 먼저 돈을 가치 있게 쓰는 방법으로 자선을 경험하게 하고, 나중에 어떻게 정직하게 벌 것인가를 가르친다. 온전한 기부금의 변하지 않는 원칙은 정직하게 자신이 번 돈을 기쁘게 주는 것이라는 것을 스스로 깨닫게 한다. 배움과 실천 중 먼저 실천을 가르친다는 뜻이다.

필란트로피 교육은 영(靈)과 육(肉)의 혼합으로 사랑과 돈의 역학관계를 배운다. 현실에서 사랑에 근거한 돈을 사용해 지혜롭게 사랑을 실천하는 것이 사회가 필요로 하는 인성의 근본이다. 비영리조직의 핵심 활동인 기금조성은 돈의 속성보다는 인간의 속성을 공부해야 한다. 마음을 열게 하고 그 마음을 움직일 수 있다면 돈은 따라오게 된다. 그래서 모금은 돈의 이슈가 아니라 기부자의 이슈이다. 모금은 돈을 달라는 것이 아니라 기부자가 되어 달라고 하는 것이다. 특히 인간의 본성을 있는 그대로 인정하면서 자선과 경제문제를 넘나드는 'Practical Wisdom'의 결정체는 기금조성(Fundraising) 분야이다. 기금조성은 인성 실습을 위한 종합적인 시험장이다. 기금을 조성한다는 것은 먼저 주는 것과 건강한 돈의 흐름을 배우기 때문에 인성교육의 결정체이며 실천의 학문으로서 사랑에 근거한 금전관을 가르치는 것이다. 인성문제가 돈 문제와 연결이 안 된다면 그야말로 고리타분한 윤리교육으로 끝난다. 기부산업은 건강한 금전관으로 사회적 자본이 커져야 발전하는 것이다. 이러한 건강한 금전관은 필란트로피 교육에서 배울 수 있기 때문에 인성교육에는 반드시 기초 교육으로 필란트로피 교육이 필요하다.

2.2 나눔 교육의 성공 요소인 4H

나눔 교육에는 Head, Heart, Hunch, Hand 등 4H가 필요하다. 논리와 경험을 이해할 수 있는 머리(Head), 열정과 공감을 위한 가슴(Heart), 직관적 능력(Hunch) 혹은 배짱을 키우는 능력, 그리고 실제로 손을 사용하는(Hand) 기술이 필요하다.

Head와 Hand는 교육을 통해 어느 정도 향상이 가능하지만, 서양의 교육자들은 Heart나 Hunch에 대해 드러내 표현하진 않지만 태생적이

그림 3-1 나눔 교육의 4H

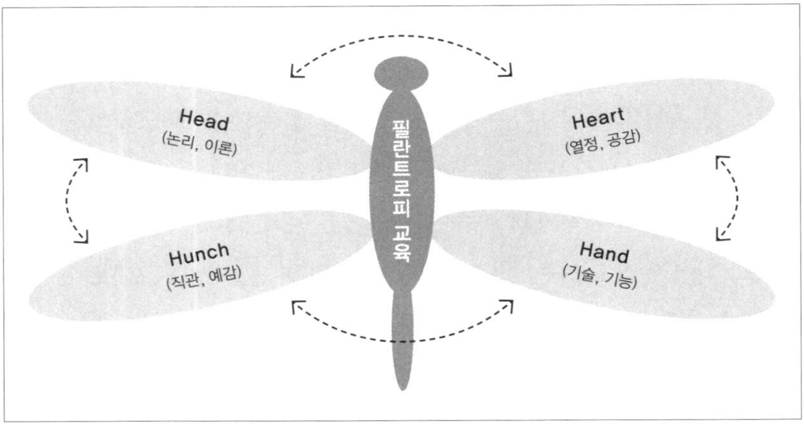

라고 믿는다. 나눔 교육은 시행하느냐 안 하느냐가 중요한 것이 아니라 교육의 질이 무엇보다도 중요하다. 교육의 질에 있어서 어느 한 요소에만 치중하지 않고, 통합적(Integrated)이면서 융합적(Convergence)인 접근이 필요하다.

스탠퍼드 대학의 졸업생이 창업한 기업에서 창출된 매출액은 웬만한 나라의 GDP를 넘는다고 한다. 그들에게는 실패를 두려워하지 않는 정신과 그들 안에 내재되어 있는 창업의 DNA가 있는 것이다. 단지 스탠퍼드 대학이 잘 하는 것은, 입학 사정관이 그런 인자를 가진 자를 가려내어 교육한다는 것이다. 스탠퍼드 대학의 성공은 창업이 성공의 본질이 아니라 실패를 두려워하지 않는 환경, 다시 일어서고자 하는 성공에 대한 근성과 창의력에 있다. 여기에서 학교가 할 수 있는 일이란, 숨어 있는 인자에 촉매제를 첨가해서 활동하도록 돕는 역할뿐이다.

그리고 잘 알려지지 않은 사실이지만 스탠퍼드 대학의 자랑은 비영리단체의 창단이다. 영리목적인 창업도 하지만, 스탠퍼드 대학은 사회의 문제를 발견하여 창의적인 해결책을 제공하는 설립자들 양성학교(School

그림 3-2 기부산업의 투자

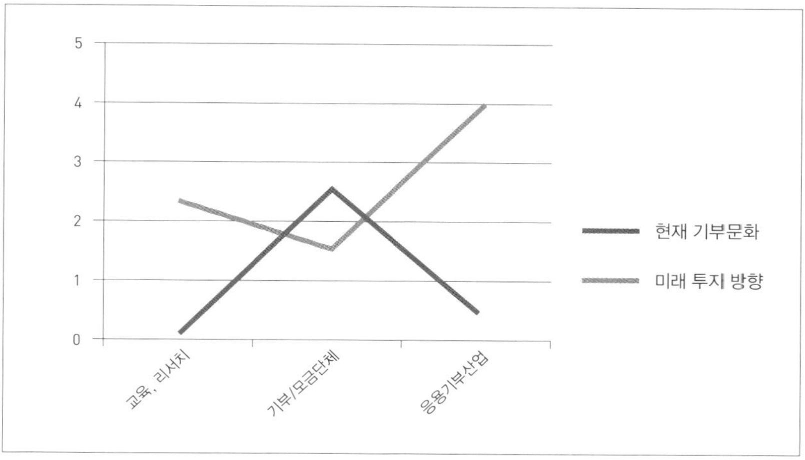

of Founder)로서 비영리단체 창단의 인큐베이터 역할을 한다. 영리목적 창업의 일자리뿐 아니라 비영리목적의 일자리도 창출하는 등 영리와 비영리의 리더십을 동시에 갖춘 보기 드문 대학 중 하나이다. 이러한 리더십으로 필란트로피 산업으로 승화시키기 위한 연구와 함께 기존의 단체를 도우면서 기부의 응용프로그램을 개발하여 기부산업을 이끌고 있다. 단순히 남을 돕는 차원을 넘어 돕는 방법을 연구하고 실천의 프로토콜을 만들어 사회에 영향을 끼치고 있다. 또한 이것은 인간의 가장 높은 욕구단계인 자아실현의 욕구를 상품화시킨 것이기도 하다. 이러한 여러 가지 이유들이 우리가 왜 인성교육을 위한 필란트로피 교육에 투자해야 하는지에 대한 해답이 될 수 있다.

3

대학 산학협동의 비영리 창단(創團)

영리는 이익이 주된 가치이고, 비영리는 사회적 영향이 주된 가치이다. 하지만 영리도 사회적 가치를 추구하고 비영리도 이익을 생각해야 한다. 창업의 성공이 창단을 돕고 창단이 창업을 돕는다. 오히려 현 시점이 사회로 가는 기회비용의 손실을 막는다는 차원에서 창단이 더 중요할 수 있다. 영리와 비영리의 경계가 점점 무너져 경계선이 희미해져 가고 있다. 영리에서 창업의 시행착오를 교훈 삼아 비영리의 창단에도 실속 있는 시스템이 구축되어야 한다.

영리 분야 창업 상태에 대해 맥킨지는 한 보고서에서 다음과 같은 사실을 들어 한국 벤처 창업 생태계의 문제점으로 지적했다.

① 초기 스타트업에 창업 자금을 지원하는 '엔젤 투자' 부족

② M&A(기업 인수 합병), IPO(기업 공개: 증시 상장) 등 '투자금 환수(EXIT)' 시장 부족

③ 특정 분야 쏠림 현상

④ 우수 인재 확보 어려움

특히 맥킨지는 '투자금 환수'에 걸리는 오랜 기간이 가장 근본적인 원인이라고 밝혔다. 미국 실리콘밸리에서는 스타트업 투자 후 증시 상장이나 M&A까지 보통 5~6년 정도 걸리는 반면, 한국은 두 배가 넘는 12년 정도 걸린다는 것이다. 한국에서 벤처기업이 생존하려면 최소 12년은 어떻게든 버텨야 한다는 이야기이다. 반면 중국이나 인도에서는 3~4년이면 충분하다. 한국의 비영리도 자립에 있어서 외국보다 시간이 더 걸린다. 물론 비영리의 구조상 결과가 나오는 것이 영리보다 더 걸리는 것은 사실이지만 수익모델이 약하고 사회적 투자 인프라가 전무하기 때문이다.

중국만 해도 미국 유명 벤처캐피털이 다 들어와 있고(BAT, 샤오미 등) 토종 투자도 많다. 그 결과 중국에서는 중국판 카카오톡인 '위챗'으로 모든 금융 거래가 가능할 정도로 '핀테크(IT와 금융의 결합)'와 'O2O(오프라인-온라인 연결 사업)' 시장이 급속도로 발전했다. 3년 전부터 금융·결제에 관심을 갖고 은행, 신용카드 회사와 2년 걸려 완성했는데 그 사이 중국은 '알리페이', '텐페이' 등 모바일 은행이 허용되어 훨씬 빠른 속도로 진행하고 있다. '핀테크' 시장은 중국이 우리보다 1년 앞서 있고, 카카오택시 같은 O2O 분야는 2년 앞서 있으며, 지금도 시장이 폭발하고 있다고 한다. 그래서 하이테크을 이용한 기부 시장이 한국보다 더 유리하다. 동시에 중국의 비영리 창단의 숫자만 보더라도 몇 년 사이에 일어난 약진은 놀라울 정도이다.

고급 인재가 창업보다 대기업 취업을 선호하는 것도 문제이다. 한국의 비영리 종사자의 학력은 조금씩 올라가고 있는 추세이기는 하지만 우수 인재가 대학 졸업 후 비영리 분야에 취업하려는 비율이 너무 낮다. 미국의 명문대에는 한국인 유학생이 중국, 인도 다음으로 많은데 정작 실리콘밸리에서 일하는 한국인은 별로 없다. 미국에서는 창업을 하지 못하면 회사에 취업하는 경우가 많지만 한국인들은 학계나 대기업만 선호하고 비영리단체로의 진출을 꺼린다. 맥킨지는 한국과 미국 창업자들의 최종 학력을 비교했더니 미국은 석·박사급이 40%인 반면, 한국은 18%에 그쳤다고 밝혔다. KAIST 석·박사 가운데 창업은 0.5%이고 72%가 취업하는 반면, 미국 MIT는 80%가 창업을 한다. 이러한 현실에서는 기업가 정신을 가진 인재가 많이 들어오는 환경을 만드는 것과 창업과 창단을 연계하는 시스템 구축이 중요하다. 스탠퍼드 대학에서는 필란트로피 정신을 바탕으로 창업도 하고 창단도 하는 등 이중 연계가 활발히 진행되고 있는데 우리나라 대학도 이를 추진해야 한다.

반면 실제 창업에는 뜻이 없으면서 정부의 창업 지원금이나 창업 아이디어 공모전을 노린 '상금 사냥꾼'만 는다는 지적도 있다. 정부 창업 지원이 준비가 안 된 창업자를 양산하고 창업보다 당장 '스펙'을 쌓기 위해 모이는 발 빠른 학생도 있다고 하는데, 그렇다고 창업 붐이 훼손되어서는 안 된다. 다만 창업가는 넘치는데 정작 엔지니어(기술 전문가) 등 특정 분야 인재가 부족하다는 지적도 나온다. 엔지니어가 부족할 뿐 나머지는 '잉여'라면서 국내에는 뛰어난 창업가들이 너무 많아 아프리카 등으로 수출해야 할 정도라고 한다.

지금까지 정부 정책이 많은 창업자를 만드는 데 초점을 맞췄다면, 다음 단계로는 창업기업이 1~3년 뒤에도 살아남을 수 있도록 성숙한 정책이 나와야 한다. 같은 이유로 창단 뒤 지속 가능한 단체가 되도록 제도적 지원이 있어야 한다. 이것이 대학에서 창단의 전문가를 키워야 하는 이유이다. 한국에서 소셜 벤처 투자가 잘 안 되면 해외라도 문을 두드려 외국 재단이나 벤처 필란트로피로부터 한국의 벤처 비영리단체에 투자할 수 있도록 성공하는 모델을 만들어야 한다. 국내 창단자들도 한국 시장만이 아니라 동남아, 중국, 나아가 미국까지 글로벌 시각을 갖고 시작해야 한다.

4

새로운 학문의 발전

4.1 재단학(財團學)

가. 미국 재단의 현황

미국 내에서 매년 총 모금액의 가장 큰 재원(Source)은 개인으로부터 오고, 그 다음은 10~15%를 차지하는 재단(Foundation)을 통해 이루어지고 있다. 재단은 반드시 일년에 한번 990PF 형식(Form)을 이용해 미국세청(IRS)에 보고하게 되어 있으며, 최소 자산의 5%를 사용하도록 되어 있다. 만약 투자 수익이 전혀 없을 때는 20년 안에 소모, 즉 사회환원을 기준하고 있으나 수익사업으로 수익이 발생하면 그 수익으로만 배분한다고 했을 때는 원금이 보존되어 오랫동안 존재할 수 있다. 그래서 영원히 존재하려는 기부자의 욕망을 충족시켜 한때 필란트로피 실천으로 가장 선호하는 방법 중 하나로 사용되고 있다.

하지만 요즘은 비용발생이 많아서 소규모 기부자 조언기금(DAF, Donor Advised Fund)이 재단의 대안으로 떠오르고 있다. 일부 재단은 기본투자금 외에도 모금을 하고 있는 재단이 많고 그래서 좀 구모가 있는 비영리단체에서는 전문적으로 재단에게만 기금을 신청하는 팀을 운영하고 있는데 대부분 한 사람 정도가 Grant Writer 역할을 병행하고 있다.

일반적으로 재단(Foundation)이라고 하면 Grant(보조금)를 증여하는 곳으로 알고 있는데 반드시 그런 것만은 아니다. 서류상 이름만 재단으로 되어 있고(어떤 곳은 Foundation, Trust, Fund 라는 이름 없이 증여하는 곳도 많음) 일반 NPO처럼 기금을 모금하려고 준비하는 곳도 있다. 어떤 경우는 펀드가 바닥난 곳도 있고, 전년도에 오버로 지급되어 몇 년씩 미국세청(IRS)의 허락을 받아 지급을 미루는 곳도 많다. 대부분 정식 직원(Full Time Staff)이 없고, 일년에 한두 번 배분 신청이 들어올 때 가족 중에서 파트타임으로 그때그때 일한다. 좀 규모가 크면 몇 명의 스텝이 있을 뿐이다. 물론 빌 게이츠 재단은 150~200명 정도가 일하지만 일반적인 재단은 그렇지 않다. Foundation Center의 재단 주소록에 등록되지 않은 기부금 증여가 가능한 재단도 많지만, 여기에서 실제 재단이든 이름만 재단이든 기부금을 받을 수 있는 재단이 반드시 지켜야 할 룰은 두 가지이다. 첫째, 반드시 최소한 3명의 이사진을 두어야 하고 둘째, 반드시 매년 전체 자산의 최소 5%을 배분해야 자격을 유지할 수 있다.

1995년 Foundation Center 자료로 보면 4만여 개 재단 중 90%는 가족 재단이고, 75%만 해마다 990 PF를 보고하고 있으며, 평균 자산은 43억 원($4.3Million) 정도이며 매년 주로 지리적으로 가까운 단체에 2억 6000만 원($265,800) 정도를 Grant(보조금)로 지급하고 있다.

미국 재단의 세 가지 이슈는 다음과 같다.

- 재단의 존속 기간을 언제까지 유지할 것인가?
  영원히 존속하기를 원하는가? 아니면 30년? 요즘은 10년까지 줄여 빠른 시일 내에 현 사회문제를 해결하고 출구 전략을 세우는 추세이다.
- 규모는 어느 정도로 할 것인가?

빌 게이츠 재단은 1,000명 정도의 규모이고, 마크 저커버그 재단은 35명 규모의 재단이다. 작은 재단이 더 탄력을 받고 있으나 어떤 프로젝트는 큰 규모에만 가능한 것이 있다.

- 배분 결정에 어떤 특정 측정항목(metrics)을 쓸 것인가? 아니면 직관적으로 할 것인가? 아직도 많은 CEO는 직관과 관계를 믿고 기부한다.

나. 재단 설립 전 심사숙고해야 할 점 세 가지

부를 축적한 사람들은 재단 설립절차에 많은 질문을 한다. 물론 부를 갖고 있다면 한 번쯤 생각해 볼 것이다. 자신의 이름이 영원히 남으면서 사회환원이 가능하다면 사회적인 영향력을 오랫동안 끼치고 싶을 것이다. 또한 자녀에게 교훈도 줄 수 있으면서 그들이 직접 재단을 운영할 수 있는 기회를 줄 수 있기 때문이다. 미국의 포드, 록펠러, 빌 게이츠 재단 등이 롤모델(role model)이 되어 그들처럼 한국에서도 좋은 재단으로 본받고 싶어 한다. 하지만 기부선진국 재단의 기본 콘셉트가 조금씩 바뀌고 있다. 재단이 영원히 보존되는 문제는 Philanthropy 근본 취지에서 벗어난다고 보고 있어서 서서히 이곳저곳에서 이에 대한 도전이 거세게 일어나고 있다. 미국의 Philanthropist인 John Hunting이 1999년에 자신이 설립한 재단의 모든 자산을 10년 안에 사회에 환원하겠다는 공언을 했고 그대로 이행한 것에 대해 학계나 모금전문가 사이에 화제가 되었었다. 그는 철학적으로 재단은 제한된 수명을 가지고 있어야 하며 "예방의 온스는 치료의 파운드 가치가 있다"라고 말했다. 과거에 중요했던 일이 현재는 중요하지 않을 수도 있는 것처럼 현재 중요한 사회적 이슈가 10년 뒤에도 똑같이 중요할 것이라는 보장이 없기에 현재의 문제는 지금 해결하는 것이 좋다는 설명이다. 일반적으로 사람들은 재단을 세울 때 영원히 유지되기를 원하는데, 그는 반대로 비교적 짧은 시간에 목적을 이루고자 하는 의도는 참신했다. 왜 그런 결정을 했을까? 그의 행적을 통해서 비영리단체와 기부자들에게 주는 교훈은 무엇일까? 우선 관계가 있는 요소를 살펴보자.

1. 공익목적이라는 패러다임이 법적으로 변하고 있다. 요즘은 공익이라는 개념도 변하고 있다. 예전에는 공익이라고 해서 재단을 시작했지만 지금은 아닌 것이 많다.
2. 설립 당시의 미션을 넘어 외부조건이 너무 빨리 변한다. 처음 Bill Gates 재단에서도 AID 방지차원의 홍보에 기부하다가 지금은 환경이 바뀌어 치료와 연구를 위해 기부하고 있다. 이런 변화는 자신이 살아있을 때 Philanthropy를 즐길 수 있고, 사후 다른 이사회원들로 인해 미션이 엉뚱한 방향으로 표류하는 'Mission Drift'의 발생을 방지할 수 있기 때문이다. 특히 환경문제는 현재 해결해야 할 중요한 사안이며 시간이 지나면 더 악화되므로 지금 투자하는 것이다.
3. 부는 세대 간에 다른 사람들에 의해 전승될 것이고, 이 시대의 것은 이 시대에 쓰고 다음 세대는 그 세대의 사람들로부터 다시 나올 것으로 믿는다.

4.2 인구학(Demography)

어떻게 미래를 준비해야 하는가를 알려면 인구학을 알아야 한다. 인구학은 사람이 태어나고 이동하고 죽는 문제를 통계적으로 분석해서 여러 사회정책을 세우는 데 기초 자료가 된다. 사실 인구조절에 대한 어떠한 대책도 거의 실패해왔다. 그동안 한국의 기부문화 정책에 인구학이 개입되지 않아 타이밍을 놓치고 초저출산 시대(1.3명 아래) 문제에 봉착했다. 가장 큰 필란트로피 문제로 대두되어 커다란 사회문제는 있으나 해결할 재원은 줄어들 수밖에 없다. 스웨덴과 한국의 인구 분포도를 비교해 보면

그림 3-3 2010 우리나라 인구분포 현황

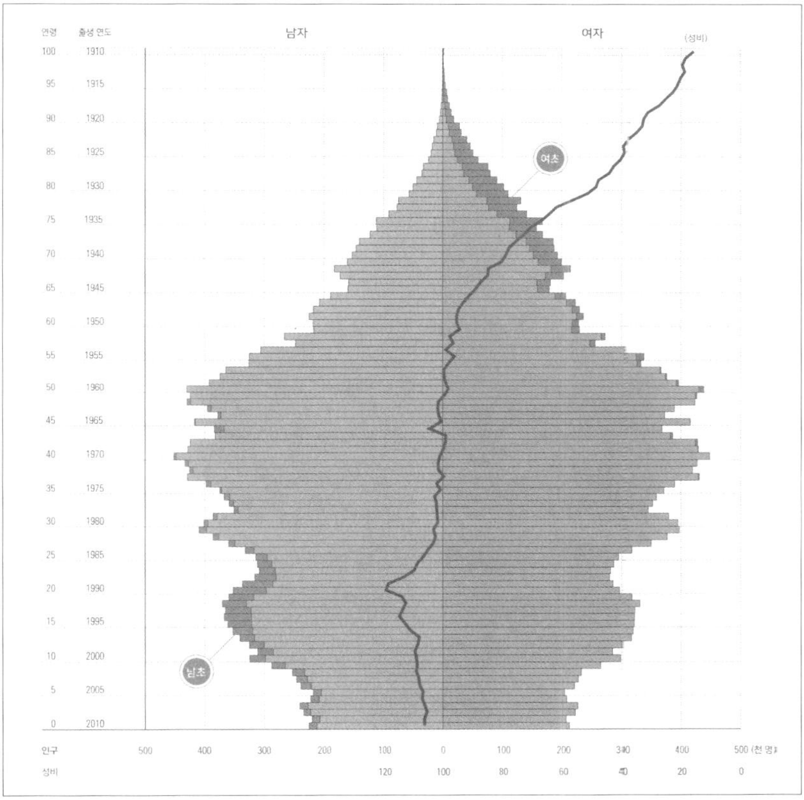

그림 3-4 스웨덴 인구분포

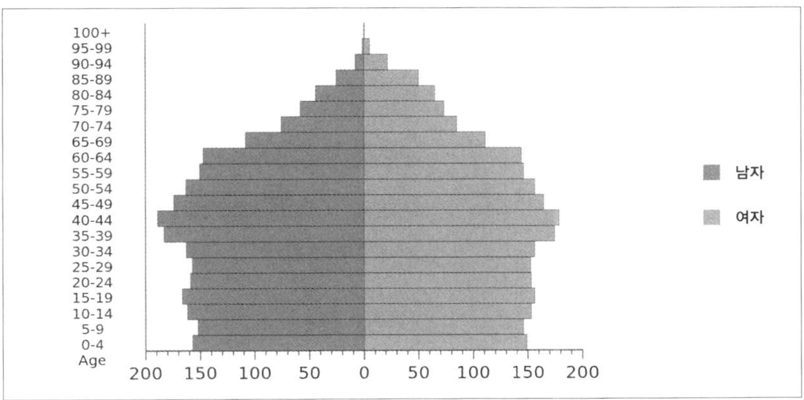

확연히 우리의 문제점이 들어난다.

한국의 2015년 통계청 자료에는 13~19세에 기부의향이 가장 높지만 이론상으로는 가장 높아야 할 60세 이후에는 유산기부 의향이 제일 낮은 것으로 나타났다. 지금 20~30대에서 역사상 최초로 부모보다 재산이 적

그림 3-5 한국·중국·일본 65세 이상 인구 비율 (단위: %)

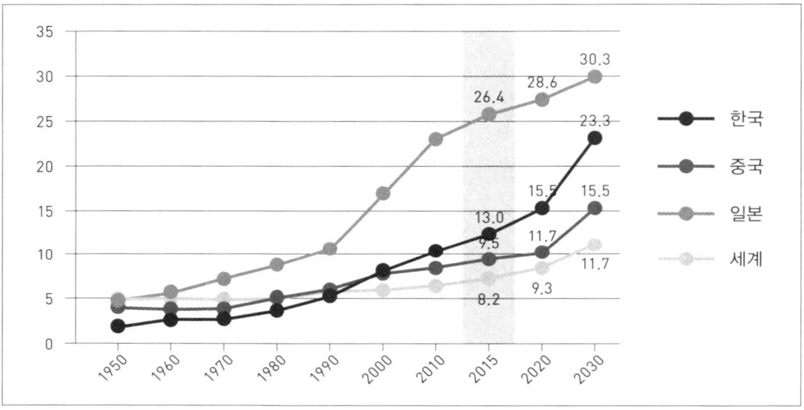

출처 UNPD

그림 3-6 향후 기부 및 유산 기부의향

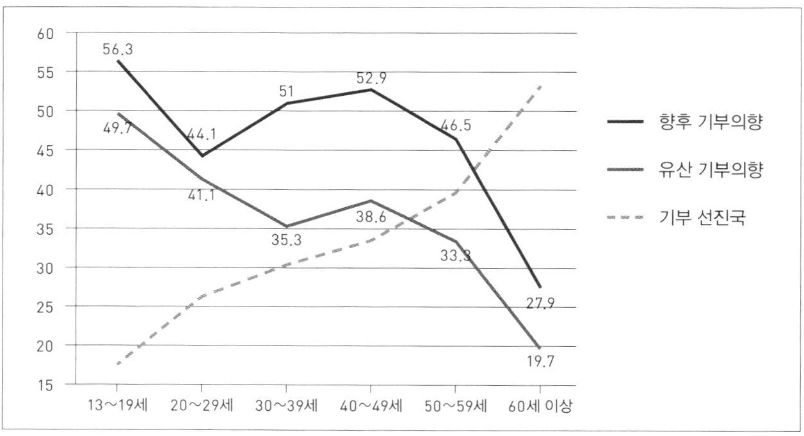

출처 통계청 2015 사회조사 결과

을 것으로 예상되는 시대에 놓여 있기에 출산에 가장 소극적이라는 것이 더 큰 문제이다. 이런 통계 숫자에는 신음소리가 묻어 있다

가장 큰 이슈가 기부문화 확산문제인데(사회지도층과 부유층의 모범적인 기부 증대가 가장 필요) 지표는 상관 관계이지 인과 관계라 보지 않는다. 인과 관계가 있다 하더라도 최소한 우선순위가 무엇인지 알아야 한다. 물론 문제가 여러 가지 있기에 작은 것부터 시작한다는 데에는 동의하지만 너무 대몰되어서는 안 된다.

4.3 죽음학(사나톨로지): Well dying and philanthropy

한국에서 정서상 죽음을 들어내놓고 말하는 것을 꺼려 한다. 하지만 인생에서 어떻게 죽는가(Well Dying)는 결국 잘 사는 것(Living Well)과 밀접한 관계가 있고 매우 중요하여 단순한 철학적 학문을 넘어 실제적인 산업으로 관련 전문 종사자들이 늘어나고 있다. '죽음학(사나톨로지, Thanatology)' 이란 단어로 통용되는 학문을 필란트로피의 시각으로 살펴보고자 한다.

Kastenbaum(1993, p. 76)이 새로운 시각으로 죽음학에 대해 "the study of life with death left in", 즉 죽음 그 자체보다 본질적으로 죽음이 남겨 놓은 삶에 대한 연구라고 정의한 이래로 관련 협회도 생겼고, 이와 더불어 파생 산업이 생길 것으로 본다. 죽음을 독립적으로 보는 것이 아니라 전 삶의 마지막 부분을 통합적으로 다룬다. 선진국 대열에 서기 위해서, 그리고 인간의 존엄성을 위해서라도 선택사항이 아니라 필수가 되었다. 죽음을 놓고 상업이 아닌 건전한 산업이 만들어져야 한다. 죽음은 피할 수 없지만 민폐를 끼치는 죽음과 남을 혹은 남은 가족을 배려하는 죽음이 있다. 물론 의료 부문에서 사전 의료 의향서(Advance Health Care Directive)를 통해 장기기부로 사회에 도움을 주는 것도 있고, 남은 자산에

그림 3-7 죽음학의 네 가지 축

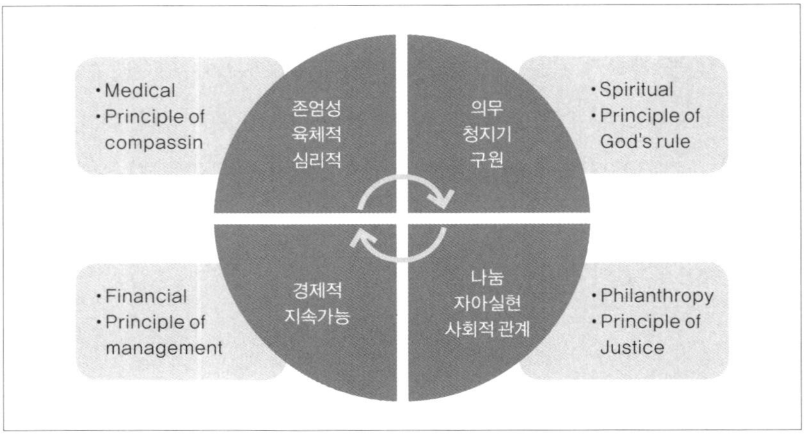

대해 유증을 통한 사회적 환원도 또한 중요한 문제이다. 남은 자산으로 인해 자손들에게 오히려 불행을 안겨줄 수 있는 것이기 때문에 그래서 죽음은 자신을 잘 돌보는 문제와 타인을 살피는 문제이다.

선진국에서 웰다잉은 이론을 넘어 산업적 측면에서 주로 네 가지 분야로 접근하고 있다. Physical, Psychological, Social and Spiritual에서 현실적으로 Spiritual(영적인 문제), Medical(의료적) Financial(경제적인 문제), Philanthropy(나눔)로 다시 나뉜다.

사람에 따라 다르지만 한국에서는 현재 주도권을 갖고 있는 의료적인 이슈에만 포커스가 맞추어져 있다. 전체적으로 라이프 사이클은 경영 차원으로 다루다가 마지막 부분인 죽음의 영성적인 문제는 주로 종교인, 의료는 의료인, 경제는 재정 전문가, 그리고 필란트로피는 주로 기부전문가들이 하고 있는데 나름대로 각자 신학교, 의대, 혹은 경영대 일부에서 교육 커리큘럼을 갖고 수료증이나 자격증 발급도 하고 있다. 각 4분야는 임종 전(Dying), 장례(Death), 사후 남은 가족의 문제(Bereavement)로 크게 나뉜다. 전문적인 분야로 호스피스 산업(Dying)과 장례산업(Death)이 있지만,

사후문제에 관한 산업은 아직 걸음마 단계이다. 중요한 것은 서로 독립적이 아니라 서로 상관관계가 있고 통합적인 파트너십이 되어야 실제 효과적인 산업화가 가능하다. 하지만 직업윤리로서 죽어가는 사람들의 심리를 이용해서 사익을 챙기는 일은 조심해야 한다.

4.4 부자학

필란트로피 산업과 부자학은 밀접한 관계가 있다. 뉴욕 대학의 에드워드 울프 교수는 2013년 기준으로 상위 1% 자산가에 들려면 최소 720만 달러의 재산을 가져야 한다고 설명했다. 일반적으로 한국 금융권에서는 부자의 기준을 금융자산 10억 원 이상을 말한다. 일부는 전체 자산이 100억 원 이상을 부자라고 정의하기도 한다. 글로벌 컨설팅업체 캡제미니의 '2017 세계 부(富) 보고서'에 따르면, 전년 기준 전 세계의 백만장자는 1650만 명으로 전년보다 115만 명(7.5%) 늘어났다. 한국은 20만 8,000명으로 전년보다 1만 5,000명(7.8%) 늘어나면서 세계 13위를 기록했다. 백만장자는 HNWI(High Net Worth Individuals) 기준에 따라 집계한는데 HNWI는 보유 자산 가운데 부동산 등을 제외한 금융 자산 및 투자 가능 자산을 100만 달러(약 11억 5,000만 원) 이상 보유한 사람을 뜻한다. 전문가들은 백만장자들이 전문화된 자산 관리를 통해 재산을 빠르게 증식하고 있다고 분석한다. '돈이 돈을 버는' 경향이 나타난다는 것이다. 한국의 비영리단체의 고액기부 시장의 잠재력을 보여 주는 통계이다.

서양의 모금학은 인간의 본성인 이기심을 현실적으로 인정하고 그 틈새로 들어가 기부함으로 행복감을 느끼게 하는 학문이다. 기부는 오직 물질만으로 하기보다는 정신적으로 여유로움이 동반되어야 가능하다. 부자학연구학회 한동철 회장은 부자학(Affluent Studies)에서 말하는 '부자'에 대해 "정신적으로 자신이 하고 싶은 일을 하고 물질적으로 그 일을 할 수 있는 여유를 가지며, 그 일을 통해 사회적으로 인정받을 수 있는 사람"이라고 정의한다. 이 말은 세계적인 부호 워렌 버핏이 자식에게 어느 정도 유산을 넘겨줄 것인가라는 기자의 물음에 "아이들이 하고 싶은 일을 할 만큼만 주고, 아무 일도 할 필요가 없을 정도까지 주진 않겠다"라고 했던 말과 같은 맥락이다.

2007년에 미국의 아메리카 뱅크에서 발표한 부자(High-Net-Worth)의 기부 성향에 대한 스터디 뒤에 2015년 "U.S. Trust Insights on Wealth and Worth Survey"라는 타이틀로 U.S. Trust에서 640명에 이르는 30억원($3 million)이 넘는 금융자산가를 대상으로 조사한 결과를 발표했다. 미국의 부자는 "잘 사는 인생(well-lived life)에서 무엇이 중요한가?"라는 질문에 건강, 가족, 경제적 안정이 제일 중요하다고 했고, 86%는 사람들이 잘 사는 인생에서 사회환원이 매우 중요하다고 했다. 또한 보고서에 따르면, 5명 중 1명의 부자 기업인은 사회문제나 환경문제에 대해 회사차원에서 해결점을 찾으려 노력하고 있다고 답했고, 95%는 전통적인 필란트로피 형식인 현금기부(78%)와 자원봉사(66%)를 하고 있고, 세 명 중 한 명은 사회투자 자산(Social-Impact Asset)을 이미 소유하고 있거나 관심이 있다고 밝혔다. 하지만 현재 11% 만이 상담사와 투자에 대해 상담하고 있고, 18%는 전략적인 필란트로피(Strategic Philanthropy)에 대해 조언을 찾고 있다고 했다. 그리고 남성이 16%인 것에 비해 31%의 여성이 사회투자에 관심이 있지만 10%의 남성이 이미 투자를 했고 여성은 9% 라고 보고서는 전한다.

한국에서 정서상 많은 부자와 접촉하여 이렇게 많은 항목으로 조사하기가 쉽지 않다. 하지만 부자들의 마음을 읽을 수 있는 매우 중요한 기초 자료가 되기에 산업 확장을 위해 금융계가 나서서 스터디 자체를 위한 투자가 꼭 필요하다.

제4장

필란트로피와 산업의 상관관계

1

문화의 산업화

한국 고유의 전통문화가 산업이 되어 수출 상품이 되고, 창조산업(creative industry) 중에서 K-Pop이 성공했으며, 게임문화가 게임산업으로 성장하고, 엔터테인먼트 문화가 엔터테인먼트 산업으로 종사자 수가 많아졌다. 폐품수집도 환경운동의 일환으로 지구를 살리는 일이고 거리가 깨끗해지며 일자리 창출도 되고 '돈'이 되면 미친 듯이 폐품을 모은다. 어떤 사람들은 미적인 감각을 살려 폐목재가 패션가구로 변신해 몇 천만 원대로 팔리기도 하고 특별한 미를 추구하는 인간의 욕망에 예술가가 투입되어 비싼 예술작품으로 팔리기도 한다.

이미 기부선진국은 기부를 문화에서 산업으로 취급한 지 오래되었고 기부문화가 활성화된 나라는 거의 다 산업화된 나라들이다. 산업화된 뒤부터 기부문화가 탄력을 받았다. 어떤 분야든지 문화로만 머물지 않고 산업이 될 수 있다고 생각하는 순간 좀 더 적극적으로 바라보게 된다. 기부문화를 전달하는 미디어의 기자나 데스크 탑의 얄팍한 일회성 '야마'보다 좀 더 심각하게 산업으로 본다면 태도가 달라질 것이다. 산업으로 받아드리면 적극적으로 투자도 받게 되고 일부 경비로 쓰는 문제도 좀 인정이 된다. 현대 비영리단체의 가장 큰 패러다임의 변화는, 전에는 개인이 단체의 미션을 돕는 것이었지만 지금은 단체가 개인의 미션을 돕는 것으로 바뀌었다. 기부산업의 주체인 비영리단체는 세 가지 측면에서 큰 역할을 한다. 첫째는 미션을 통해 수혜자에게 이득이 되고, 둘째는 기부자가 필란트로피를 실현하도록 돕고, 셋째는 단체 내 종사자가 스태프로서 전문직업인이 되어 산업으로서 충분한 가치를 부여 받는다.

1.1 텃밭형 나눔에서 산업으로

비영리단체의 모금활동을 농사에 비유하자면 텃밭형, 가족형, 기업형이 있다. 현재 한국에는 텃밭형 농사를 짓고 있는 사람들이 많다. 풀뿌리 모금은 주로 텃밭을 가꾸는 사람들이 모여서 행해진다. 전문 농사꾼이 아니기에 모금의 ROI를 따질 일도 없고 복잡한 이론도 필요 없다. 물값이나 인건비가 생산비보다 더 들지만 텃밭의 진정한 의미는 경제적인 것보다 재미있는 소일거리나 취미이고 육체적·심리적 건강을 찾는 일이기도 하다. 그 중 일부는 농사가 너무 재미있고 자신과 잘 맞는다고 생각하여 직업적으로 농사를 짓는다. 취미를 넘어 경제적인 이익을 얻는 가족용은 온 집안 식구가 달라붙어 하는 농사이고 가끔 외부에서 인부를 고용하여 씨도 뿌리고 추수에도 참여시키지만 아직 영세하다. 한국의 대부분의 비영리단체가 이 범주에 속한다. 농산품 가격이 폭락하면 한해 농사를 망치고 헛수고한다. 손으로 직접 하기에 유기농도 가능하고 비싸지만 질 좋은 농산품을 생산하기도 한다. 하지만 웬만한 품목으로는 부자 되기가 쉽지 않다.

미국의 모금이론은 주로 기업형 농사에 대한 것이다. 넓은 땅에 원형관계수로를 이용하고 개량된 비료와 기계화된 시스템 덕분에 원가가 절감되고 생산성도 아버지 농사 때보다 10배로 향상했다. 소비자는 다른 어떤 곳보다 질 좋은 농산품에 적은 값을 치르는 혜택을 누린다. 체계화된 프로그램으로 인해 여러 관계기관과 파트너십으로 대형 프로젝트도 가능하다. 기업형 농사 이론이 텃밭에는 적용되지도 않고 할 필요도 없다고 생각하여 이론 적용에 어려움이 많다. 더 큰 문제는 텃밭을 일구면서 기업형 결과를 기대한다는 것이다. 경제적 이익을 기대했다면 텃밭에 쓴 에너지를 다른 기업형에서 일하여 품삯으로 농산품을 받는 것이 오히려 낫다는 도전을 받는다. 기업형은 프로의 세계이고 전문직이며 결과가 안 좋으면 문 닫을 각오도 해야 한다. 그런 이유로 열심히 공부해 좋은 곳에 취직하여 봉급의 일부를 기부하는 것이 더 지혜로운 것이 아니냐는 소위 '효과적인 이타주의적(Effective Altruism) 나눔'이란 말과 맥락을 같이하여 논쟁거리가 되기도 한다. 비영리단체의 모금활동이 단순한 문화에서 벗어나 산업화되려면 체계화된 첨단 농사기술과 같은 모금기술이 요구된다. 텃밭을 가꾸다가 기업형 농사를 할 수도 있지만 거꾸로 기업형 농사법을 배워 집에서 텃밭을 가꾼다면 재미있게 할 수도 있다. 그래서 전문적인 모금교육도 텃밭형 모금에도 도움이 된다. 중요한 것은 산업에는 텃밭형, 가족형, 기업형이 골고루 균형 있게 있어야 된다.

1.2 기부산업 관점의 변화

기부산업을 보는 관점의 변화를 네 단계로 나누어본다면 1단계에서 2단계로 넘어가는 과정에서 단체는 모금상품을 잘 만들어 기부자 만족을 위해 투명성 등 윤리적으로 서비스 경쟁력을 높이고, 2단계에서 3단계로 가기 위해 단체의 비즈니스 경쟁력과 역량을 키워 사회문제 해결에 임팩트를 주고, 3단계에서 4단계로 도약하기 위해 일차리 창출 등 혁신적이

그림 4-1 기부산업을 보는 관점의 변화

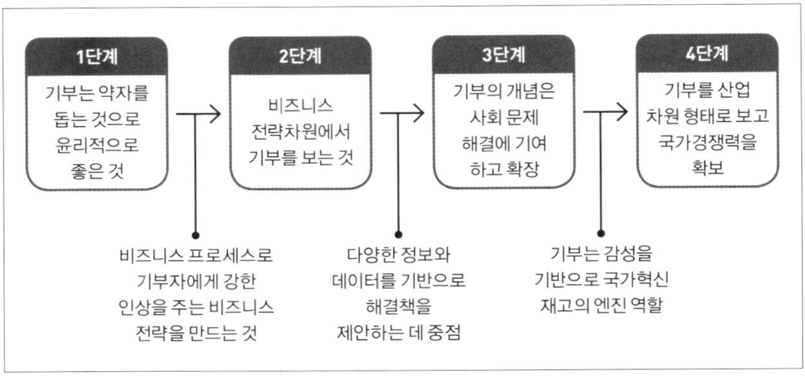

출처 한국기부문화연구소

고 새로운 방법으로 기부산업을 국가 경쟁력으로 키우는 것이다.

1.3 글로벌 기부산업

보통 연 매출액이 1조 원이 넘는 비영리단체를 'Charity Giants'라고 한다. 주로 세계적으로 발생한 전쟁이나 기근 뒤에 생겨났는데 Red Cross, Unicef, World Vision International, Save the Children 등을 예로 들 수 있다. 왜 이런 글로벌 단체들은 해외로 진출하려 하는가를 알려면 글로벌 비즈니스 모델을 보면 그 대답을 찾을 수 있다. 비영리단체가 세계적으로 팽창하려는 이유를 네 가지로 요약해 볼 수 있다.

① Market Driver

자신들의 영역을 벗어나도록 마켓이 요구한다. 새로운 마켓이 형성되고 신흥 부를 가진 나라가 나타나기 시작했다.

② Competitive Driver

내부적으로 경쟁이 심해져서 외부로 가게 된다. 내부에서 브랜드를 만들어 그 브랜드를 해외에서 이용한다.

③ Cost Driver

비용이 덜 드는 나라로 나간다.

④ Government Driver

어떤 나라는 해외의 새로운 비영리단체를 선호한다. 고용도 창출되고 세금 감면도 적극적이기 때문이다.

1.4 기부산업화로 난제 해결

사회문제는 빈곤문제, 청년문제, 노인문제 등 수많은 난제가 있다. 기부산업은 이러한 난제 해결을 위한 노력을 사람에서 사회적 시스템에 포커스를 두고 변화하고 있다. 난제 해결은 경제와 정치 시스템 안에 포함시켜야 그나마 가능성을 높인다. 경제 시스템은 나름대로 사회공헌, 윤리경영 등의 난제가 있고, 정치는 정치모금 등의 난제가 있다. 기부산업의 가장 큰 난제는 영리는 금전적 이익에 따른 투자가를 모을 수 있지만 비영리는 성공을 가름할 지표가 모호해서 투자가를 모으기 힘들다는 것이다. 그래서 빌 게이츠 재단에서는 비영리의 임팩트에 대한 측정 분야에 엄청난 기금을 투자하고 있다. 측정이 되어야 산업으로 발전하게 되고 산업의 발전은 많은 사람의 참여로 변화가 가능해지기 때문이다.

2011년 다우케미칼(Dow chemical)은 미국 최대의 환경단체인 국제자연보호협회(TNC, The Nature Conservancy)와 손잡았다. TNC와 함께 텍사스주 프리포트 산업단지에서 자연이 제공하는 가치를 더 세밀하게 평가해 보기 위해 숲 가꾸기, 담수 공급 관리 등의 프로젝트를 진행하였다. 환경이나 자연을 보호하자는 말이 '자선사업'을 넘어 기업의 '이익'과 직결될 수 있는 것일까? 환경을 지키려고 노력하는 사람과 이에 따르는 이익을 취하는 사람이 같지 않기 때문에 대부분 '무임승차'하려는 기업이나 사람이 많은 특수 분야이기 때문이다. 그러나 마크 터섹(Mark Tercek TNC 최고경영자)은 환경이 개별 기업의 이익과 연결된다고 주장한다. 그는 "다우케미칼이 시드리프트 공장에 습지를 만들기로 한 것은 단순히 규제를 따라야 한다거나 특정 자원에 대한 의존도가 높아서가 아니라 경영진이 사업에 더 이롭다는 결론을 얻었기 때문이다"라고 말한다. 기업과 자연의 윈윈(win-win)이라고 할 수 있다. 이처럼 환경이 사업에 이익이 된 것처럼 자선의 윤리적 책임을 넘어 산업으로의 승화가 가능한 것이다.

현재 우리는 필란트로피 산업과 생태계의 전체 맥락을 이해하고 그 맥락에 대한 큰 그림을 그리는 디자이너와 실패와 시행착오가 축적되는 사회적 시스템의 구축이 필요하다. 우리가 당면한 가장 큰 문제는 사회문제를 해결하기 위한 예산 확보이다. 기금 즉 돈도 써야 될 타이밍이 있고, 그 타이밍을 놓치면 비용 낭비일뿐더러 효과도 없기 때문이다.

2

자아실현과 욕구 산업

인간의 필요와 욕구가 행동의 동기로 연결될 때 자아실현(self actualization)을 생각하지 않을 수 없다. 자아실현(행정학용어표준화연구회의 『이해하기 쉽게 쓴 행정학 용어사전』)을 사전적 정의로 보면 개인이 지니고 있는 소질과 역량을 스스로 찾아내어 그것을 충분히 발휘하고 계발하여 자기가 목적한 이상(理想)을 실현하는 것이며, 자아 실현관은 철학적·사회학적·심리학적·신학적 견지에서 제각기 다르다고 했다. 아리스토텔레스는 인간은 목적적 존재로서 자신의 잠재력과 가능성을 최대한 유감없이 발휘하는 것을 자아실현으로 보았고, 브라멜드(T. Brameld)는 문화의 전승과 창조에 참여함으로써 자아실현을 할 수 있다고 하였으며, 미국의 심리학자 매슬로우(A.H. Maslow)는 그의 욕구단계 이론을 통해 모든 욕구가 충족된 후에 마지막으로 갖는 욕구가 자아실현의 욕구라고 하였다. 그리고 영국의 철학자 그린(T.H. Green)은 신학적 관점에서 인간이 신의 성품과 같은 최고의 선(善)의 상태를 실현하는 것이 자아실현이라 주장하였다.

매슬로우(Abraham Maslow)는 인간의 가장 높은 욕구단계가 자아실현이라지만, 사실 그 위에 하나가 더 있는데 그것이 바로 사회적 실현(Social

그림 4-2 매슬로우의 욕구 단계

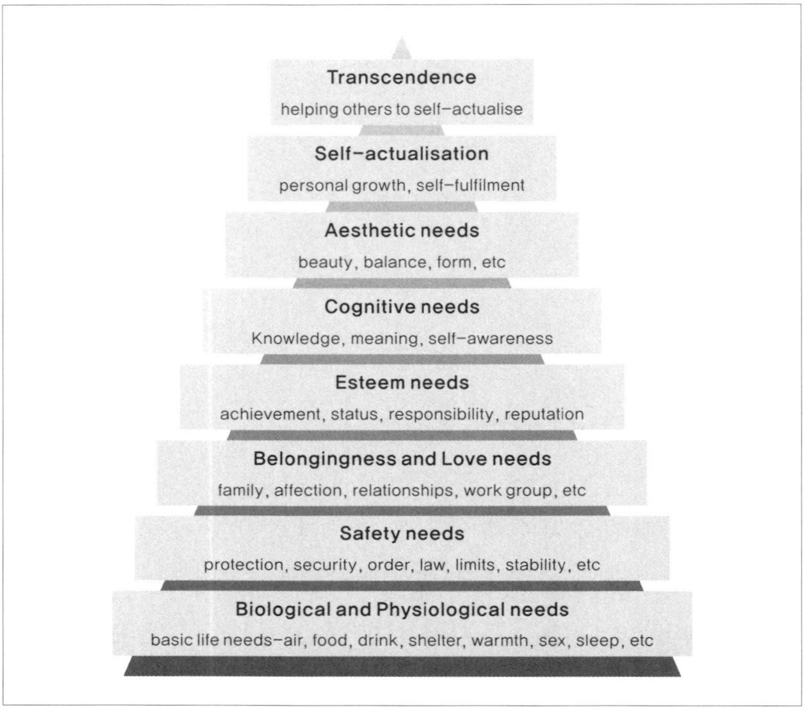

Actualization)이라고 했다. 인간의 욕구는 자아실현을 낳고 산업은 그 뒤에 존재한다. 자아실현은 개인에게 목적을 두지만 사회실현은 공익에 목적이 있다. 만약 자신만의 자아실현을 추구하는 사람이 사회적 실현과 연결된다면 필란트로피 산업은 발전할 것이다. 더 나아가 국가적 자아실현(National Actualization)으로까지 발전하도록 국가가 필란트로피 산업을 권장하여 이런 사람들이 기부하고 자원봉사도 하면서 비영리단체를 만들도록 뒤에서 도와야 한다.

또 하나 짚고 넘어가야 할 부분은 필란트로피 산업을 이야기하고 주도할 사람이 어느 클래스(사회학자가 말하는 경제적인 것만 봤을 때)에 속해 있는가에 따라 다르다.

그림 4-3 Income에 따른 class 구분

Owning Class는 매달 생활비를 지불하기 위해 일할 필요가 없는 사람들을 말한다. 하지만 자아실현을 위해 일도 할 수 있다. Low Income은 일하고 싶어도 할 수 없거나 도저히 생활비를 제대로 지불할 수 없는 그룹을 말한다.

보통 Owning Class에서 고액기부를 하고 Working Class에서 소액기부를 해야 하지만 한국은 Owning Class의 기부실적이 약하다. 복지는 이런 기금이 모여 Low Income 그룹을 돕는 것이지만 만약 기금조성의 동기가 그룹내의 이익을 대변하기 위한 'Solidary Motivation(연대감의 공동이익이 되는 동기)' 라면 맴버십 기부가 되어 다른 그룹으로 이전이 안 된다. 모금가도 미국은 Owning Class에서 나오고 모금 자체도 효과와 비용 절감을 감안하여 사회적 자아실현(Social Actualization)을 하려는 사람을 찾는다. 일반 모금은 Working Class에서 나와 모금가가 하나의 직업으로 자리 잡은 것이다. 한국은 Owning Class에서 모금가가 나와야 하는데 역시 실적이 미비하다. 왜냐하면 아직 한국에서는 Working Class의 모금가가 기금요청을 할 경우 정서상 '눈높이'가 맞지 않아 고액모금이 힘든 것이고 Owning Class의 기부를 끌어내기가 버거운 것이다.

3

산업화와 상업화의 차이

기부문화를 산업화하자고 한다면 일부에서는 고귀한 '나눔'을 상업화한다는 우려의 목소리가 있을 수 있다. 기부는 기부만으로 뜻이 있기에 부수적인 산업화 그 자체는 문제가 있다고 할 수 있다. 상업은 그 자체가 나쁜 것이 아니지만 얄팍한 장사 수단으로 악용한다는 이미지가 강하기 때문일 것이다.

하지만 필란트로피에 있어서 산업화와 상업화는 다른 의미이다. 기부의 가치인 필란트로피가 마케팅의 수단과 도구가 아니라 마케팅이 필란트로피의 수단과 도구이어야 한다. 상업화는 세일즈맨십(salesmanship)이 필요한 것이고, 산업화는 펀드레이징십(fundraisingship)이 필요하다. 세일즈맨십은 사익을 위해 구매를 방해하는 요소를 설득하는 것이고, 펀드레이징십은 공익을 위해 기부자의 필란트로피 여행길에 조언하고 격려하여 도움을 주는 것을 말한다. 겉으로는 비슷해 보여 가끔 현장에서 오해받기도 하고, 그래서 필란트로피 종사자의 이미지가 별로 안 좋은 이유가 되기도 한다.

산업은 파생적인 상업을 활성화하고 고용창출을 도우며, 음지에서 움직였던 기부를 양지로 끌어 올려 시스템화한다. 산업은 연말이나 때가 되면 일회성 운동으로 하는 기부가 아니라 공기와 물처럼 생활에 녹아들어가 있는 자연스러운 인간의 본능에 충실하게 만드는 것이다. 욕구라는 인간의 본능에 충실하면 지속 가능하게 된다. 욕구는 명예욕, 권력욕, 소유욕, 자아실현 욕구, 이타주의 욕구 등을 다 포용할 수 있어야 한다.

하지만 필란트로피 산업이 일반 산업의 부산물인 부작용이 전혀 없진 않기 때문에 그 부작용이 기부 상업화의 이미지를 가질 수 있는 것이다. 필란트로피 산업은 기존 산업의 파이를 키우는 역할도 하지만 중독성이 강한 비건설적인 요소의 산업인 도박 산업, 섹스 산업, 게임 산업 등에서 건설적인 요소를 뽑아내는 역할도 한다. 부작용보다 사회적 이익이 크다면 필란트로피 산업은 지속 가능하다는 경제 원리이다.

4

개념적 소비(Conceptual Consumption)로서 기부 트랜드

인간은 소비를 위해 태어났다 해도 과언이 아니다. 소비에는 우리의 의식주와 관련된 기본 생존을 위한 물리적 소비(physical consumption), 그리고 기부가 포함된 개념적 소비(Conceptual Consumption)가 있다. 자연히 필란트로피를 확장해서 개념적 소비로서 기부 트랜드를 이해해 볼 수 있다.

경제심리학자인 듀크 대학의 댄 애리엘리(Dan Ariely)와 동료 마이클 노턴(Michael Norton)은 '개념적 소비(Conceptual Consumption)'라는 개념에 대해 공포영화를 즐기는 사람의 심리를 예로 들어 설명했다. 지금까지는 안전망 뒤에서 공포를 체험하는 짜릿함과 흥분이 사람들을 공포영화로 이끄는 요인이라 생각해왔다. 그러나 애리엘리는 이보다는 인기 있는 공포영화를 보았다는 경험을 소유하는 것이 더 자극적이라 주장한다. 그는 그 근거로 사람들이 영화를 보고 있을 때보다는 영화가 다 끝난 후에 더 많은 쾌감을 느낀다는 것을 예로 들었다. 또 다른 학자인 하버드 경영대학원의 아낫 키난(Anat Keinan)은 그가 시행한 연구에서 피험자들은 날씨 좋은 플로리다의 특급호텔과 캐나다 퀘벡에 있는 얼음집 호텔 중 어디에서 휴가를 보내겠느냐는 질문을 받았을 때 대부분 얼음집 호텔을 선택했다고 했다. 이 얼음집 호텔에서 머무르려면 털모자를 쓰고 방한복을 입어야 한다는 것을 감안한다면 왜 사서 고생을 하려 하는지 의아하지만, 사람들은 단순한 쾌락이나 감각의 만족보다 특별한 경험을 더 선호할 때가 있다는 것이다. 얼음물을 뒤집어 쓰는 '아이스버킷 챌린지' 기부 이벤트도 좋은 예이다. 이것이 바로 개념적 소비의 중심 개념이다. 이미 영리 분야에서는 지진 피해를 가장 크게 입은 지역을 발 빠르게 방문하여 구호활동을 돕는 '일본을 위한 자원봉사' 패키지(신개념의 여행 패키지를 '재해 여행(Disaster tourism)'이라고 부른다)라는 여행상품이 의외로 잘 팔렸다. 쓰나미가 휩쓴 동남아시아, 지진으로 수많은 사람들이 죽은 아이티, 허리케인 카타리나가 할퀴고 간 뉴올리언스 등은 이미 인기 관광명소가 되었다. 이 밖에도 유대인 강제 수용소나 동유럽의 인종 청소 현장, 9·11 테러로 얼룩진 미국 맨해튼 등에도 관광객이 끊이지 않는다고 한다. 비영리도 단순한 여행의 차원을 넘어 아프리카에 아이들을 돕기 위해 육체적으로 고생하는 프로그램이 인기가 있다. 결론적으로 부정적인 물리적 소비(Negative Physical Consumption)를 긍정적인 개념적 소비(Positive Conceptual Consumption)로 어떻게 바꾸는가가 아이디어 상품의 비결이다. 이러한 개념적 소비는 자아상(self image)의 유지와 밀접한 관계가 있다. 사람들은 자신이 타인에게 어떻게 보이느냐에 무척 관심을 기울이며, 심지어는 타인의 눈에 비치는 모습을 자아로 정의하기도 한다. 부자가 기부를 하지 않고는 동창회에 가지 못할 정도로 우리는 타인의 시선에 민감하다. 그러나 타인의 시선에 신경을 쓰는 것만이 원인의 전부라면 그것은 과시욕일 뿐 진정한 개념적 소비라고 부르긴 어렵다. 혼자서 순례 길에 오르고, 어려운 철학 강좌를 들으며, 콘서트에 가서 음악에 몸을 맡기는 것은 누구에게 과시하려는 일은 아니기 때문이다. 흔히 '개념'이라 하면 '감각'과 대조된다. 미술에서 감상자에게 심미적 쾌락을 선사하는 것은 색채와 형태가 불러일으키는 유쾌한 감각이다. 하지만 '개념미술'이라는 특수한 장르에서는 '개념' 자체가 지적 쾌감을 선사한다. 그들이 소비한 것은 감각도 아니요 감동은 더더욱 아니었을 것이다. 아마도 작가가 구체화한 '개념'과, 또한 그 '개념'이 상(award)이라는 명예로운 영예로 보답 받았다는 또 하나의 '개념'일 것이다. 필란트로피 관련 시상식도 같은 맥락일 것이다.

하지만 타인의 시선만이 나를 쳐다보고 있는 것은 아니다. 명확히 말하면 분열된 자아의 시선이 더 신경 쓰인다. '관찰하는 나'는 그 누구보다도 비판적인 시각으로 '관찰되는 나'를 지켜볼 것이다. 명품을 걸치고, 유기농 야채만을 먹으며, 태평양에 멸종동물인 고래를 구하자는 데 기부하는 나의 모습만이 관찰하는 또 다른 나에게 만족감과 자부심을 불러오기 때문이다. 과시욕을 보여주는 기부의 패러다임에서 진정한 개념소비의 디자인적 사고방식이다.

5

기부산업의 '규모경제'와 '범위경제'

한국의 기부산업을 논할 때 첫 질문은 "과연 총기부금 규모가 얼마나 되는가?"이다. "모금도 어느 정도 최소 규모가 되어야 효력이 있고 효율적이다"라고 한다. 비영리단체를 운영하려면 최소한의 모금인원이 필요하고, 그리고 어느 정도 규모가 되어야 큰 모금도 가능해서 사회문제를 해결할 수 있다. '규모의 경제'이다. 규모의 경제란 생산요소의 투입이 더 많아짐에 따라 생산비용이 줄어들어 수익이 증대되는 경제적인 상태를 뜻한다. 일반적으로 대량 생산을 통해 개당 소요되는 비용을 절감하여 이익을 늘리는 것이 목적이지만 최근의 추세는 설비를 증강하여 생산비를 절감하는 것에 목적을 두고 있다. 이때 대량 생산이 아니라 기술 혁신을 통해 이익 증대가 완성되는 것은 '규모의 이익'이라고도 한다. 모금캠페인도 많은 인원이 투입되는 큰 캠페인일 경우는 시너지 효과로 인해 일인당 모금하는 양이 오히려 한두 명이 하는 것보다 많아진다.

또한 모금에서 규모의 경제와 자주 혼돈되는 이론인 범위의 경제'가 있다. 범위의 경제는 하나의 기업이 두 가지 이상의 제품을 함께 생산할 경우 두 가지를 따로 다른 기업에서 생산하는 경우보다 생산비용이 적게

드는 현상이다. 예를 들어 티셔츠를 생산하는 기업이 반바지까지 생산을 하게 된다면 기존 시설로 제품 생산이 가능해서 별도의 시설 설비를 갖출 필요가 없다. 고정된 자본을 가지고 소정의 재료비만 추가하면 새로운 제품을 생산할 수 있기 때문에 수입을 비교적 쉽게 늘릴 수 있다. 이렇게 하나의 기업에서 생산시설이나 생산요소를 공유하는 두 가지 이상의 제품을 함께 판매할 경우 생기는 경제적인 상황을 '범위의 경제'라고 한다. 비영리의 모금도 한 가지 모금만 하는 것이 아니라 여러 개를 동시에 캠페인을 하면 비용이 절감된다. 그래서 여력이 된다면 정기기부(Annual Gift)와 Capital Campaign을 같이 병행하고, 하나 더해서 유산기부 프로그램도 동시에 한다면 효과와 효율이 함께 올라간다.

6

한국의 담배 세수와 기부 총량

2016년도 한국이 담배 판매로 인해 거두어들인 세금이 12조 원 정도 된다고 한다. 우연하게도 같은 해 총 기부금과 비슷한 금액이다. 미국의 경우는 2016년도 기부금 총액이 400조 원이고, 담배 세수는 15조 원 정도이다. 숫자상으로만 보면 GDP에 비해 한국의 담배 세금이 너무 많든가 아니면 기부금이 너무 적든가 둘 중 하나이다.

다른 분야와 비교하면 미국의 경우는 국방비의 2/3정도로 꽤 비중이 있는 기부금(약 400조 원)이 들어 오고, 그 금액은 국가의 총건설산업과 맞먹는다. 한국의 경우는 기부금의 규모가 화장품 산업과 비슷하고 '공시생' 문제로 인한 사회적 손실인 17조 원보다 작으며, 기부 총액은 사교육비 총액인 18조 2,000억 원보다 작다. 그러니 사교육 문제가 기부문화보다 더 관심을 받는 이유가 된다. 당연히 사회적 문제 해결을 위한 정부의 관심도나 제도의 뒤받침이 우선순위에서 밀릴 수밖에 없다. 질도 중요하겠지만 우선 기본 숫자가 되어야 국민의 관심도 끌고 대선 토론에서 사회문제의 하나의 주제가 되기도 한다. 하지만 기부금의 12조 원은 화장품 산업의 12조 원과는 다르다. 기부는 생리적으로 보고되지 않은 총량이 더

● **그림 4-4** Tobacco tax revenue and forecast in the United States from 2000 to 2021*(in billion U.S. dollars)

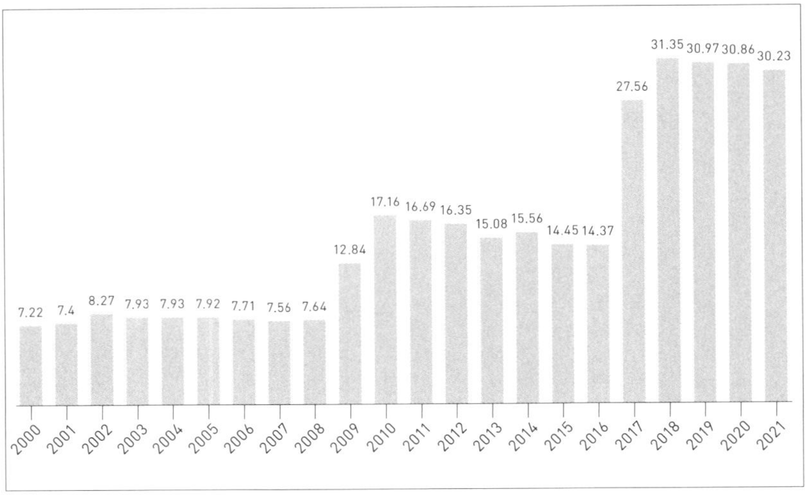

● **그림 4-5** 기부문화의 임팩트

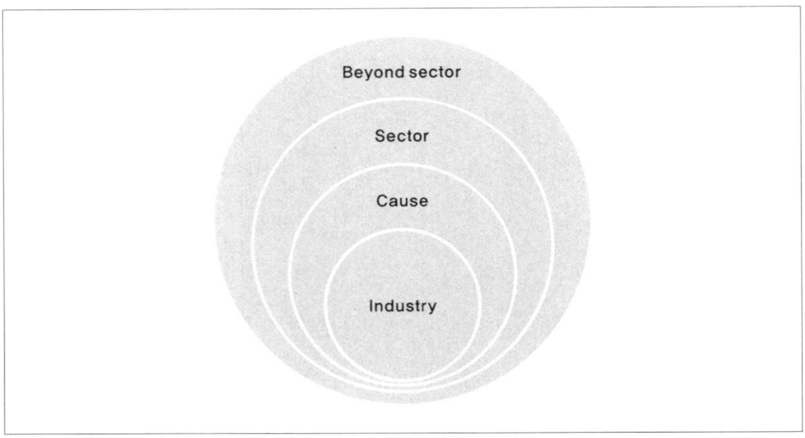

많다. 선물 문화나 부조 문화를 망라하여 기부산업 관련 분야는 더 클 것으로 추정된다. 그리고 다른 산업과 달리 국민 생활에 영향을 주며 파생 산업의 파급효과가 매우 크다. 〈그림 4-5〉의 임팩트 파장을 보면 기부산업 특성상 더 나아가 다른 코즈로 확장이 되고 비영리섹터에 영향을 주어 더 확장하게 되며 다른 섹터로 옮겨가면서 10배인 120조원 정도의 산업으로 본다. 전반적으로 삶의 모든 면에 긍정적인 영향을 끼친다.

아시아에서 한국보다 기부문화가 앞서고 기부친화 제도가 잘 되어 있는 홍콩(인구 7백만 명, 2013년 총기부금 약 9조 원)이나 싱가포르(인구 560만 명, 2011년 총기부금 약 9조 원)는 비록 총기부금액 규모는 한국보다 작지만 인구별 기부금액은 더 크며, 질적인 면에서 영향력 또한 더 크다. 한국의 기부금은 홍콩과 싱가포르보다 기부 투명성에 있어서 미약하기에 아마도 국세청에 밝혀진 금액보다 더 많을 것으로 추산하고 있다. 규모 자체가 작으면 마중물 역할을 할 수는 있지만 큰 사회문제 해결은 외부의 지원에 의존해야 하는 어려움이 있다고 실무자들의 '사이즈 작음에 서러움'이라고 말한다. 숫자의 의미를 민감하게 들여다보면 그 숫자 안에 문제와 해법이 있기 마련이다. 기부문화가 산업이 되기 위해서는 총기부금부터 늘리는 방안이 시급하다. 한국의 인구 감소에 민감한 이유도 같은 맥락이다.

7

기부산업과 신뢰산업

각 나라에서 구축하려는 기부산업화는 세 가지 층으로 분류할 수 있다. 첫 번째 층은 구체적이고 현상적이며, 주로 프로모션 툴, 소프트웨어, 모금기관들이 쓰는 제품 등으로 구성된다. 한 단계 높은 두 번째 층은 기부제도, 모금제도, 비영리단체, 거버넌스 문제 등으로 불리는 제도를 말한다. 세 번째 층은 추상적인 형식으로 존재하며, 비전, 문화, 신뢰, 배려, 헌신, 윤리, 철학, 예술, 창의, 말(언어) 등이 포함된다. 이타주의도 여기에 해당된다.

기부산업을 관리하는 중심적인 관점이 첫 번째 층에 해당되면 기부후진국, 두 번째 층에 해당되면 기부중진국, 세 번째 층에 해당되면 기부선진국이다. 한국의 기부산업은 세 층에 조금씩 걸쳐 있지만 세 번째 층이 특히 취약하다. 1~2층은 주로 하드 인프라이고 3층은 소프트 인프라이다. 삶의 핵심이 어떤 층에 근거를 두고 있는가가 얼마나 큰 통제력을 갖는가를 결정한다. 이렇게 되면 공자의 제자 자공이 공자에게 정치의 요체를 물었을 때 왜 '신뢰'를 가장 핵심적인 것으로 들었는지 알 수 있다. 신뢰는 세 층에 다 필요하지만 특히 세 번째 층이 가장 중요하고 강하다. 그래

그림 4-6 기부산업화의 세 가지 층

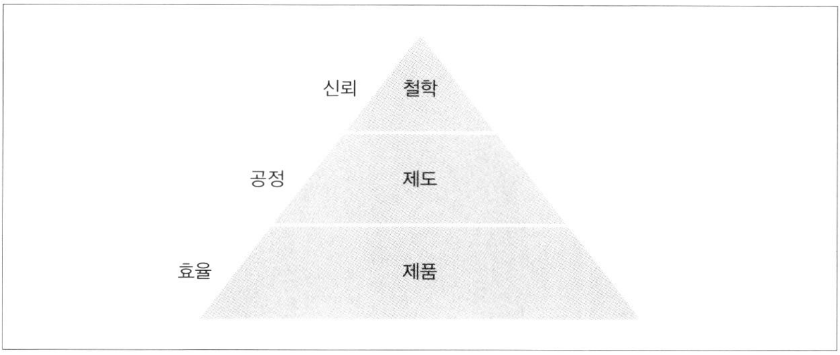

서 공자가 "신뢰가 없으면 나라다운 나라가 되기 어렵다(無信不立·무신불립)" 라고 말한 것처럼 기부산업에 신뢰가 없으면 사상누각이 된다.

8

필란트로피 산업의 메디치 효과

경영학계에서는 전혀 관련이 없어 보이는 아이디어와 지식이 결합해 혁신이 일어나는 현상을 '메디치 효과(Medici Effect)'라고 부른다. 2004년 발간된 동명의 경영 서적에 처음 등장한 개념으로, 르네상스 시대 이탈리아 피렌체의 유지였던 메디치 가문의 이름에서 따왔다. 메디치 가문이 여러 방면의 예술가들을 모았는데, 서로 다른 분야의 예술가들이 만나게 되면서 르네상스라는 큰 물결이 일어났다는 뜻에서 붙인 이름이다. 다양한 분야의 사람이 모이면 아이디어가 모이는 교차점(intersection)이 생기고, 여기서 아이디어가 서로 결합해 예상치 못한 혁신이 폭발적으로 일어나는 현상이다.

현재 의학 분야의 혁신적 리서치도 실험실 안의 거대한 신약개발에만 있는 것은 아니다. 어느 한 특정한 분야의 사람들만의 리그보다 여러 분야의 사람들이 연구하고 공유하는 '팀 사이언스(Team Science)'가 필요하다. 팀 사이언스에서 펀딩, 팀원의 보상이나 크레딧 분배 문제, Best Practice 등 넘어야 할 난관은 있다. 그러나 카레이싱 정비팀의 작업 절차와 협업 방식을 분석해 외과병동에 도입하자 환자를 수술하고 이송하는

데 걸리는 시간이 크게 단축되었다는 것, 그리고 간단한 유통과정만 바꾸어 가격을 낮추기만 해도 가난한 사람에게 질병에 필요한 약을 공급하는 '적정기술'도 전혀 다른 분야의 지식을 활용해 혁신을 이룬 것 등, 이런 것이 바로 메디치 효과에서 나왔다.

필란트로피 산업은 여러 학문과 전문성의 집합체이다. 필란트로피 산업이 발전한다는 것은 자연히 여러 가지 관점에서 의견을 표현할 수 있게 하고, 다양한 분야 간 아이디어를 결합할 수 있는 조직이 만들어진다는 것이다. 그러기 위해 우선 내부적으로 부서 간 칸막이(silo)를 없애 다양한 부서가 협업하도록 만든다. 그리고 이제 한 분야의 전문성만으로는 산업계와 사회의 변화에 빠르게 대처할 수 없기에 학문, 산업, 기술 간 이종(異種) 결합을 통해 혁신을 이루어야 한다.

필란트로피 관련 단체들이 맞닥뜨리는 '게임의 규칙'은 기술과 사회가 변하면서 계속해서 달라지고 있다. 열심히 한 분야를 연구하면 성공하는 단체가 된다는 말은 옛말이고 단체 환경이 거의 변하지 않는 때나 통하는 생각이다. 전문 지식을 확보해 관련 시장을 분석하면 혁신에 성공한다는 말도 옛말이다. 산업의 판도를 바꾸어 놓을 기술 변화는 전문 지식을 쌓고 논리적으로 분석한다고 해서 예상할 수 있는 게 아니다. 전문성도 시장의 규칙이 바뀌면 쓸모가 없어지기 일쑤이다.

지금의 기부의 룰은 진화하면서 변하고 있다. 그래서 모금 캠페인도 메디치 효과를 이끌어내야 한다. 각기 다른 산업과 기능, 문화, 지식이 만나는 교차점에서 다양한 아이디어들이 결합되면 폭발적인 혁신이 일어날 수 있다. 핵심은 다양성인데 단체 경영진은 다양한 아이디어들이 효과적으로 결합되는 기부환경을 만들어야 한다. 다양한 전공과 지식을 가진 직원들이 함께 일할 때 혁신적인 아이디어가 더 많이 나온다.

9

기부산업과 자발성(Voluntary)의 법칙

9.1 자원봉사산업의 현주소

2016년 자원봉사 현황을 보면 여성이 남성보다 참여율이 더 높고 30~40대가 65%를 차지했으며 연봉이 높을수록 자원봉사가 줄었다. 자원봉사 등록률은 총인구의 22.4%이지만 실제 참여율은 32.9%로 나타났다. 48%가 주로 관 주도 주민센터에서 거점운영을 하고 있는데 복지 차원을 넘어서 실제적인 동기, 예우들을 연구하여 참여율을 높이는 데 민간 주도의 기부산업화가 도움이 될 것이며 해야 할 역할이 많이 있어 보인다.

9.2 자발성의 딜레마

비영리산업은 자발성 섹터(voluntary sector)라 불리기도 한다. 기부산업의 근간이 되는 자발성(자신의 의지대로 하는 것)은 자의성(멋대로 하는 것)과 비슷한 뜻이지만 차이점을 따지기가 매우 어려운 단어이다. 원인으로부터

그림 4-7 주요 선진국 대비 자원봉사 참여율 (단위: %)

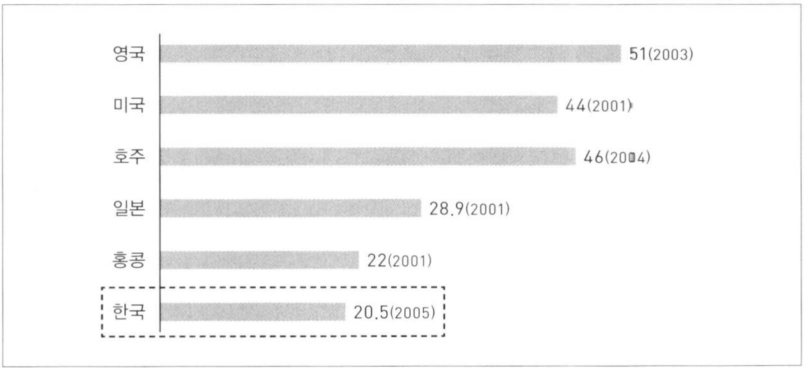

출처 행자부-볼런티어21 "한국인의 자원봉사 의식연구(2005)"

그림 4-8 우리나라 대중의 관심도 대비 참여도

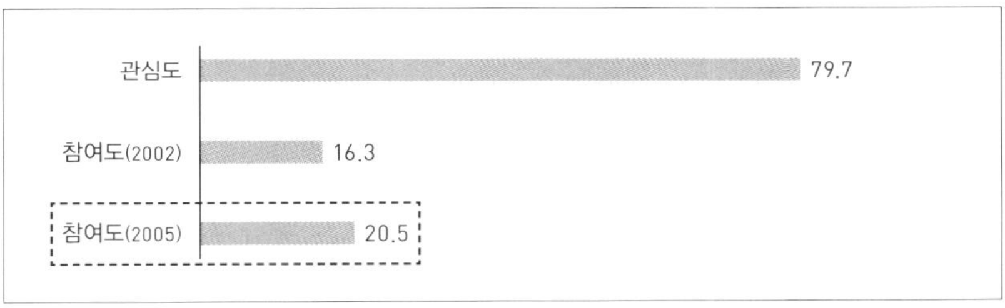

출처 행자부-볼런티어21 "한국인의 자원봉사 의식연구(2005)"

자유로운 행위는 우리 형법상 가장 논란이 되는 주제 중 하나이고 기부에서도 '공익성'과 함께 가장 논란거리를 제공하는 말이다. 한국에서는 역사적으로 '자발성'이라는 내적 차원을 강제적 통제로 포섭했다('국민 총동원의 형태였다). 기부 관련 통제법은 아직도 한국 사회에 일제강점기 시절의 원형 그대로 남아 있다. 분단 이후 독재정권은 기부 통제법을 통치 수단으로 적극적으로 활용해왔다. 과거 권위주의 정권 시절부터 걸핏하면 관(官) 주도로 이런저런 명분의 성금을 모금하고, 기업들과 국민이 이를 반강제성 준

조세로 받아들였다. 공적 차원의 문제 해결 노력이 우선되어야 할 사안까지 사적 해결 방식의 성금 모금이 동원되었다. 정부 여당이 제안하면 방송사들이 생방송으로 분위기를 잡기도 했다.

기부는 자발성을 기본으로 하지만 어디까지가 진정한 자발성인지 선이 분명하지 않은 경우가 있다. 어느 정도까지 동료압박(peer pressure)이 인정되는가는 전문가마다 해석이 다르다. 물론 관 주도 기금모금은 그나마 확연하다. 청년희망펀드는 청년에게 좋은 일자리를 제공할 목적으로 기부를 받아 조성된 공익신탁형 기부금으로, 2015년 박근혜 전 대통령의 제안으로 만들어졌다. 그러나 펀드 조성 당시 취지는 좋지만, 기부금으로 일자리를 만든다는 목표의 실효성이 낮아 보인다는 평가와 기업 '팔 비틀기'가 되는 것 아니냐는 노동계의 지적이 나온 바 있다. 전 전경련 이승철 부회장은 청년희망펀드를 두고 서울중앙지법에서 열린 최순실 씨 공판에 증인으로 나와 "대통령이 먼저 2,000만 원을 내고 월급도 내겠다고 했는데 그건 사실 총수에게 압박이 될 수도 있다고 생각한다"라며 "대통령이 냈는데 기업들이 안 내겠냐"라고 진술했다. 조직의 리더가 솔선수범에서 먼저 낸다고 하는 것은 문제가 되지 않지만 국가적 차원에서 은근히 묵계적인 압력으로 작용한다는 것이다.

어떤 현상은 자연적으로 일어나고, 또 어떤 것은 그렇지 않다. 기체는 팽창해서 가능한 공간을 채우고, 뜨거운 물체는 식는다. 또한 화학반응도 한 방향으로 일어나고 그 반대쪽으로는 자발적으로 일어나지 않는다. 이러한 현상은 무엇인가 자발적 변화의 방향을 정해주기 때문이다. 자발적 변화란 그 변화를 일으키게 만드는 데 일을 해줄 필요가 없는 변화이다.

'비침해성 원리((Non-Aggression Principle)'는 기본적인 논리적 근거로 사용하는 '원칙'이다. 어느 누구도 다른 사람에게 피해를 끼쳐서는 안 된다는 것이다. 타인에게 상처를 입혀 피해를 주는 것을 금지시키는 원칙이다. "타인에게 피해를 주어서는 안 된다 = 다른 사람에게 상처를 입히지만 않는다면 모든 행동이 정당화된다"가 되는 것이다. 기부행위에 있어서도 다르지 않다.

9.3 자원봉사 산업

사람들은 측은지심이라는 타고난 성정이 기저에 자리 잡고 있어서, 처지가 가엾고 애처로운 사람들을 살피고자 하는 마음이 있다. 우리의 미풍양속에는 특이한 '정'의 문화가 있어서 곤란한 처지의 이웃을 도와주는 순수한 협조 정신이 있어 왔다. 세계기부지수(WGI)에는 반영되지 않았지만 우리 민족은 타민족에 비해 남을 불쌍하게 여기는 마음이 탁월하고, 집단 무의식적인 자원봉사의 개념이 뿌리 깊게 자리 잡고 있다. 이러한 정신은 향악, 계, 두레, 품앗이와 같은 형태를 거치면서 남은 것을 나누는 것도 중요하지만 고통과 부담을 나누는 자원봉사 같은 비가시적인 가치의 개념으로 발전하고 계승되었다.

필란트로피 실행의 꽃은 역시 자원봉사 활동이다. 필란트로피 네 가지 축인 기부, 요청, 서빙, 참여에 시간, 재능, 노동 등의 자원봉사로 필란트로피를 실현할 수 있다. 2009년 발표한 Fidelity Charitable Gift Fund® and Volunteer Match의 '자원봉사와 기부' 연구보고서에 따르면 "어려서부터 자원봉사에 대한 경험이 있는 사람이 4~5배 정도 더 기부할 확률이 높다"라고 하는데 이는 기부와 자원봉사 사이에 아주 밀접한 관계가 있음을 입증한다. 자원봉사를 하다가 적극적 기부를 하는 경우도 있고 기부하다가 적극적 자원봉사를 하는 경우도 많이 있다. 일반적으로 재물이 없는 젊은 세대의 자원봉사는 주로 시간과 노동에 집중되어 있고, 베이비 부머 세대는 재물과 재능이 혼합되어 있다.

현재 한국의 재능기부 사례 중 해외에 많이 소개되고 있는 세 가지 중 첫 번째는 주거취약계층인 노숙자들에게 잡지를 판매할 수 있도록 해 자활의 계기를 제공하는 잡지 〈빅이슈〉이다. 이 잡지에 실리는 사진이나 기사 등은 유명 연예인들의 기부와 재능 기부자들이 제작해준 것으로 성공적인 재능기부 사례 중 하나이다. 두 번째는 삼성에서 진행하는 'Gift for you'라는 재능 나눔의 프로그램은 직무 경험이 풍부한 삼성의 임직원들이 취업 준비생들인 대학생들에게 직업 멘토링을 해주고 임직원들의 재능을 사회 구성원들에게 기부하는 행사를 진행하는 프로젝트이다. 마지막으로 '아름다운 가게'는 자원봉사자들의 재능기부를 통해 기부된 중고 물품을 손님들에게 저렴한 가격에 제공하는 사례이다.

자원봉사활동의 동기와 보상은 다양한 요소가 복합적으로 결합되어 있다. 이타심 또는 애타심(愛他心, 자신의 삶을 윤택하게 하는 삶의 질, 의무감, 신앙심 등을 봉사활동의 동기라 볼 수 있고, 이에 대한 보상으로는 사람마다 다르겠지만 재정적, 이력서에 도움이 되는 경력, 그리고 자아실현의 일환으로, 영어로는 봉사를 통해 더 오래 건강하게 사는 것을 포함해서 'Psychic Benefit[심리/정신적 보상]')으로 뭉뚱그려 표현한다.

요즘은 청소년들과 청년들이 자신들의 봉사경력이 진학과 취업에 도움이 되어 점점 참가율이 증가하고 있고, 장년층과 노년층도 일(activity), 자아실현(value), 약간의 경제적 보상(reward)을 바라면서 그 숫자 또한 증가 추세를 보이고 있다. 특히 베이비 부머들의 성공 잣대가 아무것도 하지 않는 '노는 것'에서 가치 있는 '일하는 것'으로 변화하면서 자원봉사의 변환기를 맞이 하고 있다. 비영리기관에서 봉사하는 젊은 층들은 그 기간 동안 자신이 무엇에 열정과 관심이 있는지 알게 됨으로써 인생의 성취감을 느끼게 해주며, 자신이 지향하는 커리어가 도약할 수 있는 기회도 가질 수 있어서 전문 분야로 진출하는 데 도움도 된다. 또한 네트워크로 인한 자원봉사자들과의 친밀한 유대관계와 이웃을 위한 삶으로 얻는 행복한 감정들이 육체적·정신적으로 더 나은 삶으로 이끌어주는 원동력이 된다. 그래서 위에 열거한 이유를 만족시켜주고 기회를 제공하는 단체가 경쟁력 있는 좋은 비영리단체라 할 수 있다. 자원봉사는 사람들에게 "행복하면 더 자원봉사를 하게 되고, 더 자원봉사를 하면 행복해진다"라는 감정의 사이클을 줌과 동시에 비용도 절감되기 때문에 기부금이 프로그램에 더 투자될 수 있게 한다.

현물의 기부를 넘어 남을 돕고자 생각하는 사람이 줄 수 있는 것은 네트워크(network), 전문지식(expertise), 영향력(influence), 경험(experience), 정보(information) 등이 있다. 현직에 있으면서 이런 것들을 사용하여 프로보노(pro bono)로 비영리단체에 봉사하는 이들이 늘고 있다. 워렌 버핏, 빌 게이츠, 마크 저커버그 등은 재산의 일부를 기부한 것을 넘어 재산을 축적한 재능을 자원봉사 형태로 또 다른 기부를 하고 있다. 2010년에 워렌 버핏은 빌 게이츠와 함께 억만장자들을 대상으로 '기부서약(the giving pledge) 재단'도 만들었고 재산의 절반을 사회에 기부하자는 '기부 선언(giving pledge)' 운동을 펼쳐오고 있다. 이 비영리단체에는 전 재산의 절반을 사회에 환원하겠다고 서약한 억만장자들만 가입할 수 있는데, 단순히 기부하는 것을 넘어서 그들의 유명세와 영향력을 재능기부해 다른 억만장자를 기부에 동참하도록 독려해오고 있다. 워렌 버핏은 이미 2006년에 자기 재산의 99%를 기부하겠다고 선언했고, 이 운동의 일환으로 2013년에는 26억 달러(약 2조 9,000억 원), 얼마전에 28억 달러(약 2조 9,000억 원)를 쾌척했다. 2006년부터 시작된 버핏의 기부금 총액은 255억 달러(약 25조 4,000억 원)에 달한다. 이들의 솔선수범에 감명받은 억만장자들이 이 운동에 속속 동참하고 있다. 그래서 2,000억 원을 기부한 CEO는 재산의 기부도 중요하지만, 공익을 위해 위에 언급한 다섯 가지 재능을 나누는 것이 2,000억 원보다 더 가치가 있다는 말이 된다.

어떤 단체는 자원봉사를 어떻게 관리하는가에 존폐가 달려 있고, 사용하고 싶어도 재원 부족으로 인해 시스템을 갖추지 못한 단체도 있다. 각종 상, 세금 혜택 제도들이 자원봉사자들의 봉사 동기를 유도한다고 하지만 단체도 해결해야 할 숙제가 많다. 현재 한국도 단순한 육체적인 도움을 넘어 재능기부로 자원봉사의 영역이 확장되고 있긴 하다. 하지만 2015년 사회조사에 따르면 지난 1년 동안 우리 국민은 18.2%만이 자원봉사 경험이 있으며 여자가 남자보다 봉사 경험과 시간이 길며 향후 참여 의향이 높았다. 13~19세의 자원봉사 경험(76.6%)은 다른 연령층에 비해 월등히 높지만 참여 횟수나 기간은 짧았는데, 그 이유는 자발적인 봉사가 아니라 대학 진학을 위한 스펙을 쌓기 위한 자원봉사이기 때문이라는 추측이 지배적이다. 기부 참여자들은 미참여자보다 자원봉사한 경험이 많았고 향우 봉사 참여에 더 적극적이었다. 하지만 전문가 그룹(의료, 법률, 회계, 번역 등)의 재능기부 참여는 선진국에 비해 저조했고 실적적이고 즉각적인 결과를 보여주는 활동(보일러, 도배)과 '아동 학습지도'가 매우 높은 비율을 차지했다. 사실 단체가 자신의 전문성을 살려주는 재능기부를 할 수 있는 장을 충분히 만들지 못한 부분도 있었다.

무엇보다도 전문성을 가진 봉사자들이 모금운동에 잘 참여하지 않으려고 하는 사실은 또 다른 난제이다. 사실 이사회 멤버도 자원봉사자이고, 모금 캠페인의 위원장도 자원봉사자이다. 하지만 선진국은 자원봉사 중 모금가로서의 역할이 리더십의 표현이고 잣대이기에 공직으로 가고자 하는 사람은 필수로 생각하며, 자녀들의 엘리트 교육으로도 필수 교육으로 여긴다. 처음 기부한 후 두 번째 다시 기부할 확률이 반을 넘지 않고 자원봉사에 처음 참여하고 다시 같은 일을 지원할 확률이 두 번째 기부할 확률보다 더 낮은 수치를 보여준다. 기쁨과 보람을 느끼는 동시에 실망도 많다는 것이다. 자원봉사 지원 예약을 해놓고 통보도 없이 나타나지 않는 '노쇼(No-show · 예약 부도)'는 공익 목적의 행사를 지원하는 자원봉사 활동에도 일상화로 평균 10~20%가 나타나지 않아 실제 행사나 프로그램에 어려움이 있다고 한다.

자원봉사를 떠나는 가장 큰 이유는 자신의 전문성과 단체가 준 일이 부합되지 않기 때문이고 그 다음으로는 감사를 제대로 받지 못해서라든지, 충분한 교육이 없어서, 재미를 못 느껴서 등 여러 가지 이다. 이런 이유로 인해 단체가 자원봉사 시스템을 유지하기 위해 새로운 신청자에만 의존하게 된다. 단체는 이러한 악순환을 방지하기 위해 출구조사를 충실히 하여 자원봉사자들의 만족도를 높여야 한다.

비영리단체와 그 나라의 필란트로피적 품격은 전문가들이 어떻게 얼마만큼 자원봉사에 참여하고 또 할 수 있게 하는 가로 평가될 수 있다. 더 나아가 나눔 시스템이 자원봉사자들이 은퇴 후 비영리단체에서 기부산업을 이끄는 리더십으로 주도적 역할을 하도록 발전시켜야 한다.

10

PPP(Public-Private Partnership)와 기부산업

일반적으로 PPP(공공-민간 파트너십)는 "공공 부문과 민간 부문이 파트너십을 형성하여 수행하는 공공서비스의 조달 및 이와 관련된 제반 방법"을 일컫는다. 여기서 공공은 중앙정부 및 지방정부이며 민간은 민간기업, NGO/CBO 부분의 민간 자원을 의미하고, 더 나아가 개도국 개발 지원을 위한 방식으로 민간 부문의 자금, 기술, 전문성 등의 협력(민관공동사업, 공동기금) 등도 포함된다. PPP의 정의는 국가마다 약간의 차이가 있다. 영국은 "장기계약에 따라서 공공 부문이 민간 부문으로부터 서비스를 구매하는 협약"으로 정의하고, 독일은 "공공 부문의 개발 협력과 민간 사업의 결합을 통해 양쪽 파트너가 이익을 얻는 것"으로 정의하며, 일본은 "공공 부문의 프로젝트를 민간 부문의 자금 및 운영과 결합하는 협력적인 계획"으로 이해하고 있다. World Bank는 "전통적으로 정부가 제공하던 사회기반과 서비스를 민간 부문이 제공하는 것"이라는 적극적인 민간의 참여로 정의한다. 그래서 '민'과 '관'의 파트너십에 의한 공적 업무 수행은 정부와 민간의 장점을 활용해 공공서비스의 질적 향상과 비용 절감 및 민간 부문의 새로운 비즈니스 기회, 고용 증가 및 창출 등 경제 활성화에 기여하는

표 4-1 파트너십에의 참여를 위한 이론적 근거

	공공 부문	기업 부문	시민사회
옹호	• 특정 이슈를 위해 지원 확대 • 민간 부문의 마케팅 전문가(marketing expertise)에 대한 접근성 증대	• 수준 높은 프로필과 연계되도록 사회적 명성의 향상 • 기업의 관심에 의해 잠재적으로 이슈를 발굴하고 촉구	• 시민사회 자체의 핵심 이슈를 촉진시키기 위해 다른 주체들의 영향력을 견인
규정/ 표준개발	• 표준에 대한 국제적 합의 도출의 어려움 때문에 발생하는 규제의 갭(차이)을 보완 • 자발적 순응의 촉구와 책임 있는 행동의 권장	• 국내적/국제적 수준에서의 법적 구속력 있는 규제의 방지 • 실천할 수 있는 규정 마련을 위해 참여	• 가치관에 따른 규정 같의 • 순응에 대한 기여
자원 및 전문가 공유와 조정	• 민간 부문으로부터 추가 자원과 전문가의 동원 • 보완자원(complementary resources)의 장점 확보 • 수행과정에서 민간 부문을 지원함으로써 사회적 프로젝트의 최대 개발-적합성 보장	• 사회적 명성의 향상 • 사회적 프로젝트의 수행을 위해 공공 부문의 지원(전문가뿐 아니라 재정 지원) 담보	• 자원의 접근성에 대한 담보 • 프로젝트의 최대 개발-적합성 보장을 위해 전문가의 기여
개발을 위한 시장 활용	• 민간 부문의 발전 및 민간 투자의 개발 영향의 극대화를 통해 개발 달성	• 투자 의사결정과 운영을 위해 공공 부문(초기 자금)으로부터의 재정, 실행계획 및 지식 지원 담보	• 대체로 이 영역은 참여하지 않음

출처 Global Landscape: A Review of International Partnership Trends – An Input for UNICEF's Strategic Framework for Partnershops. Global Public Policy Institute. 2007

시스템으로 인식되고 있다. PPP가 왜 필요한가에 대한 이론적 근거는 〈표 4-1〉과 같다.

하지만 현재 한국 비영리기관들이 PPP를 수행할 잠재력인 역량이 매우 부족하다. 기부산업화는 앞으로 OECD, World Bank, 유엔국제기구와 글로벌 문제 해결을 위한 파트너십의 인성과 조직에 역량을 키우는 데 도움이 될 것이다.

제5장

필란트로피 산업의 생태계

필란트로피의 생태계는 균형, 순환, 진화로 이루어지며 인체의 순환계나 자연 생태계로도 비유되기도 한다. 크게는 기부산업과 작게는 비영리 단체의 발전을 위해 먼저 논리성, 체계성, 객관성, 통제성과 예측성에 입각한 과학적 필란트로피의 생태계의 이해가 선행되어야 한다. 과학적 접근과 수행방법 없는 기부/모금 관련활동은 체계적이고 효율적인 활동을 원활치 못하게 함은 물론, 상황적인 변수와 위기 시 적절한 대처 법을 갖지 못해 프로그램의 실패 혹은 단체의 생존 자체를 위협한다. 물과 자연의 순리를 이용한 댐 건설에 비유된 모금이론은 단체 운영의 과학적 접근에 대한 이해를 보다 더 쉽게 도울 것이다. 자연계의 물의 순환은 마치 Philanthropy 생태계 내에서 모금을 통해 기금이 배분되는 상황과 흡사하다. 어떤 물은 수년간 심층수로 있고 어떤 물은 대기를 통해 순환된다. 기금도 유산기부를 통해 마지막으로 사회에 환원되기도 한다.

1

PBG의 관계

세상의 역사는 세 분야 간 영역의 갈등이고 협동이었다. 정부(Government)와 필란트로피의 관계의 입장에서 보는 관점이 네 가지(첫째는 정부가 결정한 사회적 코즈에 부족함을 메우는 보완관계[supplementary relationship]이다. 단지 조연역할로 뒤에서 힘을 보태는 정도의 수동적이다. 둘째는 서로 보완해주는 적극적이고 상호 보완관계[complementary relationship]이다. 셋째는 서로 정부가 하는 정책이나 공공 사업에 반대되고 견제 하는 관계[adversary relationship], 넷째는 서로 독립적인 관계[autonomous relationship]이다.)가 있고, 각기 여러 형태로 진화하고 있다. 내부 조직의 구성으로 G는 3권(입법, 행정, 사법)이 있고, P도 3권(이사회, 행정, DP)이 있다. 나머지는 국민이고 기부자이며 고객이다.

인간의 욕망에 있어서 G는 정치(politic)에 근거를 둔 권력과 힘이다. 기업(Business)은 기업가 정신으로 이익, 즉 돈이다. P는 자아실현으로부터 얻는 명예와 행복감이다. 이 욕망은 서로 교환과 협상이 가능하고, 리더십이 경계선을 넘나들고, 힘의 균형은 시대에 따라 변하고 있다. 양심과 박애, 돈과 권력, 세금 혜택으로 P를 견제하고 조정하기도 한다.

그림 5-1 Comparison of PBG

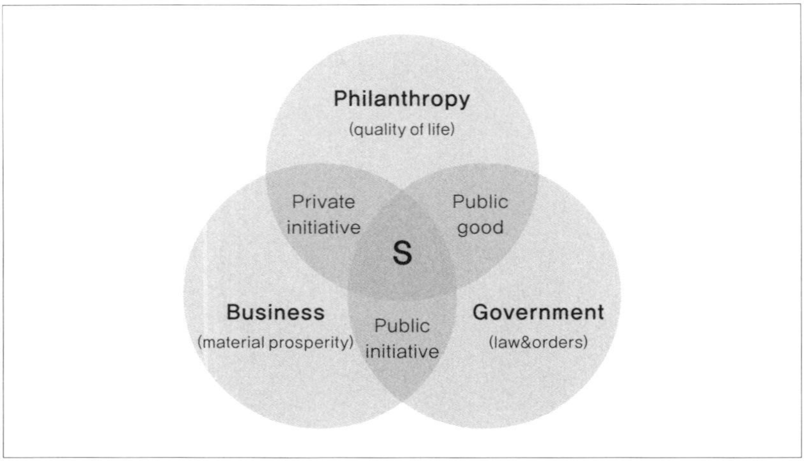

2

비영리조직의 생태계

2.1 비영리조직 체계의 특성

비영리의 기본 순환도는 기부자가 비영리단체에게 재원(돈, 시간, 재능)을 제공하고, 단체는 받은 재원을 바탕으로 프로그램을 수행해 수혜자에게 이익을 주어 사회적으로 긍정적인 영향을 끼쳐 기부자에게 보답하는 형태이다. 그래서 비영리조직의 여섯 가지 특성은 대부분 필란트로피의 특성으로부터 온 것이다. 비영리조직의 여섯 가지 특성은 다음과 같으며 이 특성 중 하나라도 없으면 정상적인 역할을 하기 어렵다.

① 조직(organization)의 형태를 갖추어야 한다.

조직의 형태를 갖추어야 하지만 조직의 사명(mission)이 달성되면 존재할 이유가 없게 되는 자기 완결적 특성을 갖고 있으며 제도화, 기구화가 되어 있다. 지속적으로 존재하기 위해 두 주인(Profit과 Mission)을 동시에 섬겨야 하는 딜레마에 빠지기도 한다. 아무리 중요한 일이라도 비공식모임을 비영리조직으로 간주하지 않는다.

그림 5-2 Non profit System

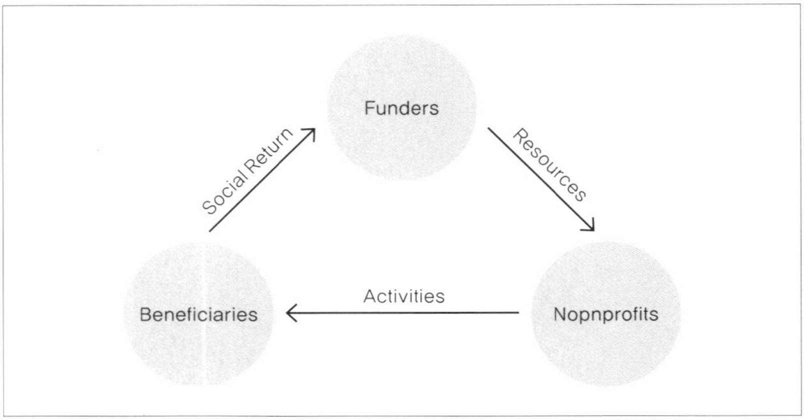

② 독립적이다.

제도적으로 정부로부터 독립적이지만 정부로부터 지원을 받기도 한다.

③ 이익의 무분배(no profit distribution)이다.

이익 추구를 조직의 목표로 하지 않으며, 활동을 통해 얻은 이익을 회원, 기부자, 스텝들에게 돌려주지 않는다. 영리는 투자가에게 이익배당을 하지만 비영리는 이해 관계자들에게 사회적 이익으로 돌려준다. 그리고 기본 목적과 부합되는 분야에 혹은 조직의 역량 강화에 재투자할 수 있다.

④ 자치적(self-governing)이다.

조직의 활동을 스스로 통제하고 조절한다. 자체적으로 의사결정 절차를 갖고 있으며 자신의 조직 이외의 조직으로부터 통제받지 않는 것이 원칙이다.

⑤ 자발성(Voluntary)이다.

활동과 운영은 개인들의 자발적인 재원을 기반으로 한다.

⑥ 공익성(public interest)이다.

공익을 추구하고 공익에 기여한다.

2.2 비영리조직의 기금 구조(Funding Mechanism)

비영리 생태계의 기금의 흐름을 이해하면 미래의 트랜드가 보인다. 제2섹터인 기업은 이익추구가 목적이지만 때로는 사회적 책임(CSR)을 이유로 비영리의 영역인 공익을 목적으로 사업을 하기도 한다. 한편 제3섹터인 비영리단체는 사회적 이익을 목적으로 프로그램을 운영하지만 재정의 부족으로 가끔 영리 영역인 수익 사업을 벌이기도 한다. 이때 수익사업은 본래의 사명과 부합이 되면 면세 해택을 받게 되고, 부합이 안 되면 세금을 내면 된다. 하지만 그 두 영역의 확장으로도 사회적 문제가 해결되지 않아서 제4섹터인 사회적 기업(social enterprise)이 생겨나게 된 것이다. 〈그림5-3〉에서 사회적 기업은 처음부터 이익을 위한 사업도 하고 동시에 기부금을 받을 수 있는 구조로 디자인되었다. 그러나 요즘은 사회적 기업도 문제가 많아 제5섹터로 부르는 B-Corporation(Benefit Corporation: 이윤 창출과 동시에 기업시민으로서의 사회적 책임 모두를 적극적으로 수행하는 기업을 일컫는다.) 혹은 L3C(low profit limited liability)가 태동되고 있다.

그림 5-3 비영리단체의 Funding Mechanism

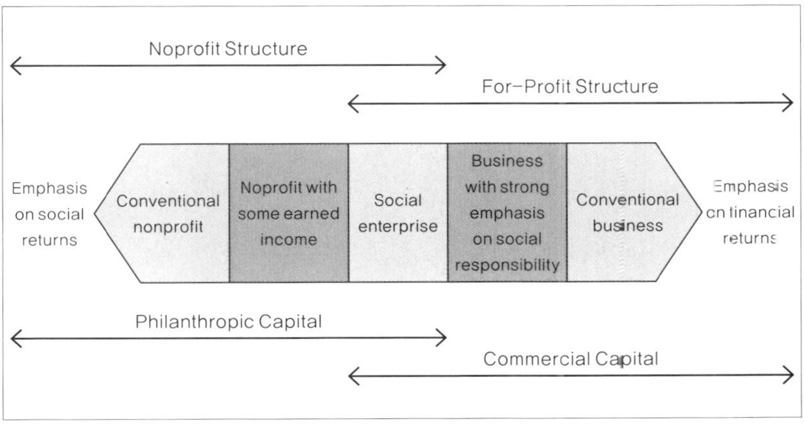

3

비영리 경영의 메커니즘

비영리기관은 모금을 통해 시간과 공간을 팔아서 기부자와 에너지를 교환한다. 그래서 모금가는 한마디로 시간·공간·에너지의 연금술사(鍊金術師)이다. 시간은 흐름(flow)과의 차이(gap)이고, 공간의 위치와의 관계이며, 에너지는 종류와 양이다. 그래서 계획(Plan)은 이 세 가지를 담아야 한다. 서양식 시간 경영이란 처음에 목표를 정해놓고 거꾸로 계산해서 언제 시작해야 하는지, 중간 어느 시점에 점검할 것인지 등을 결정한다. 사실 시간의 배치는 시각적으로 공간경영에 가깝다. 공간경영은 비울 곳은 비우고 채울 곳은 채우는 허허실실(虛虛實實)한 동양적 공간 경영과 장기간의 캐피털 캠페인은 시간 경영이라기보다 에너지 경영에 가깝다. 이때 에너지는 가치, 리소스, 힘, 열정을 포함하여 어떻게, 얼마만큼, 언제, 어느 때 분배하는가이며, 여기서 분배는 나누기(segment)와 합하기(integrate)이다. 비영리 경영이란 마치 전 구간 동안 시간 안배를 하는 마라톤 경기처럼 모든 에너지를 골고루 안배하는 방법보다는 스프린트(단거리 질주)로 100미터를 뛰고 쉬었다가 다시 뛰는 것처럼 에너지를 안배하는 것이다. 서양의 시간 경영과 통합적인 에너지 경영이 필요하다.

그림 5-4 비영리 경영의 메커니즘

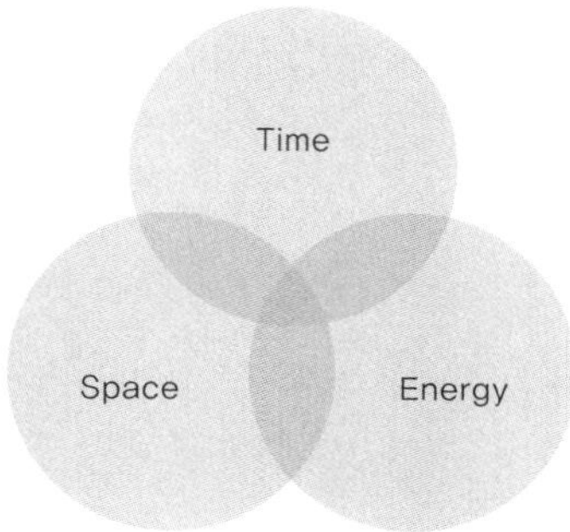

웹사이트나 커뮤니케이션은 2D, 3D 차원의 공간 사용 능력이 필요하다. 어느 때 보여주고 보내는가는 시간에 관한 문제이고 내용은 에너지에 관한 것이다. 조직의 문화는 시간·공간·에너지 사용의 패턴에 관한 것이고 전략은 이 세 가지를 어떻게 쓰는가에 관한 것이다. 기부자와의 관계설정은 역시 시간, 공간. 에너지의 분배에 관한 것이다. 윤리는 이 세 가지 사이의 관계의 규칙이다.

4

비영리 개체 수와 항상성(Homeostasis) 시스템

비영리 생태계도 자연계의 일부로 생각할 때 진화하고 있는지 아니면 자연적으로 도태하고 하는지에 관심을 갖게 된다. 과연 25,000개라는 한국 비영리단체의 개체 숫자가 적당한 것인가? 사회문제를 해결하기 위한 숫자로서 외국에 비해 혹은 이론적으로 너무 많은 것인가 아니면 적은 것인가? 만약 어느 자연보전지역에 1,000 마리의 호랑이 개체 수가 살고 있다 하더라도 행동권이 충분히 인접하여 실제로 번식이 가능한 개체가 100마리밖에 안 된다면 호랑이의 유효개체군 크기는 그저 100마리일 뿐이라고 전문가는 말한다. 그렇다면 단체가 25,000개 라고 하지만 번식 가능한, 즉 좋은 모델로 스케일링 업 되거나 혹은 건강한 유전자를 가진 유효단체는 그 중 몇 개인지가 궁금하다.

자연생태계에는 소수의 개체들, 심지어 정자를 품은 한 마리의 암컷에 의해 시작되는 개체군들이 적지 않다. 이처럼 다양하지 못한 유전자 군으로 시작된 개체군에서 일어나는 각종 유전적 성향을 '창시자 효과(Founder Effect)'라고 한다. 비영리도 다양한 생각과 전문성이 유입이 되지 않는 한 동일군 유전자 집단인 경우 창시자 효과가 일어난다. 인간의 활동

영역이 넓어짐에 따라 자연생태계는 점점 더 잘게 쪼개지며 많은 개체군들이 아예 절멸(extinct)하거나 절멸할 가능성이 농후한 병목(bottleneck) 상태에 빠진 것처럼 비영리도 마찬가지일 것이다. 훌륭한 단체는 적당할 때 문을 닫고 또 다시 설립하면서 새로운 아이디어의 유입과 새로운 사람이 영입되는 개체의 다양성이 있어야 한다.

진화에서 유효개체군의 크기가 중요한 것은 유효개체군이 작을수록 개체군 내의 대립유전자 빈도가 임의로 변화하는 현상인 '유전적 부동(Genetic Drift)'의 영향이 커지기 때문이다. 그래서 비영리도 개체 수에 관심을 갖게 된다. 자연선택과 유전적 부동은 진화의 양대 메커니즘이다. 자연선택이 다분히 결정론적인 작위적 과정이라면 유전적 부동은 개체군 내의 대립 유전자 빈도가 말 그대로 임의로 변하는 무작위적 메커니즘이다. 따라서 유전적 부동은 종종 자연선택이 애써 다듬어놓은 적응(adaptation) 체계를 해체시켜 버린다. 마찬가지로 가까스로 만든 정상적인 조직의 체계를 미션 부동으로 서서히 무너트린다. 돈 많은 사업 아이템을 쫓아 진행되는 단체의 '미션표류(Mission Drift) 현상'이 생긴다. 그래서 '보이지 않는 손'에 의해 개체 수 조율이 필요한 것이다.

항상성은 '왜 사람은 질병에 걸리는가' 혹은 '왜 초원의 코끼리나 들소는 일정한 숫자로 유지되나'라는 질문에서 비롯되었다. 놀랍게도 이 두 가지 질문의 해답은 별개가 아닌 하나로서, 바로 '항상성(Homeostasis)' 유지의 메커니즘이다. 예컨대 세포 단위에서는 각종 효소 분비로 체내 온도, 산도, 혈당수치 등을 유지하고, 거시적 생태 단위로 확대하면 먹이사슬을 통한 개체수가 유지된다. 놀라운 자연의 항상성 유지 메커니즘은 생명과 생태계의 생존이 지속 가능하도록 한다. 체내 생리법칙과 거시적 생태법칙을 아우르는 공통의 '생명 논리'로 설명할 수 있는 것처럼 필란트로피의 생태계도 마찬가지이다.

자연적으로 조절과정이 제대로 이루어지지 않을 때 우릴 기다리는

건 비극뿐이다. 예를 들어 인슐린을 분비하는 췌장이 조절 기능을 잃으면 당뇨병이 오며, 세포가 적정 수준 이상으로 분열을 거듭하면 암 덩어리가 된다. 생태계도 마찬가지이다. 해양에서의 극심한 녹조 현상이나 개체수가 급격히 불어난 야생동물의 습격은 인간의 개입으로 생태계 균형이 붕괴되었을 때 발생하는 현상들이다. 너무 많은 사회문제가 생기면 비영리 단체의 개수가 늘어날 것이고 단체를 유지할 기금모금 경쟁으로 고갈되어 비영리 생태계가 위태롭게 된다. 만약 민간기금이 너무 많아서 정부의 역할을 넘어서 복지에 과도하게 기금이 몰리면 문제가 발생한다. 그래서 기부산업이 발달하면 정부의 적절한 규제로 생태계가 건강하게 균형을 유지해야 한다.

5

비영리 생태계의 윤리 정책

자선단체와 재단의 경영원칙과 윤리적 실행지침의 성공적인 비행을 위하여 잠자리의 네 날개에 비유하여 설명하고자 한다. 법적인 문제가 없어야 하며, 경영방식이 윤리적이고 투명하게 운영되어야 하고, 윤리적인 회계운영과 감시체계가 있어야 하며, 책임 있는 비영리단체 활동으로 이루어져 있다. 잠자리의 네 날개 비유를 자세히 설명하면 다음과 같다.

① 법의 준수와 공시(Legal Compliance and Public Disclosure): 비영리단체 관련법 준수와 윤리적 코드, 내부 고발자 보호와 문서보호

② 효과적인 거버넌스(Effective Governance): 독립적이고 다양한 전문 분야의 이사회, 지배구조의 합리화와 정규 모임

③ 강한 회계상의 감시(Strong Financial Oversight): 회계장부 보관 및 보고, 차용 금지, 횡령 대책 및 조치, 모니터링

④ 책임 있는 모금 활동(Responsible Fundraising): 약속 이행, 기부금 수용정책, 모금가 커미션 금지, 기부자 프라이버시 보호

그림 5-5 윤리적 실행을 위한 구성요소

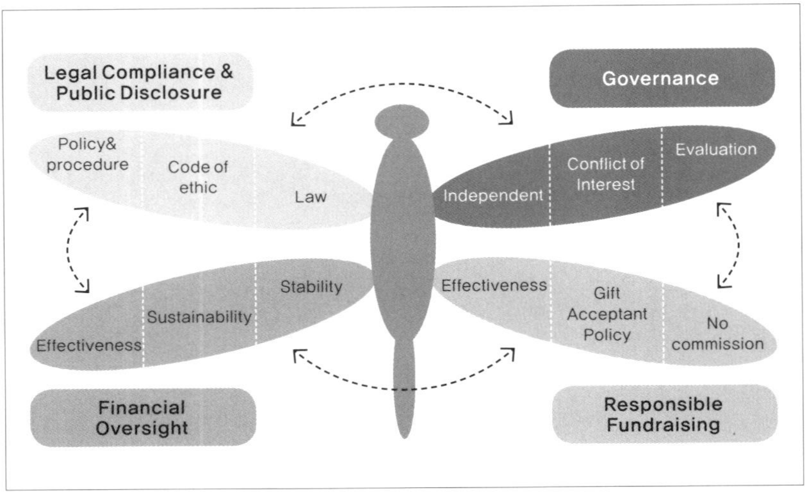

이러한 네 가지 요소가 조화를 이루며 함께 움직여야 한다. 네 개의 날개 중 한 날개라도 제대로 활동하지 못하면 비영리단체의 책무성을 완성할 수 없기 때문에 윤리라는 에너지를 균형 있게 공급받아 이 네 가지 핵심 요소를 동시에 갖추어 책무성을 완성해야 된다.

현재 한국의 정부 정책이 회계적인 감시나 법적인 제재에 대해 많은 노력을 하고 있으나 이사회의 투명성, 즉 어떻게 결정을 하는지에 대한 충분한 프로세스를 보여주지 못하고 있고 또한 책임 있고 윤리적인 모금 방식이나 규정이 명확하지 않아서 잠자리의 네 날개 중 두 개만으로는 비행이 쉽지 않다.

6

필란트로피의 진화

6.1 필란트로피 생태계의 진화

필란트로피는 시대에 따라 기부의도와 방법이 진화하고 있다.

- Charity
- Philanthropy
- Strategic Philanthropy
- Impact Investment

위에 나열된 단어들은 의미는 비슷하지만 시대에 다라 기부자 입장에서 다른 방법으로 접근해 분류한 필란트로피 생태계의 진화이다.

① 자선 기부(charity)는 수혜자가 혜택을 받을 수 있는 비영리 프로그램을 사기 위해 탐색한다. 기부자는 프로젝트 실행 결과가 수혜자에게 돌아가는 기부금의 할당량에 대해서만 주로 염려하지, 비영리단체의 역량에 대해서는 신경 쓰지 않는다.

② 필란트로피 투자(Philanthropic Investment)는 수혜자의 장기적인 재생에 투자하기 위해 프로젝트 실행의 성공 능력을 키우는 것을 말한다. 그렇기 때문에 Philanthropic Investment의 투자자는 영리 투자자처럼 주로 기간을 늘리고 프로젝트들과 관련된 기부금의 크기를 키우는 것에 주로 관심이 있다.

③ 전략적 필란트로피(Strategic Philanthropy는) 전략적 필란트로피로 조직을 운영하는 비영리단체의 상품과 서비스를 사는 것을 말한다. 이때의 기부자는 수혜자가 혜택을 받는다는 그 자체가 자신이 해결하고자 하는 문제를 위해 단체의 역량이 프로그램의 실행이 충분히 가능한지에 대한 판단기준으로 삼는다.

④ 사회적 임팩트 투자(Social Impact Investment는)자신들이 관심 있는 프로그램을 직접 만드는 것을 말한다. 그들은 다른 기업의 참여를 독려하는 영리와 비영리를 합친 기업이다. 주로 프로그램이 순 가치 생산을 위해 사회적 임팩트를 낼 수 있는 지 여부에 주로 신경을 쓴다.

좀 더 쉽게 비유해서 표현하자면 아래와 같다.

- 고기를 주던 시대
- 고기 잡는 법을 가르쳐 주던 시대
- 고기 맛을 보여주는 시대
- 고기를 기를 수 있도록 투자하는 시대

고기를 주던 시대는 재화의 이동으로서 걷고 배분하는 역할로 투명하게만 하면 되는 단순한 구제산업(Charity Industry)정도의 시대였다. 고기 잡는 법은 스스로 문제를 해결하도록 교육을 통해 가르치는 것에 초점을 맞춘 시대의 산업으로, 사회의 근본적인 문제를 해결하기 위해 노력하는 전통적인 필란트로피 산업이다. 고기 맛을 보여주는 것은 기회를 주는 것으로서 어떤 고기를 잡을 것인지 스스로 결정하게 하는 것이다.

그래서 전략적인 필란트로피(Strategic Philanthropy)와 맥락을 같이한다. 왜(why) 고기를 잡아야 하는지 스스로 동기를 부여하기 위함이다. 요즘은 기부자를 잡는 것이 아니라 양육(cultivation)하는 시대이다. 자연생태계를 만들어 고기를 투여하여 그것을 기르도록 환경을 만들어 주는 투자를 해야 장기적으로 생존할 수 있다. 이것이 소위 임팩트 투자인 것이다. 임팩트 투자(Impact Investment)는 앞의 두 단계에서 기본이 튼튼하게 잘 되어 있어야 그나마 가능하다. 하지만 각 단계는 단계별로 사회에 필요한 사람이 있고 단계별로 상호연계가 되어 있어서 일반적으로 균형 있게 동시에 존재해야 건강한 기부산업 생태계가 존재하게 된다.

6.2 필란트로피 산업의 진화

필란트로피 실현의 네 가지 원칙인 기부, 참여, 봉사, 요청이 시대에 따라 발전된 산업으로 진화하고 있다. 기부자 입장에서는 기부가 단순히 주는 것을 넘어 자아실현의 일환으로 서비스를 제공받고 있는 셈이다.

가. 1차 기부산업: 자선형 기부

길을 가다가 자선 냄비를 보고 마음이 움직여 단순히 주는(Giving) 행위를 말한다. 무명으로 기부하거나 일회성 이벤트 기부가 대부분이다. 어떤 조직과 관련하지 않고 '세덤' 또는 '좀도리' 처럼 문화나 풍습 안에서 하는 개인기부이다. 감정에 호소하고 관계에 의지한 1차 기부산업으로서 일반 복지기관의 전형적인 캠페인 형태이다. 커피로 비유하자면 커피콩을 자루에 넣고 파는 1차 산업인 것이다.

나 2차 기부산업: 가입형 기부

조직의 일원으로 멤버십을 갖고 정기적으로 기부하는 행위를 말한다. 대학, 병원, 청소년 멤버십 단체 등의 캠페인 형태이다. 소속감을 주고 장기적으로 기부를 유도한다. 커피로 비유하자면 커피를 볶아 봉투에 회사 이름을 넣어 판매하는 2차 산업과 같다.

다 3차 기부산업: 참여형 기부

주고, 참여하고, 봉사하며 진화된 기부활동이다.

예) '사랑밭'의 베넷저고리 캠페인, '따뜻한 손'에서 하는 캠페인, '세이브더칠드런'의 신생아 살리기 모자 뜨기 캠페인, 각종 김장 나누기 캠페인

이에 대한 메커니즘은 참여자가 기부도 하면서 실제로 노동이나 재능을 통해 제품을 만들어 그 제품이 수혜자에게서 2차 기부로 가는 형태이다. 참여를 통해 잔잔한 재미를 갖게 하며, 파생된 상품은 기부산업의 유통을 활성화하는 데 도움된다. 커피가 커피숍에서 판매되어 부가가치를 높여주는 서비스 산업인 3차 산업인 것과 같다.

라 4차 기부산업: 통합형 기부

참여형 기부에서 요청이 더 추가된 형태이다. 필란트로피 실현의 네 가지 원칙이 다 포함된 기부형태로서 아이스 버킷 찰린지(Ice Bucket Challenge)가 좋은 예이다. 아이스 버킷 찰린지는 필란트로피 실현을 위한 모금 이벤트로서 성공하기 위한 조건들을 잘 갖춘 완성형 롤모델 중 하나이다. 이 이벤트는 드물게도 한꺼번에 네 가지 요소를 모두 갖추고 있다. 초대를 승인하는 자체가 참여하는 것이고, 얼음물을 뒤집어쓰는 것으로 직접 서브하고, 다른 사람 세 명을 초대하여 자신도 기부하고 다른 사람도 기부하도록 요청한다. 다른 이벤트와는 완전히 차별화된 multitask이

다. 특히 Martyrdom Effect(고행자 효과)가 있어 재미를 더해 기하급수적으로 늘어나면서 모금이 되었다. 깨달음과 통찰을 얻고 이를 인정받기 위해 고행을 자처하는 사람들과 같이 자신의 가볍고 유쾌한 수고로움을 인정받을 수 있는 '영상'이라는 매체를 통해 성공을 거두게 된 것이다. 스타벅스같이 브랜드 네임을 이용해 단순히 커피를 넘어서 장소를 제공하고 특별한 사람들이 커피를 마시는 이미지를 파는 4차 산업인 것이다.

7

필란트로피 생태 체계

필란트로피 생태 체계(System)는 크게 네 분야로 나눈다. 지식 체계(Knowledge System), 기부 체계(Giving System), 비영리 관리와 결과보고 체계(Management and Reporting System), 평가 체계(Evaluation System)이다.

'필란트로피 지식체계'란 효과적이고 적절한 사회환경 지표, 정부와 기업의 활동 및 정책, 지역사회 목표와 전문가의 개입에 있어서 효과를 낼 수 있게 만들어 놓은 이론적 저장소이다. 예를 들어 PCS(Philanthropy Classification System)와 같은 분류 체계를 말한다.

'필란트로피 지식체계'는 비영리단체 및 기부자에게 알려주고, 억제 또는 동기부여를 하는 데 사용된다. '비영리 관리와 결과보고 체계'는 비영리단체의 목표 설정, 계획, 보고 등의 과정을 관리하는 데 사용된다. 비영리조직 관리는 얼마나 체계가 잘 갖추어졌느냐에 따라 성공 여부 정도가 판가름 날 정도로 중요한 부분이다.

'비영리 평가 체계'는 감사, 평가, 승인, 규제 담당자 및 전문가 저널리스트를 넘어 친구나 다른 사람들도 기부자나 기부자의 결정에 대한 정보 및 그에 따른 영향력에 대해 찾아 볼 수 있는 체계이다. 정보를 찾아보고

그림 5-6 필란트로피 생태 체계

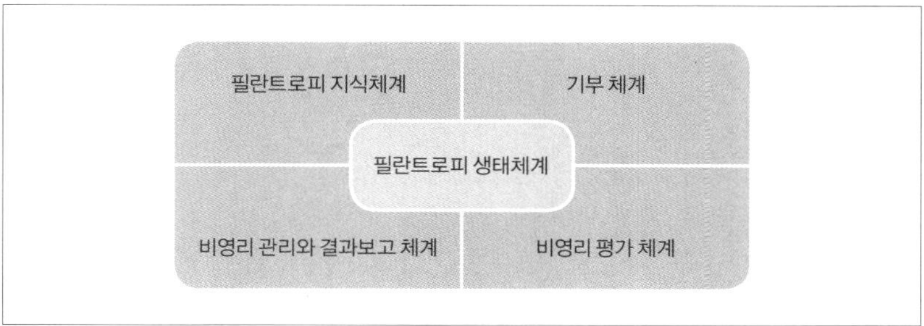

그에 대한 평가와 보완을 하는 역할을 한다.

'기부 체계'는 다양한 기부자, 신탁관리자, 온라인 거래 서비스 기관의 매년 기금과 보조금을 관리하는 체계이다. 현재 한국에서 주로 NPO들이 기부체계에 포함되어 있다.

다음은 기부선진국의 기부시스템이다.

그림 5-7 예) 기부시스템(Giving System)

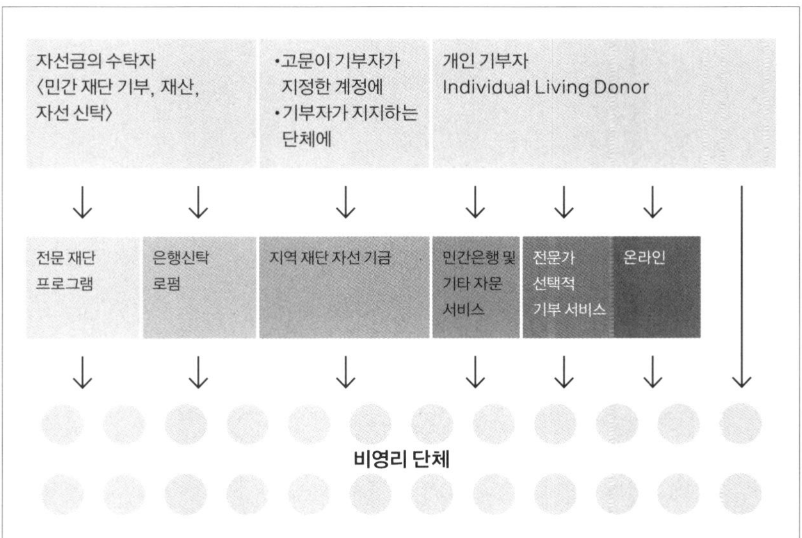

한국에서는 민간차원에서 주로 개인 기부자의 온라인 기부나 법정 기부 단체인 사회복지공동모금회를 통한 기부가 이루어지고 있으며, 정부차원에서는 교육부 기부포털 이라든지 법무부 주관으로 공익신탁을 만들어 은행신탁을 통한 기부도 확산시키고 있다.

8

필란트로피 생태계의 생태통로와 교란

8.1 필란트로피 생태계의 생태통로(Eco-Corridor, 生態通路)

필란트로피 생태계는 시간과 공간에 따라 가치가 에너지로 교환되는 관계를 보여준다. 필란트로피 생태계는 자연의 일부이므로 자연 생태계의 메커니즘과 비슷하다. 자연, 균형, 순환의 3요소가 필요한 생태계가 자생 능력이 있어야 인간의 삶이 좋아진다. 숲의 군락군이 서로 떨어져 득립적이면 상호 작용이 안 되어 생태계가 파괴된다. 이때 서로 연결해주는 생태통로(Eco-Corridor, 生態通路)가 필요하다. 이것은 사람들의 주거지, 도로·댐·수중보·하구언 등으로 인하여 야생 동식물의 서식지가 단절되거나 훼손 또는 파괴되는 것을 방지하고, 야생 동식물의 이동을 돕기 위하여 설치되는 인공구조물·식생 등의 생태적 공간을 말한다. 또한 이것은 야생생물에게 이동로 제공, 야생동물 서식지로의 이동, 천적 및 대형교란으로부터 피난처 역할, 단편화된 생태계의 연결로로 생태계의 연속성 유지, 기온 변화에 대한 저감효과, 교육적·위락적 및 심미적 가치 제고, 개발억제 효과 등의 역할을 한다.

이런 통로가 자연환경보전법 제2조에 보장된 것처럼 비영리도 현대화하면서 도시계획을 하듯이 법적인 어떤 규정이 필요하다. 그래야 기부문화도 살아나고 기부산업도 건강해진다. 필란트로피 생태계를 위하여 외부적으로 사회복지, 학계, NPO, NPO 서비스업을 연결해주는 생태통로가 필요하다. 생태통로로 각 분야가 서로 소통하고 협력하여 재원 및 인재가 교류하고 내부적으로는 분류, 통합, 공감, 관계라는 네 가지 구성요소가 자연적이고 균형 있게 순환하도록 통로를 만들어주어야 한다.

8.2 필란트로피 생태계의 교란

생물다양성 보전 및 이용에 대해 외래생물 중 생태계의 균형을 교란하거나 교란할 우려가 있는 생물, 외래생물에 해당되지 않는 생물 중 특정 지역에서 생태계의 균형을 교란하거나 교란할 우려가 있는 생물, 유전자의 변형을 통하여 생산된 유전자변형 생물체 중 생태계의 균형을 교란하거나 교란할 우려가 있는 생물에 의한 피해를 방지하기 위해 그들을 "생태계교란 생물" 등으로 지정하고 사육, 재배, 저장, 운반, 수입 등에 대한 규제를 실시하고 있다. 동물에는 황소 개구리나 뉴트리아가 있고 식물은 돼지풀이나 가시박 같은 것이 있다. 마찬가지로 필란트로피 생태계에도 균형을 교란시키는 엄청난 횡령과 사기행위를 하는 사람, 독버섯처럼 퍼지는 개념들이 생태계를 교란시킨다. 또한 좋은 의미에서 새로운 기술이 도입된다고 해서 생태계에 도움이 되는 것이 아니라 오히려 교란이 되는 경우도 있다. 한 생물의 멸종이 전 생태계를 파괴하듯이 필란트로피의 등장인물의 소멸이 전체 생태계를 파괴시킨다. 생태적 가치의 파괴인데 먹이사슬의 정점에 위치한 동물이 멸종되면 2차 소비자가 급속히 늘어나고 그로 인해 그 하위에 위치한 생물이 영향을 받아 개체수가 급속히 줄어드는 결과가 발생할 수 있다.

자연 생태계는 생산자(식물)와 소비자(동물), 분해자(박테리아)라는 세 주체의 기능을 통해 생성-성장-소멸이라는 순환과정을 밟는다. 필란트로피 생태계에도 기부자가 생산자, 수혜자가 소비자, 비영리단체가 분해자의 역할을 맡는다. 동식물이 노화돼 소멸되는 과정에서 박테리아가 분해자 역할을 하듯 현장에서 비영리단체는 파트너십을 통해 정부의 복지정책과 사회적 금융의 자연적 소멸과 재생성을 도와야 한다. 일련의 기금 횡령사건으로 생태계의 교란이 일어나지만 본래의 생태계를 되찾아야 한다.

9

필란트로피의 빅뱅

필란트로피의 빅뱅으로 필란트로피 산업을 활성화하는 동력이 좀더 다양해진다. 글로벌화 된 기업이 새로운 추세인 네 가지 방향에서 파트너십을 요구하고 있다.

① 조건 없는 보조금을 넘어서(Beyond grants)

새로운 금융적인 툴로서 융자나 조건 없는 보조금(grant)으로 주기보다 경제적 이익과 사회적 이익을 동시에 추구하는 임팩트 금융(Equity Investment)과 사회연계본드(Securitization Social Impact Bonds) 등이 나오고 있다.

② 전통적인 재단을 넘어서(Beyond foundation)

전통적인 재단의 형식보다 새로운 역할을 하는 다양한 프레이어(player, 역할 등) 들이 속속히 나오고 있다(Capital Aggregators, Social Stock Exchange, Internet Portal 등).

③ 유증을 넘어서(Beyond bequest)

유산기부의 일종인 단순한 유증을 넘어 여러 계획기부 상품을 기부자

그림 5-8 필란트로피 생태계의 새로운 프론티어

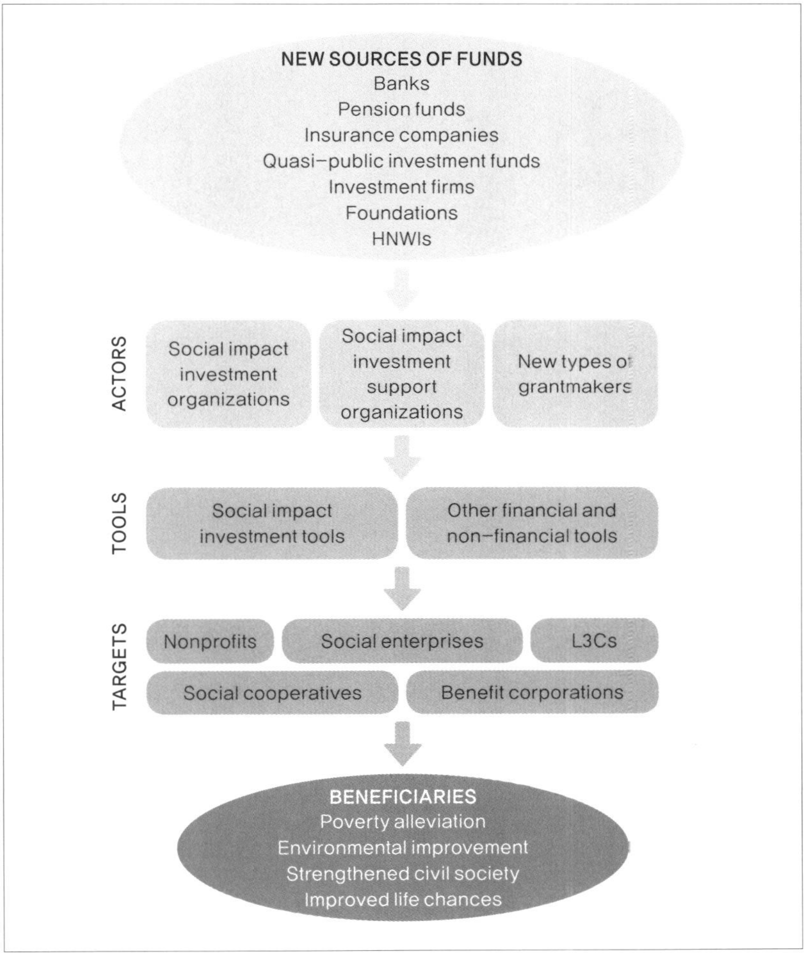

에게 제시하여 선택을 폭을 넓히고 있다(CRT, CLT, PIF 등).

④ 현금을 넘어서(Beyond cash)

현금 기부를 넘어 재능기부와 자원봉사가 늘고 있고, 비트코인 및 가상화폐 등 새로운 자금 형태의 기부가 활성화되고 있다(In kind volunteer time computer hardware and software).

그림 5-9 Types of Actors & Tools

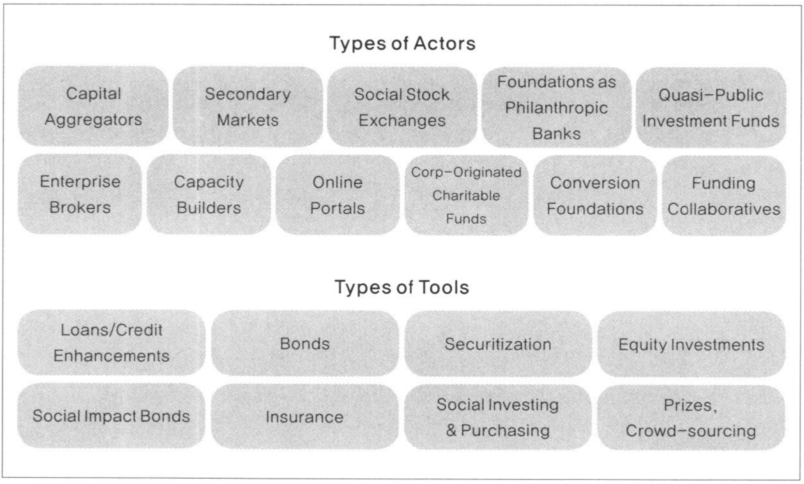

출처 Lester M Salamon, Ed., The New Frontiers of Philanthropy(New York: Oxford University Press, 2014).

이런 혁신적인 발전으로 새로운 형태의 생태계가 형성된다. 새로운 파트너, 그리고 금융적 메커니즘의 스킬이 필요하게 되어 필란트로피 산업의 확장에 견인차 역할을 하게 된다. 다양한 방법으로 펀드가 유입되고 새로운 조직과 역할 담당자가 생기고 창의적이고 유연한 도구를 이용하여 좀더 넓고 깊게 수혜 범위로 퍼져 나간다. 그로 인해 새로운 일자리 창출과 파생산업이 활성화 된다.

좀더 디테일 하게 행위자(Actor)와 도구들을(Tools) 살펴보면 〈그림 5-9〉와 같다.

한국은 아직 초보 단계지만 새로이 발족된 '임팩트 금융'이 발전하기 위해 기부선진국처럼 다양한 행위자와 도구들이 도입될 것으로 기대한다.

10

메디칼 기부 가치 생태계(Medical Giving Value Cycle)

공공 의료 R/D 펀딩에 민간기부를 생각한다면 먼저 메디칼 기부에 대한 전반적인 맵(mapping)이 필요하다. 그 다음 R/D 펀딩을 기존 사이클에 포함시킬 것인가 아니면 새로운 생태계를 만들 것인가 분석을 해야 한다. 생태계가 없다면 따로 만드는 데 시간이 많이 걸린다. 하버드 경영대학원이 출간한 우마이르 하크 하바스 미디어 랩 소장의《신자본주의자 선언(New Capitalist Manifesto)》은 자본주의의 미래에 대해 청사진을 제시한다. 자본주의가 위기를 맞을 때 가져야 하는 전략이 변화해야 하는 것처럼 한국의 R/D를 위한 기부문화도 같은 프레임으로 변해야 한다. 그는 20세기 자본주의를 떠받치는 5개의 초석이 바뀌어야 한다고 강조하면서 가치 사슬, 가치 제안, 경쟁 전략, 시장 보호, 차별화된 제품 등은 각각 가치 사이클, 가치 대화, 철학, 시장 완성, 인간의 삶에 의미 있는 차이를 만드는 제품 등으로 전환되어야 한다고 주장한다. 마찬가지로 기부문화도 다섯 가지 초석이 바뀐 기부산업으로 진화하는 데 연구 중심 역할을 해야 한다. 그는 20세기 기업은 '가치 사슬'이었다면 21세기 기업은 '가치 사이클(value cycles)'이라고 했다. 가치 사슬과 가치 사이클의 차이는 "가치 사슬은 제품

그림 5-10 가치 사이클

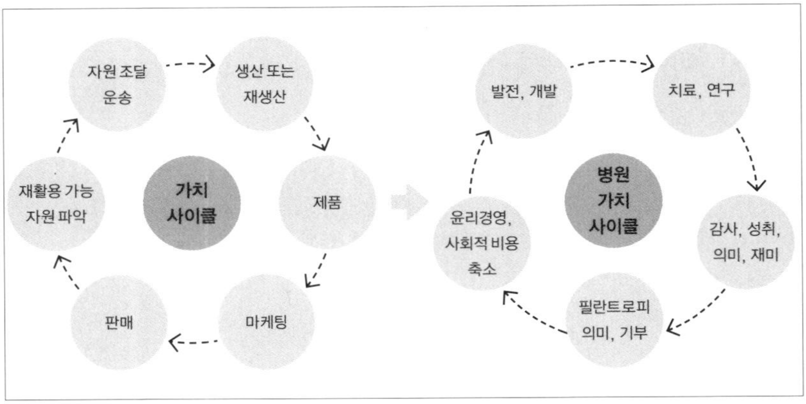

생산에서부터 소비까지가 직선이고, 가치 사이클은 생산과 소비가 순환하는 모델이다. 인적·물리적 자원이 재사용되면서 순환된다"라고 했다. 자원이 재사용되므로 당연히 친환경적이며 자원 낭비도 훨씬 줄일 수 있다. 마찬가지로 단체가 기부를 유도했으면 사회적 비용을 줄이도록 자체적으로 가치 순환계를 만드는 데 기부산업이 큰 역할을 한다고 본다.

20세기 자본주의에서는 고객에 대한 '가치 제안'이 답이었다면 21세기에는 고객과의 '가치 대화(value conversation)'가 답이다. 'Pitching is dead, but conversation is alive'이란 말까지 나왔다. 가치 제안은 일방적인 독백이다. 중역실에서 이루어진 결정이 여러 사람에게 일방적으로 전달된다. 반면 가치 대화는 기업이 소비자를 비롯해 모든 구성원과 나누는 대화이다. 의사결정 과정이 급진적으로 민주화된다. 여기서 비영리의 한 부분으로 공공 의료 R/D 발전을 위해 일방적인 제안보다는 기부자 중심의 경청을 통한 민주적인 방법을 채택해야 한다.

제6장

사회적 경제와 일자리

1

사회적 경제의 명과 암

사회적 경제란 구성원 간 협력·자조를 바탕으로 재화·용역의 생산 및 판매를 통해 사회적 가치를 창출하는 민간의 모든 경제적 활동을 뜻한다. 이윤 극대화가 아니라 사회적 영향력을 추구하면서 경제활동을 하는 사회적 기업, 물건이나 지식을 서로 빌려주며 함께 쓰는 공유경제와 협동조합, 지역 공동체 내에서 주민이 지역 자원을 이용해 수익사업을 하고 소득과 일자리를 창출하는 마을기업 등이 이에 속한다. 현재 사회적 경제의 대표적인 조직이라 할 수 있는 정부인증 사회적 기업, 자활기업, 마을기업, 협동조합기본법에 의한 협동조합은 현재 15,000개에 달하는 것으로 집계되고 있다. 정부가 2007년 사회적 기업 육성법을 제정하고 지원 정책을 도입한 지 10년 이상이 흘렀다. 2007년 55개에 불과했던 정부인증 사회적 기업은 1814개(2017년 9월 기준)로 늘어났다. 정부는 인증을 받은 사회적 기업에 직원 임금과 사회보험료, 사업개발비를 최대 5년까지 지원하고 있다. 하지만 사회적경제기본법에 의해 직접 영향을 받고 있는 당사자들임에도 사회적경제기본법에 대한 정보량은 균일하지 않으며 그 논의 역시 충분하지 못하다. 물론 이런 것들이 필란트로피 정신에 근거를 두었다면 필란트로피 산업이 사회적 경제에 포함되겠지만 그 경계가 모호하다. 그리고 한국에서의 사회적 경제는 경제규모 면에서 일반 경제에 미치는 영향력은 자연히 축소된다.

미국은 필란트로피를 기반으로 하는 선택, 프라이버시, 익명성에 역점을 둔 비영리조직을 중심으로 사회적 경제가 성장해왔다. 그리고 비영리조직의 생존을 위한 수익활동 참여를 계기로 사회적 기업이 발전해오면서 수익창출을 위한 사회적 기업의 혁신성이 두드러진다. 미국의 사회적 기업은 어떤 제도적 제약이 없이 민간차원에서 자율적으로 성장해왔기 때문에 사회적 기업의 스펙트럼이 다른 유럽 국가나 한국에 비해 매우 넓다. 그리고 전통적으로 자유로운 시장의 역할을 중시하며, 사회적으로 가장 취약한 계층만을 대상으로 하는 잔여적 복지체계의 특성은 사회적 기업에도 나타난다. 전통적으로 필란트로피 정신이 강한 미국에서는 사회적 기업에 대한 정부의 지원이 미비한 반면, 재단에 의한 지원이나 기업과의 연계를 통한 시장친화적 사회적 기업이 발달했다. 미국의 사회적 경제에 필란트로피 산업이 빠지면 그야말로 알맹이가 빠진 것이다. 〈그림 6-1〉은 미국의 사회적 경제의 규모를 보여주는 것이다.

그림 6-1 숫자로 본 미국의 사회적 경제

Blueprint focuses on the social economy, with its multiple doers and donors. This pie chart represents revenue flows to different subsectors of the social economy in 2016(philanthropy is 2015 data).

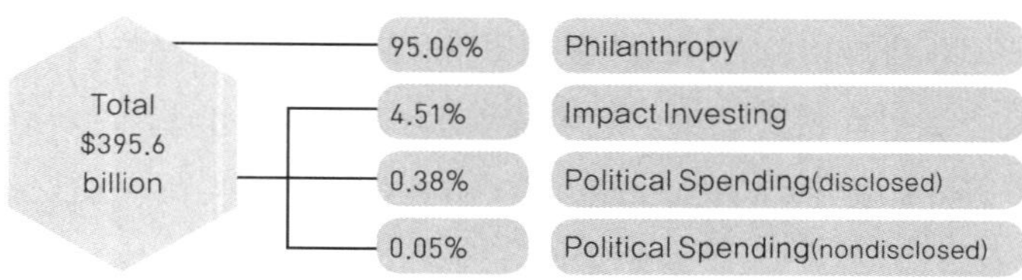

출처 www.grantcraft.org/guides/blueprint2017

그림 6-2 미국의 사회적 경제 성장율

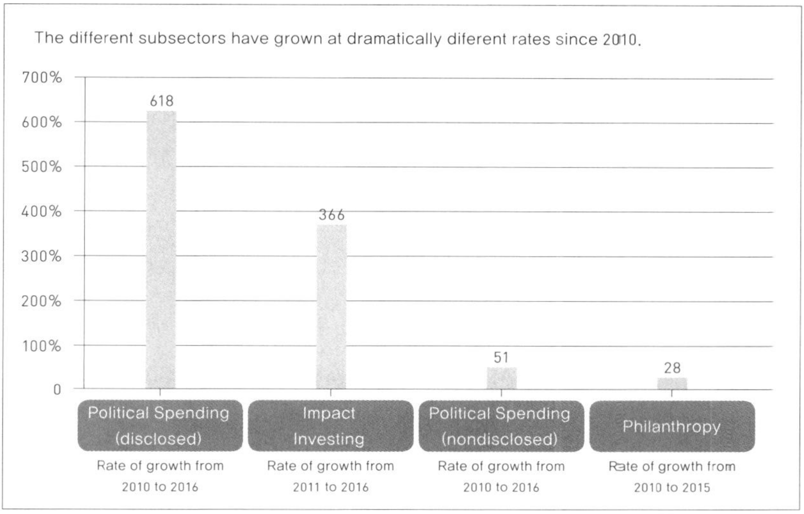

출처 www.grantcraft.org/guides/blueprint2017

하지만 한국의 사회적 경제 개념은 좀 다르다. 사회적 문제의 경중에 따라 사회적 경제의 방향이 바뀐다. 미국의 경우는 총기문제가 가장 크지만 한국의 경우는 일자리 문제이다. 따라서 사회적 경제를 육성해 양질의 일자리를 창출하고 취약계층의 사회 안전망을 강화해 한국사회의 고용불안과 양극화 심화 문제를 동시에 해결한다는 계획이다.

정부는 사회적 기업이나 협동조합 등의 높은 정규직 비중과 취업유발 효과, 낮은 이직률 등이 고용창출에 기여할 것으로 판단했다. 하지만 한국의 사회적 경제의 환경은 앞서 기부선진국가들에 비해 매우 취약하다. 개인적이고 자발적인 필란트로피를 근거로 하지 않기에 자연히 국가가 관여하지 않을 수 없는 구조이다. 그래서 정권이 바뀌면 사회적 경제를 보는 시각에 따라 정책이 급변하여 지속가능을 보장하지 못한다. 협동조합의 전통이 미약하나마 전해지고 있지만 협동조합의 주요 조직들이 관제화되었고, 복지기관이나 자선단체들은 국가와 동등한 파트너이기 보다는 하위조직의 역할을 해왔다는 비판을 피할 수 없다.

국가별 사회적 기업의 특성을 비교해보면 경제위기로 인한 복지국가의 위기나 복지정책의 축소라는 일련의 공통의 사건을 통해 사회적 기업이 등장하고 성장해온 반면, 국가별 사회적 기업의 특성이 각기 다르게 형성되고 있는 것을 확인할 수 있다. 이러한 차이점의 요인은 각 국가별 각기 다른 사회적 경제의 전통과 복지국가의 경험과 같은 역사적 맥락의 차이에서 찾을 수 있다. 따라서 향후 사회적 기업의 정책개발에 있어 외국의 사회적 기업의 도입에 관해 한국적 상황을 바탕으로 한 신중한 고려가 있어야 하고, 나아가 한국의 사회적 경제의 환경에 맞는 사회적 기업의 모델에 대한 고민이 필요하다고 본다.

2

벤처 필란트로피

미국과 유럽은 개인의 기부활동이 규모 있게 발전하고 있는 만큼 2001년 전통적인 비영리 부문에 임팩트 투자 개념을 도입한 아큐먼펀드(Acumen Fund)가 탄생했고, 록펠러 재단에서는 벤처 자산으로 임팩트 투자의 개념을 적극적으로 소개하며 글로벌 투자 활동을 전개하고 있다. 한국에서는 서서히 개념에 대한 관심이 높아지고 있어서 이에 대한 모임이 활발해지고 있다.

환경이 수시로 바뀌는 상황에서 필란트로피 비행을 자유롭게 하기 위해 네 날개의 잠자리의 비행 메커니즘을 예로 들어 이해를 돕고자 한다. 자선의 진화로서 사회혁신을 이끈 벤처 필란트로피의 개념은 기부방식이 기존과 달라 불특정 다수에게 자선을 베푸는 형식이 아닌 일종의 투자 형태의 경영의 룰을 적용한 벤처자선(venturecapitalism)이다. 한마디로 벤처자선은 전통적인 자선활동에 투자방식을 적용한 것이다.

사회문제 해결을 위해 사회적 기업 및 비영리조직의 혁신적인 사업에 투자하여 재무적인 투자 수익 외에 사회적 영향력까지 수익으로 얻는 사회적 투자활동이다. 그래서 앞의 왼쪽 날개는 경제적 이익보다 실제 사회

그림 6-3 Venture Philanthropy 메커니즘

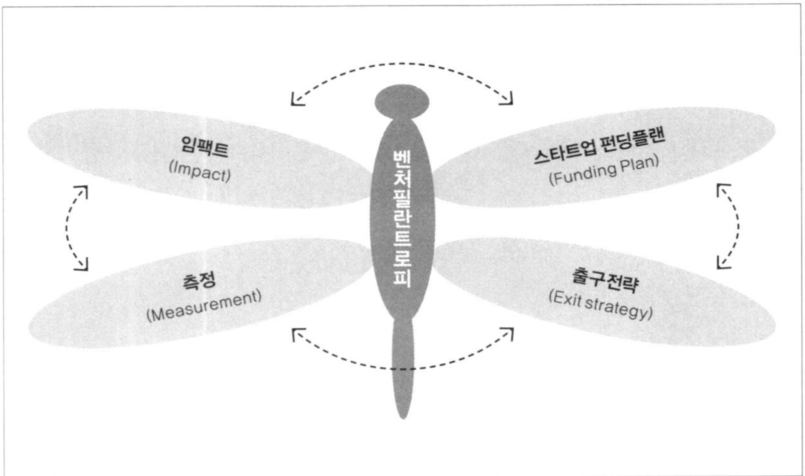

적 영향력(Social Impact)을 주 목적으로 한다. 대부분의 기부자는 자신들의 기부금이 어떻게 쓰였는지 알기 어려워 일회성으로 그치는 경우가 일반적이다. 그러나 점차 문제를 일으키는 근본적인 원인을 제거하거나 사회적 변화를 가져오는 일에 투명하고 효율적으로 기금이 쓰이기를 바라는 기부자가 늘고 있다. 이들은 자신들이 낸 돈이 단순한 기부가 아닌 투자로 사회에 영향력을 주는 긍정적인 대안이 되기를 바란다. 그래서 자금 운용 과정과 결과는 물론 그 돈이 자신이 원하는 핵심적 가치와 부합하는 곳에 제대로 쓰이는지 알고 싶어 한다.

앞의 오른쪽 날개는 펀딩에 관한 것이다. 벤처자선은 단기적인 재무 수단만을 기대하기보다 기업의 성장에서 오는 상호이익을 추구하고 장기적인 경우가 많아 인내의 자본 성격을 갖고 있다. 이들의 파트너십은 일반적인 투자자-피투자자의 관계와는 조금 다르다. 일방적인 파트너십 관계에서 투자자는 조직의 사회적 성과달성에 필요한 역량 강화, 컨설팅 지원을 하며 사업의 지속성을 높이는 일종의 사업 파트너 역할을 한다. 사회

적 가치를 공유하고 그 가치가 실현되도록 전폭적으로 지지한다는 점에서 파트너 간의 신뢰와 의무 및 권리를 알고 조직적인 헌신이 중요한 요소이다. 투자자와 기업은 물론 사회적으로 긍정적인 임팩트를 창출한 윈-윈 방식이기에 마치 벤처 캐피털 회사가 펀딩을 하듯이 순차적인 투자(round funding)를 한다.

뒤의 왼쪽 날개는 사회투자가에게 사회적 가치측정과 보편화를 위해 SROI, GIIRS, IRIS와 같이 사회적 기업의 경영활동과 사회적 영향력을 측정하기 위한 다양한 툴들을 개발하고 있다.

뒤의 오른쪽 날개는 펀딩이 어느 정도 진행된 뒤에 출구전략을 생각해야 한다. 단체의 프로그램이 충분히 자생할 수 있도록 준비해 주고 출구전략을 행해야 한다. 무엇이 필요한 것인지에 대한 출구전략은 주로 다섯 가지를 조사하여 결정한다.

그림 6-4 Venture Capital Investment Stages

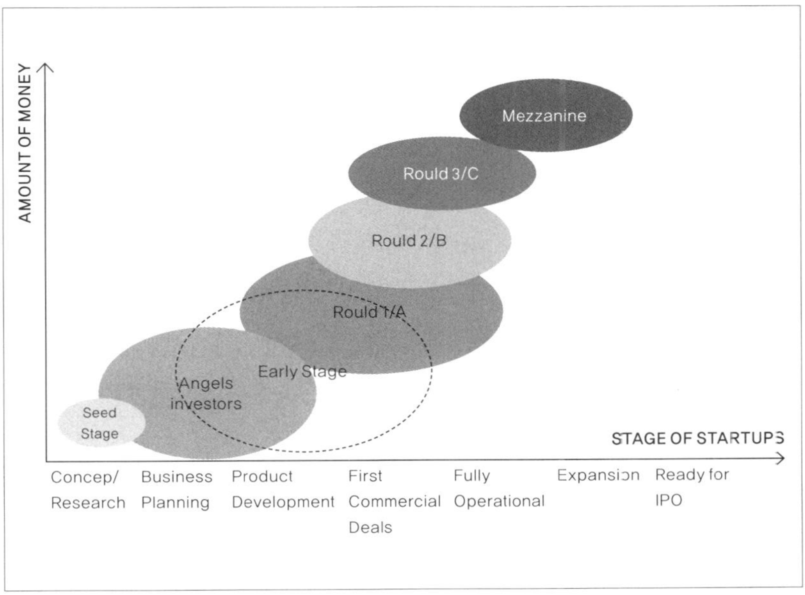

① 시장에 전략적으로 적응되었고 적절한 반응을 할 수 있는 강한 리더십과 매니지먼트
② 확고한 조직적 인프라
③ 꾸준히 단기간의 목표를 성취한 기록
④ 긍정적인 사회적 아웃컴 단체의 미션을 향한 점진적 향상
⑤ 미래에 대한 확실한 비전

출구전략에 대한 확신이 서면, Funder의 입장에서 비영리 펀딩 뒤도울 수 있는 다음 아홉 가지 출구전략 중에서 선택할 수 있다.

① 새로운 기부자를 소개하거나 접근을 도움(개인, 재단 정부)
② 수입을 만들 수 있는 기회를 구축
③ 사회적 목적의 기관의 활동을 강화
④ 자금을 빌려올 수 있도록 조력
⑤ 비영리나 영리에 합병
⑥ 다른 비영리단체의 프로그램 이관
⑦ 새로운 비영리단체의 프로그램으로 spin-off
⑧ 영리회사로 판매
⑨ 프로그램을 종료

3

비영리 출구전략

벤처 필란트로피란 한마디로 투자된 기금을 인건비로 쓰든 사업비로 쓰든 아무런 용도 제한이 없다. 문제 해결에만 집중하면 된다는 식이다. 이뿐 아니라 지원받는 비영리조직 자체의 역량을 강화하기 위해 전문가 그룹의 컨설팅을 포함한 비재정적 지원도 더해진다. 어느 곳에 써야 한다는 제한도 없다. 벤처 투자자가 성공 가능성을 보고 비영리조직들이 큰 사회적 영향력을 만들어줄 것을 기대하며 과감한 시도와 혁신을 지원하겠다는 것이다. 또 하나는 비영리조직 자체의 역량 강화에 대한 지원이다. 하지만 아무리 현장 전문가라고 할지라도 조직을 운영하고 거기서 임팩트를 만들어 확장시키는 것은 별개의 문제이다.

일반적으로 미디어는 어떤 기금을 소개할 때 그 기금의 공약에만 초점을 맞추기 마련이다. 그러나 장기적인 효율성을 위해서는 재단들과 기금을 조성하는 사람이 시도하는 기부의 새로운 접근 방식들이 훨씬 더 중요하다고 볼 수 있다. 현재 기업 활동을 통해 경험을 많이 쌓은 자선가들은 대체로 자선 과정에 깊이 관여하기를 원하며, 그들이 비즈니스 경험으로부터 체득한 노하우와 방법론들을 그에 적용해 보고 싶어 한다. 그들은 비즈니스 규율과 책임, 그리고 계획과 성과를 강조할 뿐 아니라 더 많은 도전을 추구하는 기업문화를 자선활동에서도 강조한다. 자선활동을 위해 벤처 자금을 활용하거나 비공식 기업투자방식(private equity style)으로 의사결정을 하는 경우가 점점 더 늘어나고 있는데, 이러한 의사결정들은 투자의 기대수익보다는 개발목표에 더욱 초점을 맞추고 있다.

이에 따라 이제 일부 재단들은 프로젝트가 잘 수행되는지에 대한 것만 고려하는 것이 아니라 다른 잠재적인 사회적 투자보다 더 큰 효과를 낼 수 있을지 또한 신중히 생각하고 있다. 마치 투자신탁업자가 가장 높은 투자수익을 올릴 기업의 포트폴리오를 선택하는 것과 같다. 그래서 최근에는 성과 측정(perfornace matric measurement), 목표를 달성하기 위한 지속적인 지원(funding plan), 그리고 수혜자가 경제적으로 독립했을 때 '출구전략(exit strategy)'을 고안해내는 일들의 중요성이 강조되고 있다. 이러한 접근법에는 (모든 신규 사업들이 성공할 수는 없듯이) 일부 프로젝트들이 실패할 것을 감안하고서라도 좀 더 혁신적인 프로젝트를 지원해 보려는 의도가 담겨 있다. 그래서 벤처 필란트로피는 실패를 허용하는, 실패에 라이센스를 주는 문화가 먼저 선행되어야 한다.

세계 곳곳에 있는 비영리 벤처기금들은 글로벌 빈곤문제를 해결하기 위해 기업가적인 접근법을 사용한다. 그들은 소규모 자선기금이라도 뛰어난 사업적인 수완이 있다면 수많은 빈곤층을 돕고 스스로 번영하는 기업을 세울 수 있음을 증명하려고 한다. 그들의 투자는 혁신적이고 시장 중심적인 접근법을 통해 보건, 식수, 주택, 그리고 에너지 같은 필수적인 재화들과 서비스를 저렴한 가격에 전달하는 데 중점을 둔다.

새로운 단체들이 기업가 정신을 지지하기 위해 많은 재원을 투자하는 이유는 수혜자들이 지속 가능한 방식으로 자립해 나아가기를 바라기 때문이다. 이러한 투자 방식은 마치 생선을 제공하되 더 많은 생선을 잡을 수 있도록 낚시법도 함께 알려주는 것과 같은 이치이며 더 나가서 교육은 생선의 맛을 보여주고, 무슨 고기를 잡을지 스스로 결정하게 하며, 고기를 기르는 기초를 닦도록 만들어준다. 그들이 기업가와 신생기업들을 지원하는 데에 주력하는 것은 벤처기금에 대한 지식이 있는 이들에게는 자연스러운 현상이다. 단체는 신생기업들이 지속 가능한 기업이 되도록 신생기업 지원자금에 중점을 두고, 소액금융과(은행이나 벤처 캐피털을 통한) 전통적인 방식의 자금지원 간의 투자 불균형을 줄이는 방안을 탐색하기도 한다.

4

필란트로피의 위험 수용(The Risk Appetite of Philanthropy)

기부문화에서 기부산업으로 확장 발전한다는 것은 기부자가 '주고 잊는다'라는 단순한 자선가에서 투자가의 의미로 바뀐다는 뜻이다. 이를 위해 먼저 선행되어야 할 것은 필란트로피를 투자로 실행하는 데 반드시 필요한 위험욕구(Risk Appetite)이다. 이것은 비영리단체가 위험과 위험경영을 어느 정도 감수하는 가이드라인을 만들 수 있도록 돕는 방법이기도 하다.

기부문화가 산업화되기 위한 사회적 해법이 확장성(scaled)과 지속성(sustained)을 갖고 있어야 하는데 위험욕구의 감수는 프로젝트를 너무 조심해서 움츠리거나 컨트롤할 수 없는 혁신 사이에 있어야 한다. 우선 리스크를 측정하는 데에는 기부산업의 위험에 대한 욕구가 있는가 없는가에 달려 있다. 여섯 개 분야의 위험욕구는 ① 재정적인 것, ② 육체적·정신적 건강, ③ 즐거움을 갖는 레크리에이션, ④ 윤리적 가치, ⑤ 사회적 관계, ⑥ 정보 유출 문제가 있다. 그리고 시간에 따른 욕구의 증가와 감소를 본다. 그래야 기부문화의 진행사항과 현주소를 엿볼 수 있다.

사람과 조직에 따라 다르지만 위험욕구는 주로 다섯 단계로 나눈다.

① Averse: 위험과 불투명한 것을 처음부터 차단하고 피하는 것이 조직의 주요 목적
② Minimal: 안전한 선택을 지향하고 약간의 보상에 더한 가능성만을 바라면서 작은 리스크를 택하는 단계
③ Cautious: 비교적 적은 리스크를 안고 안전한 방법을 택하며 어느 정도 약간의 보상을 기대하는 것
④ Open: 모든 가능성을 열어놓고 투자의 가치와 수용 가능한 보상의 결과를 저울질하는 것
⑤ Hungry: 비록 위험이 따르더라도 더 큰 보상을 위해 과감히 혁신적인 방법을 선택하는 태도

마크 저커버그는 뉴저지의 뉴왁 공립학교에 100 million dollar를 투자했다가 결과에 실망하여 리스크가 적은 유한회사 형태로 새롭게 투자했다. 유한회사인 Chan Zuckerberg Initiative(CZI)는 사회적 투자로서 실패의 경험을 교훈 삼아 Hungry 단계에서 Open 단계로 하향 조정한 사례이다. 투자를 spend down(기부금을 살아있을 때 다 쓰는 전략) 하지 않고, 조고 민첩하게 배분판단을 하는 등 가늘고 길게 가자는 전략으로 선회한 것이다. 이처럼 기부자의 투자관이 변화한다는 점을 주지해야 한다.

하버드 대학에서 32.7 billion dollar의 영속기금(endowment)을 책임졌던 투자 담당 Mendillo는 실적 부족으로 임기도 못 채우고 떠났다. 경기가 좋을 때는 그런 대로 버티고 있었으나 투자금의 실적 부족에 대해 누군가는 책임을 져야 된다는 것이 미국식 방법이다. 투자는 주로 주식, 부동산, 채권과 같은 높은 리스크를 가진 것과 낮은 리스크와의 밸런스를 맞추어 분배하여 투자하지만 사실 운(運)과 무관하지 않다. 그렇다고 이자

도 없는 은행에 둔다면 그야말로 '게으른 종'이 된다. 그래서 모금가는 기부자가 어떤 투자관을 갖고 있으며 자신이 속한 조직에서는 그것을 어떻게 받아드리는지 살펴보는 노력이 필요하다.

5

비영리 창단과 죽음의 계곡(Valley of Death)

처음 비영리단체를 창단하는 사람들에게 펀딩 전문가들이 하는 말이 있다. 처음 단체를 설립하기 위해서는 기금이(물론 자신이 내는 기금을 포함해서) 3F(friends, family, and fool)에서 출현해야 한다고 말한다. 다시 말해 창단을 위한 첫 기금을 친구나 가족 그리고 멍청이(이 '멍청이'란 눈먼 돈을 말하는데 좋게 말해서 영리에서는 VC이거나 엔젤펀드이고 비영리에서는 벤처 필란트로피스트들이 주는 기금이다)로부터 마련해야 한다.

비록 첫 기금 마련에 성공했다 하더라도 성장을 위한 기금이 필요하다. 시작과 성장 사이에는 깊고 넓은 계곡이 있는데, 사람들은 그것을 '죽음의 계곡'이라 부른다. 대부분 그 사이를 넘지 못하고 죽기 때문이다. 한 번 빠지면 수렁과 경사진 곳으로 미끄러지므로 한마디로 문을 닫게 된다. 이곳에서 살아남는 방법은 뛰어넘을 힘을 갖던가, 아니면 다리를 만드는 것이 창단하는 사람에게는 도전이 된다. 그래서 단순히 좋은 일에 쓰기보단 기금을 seed money, bridge over death valley 등 용도에 따라 구분해 성장을 위한 단계별 펀딩(round)을 해야 한다는 주장이 힘을 받고 있다. 그러나 영리에서는 물건이나 서비스를 팔면 금전적 이익에 대한 수치 계산의 측정으로 다음 단계의 펀딩이 가능하지만, 비영리는 측정 자체가 어려워 영리의 펀딩 패턴을 사실에 적용하기 힘들었다.

그림 6-5 Startup Financing Cycle

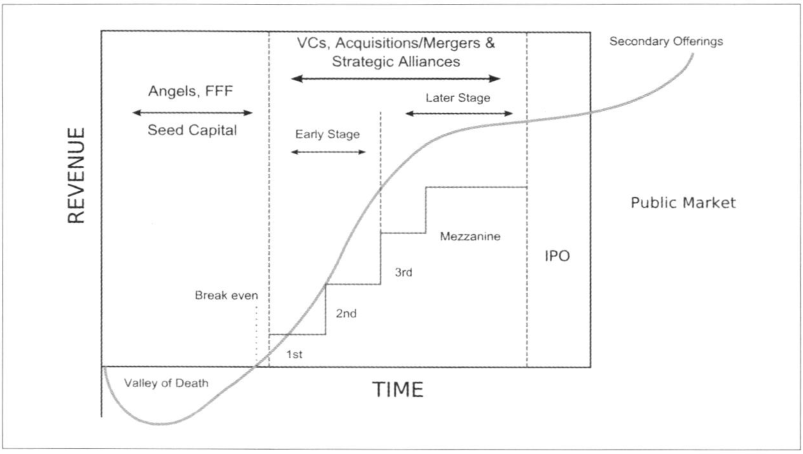

그림 6-6 Funding과 죽음의 계곡

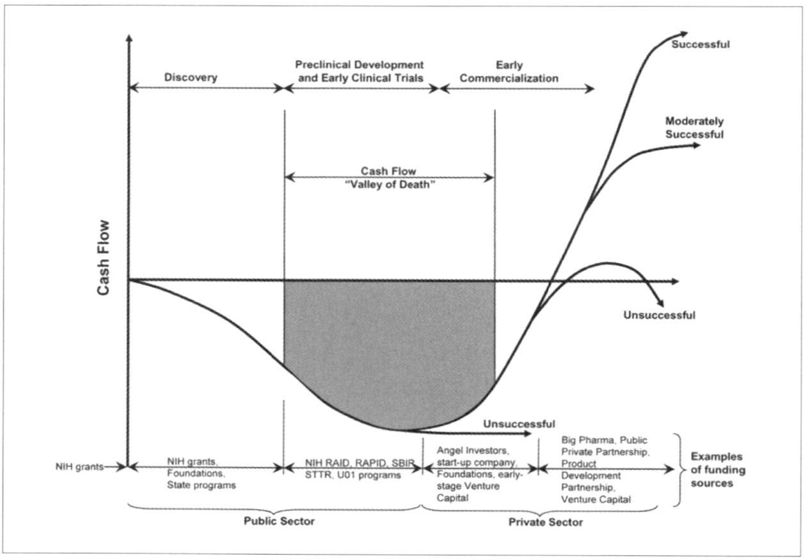

출처 Steinmetz and Spack BMC Neurology 2009 9(Suppl 1): S2

6

CSR 산업과 필란트로피

Carroll(1991)(In his 1991 article "The Pyramid of Corporate Social Responsibility," Dr. Archie B. Carroll, a business management author and professor.)이 발표한 기업의 네 가지 책임, 일명 CSR 피라미드에서 CSR은 과연 기부산업과 어떤 관계가 있는지 관심을 갖게 한다. 사회적 책임 활동이 활발할수록 기업 정보의 투명성이 높고 경영자에 의한 부정적인 정보의 은폐가 적다는 전제하에 가치가 있다. 일반적으로 CSR에 활발한 기업들은 정보 투명성이 보다 좋다는 것을 인지하고 예측할 수 없는 주가의 급락 위험도 줄여준다는 점에서 긍정적으로 본다. 하지만 CSR을 필란트로피 산업에 포함시키는가 아닌가의 여부는 아직 논쟁 중이다. 특히 한국 실정은 피라미드 세 번째의 윤리와 꼭대기에 있는 필란트로피 사이의 경계가 모호하다.

많은 회사가 경제적, 법적, 윤리적인 책임을 넘어서 마지막으로 필란트로피적 책임의 단계까지 생각하고 있다면 자연히 필란트로피 산업은 발전할 것이다.

주된 관련 산업으로는 CSR컨설팅과 교육을 주관하는 회사 관련 전략 수립이다. HRD(Human Resource Development)는 인적자원 개발, 즉 회사

● **그림 6-7** CSR 피라미드

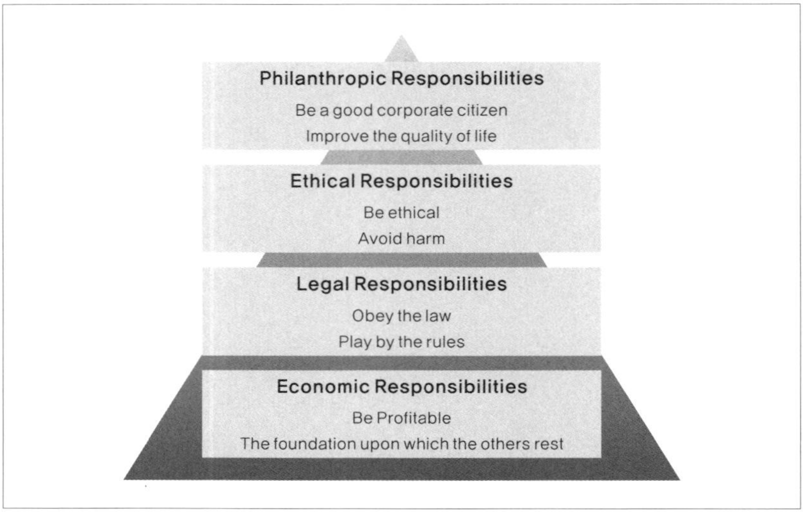

내 직원들의 역량과 능력, 그리고 회사 전반의 능력을 향상시켜 궁극적으로 회사가 바라는 목표를 달성하도록 컨설팅과 교육을 하는 것이다. HR 컨설팅은 인사 컨설팅으로서 여러 가지 채용, 급여, 보상, 평가, 조직문화, 구조조정 등 인적자원과 관련된 요소들을 컨설팅하여 회사의 전반적인 문제를 해결하고자 하는 것이다.

비영리단체가 기업을 대상으로 모금을 할 때 CSR의 일환으로 기부금 또는 스폰서 개념으로 요청한다. 여기서 기업 필란트로피(Corporate Philanthropy)와 CSR의 차이를 이해해야 한다. 기업 필란트로피는 많은 영리 목적의 회사가 기금모금 및 자선활동을 시작하는 지점이다. CSR이나 CR(corporate responsibility)과 달리, 자선사업의 수령인은 종종 비즈니스의 기능과 관련이 없다. Corporate Philanthropy의 사례는 다음과 같다.

- 석유 회사가 주요 박물관에 새 프로그램을 추가하는 것을 지원한다.
- 소매 회사는 동물 옹호 단체와 파트너 관계를 맺고 전국에 걸쳐 분만 및

중성 서비스를 제공한다.

- 제약 회사가 학교에 음악 교육 지원을 위한 장학금을 제공한다.

이러한 긍정적인 모든 노력은 회사에 도움이 되는 언론 기삿거리는 제공하지만 비즈니스 측면에서 투자로 간주될 수 없을 것이다. 종종 CEO나 이사회가 특정 자선단체나 그 외의 비영리단체에 대한 애정 때문에 선택하기도 한다. 이것은 가장 전략적인 접근 방식이 아니고, 또한 기업의 시간과 노력에 대한 투자 수익률이 가장 낮지만 다른 가치를 창조한다.

7

기부산업의 PB 전문가

*아름다운재단 '기부컨설팅전문가 가이드'의 비케이 안(Bekay Ahn) 칼럼

정부, 정치, 기업, 심지어 개인까지도 기부문화 촉진과 확산이 hot issue이다. 정치권에서는 이미 기부선진국에서 해오던 여러 기부상품 중 일부인 DAF(Donor Advised Fund, 기부자조언기금), CGA(Charitable Gift Annuity, 자선기부연금) 등을 여과 없이 발표했었다. 미디어에서 기부 미담들에 대한 기사가 쏟아져 나오면 PB(Private Banker)들로부터 VVIP 대상 개인기부 컨설팅에 대한 문의가 많아지고 금융전문가, 변호사, 보험전문가 등 고액자산가에게 전문적인 조언을 하는 전문가들로부터 기부상품이나 기부에 대한 문의도 부쩍 많아진다. 이는 기부상품의 선택 폭이 넓어지고 전문성을 요하기에 전문가들이 고객을 위해 서비스 차원에서 할 일이 많아졌고, 또한 경쟁에 뒤쳐지지 않기 위한 전문가적인 직업의식 때문이기도 하다.

한편 비영리단체 내 모금담당자는 고액기부자 마케팅 차원에서 기부자가 스스로 찾아오기 전에는 그런 사람이 어디에 있는지 알 길이 없다. 현 상황에서는 외부 금융 관계자가 자신의 단체를 소개해준다는 보장도 없다. 금융계의 PB 센터는 억대 예치금을 둔 우량고객을 개별적으로 상대하는 영업장으로, 시중은행들은 고액예금 예치자 등 중요 고객의 사생활

보호를 위해 이런 센터를 운영하고 있다. 그래서 담당자는 고객을 어떤 이유든 비영리단체의 모금담당자에게 소개하기를 무척 꺼려한다. 그들에게 직간접적으로 도움이 되는 보상 메커니즘이 아직 없기에 소개할 이유 또한 찾기 쉽지 않다.

한국에서는 처음에 이런 금융투자, 자산관리, 보험, 은행 등의 사람들과 모금하는 사람들이 관계를 갖는 것에 대해 이해하지 못하는 분위기였다. 단순히 전문가들에게 필란트로피 차원에서 고객을 기부자로 만들자는 교과서적이고 감성적인 설득은 동기유발에 효과가 없었던 것이 사실이다. 그럼에도 왜 PB들에게 그런 문의가 계속해서 오는 것인가? 그건 고객의 수준과 요청이 옛날과 다르다는 것이다. 단순히 투자해서 자산을 늘리는 것도 중요하지만 어떻게 쓰고 마무리할 것인가 고민하고 있다는 것이다. 이미 자녀에게 주는 것만이 좋은 것이 아니라는 것을 오랫동안 사회로부터 학습된 결과, 은퇴 후 혹은 사후를 생각해서 자산관리자인 PB와 상담을 시작한 것이다.

하지만 PB는 투자교육은 받았지만 기부 컨설팅에 대한 전문가가 아니어서 개인 재단설립 또는 단체 기부 정도의 조언을 해줄 수는 있지만 개인의 Philanthropic Mind에 맞는 것을 상담해주긴 힘들다. 만약 PB들이 개인적인 선입견과 이해관계를 내세워 "요즘 한국에 기부할 만큼 믿을 만한 곳이 없기에 개인 재단을 만드는 것이 최선이다" 혹은 "지금은 기부 시기가 아니니 좀 더 추후에 생각해 보고 오히려 더 투자하는 것이 좋기에……"라고 조언한다면 그건 한국의 기부문화를 후퇴시키고 있는 것이다. 그래서 그들이 제일 먼저 어떻게 잠재기부자와 첫 상담을 시작하는가가 한국 기부문화의 방향과 속도를 결정하는 첫 걸음이기 때문에 그에 맞는 생각의 전환과 함께 그에 맞는 전문가로서의 교육이 절실히 필요하다.

8

지식 체계론을 위한 전문가

기부산업이 태동하여 지속적인 성장을 위해서는 세 영역의 전문가를 확보해야 한다. 지식체계(Body of knowledge)의 확보가 최우선으로서, 모금이 이론을 토대로 현장에서 검증해 다시 이론에 대입하는 형태가 되어야 한다. 콘셉트가 통일되어야 하고 공식이 나오고 모델도 나와야 한다. 중요한 것은 어떤 전문가들이 필요한가이다.

필란트로피 영역은 하얀 장갑을 끼고 활동하는 것뿐 아니라 때로는 기름때가 묻은 더러운 목장갑을 끼기도 한다. 필란트로피의 고급 지식은 심해의 바닥에 있을 수 있기에 누군가 깊이 잠수해 꺼내야 할지도 모른다. 아카데믹 싱커들이 있어야 하는데, 그들은 지식의 생산자이며 필란트로피 종사자들은 소비자인 셈이다. 기부산업의 완성을 위해 세 영역의 전문가들이 그들이 생산한 지식을 전해줄 모금전문가들의 파트너가 되어야 한다.

가. Mathematic Verifier: 수학을 좀 하는 사람

첫 번째 영역은, 복잡한 문제에 대해 단계를 논리적으로 나누고, 질문을 수학적으로 표현할 수 있는 능력이 있는 사람들이 필요하다. 학계는 수학적으로 증명하지 않으면 믿지 못하는 경향이 있기 때문이다. 주로 경제 학자들이 인간의 기부본성에 대한 연구를 수학적인 언어로 구사하고 증명한다. 노벨경제학상도 이 분야에서 나왔다.

나. Game Designer: 실험 데이터를 좀 다루는 사람

두 번째 영역은, 문제가 있긴 하지만 'dictator game'의 이론이라도 게임이론을 근거로 한 실험을 할 수 있는 사람이거나, 최소한의 실험실 survey를 디자인해 통계적으로 분석할 수 있는 사람들이 필요하다. 심리학자들이 실험실에서 참여자를 대상으로 벤치 스케일로 실험을 한다. 기부의 동기를 마케팅에 적용하고 기부산업 이론의 근간을 만든다.

다. Field Surveyor: 현장 인터뷰를 좀 하는 사람

세 번째 영역은, 분석한 것을 현장 모금가 용어로 바꾸어 기부자의 입구 조사나 출구 조사를 인터뷰를 통해 데이터를 생산해낼 수 있는 사람이 필요하다. 주로 사회복지 분야의 사람들이 대상자 접근성이 용이하여 전문성을 갖고 있다.

미국은 이 세 영역의 전문가들이 필란트로피 영역에 관심을 가진 뒤부터 기부산업이 가속화되었다. 한마디로 세 영역의 전문가들은 기초과학을 토대로 하는 사람들이며, 모금전문가는 기초과학에 근거한 응용과학으로 이들의 이론을 현장 데이터로 검증하는 사람들이다. 세 영역의 전문가들이 기부문화를 기부산업으로 보는 순간 적절한 브상과 함께 에너지를 쏟게 되고, 투자가들도 찾아오게 된다.

9

비영리의 일자리 악순환

비영리조직이 제대로 유지되기 위해 3P(People, Profit, Planet)라는 요인이 필요한 데, 그 중 사람이 가장 중요하다. 사람의 관점에서 한국 비영리 생태계의 악순환의 요인을 짚어 보면 다음과 같다.

가. 잠재비고용(Underemployment) 상태

비영리에 들어 오려는 사람과 나가려는 사람의 수요·공급의 법칙에서 균형이 맞지 않는다. 일하고 있지만 만족하지 않고 늘 대기 상태이다. 더 좋은 조건의 영리로 이직을 준비하고 있고 이직 이유는 주로 보상문제, 상사와의 갈등, 불투명한 미래, 과중한 업무 등이다.

나. 계승 계획(Succession Plan)의 부재

다른 세대의 비영리 인력을 맞는 세대 교체가 원활하지 않다. 대부분 단체는 리더십 교체에 대한 준비가 전혀 되어 있지 않아 공백 기간이 길어 우왕좌왕한다. 자수성가형 비영리 설립자들은 도전정신이 자기확신으로 변질되어 편법에 무감각해지기 쉽고 성공결과를 다른 이에게 온전히 물려주기 위해 무모한 시도를 하는 일도 잦다. 리더가 이런 함정에 빠지지 않으려면 우수 단체의 위상에 걸맞은 지배구조와 경영의 투명성을 확보해야 한다. 하지만 이마저 쉽지 않다.

예를 들어 워렌 버핏 회장은 투자자들에게 보낸 서한에서 후임 최고경영자(CEO)가 갖춰야 할 3대 성품과 싸워서 물리쳐야 할 경영 폐습 세 가지를 밝힌 내용에서 "차기 CEO는 합리적이고(Rational), 차분하고(Calm) 결단력 있는(Decisive) 사람이어야 한다. 또 내 후계자는 3대 폐습, 이른바 'ABC 암(癌)'을 막아낼 수 있어야 한다"라고 강조했다. ABC는 오만(Arrogance)과 관료화(Bureaucracy), 현실 안주(Complacency)를 의미한다. 그는 "아무리 세계 최강 기업도 ABC 3대 암 덩어리의 전이를 막아내지 못하면 몰락할 수밖에 없다"라고 강조했다. 후계자의 3대 자질로 위험을 가려내는 혜안, 독립적인 사고, (상대를) 이해하는 능력을 꼽았다.

다. 인사 경영(Talent Management)의 부재

중간에서 이직을 돕는 산업도 잘 발달되어 있지 않고 자신들이 알아서 해결해야 한다. 정확한 데이터도 없고 재원을 관리할 시스템이 부족하다.

10

비영리산업과 인력경영(Talent Management)

우선순위가 사람인가 아니면 시스템인가라는 질문을 해 본다. 사람이 좋으면 시스템이 나빠도 결과가 좋은 경우도 있고 사람이 아무리 좋아도 시스템이 나쁘면 결과가 안 좋은 경우도 많다. 반대로 시스템이 좋으면 사람이 나빠도 결과가 좋은 경우도 있기에 사람이냐 시스템이냐 누가 더 중요한가이다. 선진국에서는 둘 다 투자를 해서 처음부터 문제를 제거하려고 노력한다. 한국은 양쪽 다 문제이다. 대부분 좋은 인성과 능력을 갖고 있는 사람이 나쁜 시스템을 이길 힘이 없는 것이고, 아무리 좋은 정책과 법을 만들어도 지키는 사람이 나쁘니 별 효과가 없다. 자연히 사람이면 DNA가 주된 이슈이고 시스템이면 정치가 주 이슈이다.

"인사가 만사다"라는 말이 있듯이 비영리도 결국은 사람이고 사람이 제 역할을 하는 것으로 결국 일자리문제가 가장 핵심이다. 그나마 일 하려는 사람은 있으나 가치, 열정, 스킬을 갖춘 사람은 드물다고 볼멘소리를 한다. 미국의 경우도 크게 세 가지 문제가 있는데 첫째, 다음 세대를 이끌어나갈 기존 비영리조직의 리더십의 부재와 Succession plan이 없고 둘째, 보수부족으로 거의 underemployment 상태이고 셋째, 조직의 인사

경영(talent management)이라는 점을 지적한다. 기부문화가 산업화되기 위해서 직업시장에서 순환이 되어야 하고 보상문제도 현실화되어야 한다. 이렇게 하려면 비영리의 특화된 직업 시장이 열려야 하고 전문성을 갖고 있어야 한다. 프로페셔널에 대한 윤리와 사무분장(job description)에 대한 객관적이고 공유된 BOK(Body of Knowledge)가 있어야 한다. 직업이 유지되는 가장 큰 동기는 현재 하고 있는 일이 자신의 커리어에 도움이 되고 결국 자산(capital)으로 남는가 여부에 달려 있다. 비영리조직의 입장에서는 영리 회사만큼 금전적 보수는 주지 못하더라도 이에 상응하는 이득을 주어야 한다.

사일로(silo) 현상을 방지하기 위한 순환보직이라는 방법을 쓰지만, 이것 또한 큰 문제에 봉착한다. 물론 부서별로 단절된 시각을 극복하기 위해서는 한 부서에 인력을 너무 오래 두기보다 주기적으로 순환 근무를 시켜 다양한 시각을 갖게 하는 것도 도움이 된다. 하지만 비영리, 특히 모금 관련 부서는 전문직이기에 다른 부서로 순환시키는 것은 Talent Management가 아니고 효율이 떨어진다. 필요하다면 전사적 과제를 해결하는 프로젝트 팀을 활성화하는 것도 한 방법이다. 프로젝트 팀의 구성원은 여러 부서에서 인력을 뽑되, 스컹크 조직(소수 전문가 그룹)처럼 기존 조직의 영향을 받지 않고 자율적으로 운영하도록 해야 한다.

현대 비영리 종사자는 누구든 모금가란 직업의 개념을 이해해야 한다. 유학(儒學)에서는 앎의 궁극적인 목적은 사물의 본성과 나아가 천명을 아는데 있었다. 여기서 천명이란 우주 안에서 자기의 위치와 사명을 깨닫는 것으로 도교의 도통, 불교의 대오대각과 유사하나 보다 일반적이고 이성적이다. 공자는 50세에야 지천명(知天命)할 수 있다고 보았다. 그래서 우연인지 몰라도 모금전문가의 나이가 57~58세에 가장 피크라고들 한다. 성경에서 일정한 임무나 사명 혹은 직책을 주기 위해 부른다는 용어가 보카티오(vocatio)이고 현대에 와서 vocation, 즉 직업의 의미로 쓰인다. 모든 직업이 삶을 유지하는 수단이고 동시에 사회적 역할의 기능도 있지만 모금가란 직업은 사회적이고 공익적 의미를 좀 더 부여 받았다. 직업은 그 직종에 맞고, 훈련되고, 자격(qualified)이 되는 것이 정상이다. 직업은 어떻게 보면 개인적 소명이자 동시에 사회적 소명이라고 할 수 있다. 모금가를 소명적 직업으로 생각하는 사람이 많은 것이 바로 그 이유이다. 좀 더 적극적인 직업의식을 가진 사람은 "도움이 필요하시면 저에게 연락하세요" 보다는 "무엇을 도와드릴까요"라고 묻는 것이 옳다. 그리고 모금가는 선기안(選寄眼)을 갖고 있으면 금상첨화이다.

제7장

비영리 성과 측정과 사회적 임팩트

1

비영리 성과 측정의 목적

성과측정이나 평가의 목적은 우리가 옳은 일을 수행하고 있는지, 또한 해야 할 일을 옳게 수행하고 있는지를 검토하는 데 있다. 지금까지 많은 조직에서 성과측정이나 평가를 했다고 하는 것은 주로 재무성과와 운영성과를 측정하는 것을 의미했다. 그러나 조직의 성과측정은 과거의 행동 또는 관행으로 이루어진 재무성과나 운용성과뿐 아니라 그러한 결과를 도출하게 한 방법과 과정을 측정하는 작업이 포함되어야 한다. 비영리 조직의 경우 사회적인 역할이나 영향력이 점차 커져 가고 있지만 그들의 활동이나 사업에 대한 평가는 많이 부족하고, 또한 기업 분야의 평가처럼 재무(회계) 중심으로만 이루어져 온 것도 사실이다. 그리고 비영리조직은 영리조직과 달리 이윤을 추구하거나 단기적인 성과를 창출해내는 것에도 한계가 있어 일반적인 평가방법이나 지표를 사용하는 데에는 문제가 발생한다.

2

모금의 측정과 평가(Measurement and Evaluation)

가. 비영리계의 화두는 평가이다

모금전문가 교육 시 "측정한 만큼 얻는다(You get what you measure)"라는 말과 함께 "모금에는 측정이 전부이다(Measurement is everything!)"라는 말을 자주 사용해왔다. 예전부터 비영리 경영에서 "평가를 위한 측정 없이는 매니지먼트도 없다"가 주된 화두였는데, 빌 게이츠(Bill Gates)는 다섯 번째 연례 편지(www.billsletter.org)를 통해 전 세계 빈곤층의 삶의 질 개선에 있어 명확한 목표 설정과 정확한 측정이 매우 중요하다고 강조함으로써 다시 주목을 받게 되었다. 학자나 이론가가 아닌 필란트로피스트의 대표주자인 빌 게이츠 스스로가 명확한 목표를 세우고 나서 목표를 향해 나아갈 때 나침반이 되어줄 측정법을 찾는다면 놀라운 발전을 성취할 수 있다고 했다는 사실로 비추어 볼 때 비영리 생태계에서 측정과 평가의 중요성을 재삼 확인한 셈이다.

지난 수십 년 동안 영양결핍에서부터 인권문제에 이르기까지 글로벌 과제들을 해결하겠다는 선의의 공약이 쏟아져 나왔으나 진척 상황을 측정하는 로드맵은 부재한 경우가 대부분이었다. 리스크들의 광범위한 영향력을 정량화해 문제를 해결하는 데 도움이 되는 측정 시스템이 절실하다고 본다. 명확한 목표를 설정하고 적절한 접근법을 선택한 뒤 결과를 측정한 다음, 그 측정 결과를 이용해 단체의 접근법을 개선하는 과정을 계속 되풀이하여 진행해야 한다. 이 과정은 다양한 도구와 서비스가 필요한 모든 사람들에게 전달하는 데 보탬이 되기 때문이다. 하지만 이러한 과정은 쉬운 과정이 아니어서 피나는 노력과 연구와 투자가 필요하기 때문에 누군가가 이 어려운 난제를 풀 수만 있다면 게이츠 재단은 투자를 하겠다는 의지를 보여주는 것이다.

나. 모금의 질은 측정에 달려 있다

한편 모금 캠페인에서도 총투자금액(인풋)의 관점에서만 측정해왔다. 가능한 정확한 측정이 얼마나 중요한지 모금을 과학으로 인식하는 모금전문가들은 그것을 알고 있음에도 불구하고 실제 사람들의 삶에 얼마나 도움이 되었는지(아웃풋)는 측정하지 못했다. 측정하지 못하면 무엇이 잘못되었는지 알지도 못할 뿐 아니라 다음에 어떻게 향상시킬 수 있는지 전혀 알 길이 없다. 측정을 통해 새로운 문제점이 파악되고 새로운 해결점이 나오게 된다. 심지어 투명성 문제도 원론적인 말보다 디테일 하게 측정할 수 있는 메커니즘을 디자인해야 하고, 기부자의 기부금도 실제로 어떻게 사용되고 순방향으로 영향력을 미쳤는가를 측정하지 않고는 필란트로피를 구현할 수 없다. 단연코 전 세계 비영리계의 화두는 영향력(Impact)인데, 그 영향력이란 것도 측정이 가능해야 알 수 있고 경영도 가능해진다. 혁신이란 것도 측정을 통한 피드백이 있어야만 혁신이 '보편화될 수 있다'는 것이다.

모금에서 좋은 측정이란 관계성(Relevant), 측정가능(Measureable), 실행가능(Actionable) 등 3박자가 일치해야 한다. 모금의 측정은 주로 네 가지로 나누는데 첫째, 스피드 즉 시간이고 둘째, 비용(Cost)으로서 무조건 비용을 줄이는 것이 목표가 아니라 효율적으로(Cost Efficiency) 측정하는 것이며 셋째, 미리 정해놓은 목표치 혹은 기부자의 기대치를 측정하는 것이고 넷째, stakeholder에게 어떤 긍정적인 영향을 끼쳤는가를 측정하는 것이다. 넷째 번을 측정하는 방법에는 크게 네 가지가 있는데 프로그램 중심, 참가자 중심, 커뮤니티 중심, 그리고 단체 내 중심에 어떤 긍정적인 영향을 주었는가를 측정하는 것이다. 시간과 비용은 단체 조직의 활동에 얼마만큼의 노력과 투자를 '넣었는가(put into)'를 측정하는 것이고, 나머지 두 개는 그 노력과 투자를 통해서 '얻어낸(get out of) 이익(benefit)'을 측정하는 것이다. 이론적으로 가장 좋은 목표설정 방법은 각기 두 그룹에서 최소한 하나씩 측정 방법이 가능하도록 선정하는 것이다. 예를 들어 캐피털 캠페인의 목표설정을 2년 안에 100억 원을 모금하고 모금비용은 20%만 사용하는 것으로 끝난다면, 두 번째 측정이 빠져 있어 부족한 평가라고 할 수 있다.

다. 모금가의 평가를 위한 측정개발

비영리기관으로부터 모금직원에 대한 평가를 어떻게 해야 할지에 대한 관심이 높아지고 있다. 일정 규모 이상의 전담 모금 팀이 있는 대형 모금기관과 대학이나 병원으로부터 '모금을 잘 하기 위해서'라는 목적으로 평가를 통해 적절하게 동기를 유발시키기 위함이다. 모금 전담 팀이 없는 비영리기관에서는 자신들과는 관계없는 것이라고 생각할 수 있겠지만, 미리 모금가를 어떻게 관리, 평가, 보상, 승진 및 발전시키는가에 대해 아는 것이 인적자원 관리(Human Resources Management)상 매우 중요한 과정이라 할 수 있다. 사실 한국에서는 지금까지 모금을 잘 하기 위해 어떻게 기부자와 관계를 가질 것인가에 주력했으나 내부적으로 어떻게 모금직원을 관리하고 평가해야 하는지에 대해서는 거론된 적이 거의 없었다. 시기상조라고 생각했거나 필요성을 느끼지 못했을 수 있다. 하지만 모금은 결국 사람이 하는 것이고, 기부는 사람을 보고 주는 것이기 때문에 모금 직원의 동기에 대한 정렬과 정립이(Alignment) 잘 되어야 한다는 것은 매우 중요한 일이다. 그런데 어설픈 평가는 오히려 부정적인 동기를 유발하고 갈등의 요인이 된다고 보는 학자의 의견도 많고, 이는 분명 무척 풀기 어려운 숙제임에 틀림없다. 현재 한국에서 모금의 문제는 외부적인 요인보다 바로 내부적인 문제가 더 큰 것으로 보기에 문제 해결의 첫걸음은 조직 내부와 모금 직원들에 대한 평가를 제대로 해야 한다.

특히 일반 직업인들과는 달리 모금 관련자들에 대한 평가는 매우 복잡하고 어렵다. 정확도가 떨어지고 개인적이며 편파적인 평가는 오히려 조직을 와해시킬 수 있다고 생각하기 때문에 누구든 쉽게 시도하지 못한다. 그래서 어느 기관의 자발적인 의뢰 시도는 앞으로 한국 모금계에 긍정적인 영향을 미칠 수 있을 것이라고 생각한다. 결국 모금가를 평가한다는 것은 성과 매니지먼트(Performance Management)의 일환인데, 미국은 단체나 모금 장르에 따라 다른 평가가 이루어지고 있다. 아직 표준 평가 기준도 정하지 않은 상태일뿐더러, 그나마 평가가 쉬운 고액 모금가(Major Gift Officer)에 대한 평가 기준은 정해져 있지만 그 뒤에서 그들을 지원해주는 일반 모금직원에 대한 것은 자세히 나와 있지 않다. 누가 평가를, 그리고 누구를 대상으로 해야 하는가도 심도 있게 생각해봐야 하고 성과 평가를 할 때 윤리적인 문제도 함께 고민해야 한다. 이러한 모든 것은 신뢰가 바탕이 되지 않으면 문제가 생겨 평가의 목적을 달성할 수 없기 때문에 평가 전에 평가자와 평가 받는 자 간에 문서화된 동의가 있어야 한다. 이제는 한국의 비영리 관계자들도 총성 없는 측정 전쟁에 참여하게 될 것이라 추측한다. 그래야만 진정한 필란트로피 선진국이 된다.

먼저 명확한 목표를 세우고 나서 목표를 향해 나아갈 때 나침반이 되어줄 측정법을 찾는다면 놀라운 발전을 성취할 수 있다. 역사적으로 해외원조는 총투자금액(Input)의 관점에서만 측정되어 왔다. 실제 사람들의 삶에 얼마나 도움이 되었는지(Output)는 측정되지 않았다. 좋은 시스템이란 역시 측정 기반 피드백이 가져온 최대 효과라 할 수 있다. 리스크들의 광범위한 영향력을 수량화해 문제를 해결하는 데 도움이 되는 측정 시스템이 절실하다. 이 시스템은 명확한 목표를 설정하고 적절한 접근법을 선택한 뒤 결과를 측정한 다음, 그 측정 결과를 이용해 우리의 접근법을 계속 되풀이하는 개선 과정을 기술했다. 이 과정은 다양한 도구와 서비스를 필요한 모든 사람들에게 전달하는 데 보탬이 된다. 수혜자는 한국의 저소득층 학생들이 될 수도, 아프리카의 어머니들이 될 수도 있다.

3

성과 측정의 필요 요소

1997년에 발간한 National Performance Review(NPR은 정부 기관이 어떻게 해야 하는지가 아니고 어떻게 작동되어야 하는지에 포커스를 맞춘다. http://www.npr.gov 참조)를 참고하면 단체가 모금의 성과측정을 수행하기 전에 반드시 인지해야 할 점 세 가지는 첫째, 사명감이 있어야 하고 둘째, 한번에 끝나는 일회성이 아니라 연속성이어야 된다는 것을 인식하여 단체를 변화, 발전시켜야 한다. 셋째는 각 단체의 특성에 맞는 방법으로 측정하여 단체의 목적과 목표에 적합한 툴을 활용해야 한다. 여기에서 성공적인 모금 성과측정을 위해 필요한 요소 여덟 가지를 소개하자면 다음과 같다.

① 지도력

리더십으로 능력 있고 경험 있는 스텝들이 분명하고 일관성 있게 투입되어 이끌어야 한다.

② 개념적 틀

분명하고 일관된 개념적 틀을 통해 무엇을 어떻게 측정할 것인가 결정한다.

③ 효과적인 내·외적 소통

성과측정의 목적과 목표가 얼마만큼 성취되었는가를 판단하는 사람들 간에 소통이 중요하다.

④ 결과에 대한 책임

누구에게 책임이 있는지 분명이 알아야 한다.

⑤ 정보공유 및 제공

데이터를 모으는 것이 능사가 아니라 결정권자에게 분석 후 결과를 제공하는 것이다. 시기적절하고 간결하며 적합하게 제공해야 한다.

⑥ 보상과 신용

신용은 보상과 연관되어 있고 경제적인 것과 비경제적 일수도 있는 보상은 기관의 가치관을 엿보게 한다.

⑦ 학습체계

성과측정이 처벌의 도구로 쓰여져서는 안 된다. 성과측정은 배우는 체계(learning system)를 세우기 위함이다. 단체가 현재 상태에서 개선을 위해 무엇을 해야 하고 무엇을 하지 말아야 하는지를 배우는 체계이다. 단체가 전략적 목적과 목표의 방향을 설정하고 개선하는 도구이다.

⑧ 결과의 공유

결과는 스텝과 이해관계자들이 함께 공유되어야 한다.

모금 성과측정이 늘 긍정적으로 작용하는 것이 아니기에 생산성과 효율성을 강화하는 측면에서 오직 조직관리 차원에서만 고려한다면 오히려 역효과를 가져와 본래의 취지에 반대되는 일이 된다.

여기서 성과측정의 역효과를 보면 다음과 같다.

① 반 협력의 법칙

자신과 이해관계가 있는 것만 협조하게 되고 나머지는 경쟁상태로 놓이게 된다. 그래서 부정적인 영향을 미친다. 측정결과 우선순위에 밀리는 순위가 낮은 조직의 서비스는 이용하지 않아 최소역량으로 축소된다. 우선순위가 높은 순으로 과집중되어 창의성과 자유가 없어진다. 또한 순위가 낮은 조직은 보상에 대한 기대가 적어 상대적 박탈감으로 조직개발에 게을리하게 되고, 측정될 가시적인 결과에만 집중해 실질적인 프로그램의 질적 개선이 이루어지기 힘들다.

② 효과성 반감의 법칙

효과성이 개선되는 것이 아니라 오히려 반감을 증폭시킨다. 외부에 보여주기 위해 입맛에 맞도록 조정할 수도 있고, 보고서 제작에만 시간과 노력을 많이 투자하게 된다.

③ 결과 중심의 법칙

성과측정은 성과개선에 어느 정도 긍정적 효과를 주지만 영향력이 너무 강하면 역효과를 나타내는 행동이 발생해 성과개선의 효과는 반감된다.

4

기부산업의 사회적 임팩트

기부산업이 늘 긍정적인 결과를 갖고 오는 것은 아니다. 예를 들어 새로운 일자리를 만들지만 그로 인해 일자리를 잃는 사람도 있는 것처럼 의도한 것은 아니지만 부정적인 일도 발생하게 된다. 기부가 단순히 수혜자에게 주고 잊는 차원이 아니라 일부 투자 목적의 요소가 있다면 결국 사회적 임팩트를 얻기 위해 무엇을 어디에 투자할 것인가 살펴보게 된다. 주로 재물, 시간, 명성이 투자되어 사회적 임팩트가 일어나는데, 임팩트는 기업의 수익계산과 달리 계산이 쉽지 않기에 벤처 필란트로피스트를 주축으로 리서치 투자 관련 영리 회사가 생겨나고 있다. 앞으로 임팩트가 제대로 효과를 얻으려면 기부산업이라는 큰 그릇을 필요로 하고, 반대로 기부산업은 임팩트 측정과 평가가 필요하다. 한국의 기부시장도 임팩트 관련 정보시장이 주종을 이룰 것으로 예측된다.

사회적 투자의 동기는 무엇인지 네 가지 측면에서 조사해 보면 기부산업이 어느 방향으로 발전할 것인가 통찰력을 얻게 된다.

그림 7-1 Resources that can create an Impact

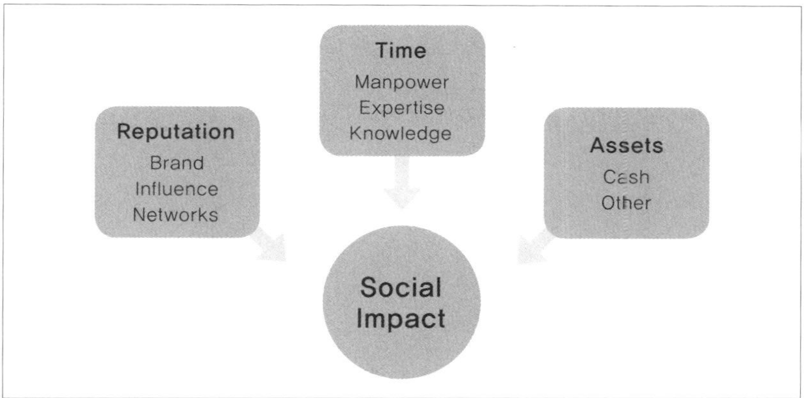

① Identity Returns: 주로 개인적 행복을 추구함

- 호혜적(reciprocity)으로 자신의 부를 사회 환원하는 것으로써 특정한 단체에 기부하는 것
- 투자 행위를 통해 자기만족감이라는 감정적인 이익을 얻는 것
- 사회투자를 통해 지역에서 인정과 개인의 브랜드명성을 얻는 것

② Financial Returns: 금전적인 이득은 브랜드 명성으로 인한 간접적인 경제적 이득을 포함

- 경제적 이윤 창출
- 가치 증가

③ Process Returns: 프로세스 과정에서 얻어내는 이익

- 지식
- 경험
- 관계

④ Social Impact

- 사회적
- 환경적: 에너지 감소, 유통 비용 감소

그림 7-2

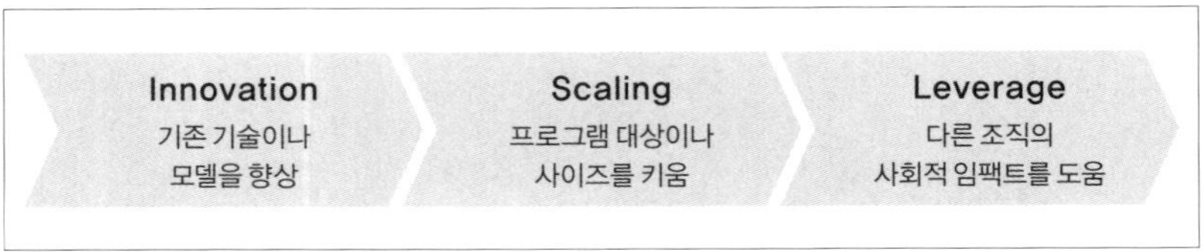

그리고 투자가 사회적 투자로서 가치가 있는가를 따질 것이고, 단체는 기부자 만족을 위해 노력하게 된다.

결국 사회적 영향을 증대하기 위해 〈그림 7-2〉와 같은 세 단계로 나누어 진행한다.

최근에 발생하는 사회적 문제는 대부분 여러 가지 문제가 복합적으로 연관된 큰 스케일이어서 혁신적인 방법이 요구된다. 대부분 비영리기관인 Ashoka나 Laura and John Arnold Foundation과 같은 재단이 혁신적인 방법에 특별히 참여하고 투자하고 있고, 빌 게이츠 등 유명 필란트로피스트들이 이 부분에 특별히 관심을 두고 있다. 혁신은 두 가지가 있는데, 첫째는 비즈니스 모델(Business Model Innovation)의 변화로 타깃층, 가치 제안, 유통 같은 것이고, 둘째는 기술적인 혁신(Technology Innovation)은 제품이나 서비스, 프로세스, 기계, IT처럼 혁신을 가능하게 하는 기술의 변화이다. 그래서 어떤 혁신적인 방법이 사회를 변화시킬 수 있는가에 의해 다음 파이를 키워 수혜자를 늘려나간다. 만약 이런 모델이 성공적으로 실행되었을 때 다른 영역에 어떤 영향을 미칠 것인지 판단하여 가장 적절한 곳에 투자를 결정하게 된다. 전에는 기부자의 기부금은 기부처에서 알아서 적절히 사용하면 끝이지만 앞으로는 마치 투자 매니저가 투자금을 받고 수익률을 보고 해야만 하는 것처럼 된다. 이러니 체계적인 산업화가 되지 않으면 누가 진짜 진정한 실행자인지 구분하기가 거의 불가능에 가깝다.

5

사회적 성과관리 산업

'정돈'을 뜻하는 그리스어 taxis에서 파생된 분류학의 개념은 분류하고 정리하는 행위나 원칙을 말한다. 18세기 스웨덴의 식물학자 린네가 생명체의 질서를 분류하기 위한 방법으로 도표를 작성한 것처럼 기부도 기부학이 되려면 기부의 taxonomy가 있어야 한다.

보통 임팩트를 보는 철학적 관점은 다양하다. '임팩트와 이익(Frofit)은 제로섬이다', '진정한 임팩트는 회계상 리턴(무언가 남는 것)이다'부터 다양한 뉘앙스를 갖는 '한 가지 메트릭이 측정방법으로 통일될 수 있는가?', '사회적 변화라는 것이 태생적으로 복잡하고 다면적이다'라는 등의 다양한 견해들이 있다. 그래서 이런 관점들을 반영한 서로 다른 도구들이 개발되어 왔다. 이런 도구들은 이중성 가치 제안을 중심으로 성실하고 성숙한 것이라야 한다. 현장 관리자들이 효율적으로 측정할 수 있도록 도와야 한다.

사회적 영향 평가 관리를 위한 기능적인 요건은 데이터를 수집하는 문제, 임팩트에 대한 논지(thesis)를 표현하는 문제, 성과를 평가하는 문제로 나눈다. 임팩트 투자 산업의 성장을 위해서 이런 것들을 담을 여유 공간을 확보해야 하기에 성과관리 산업이 필요한 것이다.

6

Giving 3.0의 임팩트를 위한 메트릭스(Metrics)

시대마다 기부자가 어디에 가치를 두고 있는가에 따라 기부의 진화가 있어 왔다. 기부에 있어서 인간의 과시욕은 진화된 시대마다 공통으로 작용했지만 그 표현법은 각각 다르다.

Giving 1.0 시대에서는 기부자의 기부 이유가 종교적 또는 스스로 행복감을 얻기 위한 것이었고, 모금가는 브랜드 기법으로 기부금을 많이 걷는 것이 메트릭이었으며, 과시욕은 총금액으로 충족된 시대였다.

Giving 2.0 시대에서는 기부금의 투명 정도와 윤리적인 면을 측정하는 것이었고, 과시욕은 얼마나 투명하고 윤리적으로 잘 기부하고 관리하는가에 초점을 두었다.

Giving 3.0 시대에서는 비 화폐적인 가치를 포함한 사회에 끼치는 임팩트(impact)를 측정하는 것이며, 과시욕은 기부 후 영향력의 질과 크기에 초점을 두어 고액기부에는 유리하지만 소액기부의 측정에는 어려운 면이 있다.

앞으로 도래할 Giving 4.0 시대에서는 얼마만큼 혁신적(innovation)이고 창의적인가 등의 더 넓은 필란트로피적 영역의 개척과 새로운 개념적 소비에 대한 사회적 가치의 측정이 있을 것으로 추정된다. 과시욕은 남이 하지 않은 영역에 기부하는 개척자적인 욕구인 것이다, 서양에서 말하는 필란트로피스트는 이 네 가지 영역을 고루 갖춘 사람을 지칭하곤 한다. 선진국은 이미 Giving 3.0이 자리 잡고 있으며 동시에 Giving 4.0을 논의하고 있다. 현재 한국은 Giving 1.0에서 Giving 2.0으로 넘어가는 추세이지만 몇몇 그룹은 동시에 Giving 3.0 도입을 시도하고 있다.

Giving 3.0의 기부에는 두 가지 포인트가 있다. 임팩트를 미리 알고 투자하는가, 아니면 투자 후 임팩트를 아는가이다. 전자는 투자 전에 프로젝트의 결과를 토대로 임팩트를 예측하는 것이고, 후자는 소셜 프로젝트나 개입(intervention)을 한 뒤에 그 결과에 대한 메트릭을 사용하여 측정하는 것이다. 그래서 투자를 극대화하기 위해 결정하는 툴로써 사용된다. 정부, 재단, 기업으로부터 투자를 받는 사회적 기업에 주로 임팩트 투자(Impact Investing)로써 이용되지만, 개인적인 기부에도 커뮤니티에 미치는 영향력까지 알고 싶어하는 욕망이 '영향 평가서(Impact Statement)'를 요구하는 시대가 되었다.

한국에서 Giving 3.0이 자리 잡기 위해 쓰일 메트릭의 확정을 위한 투자와 공유하는 측정도구가 필요한데, 이를 위해 먼저 소통의 문화가 선행되어야 한다. 가장 중요한 것은 자신의 기부금 일부가 이런 임팩트를 측정하고 보고하는 데 쓰인다는 것에 기부자의 동의가 필요하며, 그리고 실패하더라도 이에 대한 관용 또한 필요하다. 기부는 생태론상 결과(outcome)를 보장받기 힘들기 때문에 실패에 대한 가혹한 벌칙은 기부산업 활성화를 위해 결코 도움이 안 된다.

7

임팩트 측정

임택트 측정 관련 산업의 주요한 미션은 사회적, 그리고 환경적 영향의 측정을 통해 기업, 비영리기관, 일반 사람들에게 자신이 어떤 서비스를 사고 있는지, 어떤 일에 시간과 돈을 기부 또는 투자했는지 정보를 주기 위함이다. 일종의 '임팩트 관리'라 부르고, 어떻게 임팩트를 측정하여 관리하며 이를 어떻게 전달하는지, 그리고 그런 임팩트에서 사회적 비즈니스 가치를 찾아내는 것이다.

그래서 새로운 카테고리의 투자자를 돕고 투자를 통해 창출할 수 있는 가치를 선별할 수 있도록 교육하고, 사회와 환경 분야에서 영리, 비영리, 투자자가 함께 창출할 수 있는 가치를 선별하는 데 사용할 수 있는 언어(환경)을 만드는 데 도울 수 있는 기회를 만들기 위함이다.

SROI(사회적 가치를 고려한 투자 대비 이익률)가 중요한 이유는 사람과 환경에 대한 영향을 핵심요소로 여기지 않았던 경제 부문에서 질적인 변화를 이끌어낸다는 점이다. 왜냐하면 SROI는 본질적으로 새롭고 차별성을 갖는 회계법(social accounting)이기 때문이다. SROI를 비율로만 생각한다면 그것은 오해이다. 그러나 실제로 SROI는 임팩트를 측정하는 원칙들의 집합이고, 이를 통해 매니저로서 그리고 투자자로서 효율성 증진을 위해 스스로 하는 활동이 어떠한 가치가 있는지를 전략적으로 증명하기 위하여, 그리고 다양한 분야의 성과를 증진시키기 위해 어떤 부분에 집중해야 하는지 알려준다. 그래서 이는 결과가 아닌 과정이기에 SROI는 조직을 위한 원칙이며 유기적 성격을 갖고 있다. 한국 상황이 해외와 비교 시 아직까지 서비스와 조직에 대한 정보화 및 정교화 작업이 매우 부족한 점을 감안했을 때 데이터에 기초한 정보의 생성, 정보를 통한 조직에 대한 지식을 만들어 가는 과정은 결국 조직의 학습, 역량, 그리고 현재 상황에 대한 올바른 그림을 파악하고 보충과 발전이 필요한 요소에 재빠르게 대응하는 데 유용한 인사이트를 마련해준다. 이는 결국 소셜 섹터 내 조직들이 사회적 서비스를 제공하는 데 있어서 얼마만큼의 재원을 어떻게 조달 받을 수 있을 것인가라는 질문에서 벗어나, 조직이 어떤 서비스를 제공할 수 있으며 가장 효과적으로 이것을 전달하고 성과를 창출하는 방법이 무엇일까에 대한 고민으로, 보다 근본적인 관점에서 변화가 일어날 중요한 포석이 되기에 산업적 가치가 있다.

하지만 조심해야 할 점은, 한국이 가치를 구체화할 수 있는 방법에 대해 적절한 발견이 있기도 전에 기준과 심지어는 성과 표준을 정의하는 데 서두르고 있다는 점에서 위험이 존재한다는 것이다. 그러므로 사업장의 문을 드나드는 수혜자들의 숫자는 실제로 창출하려는 가치에서 매우 작은 부분을 차지하지만 이를 이용해 임팩트를 측정하려고 한다면 이 또한 문제이다. 따라서 어떤 단체나 개인이든 창출된 가치가 무엇인지, 이 가치를 발견하게 된 과정이 무엇인지에 집중해야 한다.

어떤 기업가이든지 사업을 하면서 가장 힘든 부분이 투자자를 구하는 것이다. 사회적 기업이 투자자를 구하는 것은 두 배 이상으로 힘든 것이 현실이고, 순수 기부금을 구하는 비영리단체는 세 배가 더 힘들다. 특히 그들의 사회적 성과(Social Impact)를 구체적인 수치로 계산할 수 있는 기준이 마땅치 않기 때문에 기어스(GIIRS, Global Impact Investment Rating System)가 나왔다. GIIRS는 비영리조직인 B Corp에서 내놓은 임팩트 투자 성과 측정 기준 및 도구로서, 사회/환경 분야의 비재무적 성과를 평가하며 기금의 투자 성과도 평가한다. 투자 성과 같은 경우는 모닝스타 투자 랭킹이나 S&P 신용 리스크 평가와 유사한 접근법을 사용한다.

제8장

필란트로피 경제론의 탄생

1

세상을 움직이는 세 가지 경제

세상을 움직이는 경제에도 세 가지가 존재한다. 경험경제, 선물경제, 공유경제가 이에 해당하는데, 현대 기부산업은 이 세 가지 경제를 근간으로 발전하고 있다.

1.1 경험경제(The Experience Economy)

• 뜻: 물자, 상품, 서비스를 판매하는 전통적인 방식을 거쳐 경험을 파는 새로운 단계가 출현하였는데, 이를 경험경제라고 한다.

• 주요 가치: 재화와 용역이 점차 균질화 됨에 따라 상품에 늑아 있는 무형의 가치인 이야기, 주관적 경험, 감성, 창의적인 아이디어 등의 '경험재'가 새로운 상품형태로 자리매김하고 있다.

• 대표적인 사례로 '애플'이 있다. 애플의 경우 타 업체보다 월등히 우수한 사용자 경험에서부터 경쟁우위를 점할 수 있었다. 결국 애플의 성공 키워드는 '경험경제'인 것이다. '스타벅스' 또한 경험경제의 사례에 해당

하는데, 고객들에게 단순히 커피를 마시는 곳이 아닌 그 이상의 체험을 할 수 있도록 '보고, 만지고, 듣고, 냄새를 맡고, 맛을 느끼는 모든 것'을 고려하여 매장을 설계함으로써 경험경제를 이루어내었다.

1.2 선물경제(The Gift Economy)

• 뜻: 모스의 '증여론'을 기반으로 나타난 용어이다. 그의 저서에는 "선물을 주고받는 교환체계가 사회생활의 중요한 기초로 작용한다"라고 말하고 있는데 선물 주고받기, 곧 증여와 답례증례가 인간관계의 모든 부분에 관여하면서 사회구조를 작동시키고 있음을 의미한다. 다시 말하면 선물경제는 '증여'와 '기여'의 '경제학'이다. 교환경제와 대비되는 개념인 '선물경제'는 가진 자가 필요로 하는 자에게 재화를 선물하거나, 상호 간에 재화를 선물로 주고받음으로써 물질적 필요를 충족하는 경제를 의미한다.

• 주요 가치: 내가 무엇을, 즉 어떤 잉여가치를 가지고 있는지 보게 만들고, 그것을 누구와 어떻게 나눌지에 대한 고민을 하게 한다. 그러면서 상대방이 무엇이 필요한지, 무엇이 가능한지 우리 자신이 주체가 되어 풀어가게 만든다. 그리고 화폐와 상품 위주의 자본주의 시장경제가 시작된 후 사라진 선물경제는 현대의 '기부활동'이나 '기업들이 이익의 일부를 사회로 환원하는 움직임' 등으로 그 의미가 계승되었다.

1.3 공유경제(The Sharing Economy)

• 뜻: 2008년 미국 하버드대 법대 '로런스 레식(Lawrence Lessig)' 교수에 의해 처음 사용된 말로, 개인이 소유하고 있으나 활용하지 않는 물건 또는 지식·경험·시간 등의 유·무형 자원을 상호 대여하거나 교환함으로써 거래 참여자가 상호편익과 적정이윤을 얻는 경제활동 방식을 뜻한다.

• 주요 가치: 여러 사람이 하나의 재화·용역을 공유해 쓰는 것으로써 공유할 재화·용역을 가진 소유자 입장에서는 효율을 높이고, 구매자는 싼 값에 이용할 수 있다는 '쌍방향의 경제적 이익'을 가져오는 것이다. 또한 무언가를 반드시 '소유'하지 않더라도 내가 원하는 바를 쉽고 저렴하게 취할 수 있다는 장점을 갖고 있다. 이는 결국 합리적인 소비를 가능하게 하고 자원을 절약하며 환경오염을 예방하는 궁극적인 효과 또한 불러온다.

• 공유경제의 대표적인 모델로는 택시와 승객을 연결하거나 일반 자기 차량과 승객을 연결하는 '우버'와 빈방을 관광객 숙소로 제공하는 '에어비엔비' 등이 있다. 현재 국내에서도 기존에 존재하던 이윤중심의 공유경제가 사업자들과의 마찰로 성장에 한계를 겪고 있는 시점에서 가치중심의 공유경제가 저성장시대의 대안으로 부각되고 있다.

2

필란트로피 산업과 선물경제

한국의 문화와 산업이 이미 선물경제에 큰 영향을 미치고 있다는 것이 김영란법을 통해 증명되었다. 특히 디지털 화폐로 인한 영향은 매우 크다. 마르셀 모스(Marcel Mauss)는 그의 저서 『증여론(Essai sur le don)(1925)』을 통해 선물을 주고받는 교환체계가 사회생활의 중요한 기초로 작용한다는 점을 보여주었다. 그는 선물 주고받기, 곧 증여와 답례증례가 인간관계의 모든 부분에 관여하면서 사회구조를 작동시키고 있음을 밝혔다. 증여론의 현대적 확장은 선물 경제론(Gift Economy)으로 나타났다. 교환경제와 대비되는 개념으로, 선물경제 또는 결국 도움을 도움으로 갚아야 한다는 일종의 증답(贈答)의례적 사고방식이 제도화된 것이 품앗이적인 증답경제라고도 한다. 개인 또는 일정한 집단들이 재화를 물물교환하거나 시장에서 가격이라는 매커니즘에 따라 상품을 거래하는 교환경제와는 달리 선물경제는 가진 자가 필요로 하는 자에게 재화를 선물하거나, 상호 간에 재화를 선물로 주고받음으로써 물질적 필요를 충족하는 경제를 말한다. 인터넷에는 초기 사용자들의 관행 덕분으로 '공유와 나눔'의 '집합적 소비 관념'이 만들어져 있다. 네트워크 공간에서는 무료경제나 '선물 경제(gift economy)'의 관행이 상품경제의 틀로 급작스레 변환시키기도 쉽지 않지만 서서히 자리 잡고 있다. 이것은 자본주의 체제 안에서는 등가교환과 화폐경제가 지배하는 시장경제이다. 그런데 선물과 증여는 부등가 교환 체제로 시장경제의 바깥에 존재했다가 안으로 들어오고 있다. 디지털 복제는 화폐경제와 시장의 지배를 받지 않는 선물 경제라는 체제 바깥의 영역을 가져왔다. 물질의 희소성에 구애받지 않는 정보와 지식의 풍요로운 복제와 나눔은 선물 경제라는 새로운 관행과 교환을 만들어 놓았다. 이것은 디지털 경제를 바탕으로 하는 필란트로피 산업의 향방을 이끄는 중요한 요인이 될 것이다. 현대의 기부활동이나 기업들이 이익의 일부를 사회로 환원하는 움직임은 선물경제의 전통을 이어받은 것이라 할 수 있다.

모스는 부족들의 생활은 물건을 서로 주고받는 선물체계에 기반해 있음을 발견하고, 그것을 인디안의 포틀래치로 설명했다. 농경부족과 어로부족 간의 교환이나 선물 주고받기가 일상적으로 이루어지고 이것이 사회체계의 근간을 이루고 있는 것이다. 모스는 아메리카의 포틀래치, 남태평양의 쿨라, 뉴질랜드의 하우(hau) 등의 행태를 통해 '선물이 사회생활의 중요한 기초'라는 찾아냈으며, 또한 주고받음이라는 교환 행위 뒤에 숨어 있는 '호혜성'의 원리를 발견했다. 모스가 말하는 포틀래치 교환은 등가교환이나 시장경제의 교환이라는 틀을 벗어나 있다. 그것은 부등가의 선물 주고받기와 답례를 통해 순환되는 교환체계로서 시장경제의 등가교환과 다르다.

인터넷 이용자들이 나눔과 공유라는 규범과 가치를 갖고 선물 경제를 만들어낸 것이 아니라 디지털 복제라는 성질이 나눔과 공유라는 구조, 곧 선물 경제라는 구조를 만들어냈다는 설명으로 이어질 수 있다. 또한 모스는 "증여와 교환은 자발적 행동인 동시에 의무이다"라고 하면서 교환의 태고적 형태로서 주어야 할 의무, 받아야 할 의무, 되돌려주어야 할 의무를 들고 있다. 선물을 공짜로 받은 사람은 타인에게 그것의 대가를 요구할 수 없다. 선물은 상품과 교환되는 것이 아니라 다른 선물과 교환되어야 한다. 이것이 증여와 교환의 구조이다. 아무런 대가 없이 선물을 받은 사람은 자신도 아무런 대가 없이 증여할 수 있어야 한다. 지금은 구제에서 필요로, 그리고 권리로 진화하고 있다.

자본주의 사회에서 상품은 등가교환이라는 호혜성의 원칙을 통해 유통된다. 이러한 화폐경제의 상품교환과 달리 선물은 시장경제의 바깥에 존재한다. 인터넷에서 활성화되고 있는 전자시장이나 상품교환은 여전히 시장경제의 안쪽에 존재한다. 그것은 기존의 자본주의 화폐경제를 활성화하고 전면화하는 도구이다. 그러나 자신이 제작한 콘텐츠를 공유하고, 서로 협동해 만든 창작물을 아무런 대가 없이 나누는 흐름은 상품이 아니라 선물의 영역에 더 가깝다. 자신이 만든 소프트웨어를 공개하는 오픈 소스운동이나 자유소프트웨어재단(FSF, Free Software Foundation)의 활동은 자본주의 시장경제의 바깥에 존재한다. 그것은 배타적 소유권의 관철을 요구하는 지적 재산권을 거부한다. 인터넷 이용자들이 디지털 복제물을 주고받거나 서로 협동해 생산한 공유물을 나누는 행위는 등가교환의 원칙이 지배하는 시장경제 바깥에 서 있다. 그것은 나눔과 공유에 입각한 '선물 경제'와 가깝다.

인터넷의 공동체적 성격에 주목한 마이클 허번(Michael Hauben)은 '참여'와 그에 기반한 '공동체'라는 것이 온라인 커뮤니케이션을 통해 이루어지는 것을 발견했다. 공동체적 입장에서 볼 때 네트워크는 서비스가 아니라 권리이다. 그래서 인터넷은 집합적이고 보편적일 때만 가치가 있다고 본다. 네티즌의 자발적 노력만이 네트의 지적이고 기술적인 고유의 부를 지켜낼 수 있다. 결국 선물 경제는 네티즌, 혹은 인터넷 이용자들의 자발적인 참여와 공동의 규범 및 행동을 통해 유지될 수 있는 것이다.

선물 경제가 가능한 이유는 디지털 자원이 희소하지 않고 풍요롭기 때문이다. 물질의 허울을 벗어 던지고 디지털 세상으로 넘어간 콘텐트들은 비트로 전환되어 무한복제의 새로운 환경에 적응하면서 자본주의의 틀과 시장 법칙에 더 이상 얽매이지 않게 된다. 소비자이자 사용자인 새로운 소비계층을 조절할 수 있는 제도적 틀이나 도구가 갖추어지지 않았을 뿐 아니라 전 지구 차원에서 이루어지는 자료와 정보의 흐름을 일국 차원에서 규제하고 관리하는 것도 실효성이 없다.

그래서 주류 경제학에서는 이러한 선물 경제의 특성을 활용해 무조건적인 지적재산권의 관철이 아닌 새로운 상황에 맞는 이윤 창출 방식에 주목한다. 이용자들의 공동 작업을 통해 만들어진 콘텐트와 생산물을 자본의 틀로 전유하는 다양한 방식이 모색되고 있다. 새로운 기술을 활용한 인터넷 서비스가 점차 확대되고 있다. 초기에 단순히 웹을 수동적으로 제공하던 데에서 발전해 사용자의 활동을 서비스 안으로 깊숙하게 끌어당겨 전유하는 새로운 사업 모델이 활성화되고 있다.

3

가치의 경험경제

손과 머리로 하는 노동력은 기술 발달로 대체되고 있는 시대이다. 하지만 마음에서 비롯된 사업 모델은 영원히 대체하지 못할 것이다. 기부하고 잊어버리는 것을 넘어서 점점 기부자는 기부하는 경험을 잘 살려주는 단체를 선호하고 가치를 둔다. 현대 모금은 좋은 경험을 기부자에게 팔기에 먼저 단체의 직원이 좋은 경험을 해야 기부자에게 좋은 경험을 줄 수 있다. 좋은 예로 한때 '소유'보다는 '공유' 개념이 자리 잡은 에어비앤비 사옥에서 직원들은 매일 색다른 경험을 하고 있어 늘 가장 일하고 싶은 직장 영순위이었다. 브라이언 체스키 에어비앤비 공동 창업자 겸 CEO가 말하기를 "회사의 목표는 에어비앤비 사용자에게 잊지 못할 추억과 경험을 주고 감동하도록 만드는 것입니다"라고 했다. 그들은 이전에는 가격대와 여행지를 입력해 숙소를 찾는 '서칭(searching)' 개념을 적용했다면, 이제는 개인의 여행 방식과 성향을 입력하면 여행자와 잘 어울릴 것 같은 지역사회와 숙소가 추천하는 '매칭(matching)' 방식을 도입한다. 8년간의 축적된 빅데이터를 활용해 공유 경제의 대상을 자산(빈방)에서 서비스(여행 경험)로 바꾸고 사람들 마음속에 잊히지 않는 경험을 선물하는 기업이 되고 싶다는 미래 포부를 밝히고 있다.

단체의 감성 마케팅도 적절한 기부자를 대상으로 적절한 상황에서 마케팅 활동이 진행되어야 효과를 극대화할 수 있다. 예를 들어 박진감이 넘치고 흥미진진한 야구장은 가족과의 편안한 휴식이나 명상을 강조하는 상품보다 모험과 흥미가 넘치는 휴가 상품을 홍보하기에 더 적당하다. 단순히 야구 관람객의 일반적인 선호와 일치할 가능성이 높다는 점 외에도 경기장에서 관중들이 느낄 감정과 흥미진진한 휴가 관련 상품이 유발하는 감정이 일치하기 때문이다. 마찬가지로 기부산업은 좋은 경험을 감성마케팅 하려는 단체와 기부자를 연결해준다. 그 안에서 유통되는 상품으로 구매를 했든지 아니면 지인으로부터 선물로 받았든지 전에는 느끼지 못했던 기부 경험을 극대화시킨다.

4

필란트로피 산업과 공유경제

공유경제를 논할 때 늘 탈무드를 인용하곤 한다. "하나의 촛불이 수천 개의 촛불을 나누지만 빛을 잃지 않는다"라는 말은, 나누어도 본래의 경제적 가치는 그대로 유지되거나 잃는 가치가 얻는 가치보다 적을 때를 전제로 한다. 경제적인 가치를 넘어 사회적, 환경적 가치를 찾아낸다면 공유경제는 필란트로피 생태계의 일부분이 된다. 하지만 만약 공유경제 안에서 손해 볼 것을 알고 이타주의적 나눔으로 경제적 가치가 더 줄어들거나 없어진다면 이에 따른 보상제도로 PDC(16장 참조)가 대안이 될 수 있다. 예를 들어 제공자에게 사용자가 비용의 일부 혹은 전부를 PDC로 지불할 것을 허락하는 경우에는 제공자의 필란트로피적 나눔을 인정받는 셈이다.

요즘 공유경제가 핫 이슈이다. 서울은 이제 공유경제 생태계에서 변방도시가 아니라 모든 공유경제 오피니언 리더들이 주목하며 성공 케이스를 만들어내는 중심 지역이 되었다. 그렇다면 공유경제는 필란트로피 산업의 일부인가? 다시 질문을 바꿔 말해서 공유경제는 사람을 계속해서 행복하게 할 수 있는가? 이 질문에 답이 있다면 그 답은 아마도 세상을 바꿀 답이 될 것이다. 물론 대부분의 사람들은 사리사욕 때문에 움직이지만 그 사리사욕으로 사람을 낚을 수는 있어도 계속 지속되지는 못한다. 지속된다는 것은 무언가 가치가 만들어지고 있고 순환되고 있다는 뜻이 된다.

"자유롭고 고귀하게 살지 못하는 가장 큰 원인은 소유에 대한 집착이 있기 때문이다"라고 말한 철학자 버트런드 러셀(Bertrand Russell)의 경고도 있지만 무소유에 대한 갈망이 점점 더 많아진다. 공유경제 가치의 본질은 사용 빈도가 낮은 자산에 인터넷으로 접근할 수 있도록 하여 개개인이 이러한 자산을 소유할 필요성을 감소시키는 데 있다. 다시 말하자면 잉여를 공동체에게 재분배 할 때, 즉 남는 것을 다른 사람에게 줄 때 가치가 있다는 것이다. 어떤 사람들은 많은 돈을 벌지만 다 쓰지 못하고 죽는다. 쓰지 않는 재산은 공유의 대상이고, 현재의 기술로서 서로 윈윈 할 수 있기에 가능해진다. 부동산, 차, 의류 등 이것은 기부할, 즉 공유할 대상이 된다. 공유하면 더욱 풍요로운 삶을 살 수 있다는 점이 아이러니 하지만 풍요로움이란 원하는 것을 갖는 것보다 원할 때 언제든지 가질 수 있다는 것이 중요한 것이다. 요즘 미국에서 새로운 패러다임의 지각변동 중 하나로서 필요한 것과 원하는 것에 쉽게 접근할 수 있는 능력이 더 인정받고 그런 욕망을 해결해주는 산업이 각광을 받는다. 그래서 공유경제에서는 다양한 사회적 경험과 효용을 결합하는 비즈니스 브랜드가 성공해왔다.

공유경제는 자산 활용도에 따라 공간활용, 시간활용, 재물활용 등 세 가지로 분류할 수 있다. 실제 성공 케이스의 예를 들면 공간활용의 예로는 시스템적인 신뢰를 통해 남은 주거 공간을 전혀 모르는 사람에게 빌려주는 중간자의 역할을 하는 사업으로 성장하고 있는 에어비엔비가 있고, 시간활용의 예로는 재능과 일을 통해 서로 시간의 크레딧을 교환하는 타임뱅크가 있고, 재물활용의 예는 빌 게이츠와 같은 부호들이 쓰고 남은 재물을 임팩트 투자 형태로 재단에 기부하여 자신의 남은 재산을 공유하는 것이 있다. 공유경제 스타트업은 자신들이 제공하는 서비스가 친환경적이라고 강조하지만 실제 사용자는 환경이 중요 고려사항이 아니라는 것이 확인되었다. 진짜 이유는 돈을 벌거나 아끼기 위해서라고 대답한 사람이 환경 때문이라는 사람보다 5배가 더 많았다는 사실이다. 누군가 어떤 것이 가장 중요하다고 말하는 이유가 사실은 가장 설득력이 떨어진다는 뜻이다. 그래서 어디에서나 부작용은 있기 마련이다. 경제적 욕심으로 자신 소유의 유휴공간을 빌려주는 것이 아니라 돈을 빌려서 남의 공간을 대여하여 다른 사람에게 빌려주는 사업용 공유가 생겨났다. 그래서 뜻대로 되지 않아 문제가 생기기도 한다.

공유경제에서는 도덕성 때문에 공유하지 않는다. 공유경제의 지속 이유는 사리사욕과 자유시장 원칙에 단단히 뿌리내리고 있기 때문이다. 마치 기부가 단순히 도덕적이고 공익의 목적만이 아니라는 것을 인식하고 오히려 인간의 이기심으로 기부를 지속 가능하게 하는 것과 같다. 공유하기 위해 유휴능력으로 따지면 현금이 가장 취약하다. 결국은 그 나라의 기부문화 수준은 가진 자의 현금 유휴능력을 끌어내고 얼마만큼 잘 활용하는가에 달려 있다. 과연 이런 공유경제 무대에서 기부산업은 더 힘을 발휘하게 된다.

5

순환경제와 토큰경제

5.1 순환경제(Circular Economy)와 필란트로피

필란트로피 산업을 순환경제(Circular Economy)의 개념으로 이해하면 편해진다. 세계적인 대기업의 순환경제 도입 사례와 성과를 살펴보면 순환경제는 채취-제조-폐기로 이어지는 선형경제를 순환경제로 바뀌어야 한다는 당위성이 힘을 받는다. 순환경제란 희소 자원으로부터 분리된 경제를 일컫는 용어로, 설계 단계에서부터 재생을 염두에 두는 방식이다. 지난 250년간 지탱해온 선형 성장 모델은 '미래로부터의 차입 성장'을 바탕으로 하고 있어 언젠가는 한계에 다다를 수밖에 없는 시한부 모델이다. 순환경제는 지구와 미래세대를 생각하는 '착한' 모델이기에 필란트로피 산업의 일부이긴 하지만, 훨씬 더 '저비용 고효율'적인 모델이기도 하다. 예를 들어, 자동차 엔진의 무게는 500kg인데 이를 강철로 재활용한다면 그 가치는 160달러에 불과하고 엔진으로 다시 만들어진다면 그 가치는 4,900달러에 이르는 것이다.

순환경제를 필란트로피에 접목해볼 때 우선 자신의 부를 사회에 환

그림 8-1 선형경제

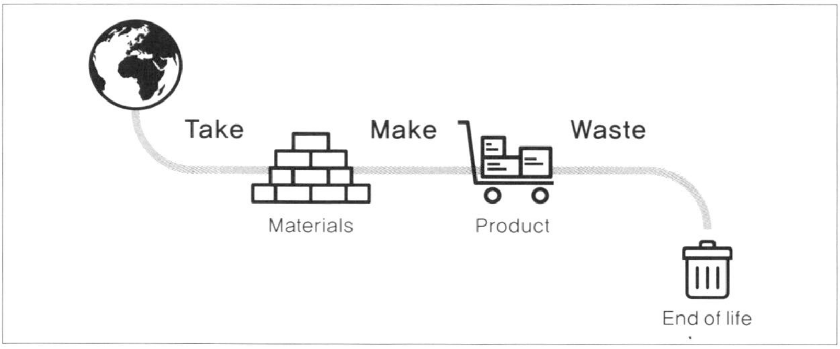

그림 8-2 순환경제

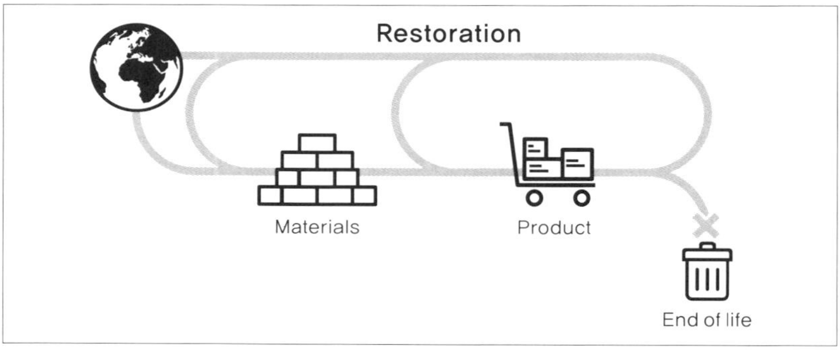

원한다는 차원에서 우리 사회, 경제 및 정치 시스템의 구조에서 지름길을 발견하기 위한 명확하고 실현 가능한 개념이 필요하다. 이러한 개념 중 다수는 이미 존재하지만(대부분 다른 핵심 영역을 강조하고 있음) 미국의 엘렌 맥아더 재단(Ellen MacArthur Foundation)에서 개발한 '지침서'는 순환경제로의 변화를 위해 좋은 틀을 구축하기 위한 개념을 소개하고 있다.

① 재생성

생태계의 건강을 회복시켜 궁극적으로 유지한다. 장기적으로 재생 가능한 에너지와 물질의 사용을 배양하고 모든 생물 자원을 원래의 공간인

토양으로 되돌려야지만 달성할 수 있다.

② 공유성

공유함으로써 제품의 수명을 연장시킨다. 공유경제에서 지적했듯이 자동차 공유 또는 생활 공간을 빌려주는 것(예: 에어비앤비)과 같은 개념이 이미 널리 채택되었다. 순환경제는 더 많은 것을 필요로 한다.

③ 최적화

제품생산과 유통 사슬에서 낭비를 줄여 제품의 유용한 수명을 연장한다. 이런 빅데이터, 자동화, 원격센서와 같은 최적화를 통해 이익이 증가함과 동시에 소비자에게 비용절감으로 얻은 이익을 전달한다.

④ 루프(Loop)

모든 종류의 제품 및 부품의 재순환 및 부품업과 건설 부문은 새로운 건설 현장에서 오래된 건물의 자재를 재사용함으로써 낭비를 크게 줄이는 훌륭한 사례이다(도시 광업이라는 추세). '오래된 것에서 새로운 것'까지는 분명히 순환경제의 모토이다.

⑤ 가상화(Virtualize)

지구상에서 '물건'의 감소는 현대적이고 디지털화된 세계에서 우리에게 큰 기회가 되었다. 화폐로서 지폐와 코인이 없어졌다는 사실은 음악 업계의 최근 발전에서 잘 보여주고 있다. 특히 토큰경제와 더불어 새로운 기금 마련의 툴로 발전하고 있다. 음악이 대부분 iTunes, Spotify 또는 Deezer와 같은 플랫폼을 통해 구입 및 청취되기 때문에 전체 산업이 비물질화되어 CD 및 포장재가 현재 폐기되고 있다.

⑥ 교환

오래되고 생태학적으로 비효율적인 생산 방법, 비즈니스 모델 및 기술을 교환하고 현대적 순환 대안으로 대체한다.

5.2 토큰경제(Token Economy)와 필란트로피

토큰이 만들어가는 경제, 즉 토큰경제(token economy)는 원하는 목표 반응을 설정하고 그러한 행위를 했을 때 명확하게 대가를 지불하는데, 대가로 받은 토큰이나 점수는 어떠한 강화물과도 교환이 가능하며 과제의 복잡성에 따라 토큰의 수에 차등을 둔다. 블록체인 기업들은 기본적으로 코인(또는 토큰)을 그 블록체인이 만드는 생태계 참여자들에게 주는 보상 수단으로 본다. 가령, 블록체인 안에서 자신이 가치 있다고 생각한 상품、서비스를 사용한 대가로 코인을 받는다. 해당 서비스가 인기를 끌어 대중화되면 갖고 있던 코인의 가치가 올라가서 그때 환전하면 더 많은 이익을 볼 수 있다. 예를 들어 무명이던 아이돌 그룹을 초창기부터 응원하며 톱스타로 성장하는 데 기여한 팬들이나 우버를 이용하면서 입소문을 내줬던 우버 기사와 승객들도 받아둔 코인으로 성공의 성과물을 공유할 수 있다. 물론 별로 가치 없는 일이라고 여기면 언제든지 코인을 써버리거나 법정화폐로 환전하면 된다.

탈 중앙화된 시스템인 블록체인에서 개인은 (중개자 없이) 더 많은 자유와 선택의 기회를 갖고 블록체인에 참여한 만큼 보상을 받아갈 수 있다는 게 매력적이었다. 블록체인은 (주식을 살 돈을 갖고 있는 지가 아니라) 가치 있는 프로젝트에 '참여' 했는지에 따라 성공의 승패를 공유하는 새로운 프로토콜(규약)이다.

초기 동전 제공(ICO)은 신생 기업이 전통적으로 초기 종자 투자를 우회할 수 있게 하는 혁신적인 크라우드 펀딩 모델이다. 그러나 모든 ICO가 평등하게 만들어지는 것은 아니다. 실제로 이런 크라우드세일즈(crowdsales)를 통해 발행된 토큰에는 적어도 세 가지 유형이 있다. 투자자들은 종종 ICO 토큰이 어떤 범주에 속하는지 식별하기 위해 고심하고 있다. 전략적 코인이 교육정보와 심층적인 ICO 연구 보고서를 제공하여 투자자가 정보에 입각한 재무 결정을 내리는 데 도움이 되는 이유이다. 세 가지 유형의 ICO 토큰은 다음과 같다.

① 주식 토큰

이더리움(Ethereum) 기반 스마트 계약의 가장 유망한 응용 프로그램 중 하나는 신생 기업이 초기 코인 제공을 통해 주식 또는 주식 토큰을 발행할 수 있는 가능성을 준다. 금융 시장 진입의 장벽이 과거보다 훨씬 낮아지기 시작하면 창업에 도움이 된다. 투자자가 주식 거래에 보다 쉽게 접근 할 수 있게 하고, 투표가 블록체인을 통해 투명하게 수행될 수 있기 때문에 주주들이 기업 지배 구조에서 보다 적극적인 역할을 하도록 허용할 것이다. 현재 규제 지침이 없기 때문에 주식 개시를 시도한 신생 기업은 거의 없다. 그러나 미국 델라웨어(Delaware) 주에서는 최근 기업들이 블록체인에서 주주 명단을 유지 보수할 수 있는 법안을 통과시켰는데, 이는 블록체인 기반 주식 거래를 가능하게 할 것이다. 결과적으로, 토큰이 암호화 금융 업계에서 중심적인 역할을 하기까지는 시간 문제일 뿐이다.

② 증권 토큰(또는 자산 토큰)

증권은 모든 종류의 거래가 가능한 자산을 지칭하는 광범위한 분류이다. ICO를 통해 투자자들은 귀금속으로 상환 가능한 동전에서부터 부동산으로 뒷받침되는 토큰에 이르기까지 다양한 종류의 증권 증서에 액세스 할 수 있다. 미국에서 이러한 토큰 판매 및 투자는 SEC 증권 규정의 적용을 받는다. SEC v. Howey(1946년 SEC와 호위 소송에서 미연방대법원이 판결에 이용한 기준을 말한다. 내용은 일반 기업의 조달 자금을 위한 투자 계약으로서 타인의 노력 여하에 따른 미래수익을 기대하고 있는가로 축약할 수 있다.)는 금융 약정이 투자 계약을 수반하고 증권 규정의 대상이 되는지 여부에 대한 지침을 수립했다.

③ 유틸리티 토큰

아마도 대부분의 토큰은 ICO 참가자 대다수가 크라우드세일즈(crowdsales)를 투자 기회로 생각하기 때문에 유가 증권일 것이다. 그러나 토큰이 호위(Howey) 테스트의 세 가지 요구 사항을 충족시키지 못하면 "유틸리티 토큰"의 분류에 해당될 수 있다. 앱 동전이나 앱 토큰이라고도 불리는 유틸리티 토큰은 사용자에게 제품이나 서비스에 대한 액세스 권한을 제공한다. 예를 들어 ICO 레코드 2억 7천 7백만 달러를 모은 파일코인(Filecoin)은 미사용 컴퓨터 하드 드라이브 공간을 활용할 분산 클라우드 스토리지 서비스를 제공할 계획이다. ICO 기여자는 서비스가 시작되면 Filecoin에서 스토리지 공간을 구입할 때 사용할 수 있는 토큰을 받았다. 총 공급량이 고정되어 있기 때문에 제품이나 서비스에 대한 수요가 증가하면 유틸리티 토큰이 시간이 지남에 따라 높아질 수 있다. 그러나 투자자는 자신의 토큰을 유틸리티 또는 앱 코인으로 설명하는 신생 기업을 경계해야 하며 규제 당국이 자산을 보안으로 간주할 가능성이 높기 때문에 투자로 시장에 내놓을 수도 있다. '유틸리티 토큰'은 합법적인 것이 아니라 조직적인 구분이라는 점에 유의해야 한다. SEC는 유틸리티 토큰에 대한 공식적인 지침을 제공하지 않았으므로 산업은 아직도 불확실성에 놓여있다. 마침 스위스 금융시장감독위원회(FINMA)가 새로 발행한 암호화폐 공개 관련 가이드라인에서 일부 토큰을 증권으로 간주한다고 명시했다. 더욱 투명한 암호화폐 공개 환경을 조성하기 위해 새로운 가이드라인을 발행했다고 밝혔다. ICO를 평가할 때 토큰의 경제적 기능과 목적에 집중할 것이며, 토큰의 근본적인 목적과 거래가능성, 전송가능성 등이 주요 분류 기준이 될 것이라고 말한다. 그 기관은 토큰의 복합 기능을 인정하면서도 '지불 토큰', '자산 토큰', '유틸리티 토큰' 세 범주로 토큰을 분류했으며 범주에 따른 예상 규제 방안을 제시했다. 가이드라인에 따르면 자산 토큰은 증권으로 간주되어 스위스 민법 및 증권거래법이 적용된다. 결론적으로 토큰경제 내에서의 필란트로피는 디지털화폐 변동으로 얻는 수익보다 암호화폐의 사회적 의미 구현의 중요성을 강조해야 한다.

제9장

기부산업 벤치마킹 케이스

1

적정기술과 필란트로피

적정기술은 단순히 기술개발, 제품개발로만 끝나는 것이 아니라 하나의 세계관이고, 가치관이며, 철학적인 것이기 때문에 청소년들에게 반드시 필요한 교육이다. 우리 스스로 선진국으로서 '주는 자'로, 상대방을 후진국으로서 '받는 자'로 규정하는 것은 위험한 발상이다. 아프리카 우간다나 중국 옌벤에서 적정기술 강의를 하면 의외로 반응이 냉랭했다고 한다. "언제부터 한국이 그렇게 잘살아서 우리한테 생존 기술을 가르쳐준다고 하느냐", "우리도 반도체 같은 첨단기술을 키울 것이다"라고 격하게 항의한다고 한다. 그들의 눈높이에 맞추어 바라봐야 하고, 필란트로피적인 형제애를 느끼며 세계의 문제를 함께 해결하려는 자세로 다가가야 한다.

1.1 세상을 품는 기술이란?

'세상을 품는다'라는 말은 '혁신적 지혜를 통해 얻은 기술에서 공공선을 찾다'라는 말이다. 물론 혁신적 지혜는 어려운 개념이 아니지단 혁신적 지혜가 어떻게 구현되어야 할 것인가를 놓고선 의견이 분분하다. 그래서 '기술에서 공공선을 찾다'에서 열쇠를 찾으려 노력하는 것이다.

공공선은 영어로 'Common Good'으로 표현하는데 사전에는 "개인을 포함한 공동체 전체를 위한 선(善), 즉 공익성으로서 공동선이라고도 한다"라고 나와 있다. 가난한 지역의 문제를 넘어 기술의 발달로 생활이 편리해졌다고는 하지만 결과적으로 부작용도 적지 않은 게 현실이다. 예를 들면 디지털 세대차이, 프라이버시, 보안문제 등으로 인한 가장 심각한 점은 발달된 기술로부터 소외된 계층들이 많아졌다는 점이다. 재산이나 권력을 많이 갖거나 교육을 많이 받은 사람들만 혜택 받는 기술이 아니라 더불어 살아가는 사회를 만들기 위해 소외된 사람까지 품는 기술을 '혁신적 지혜'를 통해 구현해 보자는 의미이다.

다른 세상을 품는다는 말은 이성적인 것보다 감성적으로 들리고 이해 타산, 경제적인 논리로만 판단할 수 없다는 말처럼 들린다. 어머니가 아이를 품을 때 자신이 손해 보는 것을 계산할 것인가? 하지만 결국은 어머니도 자신을 인정하지 않으면 떠날 수도 있는 것이 인간이다. 무조건적인 자금지원만으로는 열매가 보이지 않는 것이다. 학교 건물을 지어주었는데 가르칠 선생이 없고 졸업을 해도 일할 만한 산업이 없고, 우물을 파주었는데 지속적으로 운영할 인력이 없어 지하수가 오염원이 되는 경우가 있다. 스스로 배우고 깨우쳐서 자신들의 마을을 건설해야 하는데 그럴 의지가 없는 것이다. 무능하고 부패한 정부와 끊임없는 전쟁, 그리고 에이즈와 같은 천형적인 병도 원인일 수 있다. 이런 상황하에서 자립의지를 키우는 것은 그렇게 쉬운 일이 아닐 것이다. 이성적으로 접근해서 효과가 없었으니 감성적으로 접근해 보는 것이 하나의 색다른 도전이 될 수 있기 때문에 감성에 호소하는 펀딩이 가능할지 모른다. 하지만 이성적인 외교적 지원은 우물 100개, 학교 10개, 도로 몇 킬로미터 등 결과를 수치로 제시할 수 있어 어느 정도 체면을 세울 수는 있지만 적정기술은 성공할지 실패

할지가 확실하지 않고, 성공한다 해도 성공의 정도를 단순하게 수치화하기가 어렵다. 성공하기까지 시간이 많이 소요될 수 있어서 3년이 지나면 결과를 보여 달라고 하는 정부의 눈에는 그다지 매력적인 접근방법이 아니다.

그럼에도 적정기술에 희망을 갖는 것은 한국 민족 특유의 끈끈한 '정'이라는 감성이 이 문제를 해결해줄 수 있다고 보기 때문이다. 합리적이고 자기 편의적인 서구의 방식과 비교해서 한국의 방식은 접근방식에서부터 끈끈함이 있다. 계산적이기보다 상대방에 대한 애정이 있다. 그것이 한국 민족성의 친밀함이고 너그러움이다. 그리고 한국은 50년 만에 세계의 최빈국에서 경제선진국으로 발돋움한 세계 최초의 나라라서 개도국의 좋은 발전모델이 될 수 있다.

1.2 적정기술의 의미

적정기술은 주로 세 가지 의미로 나누어 생각할 수 있다.

① 저개발국 빈곤 탈출을 위한 '중간기술'

적정기술의 첫 번째 줄기는 개발도상국과 저개발국을 위해 시작했다. '빈곤 탈출 및 주민의 삶의 질 개선을 위한 중간기술(Intermediate Technology)'이라는 개념이 1965년 9월 칠레 산티아고에서 유네스코 주최로 열린 컨퍼런스에서 처음 소개되었다. 이 컨퍼런스의 주제는 '라틴아메리카의 발전을 위한 과학기술의 응용', 즉 제2차 세계대전 이후 20년 동안 미국을 비롯한 선진국에서 개도국에 막대한 과학기술 원조를 했음에도 왜 그렇게 개도국의 발전은 지지부진했는지를 규명해 보자는 것이었다. 참가자들은 지원정책의 출발부터 잘못이었음을 지적했다. 선진국들은 모든 국가가 똑 같은 형태의 산업화 과정을 따라야 한다는 전제하에 개도국의 자연적·문화적 환경을 전혀 고려하지 않고 일방적인 지원을 했고, 이는 각국에서 효율적인 성과를 내지 못한 것이었다.

'노동집약기술 대 자본집약기술' 세션에서 독일 출생의 영국 경제학자인 슈마허의 강연인 '중간기술의 개발을 요구하는 사회경제적 문제'는 이 컨퍼런스에서 가장 중요한 핵심을 짚었다. 이 강연은 그가 1973년에 출간한 기념비적인 책『작은 것이 아름답다』에 수록되어 40년이 지난 지금까지도 전 세계적으로 널리 읽히고 있으며, 타임지가 선정한 제2차 세계대전 이후에 가장 큰 영향을 끼친 책 100권에 포함되었다.

② 과소비 아닌 병폐 해결을 위한 '대안기술'

적정기술은 개도국에만 필요한 것이 아니다. 선진국에서도 '자본 집약적이고 자원·에너지를 과소비하는 기술에 대한 대안기술(Alternative Technology)'이 절실하다는 움직임이 일었다. 선진국에서 적정기술(대안기술)의 급부상은 1960년대 시민권 운동, 신좌파 정치운동, 반전투쟁, 반문화운동, 환경주의 등의 영향을 받았다. 이러한 저항운동이 현대 산업사회의 근본을 비판적으로 살펴보게 만들었기 때문이다.

③ 사회적 격차 해소를 위한 '사회적 기술'

선진국에도 가난하고 소외된 이들이 산다. 1973, 1974년 석유파동이 발생하자 미국인들은 늘 값싸고 풍부하고 경제 발전의 원동력이라고 생각해왔던 석유가 어느 날 고갈될 수 있다는 사실을 새삼 깨달았다. 게다가 위기가 발생했을 때 가장 먼저 심각한 타격을 입는 것은 저소득층이었다. 이 문제에 대응하기 위해 1976년 미국 몬타나주에 국립적정기술센터(NCAT)가 설립되었고, 미국 내 저소득층 가정에 필요한 기술 및 공정을 개발하는 데에 집중했다. 이것이 적정기술의 마지막 줄기인 '선진국 저소득층을 위한 사회적 기술(Social Technology)'이다.

2

의료(Medical) 부문과 필란트로피

2.1 보건의료와 필란트로피

공익적 차원에서 재원(Funding Source)에 대한 새로운 축을 찾기 위한 노력이 한창이다. 국민적 복지수요는 늘어나는 반면 세수부족 및 재정적자 확대로 인해 정부의 R&D 투자 여력이 크지 않고, 다양한 분야의 새로운 R&D 수요 증가로 정부가 직접 지원하는 보건의료 R&D 투자 확대는 한계에 직면했다. 물론 자금조달원의 다양화 관점에서 '민간 투자자금 확보' 활동으로의 전환이 필요하나 현재까지 한국의 보건의료 R&D의 민간의 직접 투자 채널 확보는 미흡한 상황이다. 수혜 기관들의 합법적이고 투명한 기부금 운용 관리를 수반하는 계획기부의 활성화는 만성적인 R&D 재원 부족 문제의 해결 수단으로 활용 가능할 것이다.

한편 보건의료 R&D 연구비 확보를 위한 계획기부 제도 활용의 가능성을 본다면, 개인 기부의사를 보건의료 R&D 투자로 유도하는 것이 사용자 혁신활성화에 유리하지만 보건의료 분야에서는 기업이 생산자 관점에서 기존의 혁신 개념에 맞추어 최종소비자인 환자와 의료인의 니즈

(needs)까지 충족시킬 수 있는 모든 혁신적인 제품의 설계와 생산을 하는 것은 불가능한 것처럼 보인다.

국내 벤처캐피털들이 바이오·의료 분야 기업에 투자를 늘리고 있으나 국내 벤처캐피털의 투자자금 회수(exit) 방법이 대부분 기업공개(IPO)이고 투자금의 회수 희망 기간(주기)도 3~5년 이내의 단기인 탓에 제품 또는 서비스의 개발 완성까지 장시간이 소요되는 보건의료 분야 R&D 투자에는 소극적일 수밖에 없다.

사용자 혁신 혹은 사용자 중심 혁신(User-Centered Innovation)은 혁신적인 제품이나 서비스를 판매하는 기업이 아니라 사용자가 직접 개발하는 것을 말하며, 대표적으로는 facebook, youtube, 꼬꼬면 등의 사례를 들 수 있다. 2013년 국내 벤처캐피털의 투자회수 방법으로 IPO가 차지하는 비율은 98.2%에 달하는 반면 M&A는 1.8% 수준에 그쳤고, 해외(미국, 유럽, 이스라엘, 인도, 중국) 벤처캐피털은 M&A를 통한 투자회수 비율이 평균 82%에 육박했다. 한국의 IPO 투자회수에는 12년이 걸리는 데 반해 미국, 유럽, 중국, 인도는 각각 6.8년, 6.3년, 3.9년, 4.3년의 기간이 소요되었다.

그림 9-1 Patient Capital

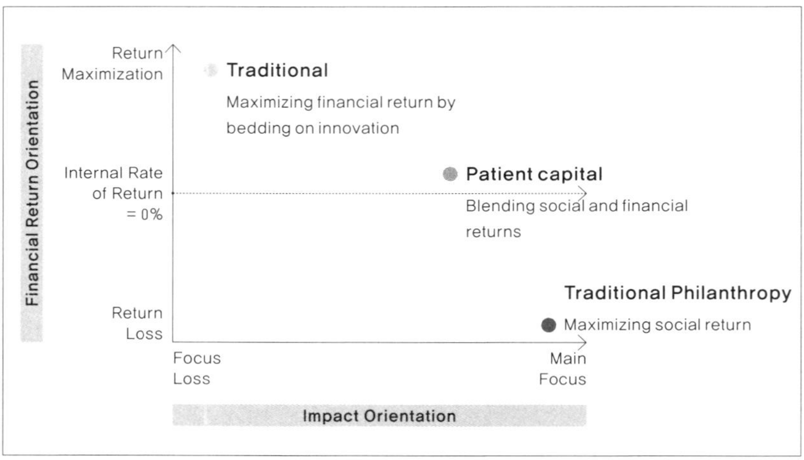

투자현황을 업종별로 보면 미국이나 유럽과 비교해서 한국은 일반제조 부문에 대한 투자비중이 높은 반면 생명공학 부문에 대한 투자는 저조한 실정이다.

전통적인 벤처캐피털은 현 상황에 맞지 않기에 반대급부가 없는 전통적인 필란트로피 기금을 찾던가, 아니면 그 중간 단계인 Patient 캐피털을 중심으로 민간 투자를 유도해야 한다.

2.2 사회의학(Social Medicine, 社會醫學)과 필란트로피

일본 재단(Japan Foundation)과 사사카와 평화재단과의 roundtable meeting에서 사사카와 재단의 국제 프로그램 디렉터인 마사타카 사부리는 장차 일본은 사회의학에 관심을 갖고 사회적 투자를 하고 싶다고 말했다. 이들은 의료계의 기부문화를 산업으로 보고 과감히 투자 의지를 보였다. 이미 김용 세계은행 총재 등 세계적인 의학계 석학들이 사회학자, 필란트로피스트와 팀이 되어 사회의학 분야에 많은 발전이 있어 왔다.

일부에서는 메디컬 부분의 현장 적용에 대학 교육의 인문학(문학, 철학, 윤리, 역사 및 종교), 사회 과학(인류학, 문화 연구, 심리학, 사회학, 보건 지리학) 및 예술(문학, 연극, 영화 및 시각 예술)을 포함시켜 왔다. 사회의학에는 인간의 질병이나 건강에 대한 의학의 한 연구방법으로 자연과학적인 접근과 사회과학적인 접근이 있다. 그동안 의학적 연구로서는 자연과학적 접근이 중심이 되어 왔다. 그러나 노동재해, 직업병, 공해병, 약화 등 사회적 요인에 의한 건강장애가 많이 발생하고 있고 사람들의 기본적 인권의식도 높아지고 있는 오늘날에 있어서는 보건이나 건강문제의 사회과학적 해명이나 사회과학적인 해결책 등의 연구 요청이 높아지고 있다.

이와 같은 사회적인 요청 때문에 사회과학자가 보건·의료의 연구를 행하는 보건·의료사회학, 보건·의료경제학과 같은 종래의 사회의학의 흐름과는 다른 분야도 발전해오고 있다. 또한 사회복지 차원에서 유아, 모성, 노동자, 노인 등의 사회적 특성에 입각하여 보건상·의학상의 문제 해명과 이에 대한 해결책을 모색하고 있다. 빈곤, 노동, 사회 환경, 공해, 질병 등의 문제나 의료의 사회화, 공급체제, 건강보험제도, 의료복지 등에 관한 문제 등은 특히 중요하다. 공중위생이나 노동위생의 대책에 이론적 기초를 두고 예방의학과도 밀접한 관계를 갖는다. 광의의 사회의학에는 범죄, 사고, 자살 등에 관한 법의학도 포함된다.

따라서 자연히 문화적 맥락에서 인류의 고통을 줄이기 위해 철학과 모금학을 접목하여 개인, 기업, 정부 및 비영리단체는 어떤 역할을 하며, 더 나아가 환자와 의료인 간의 관계에서 필란트로피적 접목으로 기부와 모금의 역할이 사회과학과 어떤 연관이 있을까에 대한 연구에 투자가 필요한 것이다.

결국 필란트로피 실현에 있어서 인간의 삶의 질을 향상시키기 위한 것 중에 건강문제는 늘 우선이었고 사회의학, 인문의학의 실제 현장 결정체(Manifesto)는 병원 모금(Fundraising)이다. 마사타카 사부리 디렉터는 "사회적인 문제해결을 위해 거꾸로 의학의 자연과학적인 원리로 접근하고 싶다"라는 흥미로운 말을 했다.

3

스포츠를 통해 본 기부산업

3.1 야구산업과 기부산업

야구산업이 그동안 성장해온 과정을 살펴보면 장차 기부도 기부산업으로 발전해 가는 과정을 엿볼 수 있다. 야구를 단순한 체력강화나 친목을 위한 운동으로 취급하는 것보다 산업화되었을 때 성장하는 계기가 마련된다. 어떤 산업이 성장하기 위해서는 상호 필요에 의한 수많은 관련 산업들이 같이 성장해야 한다. 야구산업이 맥주와 치킨산업에 긍정적인 영향을 주고, 엔터테인먼트 산업과 연계되어 영향 또한 대단하다. 구단을 운영하기 위해서는 경영은 물론 마케팅과 홍보 등 전문 인력들이 필요하다. 현재의 어린 선수들이 야구라는 전문성에 구단이 필요로 하는 전문 지식들을 갖춘다면 야구산업 구조 내에서 직업을 갖게 되는 것이다. 야구산업과 관련한 구단만 있는 것이 아니라 야구산업을 지원하는 KBO, KBA와 같은 행정 조직도 있고, 그 이외의 야구 관련 산업들은 산업의 발전에 따라 관련 직업들도 세분화되어 증가하게 된다.

기부를 단순한 도덕적 행위로만 취급한다면 성장하기 힘든 한계에

이를 수밖에 없다. 제대로 공정을 거친 물품을 만들어 소비자를 만족시키려면 산업화가 뒷받침되어야 한다. 기부문화가 산업화되면 전문인력의 필요와 이와 관련된 산업으로 일자리기 창출하게 된다. 기부도 엔터테인먼트 산업이고, 공증 산업이며, 제조 산업이고, 서비스 산업이고, 인력 공급 산업이고, 인간의 욕구를 근본적으로 만족시키는 산업이기 때문이다.

3.2 스포츠와 기부산업의 결합 사례

스포츠 문화는 사람을 설레게 한다. 단순히 스포츠를 즐기는 것이 아니라 인간의 재미를 겸한 욕망, 군중심리, 기록 경쟁으로 산업을 자극시킨다. 캐나다의 아이스하키 문화가 기부와 결합한 케이스는 좋은 예로서 스포츠가 기부에 참여도 하고 인형산업을 촉진하는 케이스이기도 하다. 아주 열광적인 마음으로 기부에 참가하여 더 감동을 증폭시킨다. 일회성의 번뜩이는 이벤트가 아니라 지속 가능한 전통으로 유지시키는 '뒷심'으로 성공한 케이스이다. 캐나다의 인터넷 신문인 Huffpost Alberta지에 따르면 프로 리그도 아닌 16~20세 선수들이 뛰는 '학생 경기'일 뿐인데도 팬들은 매년 이 행사를 손꼽아 기다리며 적극 참여한다. 일 년에 한 차례 '테디 베어 토스'가 열리는 날은 관중 수도 신기록을 세우는 경우가 많다. 특히 인형을 링크 안으로 쉽게 던질 수 있고 '인형 비'가 쏟아져 내리는 광경을 가장 잘 볼 수 있는 아래쪽 좌석은 금세 동이 난다. 게임을 즐기는 것도 중요하지만 인형 토스하는 재미도 그 가치를 더해준다.

'테디 베어 토스'가 가장 활성화된 팀인 히트맨의 경우 1995년 행사를 시작한 이래 21년 간 곰 인형 30만 개를 모았다. 해마다 팀 별로 곰 인형 개수 기록 경쟁도 벌인다. 2015년 히트맨이 모은 2만 8,815개는 리그 전체를 통틀어 역대 최다 기록이다. 미리 인형을 준비하지 못한 팬들은 경기장에서 인형을 구입할 수도 있다. 각종 동물 인형이나 털모자, 장갑을 모으는 팀도 있다. 구단 측은 인형이 더럽혀지거나 상처 나지 않도록 인형을 담아 던질 수 있는 비닐봉지를 나눠준다. 선의의 경쟁의 힘이 대단하다. 자신들이 입었던 곰 인형 무늬 저지를 온라인 경매에 부쳐 수익금을 기부한다. 병원이나 복지시설에 곰 인형을 나눠 주러 갈 때도 선수들이 직접 나선다. 히트맨의 한 선수는 "스포츠 선수로서 사회에 공헌하고 많은 것을 생각해 볼 수 있는 좋은 기회"라며 "세상에는 더 큰 문제가 많지만, 우리 나름대로 도울 방법이 있어 행복하다"라고 말했다. 필란트로피와 마케팅의 기묘한 결합이다.

이런 어린 선수들이 건전한 시민으로 자랄 수 있는 좋은 교육을 받는다 것이 부럽다. 단순히 교육을 넘어 탄탄한 스포츠 프로그램과 기본적인 생활수준이 밑바탕이 되어 있기에 북미에서는 가능했다. 한국에서도 이런 마음 씀씀이를 어릴 때부터 익히는 기회를 만들어주었으면 하는 바람이다. 기부산업화로 가는 디자인적인 생각의 전환이 절실하게 필요하다.

4

영화산업을 통해 본 기부산업

모금가는 단순히 돈을 모으는 사람이 아니라 스토리텔러이다. 더 훌륭한 모금가는 스토리텔러(storyteller)를 넘어 스토리듀어(storydoer)라는 말도 있다. 좋은 스토리텔러는 단체의 비전과 미션을 스토리화해서 전달한다. 스토리에는 3요소인 인물, 사건, 배경이 있다. 옛날에는 쿵푸, 전쟁, 조폭 배경이면 내용이 어떻건 관객이 몰리던 시대가 있었다. 마치 비영리단체가 구호 깃발만 꽂으면 기금이 모이던 시대가 있었던 것처럼 말이다. 최근에는 스토리가 좋아야 영화관객이 몰린다. 물론 좋은 스토리는 기본적으로 잘 구성되어야 한다고 한다. 사실(fact)과 거리가 먼 과장된 스토리를 만들어야만 호응할 것이라는 중압감에 윤리의 선을 넘기도 해서 문제가 된다. 하지만 현재 천만 관객은 주연과 조연의 인물성격(character)에 의해 결정이 난다. 아무리 배경과 감동적으로 구성된 스토리를 갖고 있더라도 등장인물이 밋밋하면 관객은 등을 돌린다. 결국 천만 관객은 주인공의 캐릭터에 매료되어 만들어진다. 독특한 캐릭터끼리 부딪치면 자연히 멋진 스토리가 나오고 그 캐릭터로 인해 고난을 극복하고 성공하는 과정이 감동을 주어 관객은 그 값을 치르는 것이다.

기부도 이와 마찬가지로 사건과 배경에 공감하지만 결국 캐릭터를 보고 결정한다. 사람을 보고 기부한다는 것으로서 단체 내에 어떤 사람이 있으며 또한 누가 요청을 하는가에 달려 있다는 것이다. 지갑을 열게 하는 것은 명분이 아니고 캐릭터이다. 기부자는 대부분 자신이 좋아하는 사람, 특별한 관계가 있는 사람, 흥미를 끄는 사람, 거절하기 힘든 사람 등 사람 중심으로 기부한다. 모금의 배경으로는 어떤 종류의 코즈(cause, 기구/모금 이유)인가, 현재의 사회적 이슈와 부합하는가 등일 것이고, 캐릭터는 브랜드 네임이고 이미지이면서 독특함이며 창의적인 사람들의 등장을 말한다.

비영리조직의 핵심 활동인 모금이라는 무대의 등장인물에는 다섯 종류의 캐릭터가 있다. 가해자, 피해자, 앞뒤 안 가리고 용기 있게 돕는 사람으로 일종의 첫 펭귄(first penguin)이고, 눈치 보면서 다른 사람이 거들 때 곧 반전이 있을 것 같으면 그때 동참하는 사람, 그리고 방관자로서 그저 구경만 하는 사람이다. 모금가는 바로 첫 펭귄을 찾아내는 사람이고, 더 중요한 것은 첫 펭귄 뒤에 따라오는 몇몇의 동조자(early adapter)를 찾아내고 동참시켜 모멘텀(momentum)을 유지시키는 사람이다. 여기에서 대부분 모금 실패의 원인은 이 순간에 모금의 협곡(fundraising chasm)을 못 넘어 빠지는 것이다. 모금가는 자신의 캐릭터를 잘 알아야 하고 또한 잠재기부자의 캐릭터를 파악하는 것이 무엇보다 중요하다. 그들의 캐릭터가 충돌하면서 이루어내기 힘든 감동의 스토리를 만들어나가는 것이기에 기부자도 동참하고 마음을 주는 것이다. 공짜 초대권이 아니라 영화표를 돈 주고 사서 관람한 뒤에 친구에게 권유까지 한다면 천만 관객 영화처럼 좋은 징조가 되는 것이다. 영화 흥행의 메커니즘을 기부산업이 벤치마킹 할 필요가 있다.

5

게임산업과 기부산업

인간의 본능이 경쟁을 좋아하고 게임을 즐기며, 이에 더하여 '내기'까지 즐긴다. 별개의 영역으로만 보이던 인터넷이 오늘날 모든 산업의 바탕이 되어 미래에는 게임이나 게임적 요소가 기존 산업을 새롭게 정의하는 시대가 될 것이다. 인간 치부의 음지에서 양지로 끌어내는 움직임이 영리에서 비영리로 확장되어 왔다. 최근 모금에도 게임의 요소가 여기저기에서 포착된다. 게임 요소가 미래의 제품 경쟁력을 결정하는 근간이 되어 모금 이벤트도 게임 요소가 가미된 것이 성공한다.

카카오톡의 남궁훈 게임사업부문 총괄(부사장)은 미디어 인터뷰에서 재미있는 말을 했다. 체중계를 '다이어트 워(War)'라는 게임 앱과 연결하면 살빼기에 도전하는 전 세계 사람들이 경쟁하거나 협력하며 재미있게 다이어트를 할 수 있다는 것이다. 그는 자전거 타기도 예로 들었다. 혼자 고독하게 달릴 것이 아니라 '오늘 여의도에서 잠실까지 간 사람 중에 누가 가장 빨랐나'와 같은 게임 요소를 도입하면 제품이 새롭게 정의되고 판로가 개척된다는 것이다. "인공지능(AI)도 따지고 보면 게임이 고도로 발달한 형태"라며 "가상현실(VR)·증강현실(AR) 같은 첨단기술도 게임 또는 게임적 요소와 깊은 연관이 있다"라고 말한다. 그래서 포켓믄 게임에 기부를 첨가하는 움직임이 활발하다.

하버드 대학과 스탠퍼드 대학은 개인이 내는 최고의 기부금액, 일시불로 받은 최고의 기부금액, closing rate 등이 보여주는 지표로 경쟁을 한다. 마크 저커버그의 부인인 첸이 74 million dollar를 샌프란시스코 어린이 병원에 기부하여 개인기부 기록을 세운 뒤에 바로 누군가가 74.05 million dollar를 시애틀 병원에 기부했다. 전 세계 기부순위 발표는 나라의 자존심이 달려 있는 게임처럼 진행 중이다. 해마다 기록은 갱신될 것이고 모금가나 기부자들은 기록 갱신이 기부운동에 중요한 동기 부여가 된다. 이미 게임이론이 모금 기본이론의 일부가 된 지 오래되었다.

게이미피케이션(gamification, 비즈니스에 게임적 요소를 결합한다는 의미)은 게임의 긍정적인 요소들을 비게임 분야에 적용하여 적극적인 참여를 유도하는 기법으로 최근 다양한 분야에서 주요 트렌드로 자리 잡고 있다. 마케팅 사례로 긍정적인 효과를 보고 있는 게이미피케이션과 기부가 잘 결합되었을 때 시너지 효과가 크게 일어날 것으로 기대하고 있다. 게임을 하면서 기부하겠다고 하는 사람도 증가 추세이다. 공익을 위해 기부와 게임을 동시에 한다는 뜻인 3G(Gaming and Giving for Good)라는 말도 유행이다. 게임하는 사람의 열정과 특성은 기부하는 사람의 특성과 gamification은 경쟁(competition), 긴급(urgency), 재미(fun)의 요소가 있어 모금과 궁합이 맞는다는 심리적 연구 보고서도 있다. 일반적으로 앱을 다운 받은 후 후원사의 외식업체를 이용하면 이용 금액만큼 후원사에서 기부금으로 전달하는 방식이며 포인트 적립으로 사용자에게 이익을 주고 별도의 시간이나 현금을 사용하지 않아도 기부할 수 있도록 한다. 게이미피케이션의 요소로는 이벤트, 프로그레스 바, 포인트, 배지, 커뮤니티를 사용하였고(게이미피케이션[Gamification]을 활용한 모바일 기부 앱 연구, 김현수[이화여대 석사논문]) 게이미피케이션 유형으로는 누적시키기, 비교/경쟁, 퀴즈, 선물/추천/제안을 주로 사용한다. 그래서 게임업체가 먼저 나서서 사회공헌 차원의 게임을 디자인하는 경우도 있고 모금 단체가 먼저 게임업체에 의뢰하거나 파트너십을 제안하는 경우도 있다.

기부문화가 게임문화와 연결된다면 자연히 기부산업도 게임산업과 연결된다. 예를 들어 Humble Bundle 게임에서는 성공적으로 게임과 기부를 연결시켜주고 있다. 그러나 게임 안에 내용이 코즈(cause, 모금/기부 이유)와 관계가 있는 경우는 게임을 하면서 지지자(advocacy) 역할을 하기도 하지만 전혀 관계가 없는 경우가 있을 수 있다. 기부에 게임을 이용하는 것이 아니라 게임이 기부를 접목하는 경우가 많아 기부의 본질을 잃을 수 있기에 조심해야 한다. 보통 평가 기준은 재미, 신뢰도, 개인화 서비스, 실질적 이득, 커뮤니티인데 실제 사용자의 평가 결과 긍정적인 의견으로는 경제적 부담 없이 기부를 할 수 있다는 점과 높은 신뢰도였으며 부정적인 의견으로는 개인정보 남용에 대한 거부감이었다. 실제 증가 추세이지만

그림 9-2 Digital Fundraising Hype Cycle

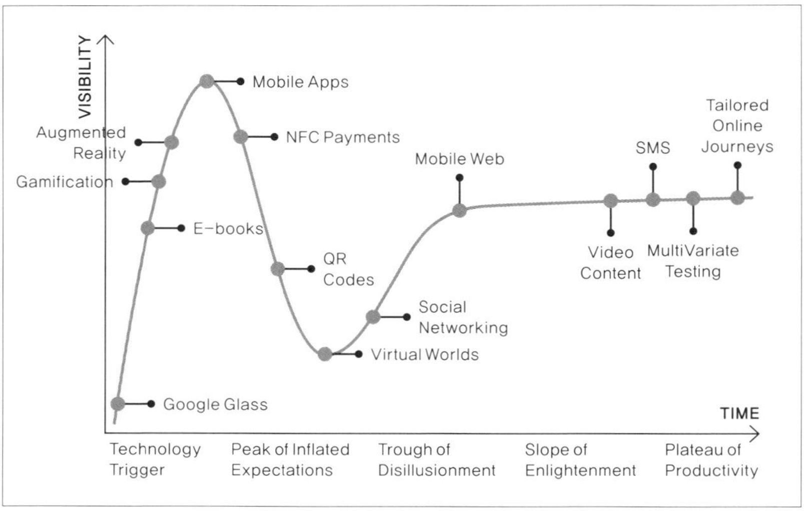

출처 Bryan Miller 2012, givinginadigitalworld.org

사회적 영향력에 대해서는 지켜보고 있다. 하지만 〈그림 9-2〉에서 보면 새로운 기술이 나오면 처음엔 관심을 끌지만 시간이 지날수록 열정이 식을 수도 있고, 또 어떤 것은 생산품이나 서비스의 수요가 안정적으로 자리를 잡을 수도 있다.

6

기부 친화 민간인증 활성화

인증이란 제품 등 평가대상을 일정한 표준기준 또는 기술규정 등에 적합한지의 여부를 평가하여 안정성 및 신뢰성 등을 증명하는 절차 및 제도를 말한다. 인증제도는 법적 근거 유무에 따라 법정인증과 민간인증으로 분류되며, 2015년 기준으로 234개가 있다. 이 가운데 법정인증제도는 제품 출시를 위해 반드시 검사기관으로부터 인증을 획득해야 하는 강제성 유무에 따라 다시 의무인증(강제적으로 반드시 받아야 하는 인증)과 임의인증(품질향상 촉진을 위한 인증)으로 구분된다.

다른 것은 정부가 개입해 통제하고 간섭해야 하지만 필란트로피 분야는 다르다. 출생 자체가 민간 주도이며 기업은 스스로 필란트로피를 실천하기 위해 기부친화기업 민간인증으로 활성화되어야 한다. 몇몇 정부 주도의 법적 인증은 민간시장 성숙으로 정부인증의 필요성을 상실했거나, 국제적으로도 민간자율로 운영되고 있는 인증은 민간인증으로 전환하고, 타 부처와 유사하게 중복되는 인증은 과감히 폐지하기로 했다.

하지만 일부 문화예술에서 첫 인증제도에 대한 움직임이 있었다. 문화예술후원매개단체(이하 후원매개단체)는 기업 등 민간 문화예술 후원자와 예술단체 등의 수혜자 간에 문화예술 후원 활동을 매개하거나 촉진·지원하는 등의 후원 관련 업무를 수행하는 단체이며, '문화예술후원우수기관(이하 후원우수기관)'은 문화예술 후원을 모범적으로 행하고 있는 기업 등을 가리킨다. 「문화예술후원 활성화에 관한 법률 및 시행령」상의 신청 요건을 갖춘 단체 및 기관은 인증 신청을 할 수 있다. 민간의 문화예술 지원이 더욱 확대되고 개인과 기업이 손쉽게 문화예술 단체와 예술가를 후원할 수 있는 여건이 마련됨에 따라 사회 전반에 문화예술후원 분위기를 확산해 나갈 수 있을 것으로 기대하고 실행하지만 인증의 동기가 공적 자금 지원이라면 과연 실효를 거들지 의문이다.

예를 들어 화장품을 판매하는 선진국가들이 민간 주도로 유기농 화장품 인증마크를 운영해 국제적으로 신뢰를 쌓아가는 것과 대조적으로 우리나라는 현재 유기농 화장품 고시만 있을 뿐 유기농 화장품 인증기관과 인증마크 운영 관련 법규와 제도가 없는 상태이다.

기부산업을 확대 하기 위해 기업이 기부참여를 독려하고 예우차원에서 '기부친화기업'을 인증한다면 그들로 하여금 기부로 이끄는 동기가 될 것이다. 특히 열악한 비영리단체 입장에서는 기부산업의 인증관련 문제는 매우 중요한 부분을 차지하게 될 것이다.

7

결제수단과 기부산업

결제수단이 기부문화와 기부산업에 주는 영향이 크다. 결제수단이 무엇이냐에 따라 기부하는 것이 쉽고 빠르며 투명하게 만들어준다. 결제 전문 글로벌 회사인 '월드페이'는 기존의 신용·체크카드 결제 망을 사용할 필요 없이 휴대폰을 중심으로 하는 직(直)결제 방법을 뜻하는 '대체 결제 수단(APM, Alternative Payment Method)'에 의한 결제가 2016년 기준으로 전 세계 결제 시장의 30%를 차지할 정도로 크게 늘었다는 결과를 내놓았다. 3년 전까지만 해도 이 비율은 5% 수준이었다. APM의 확산 속도는 신용카드 기반 시설이 취약했던 신흥국이 도드라지게 빠른 확산을 보이고 있고, 선진국도 핀테크 스타트업이 다수 생겨나고 페이스북 같은 IT(정보기술)까지 결제 시장에 뛰어들어 결제 방식이 다양해지는 추세이다.

중국 전체 결제 시장의 60%를 차지하는 알리페이·위챗페이 등 스마트폰 결제 사용자는 최근 8억 명(중국 인구는 약 13억 7,000만 명)을 넘어섰다. 중국의 소액기부 결제의 70~80%가 스마트폰으로 이루어지고 있다. 한 도시에서 걸인이 휴대전화 결제를 할 수 있는 QR코드가 찍힌 종이를 목에 걸고 구걸하자, 행인이 전화를 꺼내 스캔으로 '적선'을 한다. 구두 수선

공과 각종 먹거리를 파는 노점상까지도 QR코드를 걸어놓고 장사하고 있다. 이렇게 휴대폰 결제가 급속히 확대되면서 택시 기사나 거리의 노점상들이 현금을 노린 강도를 두려워하거나 가짜 돈에 속는 것을 걱정하던 일이 옛일이 되고 있다. 2011년만 해도 중국은 '현금 제일주의 사회'이었다. 모바일 결제 규모는 1,000억 위안(약 16조 6,000억 원) 수준이었고, 1인당 신용카드 보유 수도 미국(2.9장)의 10분의 1가량(0.31장)에 불과했다. 그러나 최근 중국의 모바일 결제 규모는 60조 위안(약 1경 원)에 육박하면서 미국의 50배 규모로 성장했다고 중국 시장조사 업체 아이리서치(iResearch)는 분석했다. 사실 평생 신용카드란 걸 만져본 적 없는 중국 시골의 촌로들도 이제는 휴대폰으로 장을 보는 것을 보면 중국 사회가 신용카드 단계를 생략하고 현금 없는 사회로 직행하고 있는 셈이다. 중국 대륙이 모바일 결제 천하가 된 가장 큰 이유는 편리함과 속도이다. 이처럼 결제수단인 휴대폰 결제의 강세는 기부 또한 촉진한다.

인도 페이TM의 결제 점유율은 2015년 1.5%에서 최근 8.0%로 늘었고, 그동안 금융 불모지로 여겨졌던 아프리카는 아예 은행을 뛰어넘고 휴대폰이 은행 자리를 꿰찼다. 케냐 국민의 절반이 쓰고 있는 휴대폰 기반 은행 '엠페사'는 물건값 결제, 공과금 납부는 물론 채권 구입 등으로 빠르게 영역을 넓혀가고 있다. 곧 결제수단의 발전이 필란트르피 산업의 패러다임을 바꾸는 중요한 역할을 할 것이다.

8

비영리 프랜차이즈

한국에서는 아직 생소한 개념이지만 기부선진국에서 한국에 비영리단체 지사 설립을 생각하는 조직은 제일 먼저 사회적 프랜차이즈(social franchising) 사업을 옵션으로 생각한다. 비영리조직에 프랜차이즈 개념을 사용하는 것은 새로운 모델이다. 외국의 성공한 비영리단체의 미션을 지리적으로 확장하기 위해 영리의 프랜차이즈 모델을 사용하기 시작했다. 이러한 아이디어는 본질적으로 모범 사례와 지적 재산을 공유하여 조직의 미션을 확장하고 더욱 발전시키는 것이 목적이다. 조직이 새로운 지리적 위치에 지사 또는 '챕터(Chapter)'를 설립하거나 독립적인 지역의 비영리단체와의 프랜차이즈를 통해 범위를 확장할 수 있다. 지역 조직은 모범 사례를 얻고 브랜드 이름을 임대하여 번성하는 조직으로 가길 원할 것이다. 앞으로 한국 토종의 성공한 조직이 해외 지부를 프랜차이즈 형태로 확장하는 것이 기부산업의 한 장르가 될 것이다.

8.1 비영리 프랜차이즈 사업의 이점

사회적 프랜차이즈 모델에 대해 공통된 열정을 갖고 있는 사람을 찾는다. 지역의 운영자는 챕터(또는 프랜차이즈)를 시작하기 의해 조즈과 함께 팀을 구성할 때 조직의 운영 강점과 지역 인물의 관계 및 지역 사회의 역사를 결합시킨다.

8.2 비영리 프랜차이즈 사업 과제

사회적 프랜차이즈 모델을 사용하여 반복적으로 성공재현이 가능한 운영모델 개발, 지역의 지도자 파악 및 법적 준수 보장이라는 세 가지 도전을 받게 된다.

① 반복적으로 성공 가능한 운영모델 개발

첫 번째 과제는 다른 지역 및 다른 커뮤니티의 환경을 이용하여 서로 다른 지리적 영역에서 복제할 수 있는 운영모델을 만드는 것이다. 어떤 커뮤니티에서 작동한 접근 방식이 다른 커뮤니티에서는 작동하지 않을 수도 있다. 그래서 전국적으로 확장할 수 있는 모델인지를 식별하기 전에 몇 개의 복제본을 실험할 수 있는 장을 만들어 이것이 확장할 수 있는 모델인지 기술적인 사전검증(Proof of Concept)을 해야 한다.

② 지역 지도자 식별

두 번째 과제는 지역에서 비영리라는 장을 이끌어 갈 수 있는 사람을 찾는 것이다. 비영리단체는 이 장을 이끌기 위해 필요한 특정 기술과 특성을 파악할 필요가 있다. 왜냐하면 모(母) 단체에서 나온 감독은 그 지역에 계속 머물면서 감독을 하지 않기 때문이다. 일부 지역 감독이 지역위원회를 통해 수행할 수 있지만 프렌차이즈 단체의 지도자는 모범 사례가 유지될 때까지 모(母) 조직과 긴밀한 의사소통으로 상호 작용을 하는 것이 가장 좋다.

③ 법규 준수 보장

세 번째 과제는 법규 준수이다. 각 나라마다 자체적으로 법규 준수 사항이 있다. 최소한 관계기관에 외국 비영리 법인을 등록해야 한다. 또한 국가는 일반적으로 기금을 모으는 단체의 등록을 요구한다. 모(母) 단체 대신 지부가 자체 비영리단체의 모델을 사용할 수 있으며 자체 이사회가 계약에 따라 본부와 연결된다. 구조가 무엇이든 간에 비영리단체는 지부 간의 관계를 규정하기 위한 계약이 필요할 것이다. 이러한 문제는 비영리단체의 규정 준수, 계약 및 여러 나라에서의 고용에 익숙한 변호사와 의논하는 것이 현명하다.

④ 투자

조직을 새로운 지리적 영역으로 확장하는 것은 비용이 발생한다. 다행히도 이러한 비용은 각 영역에서 단체를 처음 시작하는 것보다는 적기 때문에 많은 조직이 새로운 방법을 모색하여 비전(vision)의 영향력을 높이고 있다. 프랜차이즈 모델에 대한 투자는 일반적으로 지리적 영역에서 모(母) 단체의 강점을 활용하는 대신 모(母) 단체를 복제하는 데 필요한 자원으로 조직을 자연스럽게 확장한다.

⑤ 사회적 프랜차이즈 모델

사회적 프랜차이즈 관계를 구성하는 다양한 방법이 있다. 독립 조직 간의 계약 또는 라이센스 계약, 자회사 비영리 법인 설립 및 프랜차이즈 등록에서 선택할 수 있다. 비영리 법률 및 프랜차이즈 법률에 경험이 있는 변호사는 상황을 경청하여 각 옵션에 대한 관련 비용을 포함하여 옵션을 설명할 수 있다.

제 10장

필란트로피의 정보산업

1

정보의 불균형(Information Inequality)과 역선택

정보 불균형이란 정보의 생산, 분배, 소비 등 정보처리 능력이 불균형함을 의미한다. 옛날에는 왕이 달력을 만들어 달과 해와 별의 움직임으로 계절을 예측하는 능력을 독점해서 백성을 다스렸고, 학교에서는 선생이 학생보다 더 많은 정보를 갖는 정보의 불균형을 이용하여 칠판에 판서로 품위를 유지하였다. 정보 불균형을 사업의 기회로 삼고 비즈니스 모델이 된 경우도 있다. 예를 들어 같은 제품이 아마존에서는 최저가가 60만 원, 타오바오에서는 40만 원선이라고 가정했을 때, 그래서 아마존에 제품을 등록하고 물건이 팔리면, 이 물건을 타오바오에서 구매한 뒤 보내는 자를 아마존으로 적는다. 결국 포장도 자기가 하지 않고 중계무역만 한 셈이다. 마찬가지로 비영리기관도 기부자보다 더 많은 정보를 갖고 있어 기부자는 기부의 역선택을 하기도 한다. 전문지식이 요하는 문제에서는 더 심각하다. 정보의 불균형은 이해관계자의 불만과 갈등의 출발점이다. 커뮤니케이션 기술이 발달한 대형 단체들은 정보의 수집, 생산, 가공, 분배 능력이 뛰어나 양질의 다양한 정보를 신속하게 기부자들에게 전달할 수 있는 반면, 커뮤니케이션 기술이 발달하지 못한 소형단체들은 정보의 수집, 생산, 가공, 분배 능력이 떨어져 양질의 정보를 전달하기 힘들다. 우리 사회의 복지 불균형을 바로잡는 역할을 하는 민간 모금기관들 역시 극심한 빈익빈 부익부 현상을 겪는 것으로 나타났다. 바로 정보의 불균형에서 시작된다. 사회복지공동모금회, 월드비전, 삼성생명공익재단 같은 상위 1~2%의 기관이 전체 모금액의 77.3%를 차지하고 있고, 반면 하위 64.6% 기관의 모금액은 1%에 불과했다.

글로벌 커뮤니케이션 관점에서 정보 불균형이란 중심국가가 정보처리 능력의 핵심이 되는 하드웨어와 소프트웨어를 독점하고 있기 때문에 주변국가에 비해 더 많은 정보를 생산 및 처리하게 되고, 주변국가들은 정보를 얻기 위해 중심국가에 의존할 수밖에 없게 되는 것을 말한다. 구체적으로 정보 불균형의 유형은 크게 정보를 처리하는 기술과 매체를 의미하는 하드웨어 불균형과 매체에 담긴 정보의 내용을 의미하는 소프트웨어 불균형으로 구분된다. 정보화 시대에서 가장 기본이 되는 하드웨어는 TV, 컴퓨터, 모바일 등 정보통신 기기라 할 수 있는데, 이러한 정보통신 기기 구입에 어려움이 있는 자들과 그렇지 않은 자들 사이에서 정보격차(digital divide)가 발생한다.

2

비영리 정보의 Supply Chain

비영리 정보 흐름의 상태는 그 나라 기부문화의 건강상태를 말해주는 시금석(touchstone)이다. 각각 나름대로 미션을 위해 혹은 살아남기 위해 앞만 보고 달려가게 되지만, 단체 간에 맡겨진 생태계의 유통체계(supply chain)에 대해 역할과 책임이 존재함을 인식해야 한다. 그 정보 흐름의 역할을 소홀히 하면 생태계 균형이 깨지고 기부자는 정보의 결핍으로 인해 잘못된 판단을 하게 된다.

기부 생태계 안에서 크게 두 축의 연결고리로 나눈다. 비영리로 등록된 기관을 중심으로 연결된 공적 라인과 개인이나 비공식 통로로, 즉 '장외시장'을 통해 비영리 정보가 전달된다. 건강한 기부문화의 발전을 위한다면 비영리 관련 정보의 원천 소스(sources)가 어떻게 나오고, 누가 수집(aggregators)하며, 중간 허브(hub) 역할은 누가 하고, 어떤 통로(channels)를 통해서 사용자(부를 가진 잠재기부자, 일반 소액기부자, 기금을 배분하는 재단들)에게 전달되는가 등 기부 생태계의 흐름을 이해하고 서로 협동하여 합의된 역할 분담을 해야 한다. 그런 다음에 한국의 비영리 정보가 합의된 정보의 유통체계를 통해 안정적으로 공급되어야 기부산업이 발전한다.

기부산업으로의 발전을 위해서는 시스템 안에 지식전달체계 정립이 최우선시 되어야 한다. 이 시스템이 안정이 되어야 무엇이 잘못 되었는지에 대한 피드백으로 작은 데이터가 모여 쓸모 있는 빅 데이터가 된다. 그 예로 기부문화의 학문적 배경이 되는 인문사회과학의 기초분야를 잘 활용하여 기부자의 행동패턴과 기부 동기를 이론화(theorization)하고 현장 리서치에 접목하여 조사 결과를 산출 및 검증하는 시스템의 세팅이 기부산업 발전을 위해서 반드시 필요하다. 그 다음에 기부자에게 단체에 대한 유용한 정보, 예를 들어 회계 건강진단서, 책무성과 투명성 지표, 결과보고서 등이 있어야 올바른 기부 판단(wise giving)을 할 수 있고 모금가는 스마트한 모금(smart fundraising)의 기준을 마련할 수 있다.

〈그림 10-1〉은 참고를 목적으로 미국의 예를 설명하기 위한 도표

그림 10-1 미국 기부정보 생태계 흐름

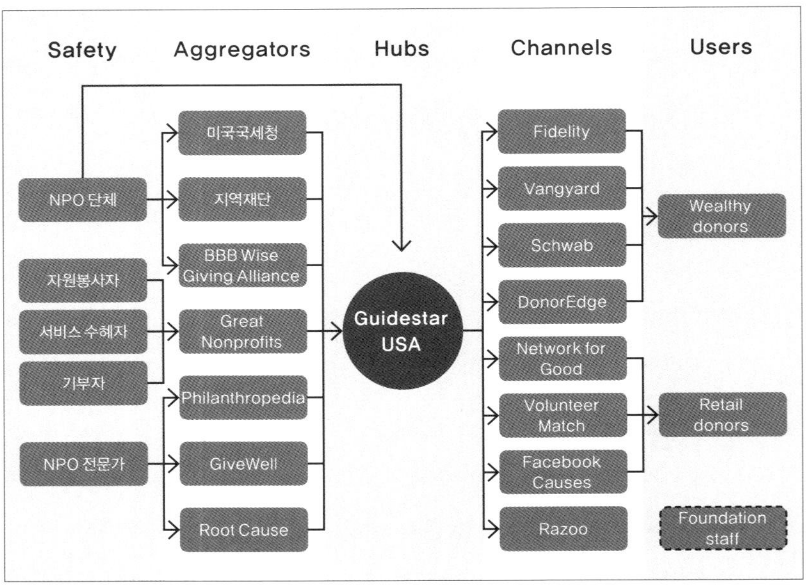

자료 Collecting Expert Opinion About High-Impact Nonprofits: Review of Philanthropedia's Methodology(2010 March)

이다. 무엇보다도 해결해야 하는 사회문제의 이슈를 찾고 대안마련을 위한 새로운 아이디어를 낼 수 있는 '정보공급자(Primary Source Provider)'는 비영리단체, 자원봉사자, 수혜자, 기부자, 그리고 NGO 전문가들이다. 이들로부터 받은 데이터를 가공해 모아서 정보(information)화하는 모집자(Aggregators) 역할로는 미국의 경우에는 미국 국세청(IRS), BBB, Great Nonprofit, 그리고 전문가 집단인 Philanthropedia이나 Givewell 같은 조직이다. 그들의 중심 허브 역할을 하는 가이드스타(Guidestar)가 통로가 되어 연결 역할을 해 주는(Channels) Fidelity, Vanguard, Schwab와 같은 회사가 부를 가진 고액 잠재기부자에게 전달하거나 Network for Good과 같은 단체를 통해 일반 소액기부자에게 전달되는 것이다.

한국에는 비영리 정보 유통체계가 아직 초보단계이다. 모금이나 기부에 대한 이슈가 나오면 일반 국민들은 원색적인 데이터(data)로 부정적 인식을 느끼고 정보(information)도 못 만드니 지식(knowledge) 영양결핍 증세를 보인다. 한국은 바로 이 정보 유통 통로에 동맥경화증상이 심하다. 외국에서 들어오는 정보는 참고는 될지언정 한국 수요자에게는 다소 무리가 있음에도 불구하고 전문가의 스크린 없이 그대로 수요자에게 전달되고 있다. 각자 분야에서 자신의 정보를 전달하는 역할을 이해하지 못하거나 게을리하면 어딘가에 구멍이 생겨 사회 전체에 문제가 생긴다. 예를 들어 비영리단체가 직접 기부자를 접촉하고 기부자는 전혀 중간 매개체(aggregators, hub, channel)의 정보를 접하지 못하면 단체와 기부자 간에 진정한 정보를 얻기 힘들다. 단순히 단체가 자신들의 홈페이지에 발표한 연간 보고서 정도나 포장된 '스토리텔링'만으로 기부 결정을 해야 한다.

3

기부지식 유통체계

사상가(Thinker)는 어디에 있고 그들의 역할이 얼마나 중요한 것인가를 인식하는 것이 급선무이다. 이들이 바로 지식의 생산자가 되며 기부문화 발전을 견인하는 힘(power)인 것이다.

기부선진국에는 이러한 사상가들이 대학이나 연구소에서 터전을 잡고 일할 수 있기에 새로운 지식이 주기적으로 생산되고 있지만, 한국은 아직 기부나 모금에 대해 마음대로 연구할 토양이 없어 질 좋은 결과물을 기대하기 힘든 상황이다. 기부행동에 변화를 가져오는 원천이라는 공감대가 형성되고 이들이 지식생산에 전념해도 일회성이나 전시효과밖에는 안 되고, 선진국 흉내만 내는 정도로 끝이 난다. 이렇게 가다가는 선진국 기부산업의 지식 하청업체로 전락하는 수밖에 없다. 단순히 정제되지 않은 선진국의 책을 사고 그들의 백서(white paper)를 번역해서 일반 모금가에게 공급하는 형태는 효과도 없고 구태 의연한 방법이다.

한국에도 충분히 '1차 정보공급자' 역할을 할 사람은 많이 있는데 그 기회가 없었을 것이라고 판단된다. 따라서 우리도 관련학과를 신설하고 정부나 기업차원에서 리서치 펀드로, 그리고 수준 있는 필란트로피스트들이 펀드를 내어 사상가(Thinker)가 지식을 생산할 수 있도록 기회와 장을 만들어야 하는 것이다.

그 다음은 1차정보공급자인 Thinker들의 아이디어를 받아 현장의 모금전문가들처럼 칼럼도 쓰고 report도 만드는 '2차정보공급(Secondary Source Provider)', 즉 distributor가 많아져야 한다.

마지막으로 일반 기부자나 국민들(Consumer)이 직접 받는 지식은 미디어의 기자들이 쓰는 기사나 칼럼, 기부 처 웹 사이트의 기록자인 '3차정보공급자(Tertiary Source Provider)'의 역할이 중요하다. 이들은 매일 2차정보공급자로부터 중간 가공품을 공급받아 소비자에게 직접 공급하는 역할을 한다. 만약 이런 역할 분담을 무시하고 가공되지 않은 1차정보공급자의 지식만을 받는다면, 즉 훈련되지 않은 미디어의 기자가 직접 2차정보공급자를 거치지 않고 외국의 것을 그대로 사용해서 나오는 부작용은 엄청나다. 일반 소비자는 관심도 없고 그대로 받을 능력도 안 되어 잘못하면 왜곡된 지식과 정보를 얻을 수 있다.

현재 기부선진국은 이런 지식의 유통과정을 영리로 사업화시키는 데 성공했다. 하지만 한국에는 그 유통체계가 뒤죽박죽이다. 모금이나 기부 이슈가 나오면 일반 국민들은 부정적인 인식을 갖게 되고 지식 영양 결핍증세를 보인다. 모금과 기부는 다이내믹하고 유동적인 세계의 추세를 알고, 위에서 아래로 매일 같이 지식과 정보를 공급하지 못하면 정체되고, 정체되면 사회 기부시스템에 고장이 생긴다. 사회 리더들이 이 점을 알고 건강하게 유통 시스템이 돌아가도록 수혈해주어야 한다.

4

중간매개기관(Intermediaries) 지원의 중요성과 역할

비영리단체는 우리 시대의 커다란 사회적 도전 과제를 해결하려고 노력한다. 배고픈 사람들을 먹이고 집 없는 사람들에게 집을, 에이즈와 같은 여러 희귀 질병을 예방하며, 불우한 청소년들의 성취하고자 하는 소망과 실제로 성취할 수 있는 것과의 간격을 좁히고 생명을 보호한다. 자선 기부금으로 돈, 노동, 그리고 건전한 전략과 노력을 통해 긍정적인 결과로 사회에 막대한 가치를 창출한다.

정보 면에서 자본 시장과의 유사점이 있는데, 인식 있는 투자자들은 자선 사업을 비영리 시장의 투자 자본이 시장에서 기부자(투자자와 동등)가 비영리단체와 연결(공급자)하여 수혜자(최종 소비자)에게 봉사할 수 있도록 지원한다. 이때 정보, 거래를 제공하는 다양한 시장 중간기관 지원, 조언, 교육 및 네트워크를 통해 생태계가 만들어져 있다.

이때 필요한 정보는 중간지원 조직의 종류인데 이것을 살펴보면 다음 그림과 같다.

그림 10-2 Nonprofit marketplace information framework

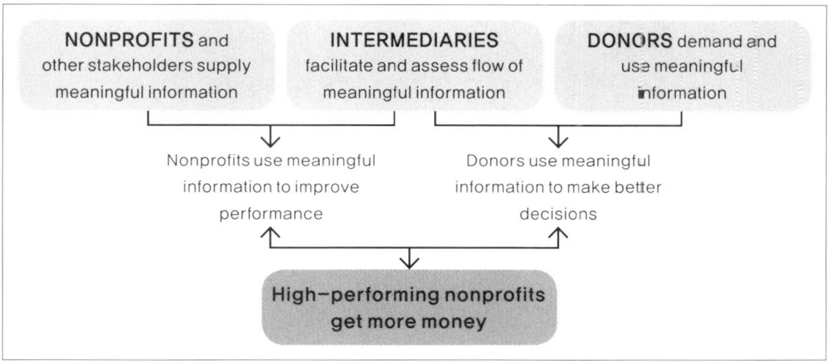

표 10-1 Overview of nonprofit marketplace intermediaries

Type of intermediary	Description	Examples
Information	• Provide information and/or analysis about specific NGOs and foundations • Facilitate discussion of trends and topics in the nonprofit sector and philanthropy	• GuideStar • New Philanthropy Capital • Standford Social Innovation Review • The Foundation Center
Transaction	• Source prospective grantees by sector and geography • Facilitate charitable gifts and below-market loans • Offer tax-advantaged giving options(e.g.,donor-advised funds)	• Global Giving • Kiva • Fidelity Charitable Gift Fund • New York Community Trust • Schwab Charitable Fund
Advice	• Provide strategic, organizational, and fundraising advice and services to nonprofits • Provide strategic, organizational, and program design advice, grantee due diligence, and back-office services for donors	• JP Morgan • Nonprofit Finance Fund • Rockefeller Philanthropy Advicors • Root Cause
Education	• Offer education and training for and build the capabilities of nonprofit professionals or donors	• CompassPoint • Resource Generation • Aspen Institute • The Philanthropy Workshop West
Networks	• Support opportunities for learning, discussion, and collaboration	• Care2 • Global Philanthropy Forum • Leadership Learning Community • Social Venture Partners

자료 Many intermdiaries function across this typology(e.g., community foundations such as the New York Community Trust offer advice and networks as well as transactions; donor networks such as Social Venture Partners offer donors educational opportunities and source collaborative transactions). For illustrative purposes, we grouped organizations according to perceived primary focus.)

5

비영리의 '암시장' 딥웹(Deep web)

인터넷 범죄가 갈수록 은밀해지고 있다. 범죄자들이 비영리가 영리보다 사이버 보호에 열악하여 만만하게 보이기에 해킹의 훈련장으로 쓰이고 있다는 소문도 있다. 비영리로부터 기부자에 대한 불법 정보수집이라는 부작용을 낳고 있다.

비영리라는 간판으로 위장하여 일반 인터넷으로는 접속할 수 없는 별도의 인터넷 망(網)에서 '인터넷 암시장'을 만들어 마약·위조·여권·신용카드 정보 등을 사고판다. 비트코인 같은 가상화폐를 거래 수단으로 이용하여 증거 찾기가 쉽지 않다.

대표적인 인터넷 암시장이 딥웹이다. 우리가 흔히 쓰는 익스플로러(Explorer)나 크롬(Chrome) 같은 인터넷 창으로는 접속할 수 없는 인터넷망을 일컫는 말이다. 토르(Tor) 같은 전용 웹 브라우저로 접속해야 한다. 1990년대 중반 미 해군이 정보 통신 보안을 목적으로 개발한 뒤 민간에 넘어온 소프트웨어이다.

딥웹(Deep Web)(일반적으로 익스플로러나 크롬 등으로 접속 가능한 인터넷망과 다른 별도의 인터넷망을 이용하는 웹이다. 토르 등 전용 인터넷 창을 통해 망에 접속해야 한다. 딥웹

표 10-2 일반인은 모르는 인터넷 암시장 '딥웹'의 대표적 범죄 관련 사이트 수

구분	웹사이트 수
마약	423
불법 금융	327
극단주의	140
불법 포르노	122
해킹	96
불법 소셜네트워크	64
무기 거래	42
폭력	17

출처 해외논문 '크립토폴리틱&더 다크넷'(2015년 1~3월 기준)

에서는 인터넷 접속 위치[IP]를 추적하기 어려워 범죄자들이 불법 행위에 딥웹을 이용하고 있다.)뿐 아니라 범죄가 이루어지는 '인터넷 암시장'은 갈수록 은밀해지고 있다. 인터넷 범죄자들은 페이스북·카카오톡 같은 일반 소셜미디어가 아니라 자동 삭제 기능을 갖춘 것을 쓴다고 한다. 대화 내용을 캡처하면, '캡처했다'라는 사실이 상대방에게 자동적으로 알려진다. 또 해외 서버를 이용하기 때문에 추적이 힘들다. 거래 수단으로 비트코인 같은 가상화폐를 이용하기도 한다. 가상화폐는 관리 주체가 없어 거래 흔적이 남지 않기 때문이다.

제11장

필란트로피 분류와 지수, 그리고 표준화

1

기부지수에 관심을 가져야 하는 이유

전 세계적으로 자선과 기부는 미국, 유럽 등의 선진국에서 아시아, 아프리카의 개발도상국으로 전달되는 것으로 인식되었다. 그러나 아시아 각국의 경제발전으로 인해 수혜국 내부에서도 기부하는 부유층이 생겼다. 수혜국들은 자국 내 모금에 관해서 관심을 갖게 되었고 아시아에 기부하려고 하는 부유층과 기업들에 대해서도 적절한 정보제공이 필요하게 되었다. 한국은 이미 기부금을 받는 나라에서 해외로 자원을 보내는 나라가 되었지만, 아시아 각국의 기부와 비영리 관련 환경에 대해서는 잘 모르고 있다. 그들에게 단순히 구호품을 보내기보다 그들의 기부문화를 이해하고 모금하는 기술까지도 기부해야 한다. 기부금을 보내는 나라로서 아시아 국가 간 필란트로피의 발전을 위해 기본정보에 대한 이해가 필요할 것이다. 그간 미국이나 유럽 선진국을 기준으로 비영리단체나 관련 환경을 평가하면 항상 '그들보다 이러저러한 점이 부족하다'라는 말만 반복되었다. 그러나 또 한 축으로 아시아의 역사와 문화가 맞지 않는 부분도 있다는 아쉬움도 있었다. 비슷한 종교적, 사상적, 정서적, 그리고 역사적 경험을 가진 아시아의 맥락에서 진단했을 때, 그간 보이지 않았던 우리 기부문화의 강점과 나아갈 방향을 찾을 수 있으리라 기대된다.

2

필란트로피의 분류체계(The Taxonomy of Philanthropy)

필란트로피는 매우 광범위하고 다양하며 복잡미묘한 단어이지만 '삶의 질에 초점을 둔 공익을 위한 사적인 시도'라는 것이 가장 잘 표현된 정의이다. 필란트로피는 기부자와 자원봉사자, 비영리 전문가에 의해 운영되기 때문에 일반 대중, 분석 및 교육 목적의 언론인과 학자, 그리고 자선가에게 쉽게 접근 가능하도록 매력적이어야 한다. 이러한 구성원들과 합의된 분류학적 인터페이스(interface)는 특히 데이터 폭발 시기의 자선 활동이 우리의 삶의 질을 함께 높이는 공통의 이익과 공동의 부(副)인 '커먼 웰스(common wealth)' 활동에 도움이 되어야 할 것이다.

필란트로피 생태계의 세 가지 분류 내에서 모든 것이 포함된다는 것을 알 수 있다. 이 세 가지는 첫째, 자연(Nature)으로 인간과 물리적 환경과의 관계이고 둘째, 문화(Culture)로서 사람과 다른 사람들의 생각들 사이의 관계이고 셋째, 사람(People)으로 인간 간의 관계이다. 그러서 모든 분류는 물리적 세계에서 인간과의 상호 작용을 통해 인간 간에 상호 작용에 이르기까지 자연스럽고 포괄적인 순서로 이루어진다. 아리스토텔레스가 고전적으로 제안한 Physica(자연 속에서 이루어지는 일들), Meta-Physica(자연적인 영

그림 11-1 PCS의 기본 구조도

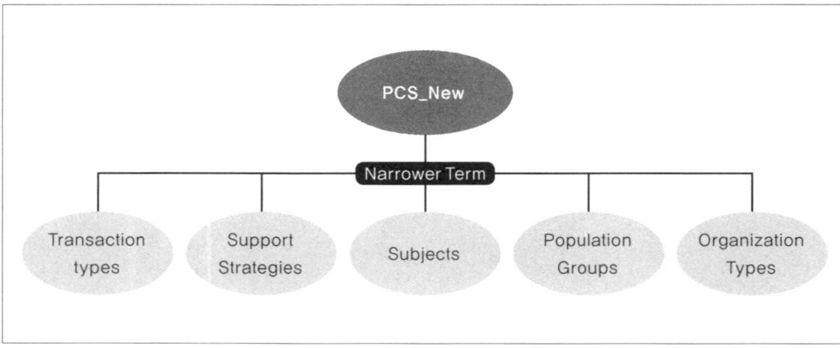

역을 넘어서는데 관련된 학문), Ethica(윤리적인 학문)는 분류를 위한 분석과 데이터 수집용으로서 일맥상통함을 발견하여 현대 기부산업 분류체계의 근간이 되어 왔다.

체계적인 기부산업으로 정착되기 위해서는 먼저 분류체계가 정립되어야 한다. 기부가 과학이 되고 학문이 되려면 특히 더 필요하다. 미국만 하더라도 1980년대 초기에 NTEE(National Taxonomy of Exempt Entities) Codes가 만들어져서 현재까지 미국 국세청(IRS)에서 사용되고 있고, 모든 비영리단체(501(c)(3) organizations)의 모금/기부/분배 체계의 기본개념으로 통용되고 있다. 지금도 끊임없이 데이터 마이닝(data mining), 머시인 러닝(machine learning), 관계 맵핑(relationship mapping), 데이터 시각화(data visualization) 등 새로운 시도로 확대 진화하고 있다.

분류(Taxonomy)는 관리의 편리함도 중요하지만 투명성과 효율성을 강조한 시스템이다. 필란트로피는 독립적인 거대한 생각을 갖고 네트워크가 이루어져 있기 때문에 분류하지 않고는 관리가 되질 않는다. 분류는 21세기의 필란트로피 생태계의 정보 시스템을 줄 수 있는 매우 중요한 요소이다. 현재 한국의 경우는 비영리단체를 신청하면 정부의 어떤 부처가 담당인지 정확히 아는 사람이 없을 정도로 체계가 없거나 아주 부실하

그림 11-2 기부산업의 Job 분류

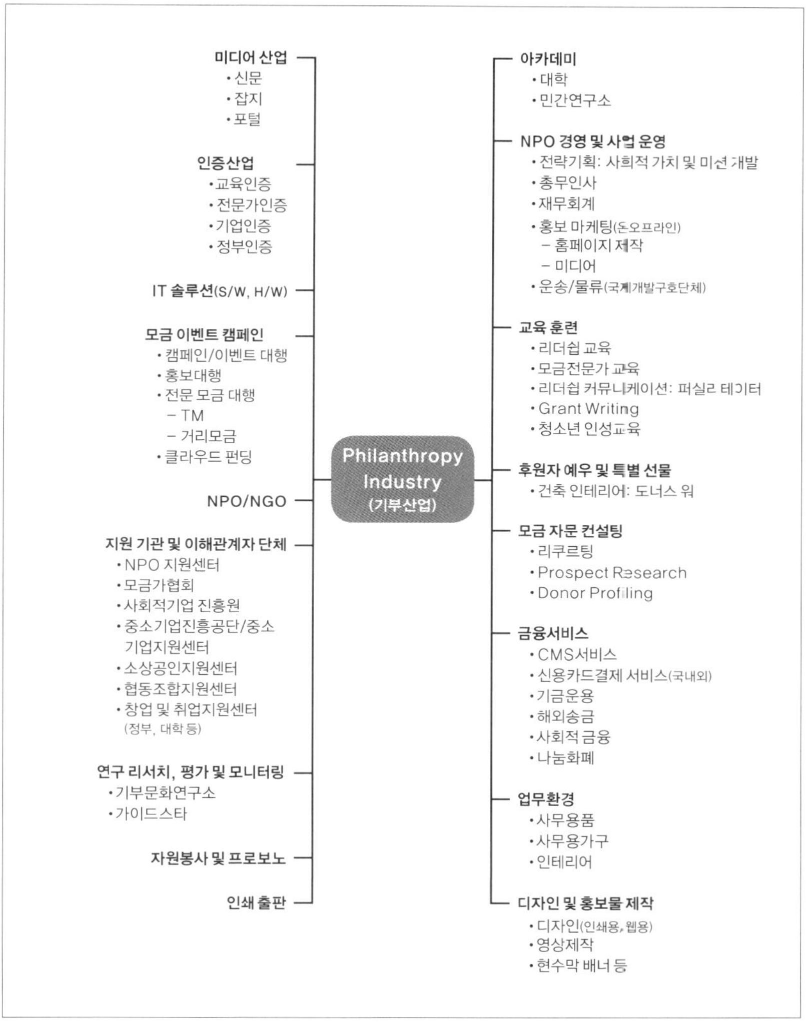

자료 한국기부문화연구소 조하정 연구원

다. 그래서 관리에 필요한 기초 데이터가 생산되지 못하여 기부문화가 산업으로 발전하지 못하고 있다. 아마도 이러한 것들은 기부문화 발전의 가장 큰 걸림돌 중 하나일 것이다. 미국의 경우는 기부산업이 총 740 billion dollar인데, 그 중 54 billion dollar를 보조금(grant)으로 분류(Texonomy) 분야에 배분하고 있다. 이로 인해 다른 섹터와 또는 같은 섹터끼리 효율적으로 협동할 수 있도록 돕는다.

현재 세계는 데이터 과학과 조사기술(data science and search technology)이 점점 발달하고 있어서 좀 더 빠르고 정확하며 적은 비용으로 데이터를 찾고 관리할 수 있다. 남을 돕는 일이 혹은 사회문제 해결이 복잡해지고 있고, 따라서 더 정교한 분류가 필요하다. 미국의 비영리단체 정보센터인 Foundation Center가 만든 PCS(Philanthropy Classification System)를 벤치마킹하여 쓸 필요가 있다. 필란트로피에 적용되는 PCS는 서브하는 대상(Who), 조직 타입과 주제(what), 전략과 교환타입(How), 그리고 서빙하는 지역(Where) 등 네 가지로 분류할 수 있다. 장차 분류 시스템은 기부문화가 산업으로 발전하는데 매우 중요한 역할을 할 것이다.

호주의 비영리 분류 체계

미국 외에 다른 나라의 예로, 호주에 독립적인 자선관리 기관으로 Australian Charities and Not-for-profits Commission(ACNC)가 있다. ACNC가 호주 기부산업 부문에 두 가지 면에서 큰 이익을 줄 수 있는 노력이 있어 왔다. 첫째, ACNC에서 자선활동 분류 체계를 개발하여 ACNC에 적용시키려는 노력이 있었다. 둘째, 호주의 자선활동을 위해 일관된 용어를 사용하도록 도운 것이다. 이에 대해 세계적인 표준인 미국의 Foundation Center의 자선 분류 체계(PCS)를 벤치마킹 한 CLASSIE(Classification of Social Sector Initiatives & Entities)는 Foundation Center의 호주형 분류 체계인 셈이다. 자선 단체는 호주 회계 기준에 부합하는 보고서를 ACNC에 제출해야 하지만, 기금모금과 관련하여 이러한 표준이 어떻게 적용되는지에 큰 차이가 있다. 이는 자선 단체의 재정 정보를 분류 체계 없이 의미 있는 방식으로 비교하는 것이 매우 어렵다는 것을 말한다. 영국이 미국의 것을 도입하여 이루어낸 것처럼 한국도 호주에서 자선 단체 회계 기준을 비영리 분류 체계에 입각해서 도입하는 것을 고려하는 것이 유익할 것이다.

한국에서도 서서히 기부산업이 일어나고 있지만 아직 조직적으로 산업의 일부분이 되지 못하고 있다. 서로 연계도 부족하기에 체계적인 산업의 분류가 시급하고 정부에서도 산업으로서의 인식이 필요하다.

3

필란트로피 산업의 3대 지수

지수(Index)가 있어야 측정이 가능하고 산업이 발전한다. 처음에는 기부를 제대로 하고 있는지 여부에 초점을 두었고, 다음에는 브랜드 네임으로 모금을 하는 것에 중점을 두었지만 결국 스탠더드(standard)를 만들기 위해 각 나라가 자존심 경쟁을 하고 있다. 스탠더드 중에서 기부지수(Giving Index)는 어느 나라든지 탐을 내는 분야이다. 얼마 전 필란트로피 생태계에 도전장을 낸 중국도 중국 Foundation Center에서 투명성 평가지수(FTI)를 내놓고 결과를 기다리고 있고, 미국 인디아나 대학에서는 1998년에 시작하여 2009년에 마지막으로 야심 차게 만들었다는 '기부예측', 즉 'PGI(Philanthropic Giving Index)'는 많은 문제를 갖고 있어서 모금현장에서 거의 인용하는 곳이 없어서 지수시장에서 미국의 자존심을 하락시켰다. 현재 미국에서는 Giving USA 재단의 Giving USA 보고서, 비영리컨설팅 회사인 Blackbaud의 Blackbaud Index, Altlas of Giving 등으로 상표를 부쳐 영리성을 가미해 겨우 명맥을 유지하고 있다. 각 지수의 목적은 다르지만 기부를 연구하고 실행하는 종사자가 참고할 자료는 몇몇 있는데 한국에서 적용하기에는 몇 가지 문제가 있다. 모금처럼 사전조사와 출구가 다른 것은 없다. 실제 기부의 의향을 묻는 조사 결과와 실제 기부금액을 조사한 것과는 전혀 다른 데이터를 보여준다. 주로 데이터는 유엔에서 만든 HDI(Human Development Index, http://hdr.undp.org/en)와 비교하면서 사용한다.

직접 기부문화를 측정할 수 있는 지수는 아니지만 세계기부지수(WGI: World Giving Index)와 부패인지지수(CPI: Corruption Perceptions Index)로 그 나라의 기부문화를 간접적으로 엿볼 수 있다. 세계기부지수는 영국의 자선지원재단(CAF)과 미국의 여론조사 회사인 갤럽에 의해 낯선 사람 돕기, 기부자의 기부금 비율, 자원봉사 시간 등 세 가지 형태의 기부행위를 측정한 지수이다. 그러나 세계기부지수가 과연 동양의 나눔을 충분히 반영하고 있는가는 논란이 된다. 한국의 기부문화를 외국과 비교할 때 반드시 나오는 수치가 WGI이다. 하지만 해석하는 것에도 많은 문제가 있다. 가장 큰 문제는 데이터가 직접 구한 것이 아니고 갤럽을 통해 나온 것을 이차적으로 분석하기에 의도대로 데이터를 수집했는가에 대해 의문이 생긴다. 제대로 맞는 사람들에게 질문하고 있는지, 내용도 의도대로 표현되었는지이다. 또한 유대인의 종교적인 자선과 세계기부지수 1위가 된 미얀마가 종교와 무관하다고 할 수 없고, 각 나라가 사회복지에 대한 역할과 기부에 대한 면세혜택 정책 및 나눔에 대한 시각이 다르기 때문에 기부순위를 수치로 정하는 것에는 무리가 있다는 반론도 적지 않다.

1993년 피터 에이겐(Peter Eigen)에 의해 독일에 본부를 두고 설립된 국제투명성기구(TI: Transparency International)는 각국의 공무원이나 정치인이 얼마나 부패를 조장하는지에 대한 인식을 나타내는 부패인지지수를 산출하여 매년 발표하고 있다. 부패인지지수가 보여주는 투명한 나라 상위권의 국가들은 일찍부터 투명한 국가경영 시스템을 구축하여 부패를 용납하지 않는 사회구조를 정착시킨 나라들이 차지해왔다. 한국은 가장 깨끗한 나라의 지수인 10점 만점에서 점점 멀어지고 있다. 부패에 대한 기부자의 생각과 그에 대해 기부자가 어떻게 대응하느냐에 따라 기부문화의 발전이 달려 있다. 사회신뢰자본을 끌어 올리지 못하면 기부문화가 더디게 발전할 것이다.

다음은 모금현장에서 많이 사용하는 세 가지 기부관련 지수를 비교 평가하여 요약한 내용이다.

표 11-1 기부관련 3개 인덱스 비교

	World Giving Index	Index of Philanthropic freedom	Individual index
발행기관	Charities Aid Foundation	Hudson Institute	BNP PARIVAS(Forbes Insights에서 수행)
목적	각 나라별 기부 수준을 비교	개인이나 조직의 자선활동을 규제 또는 독려하는 법, 제도적 문제들을 규명	부유층 개인의 기부행위에 대한 인사이트
Key indicator	• Donated money to a charity? • Volunteered your time to an organization? • Helped a stranger, or someone you didn't know who needed help?	• civil society regulation, • domestic tax regulation, • cross-border flows regulation	• Current Giving(max score = 30) • Projected Giving(max score = 20) • Promotion(max score = 25) • Innovation(max score = 25) 총 100점
조사대상 범위	135개국	• 1st 파일럿: 13개국(The Netherlands, the US, Sweden, Japan, Australia, Mexico, South Africa, India, Brazil, Turkey, Russia, Egypt, and China)	4지역(미국, 아시아, 중동, 유럽)의 개인 400명(at least $5 million in investable assets)
데이터 소스	각 나라별 샘플군 (약 1,000여 명) 인터뷰	Expert opinion poll	지역별 샘플군 인터뷰
시작연도	2009년	2015년	2013년
특징(장점)	• 세계인구의 94% 커버할 수 있는 대단위의 조사 • 각 나라별로 기부의 일반적인 수준을 비교해 볼 수 있음	• 기부가 활성화되기 위한 제도적인 부분, 환경적인 부분에 대한 조사로서 의미가 있음 • 각 나라의 기부활성화를 위한 정책변화를 위한 기초자료 활용가능함	• 개인의 기부 관점에서 기부동기, 관심분야, 트렌드 등을 다룸으로서 개인기부의 효과성, 효율성을 높이기 위한 인사이트를 제공함

특징(단점)	• 한 나라의 기부 수준을 측정하기에는 한계점이 많이 있음 • 실제 기부현황을 조사한 데이터가 아니라 기부의도만 가지고 조사한 자료로 실제와는 다를 수 있음(예를 들어 미얀마는 종교적인 특수한 문화로 인해 가장 높은 수준의 점수가 나옴)	• 64개국 세계 인구의 약 81% 커버. 조사에 포함되지 않은 국가들이 많이 있음	• 유럽, 아시아, 중동. BNP PARIVAS 기반의 지역만 커버 • 세부 나라별 특성이나 차이점을 알 수 없음 • 개인의 효과적인 기부활동에 초점을 맞추었고, 개인중에서도 고액기부가 가능한 대상에 초점을 맞추었음
Key Finding	• The United States strengthens its reputation for charitable giving yet further • First place in the World Giving Index is shared by Myanmar and the United States • Giving is about more than just existing wealth • Disruptive events can impact giving behaviors significantly • As last year, the most substantial growth is in the number of people helping strangers • Youth unemployment worldwide may be impacting on an ability to donate money • Women are established as being more likely to give money than men, but only in high income countries	Though average and median scores were similar at 3.5 and 3.6 respectively, the study found significant variations in philanthropic freedom among these countries, with scores ranging between a maximum 4.83 and a minimum of 1.69. • First, in many of the countries surveyed, philanthropic freedom has been impeded by the increasing prevalence of foreign exchange regulations and capital controls. • Second, and instituted largely in the wake of the Global War on Terror, Illicit Financial Flows(IFF) legislation has grown to become one of the more common, albeit not the most arduous, policies impeding philanthropic freedom. • A third trend identified by our research is the increasingly skeptical, and at times hostile, treatment of foreign donations made to local CSOs. • Finally, the report suggests that while wealthier countries do enjoy greater philanthropic freedom, the link between economic development and philanthropic freedom is not as strong as might be expected.	• The large number of causes and philanthropic organizations create tough choices for philanthropists. • "Sense of duty" and "altruistic desire" are the top motivations for philanthropy worldwide • "Health" is once again the top cause for all regions(65%) • A majority of respondents(67%) believe that advisors are necessary to most effectively navigate the giving Sector • "Impact/mission investing" is seen as the most promising trend by most philanthropists(52%) worldwide. • "Promotion via social media"(42%), "crowd evaluation"(42%) and "crowdfunding/online fundraising platforms"(41%), are currently the top uses of technology in philanthropy.

출처 2015.7.24 허보영

4

GDP와 기부의 상관관계

기부 참여도를 계산할 때 주로 사용하는 지수는 GDP와 기부의 관계에 대한 것으로서, 〈그림 11-3〉에서 담고 있는 주요 내용을 잘 말해주고 있다.

우리나라 전체 경제규모에서 기부금이 차지하는 비율이 7년째 제자리걸음인 것으로 나타났다. 기부에 참여하는 국민도 3명 중 1명꼴로 경제협력개발기구(OECD) 회원국 중 하위권에 속한다. 보건복지부는 국세통계연보, 통계청 사회조사 등을 분석한 '2014년 국내 나눔 실태' 결과를 발표했다. 이 결과에 따르면 2013년 우리나라의 기부금은 12조 4,900억 원으로 국내총생산(GDP)의 0.87%에 불과했다. 0.84%였던 2006년보다 겨우 0.03%포인트 증가한 수치이다. 미국은 이 비율이 2.0%(2013년)로 우리나라의 2배가 넘고, 뉴질랜드는 1.35%(2011년)이다.

하지만 GDP 자체 계산법에도 문제가 있는데, 특히 기부와 바로 연결 짓는 데는 오류가 있다. 매우 좋은 지수이지만 GDP는 경제 성장만을 계산한 것으로 사회적 행복을 계산하지 않았다. 그래서 경제성장 지수만으로 기부 정도를 측정한다는 자체에 모순이 있다. 필요하다면 소비자전

그림 11-3 우리나라 GDP 대비 기부금 비율 (단위: %)

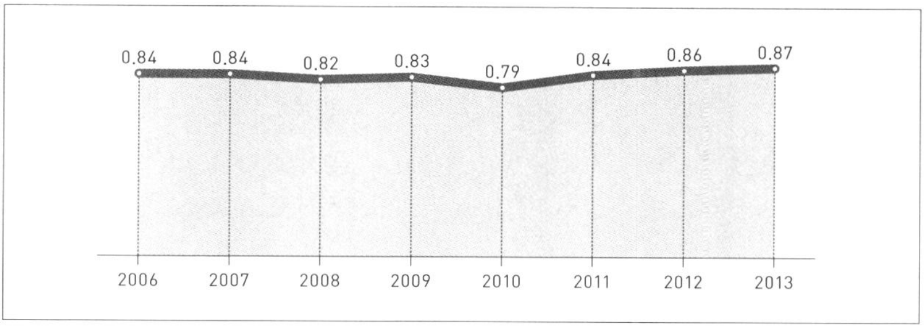

자료 보건복지부

망지수(Consumer Sentiment Index(CSI)(소비자의 현재와 장래의 재정상태, 소비자가 보는 경제 전반의 물가, 구매조건 등을 직접 조사하여 이를 지수로 나타낸 지표)처럼 Donor Sentiment Index(DSI)가 도입되어야 한다. 현재 한국도 미국처럼 GDP 지수의 함정에서 빠져 나오지 못하고 있다. 미국은 20년째 2%의 함정에 빠져 있는데 한국은 아직도 1% 미만의 벽을 못 넘고 있다.

그림 11-4 GNP Versus Well-Being

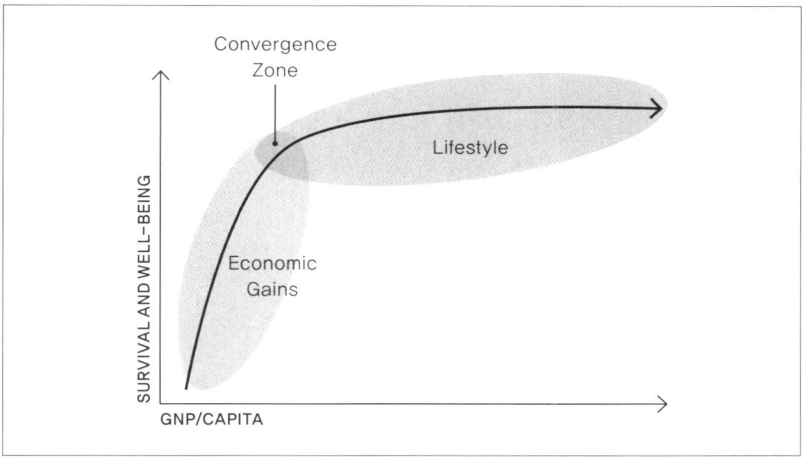

출처 N. Hagens and R. Inglehart, 1997

5

비영리 사업 내의 모금 표준화

표준의 사전적 의미는 판단의 기준이 되는 일정한 약속으로 타의 규범이 되는 규칙, 또는 기준을 말한다. 또한 합의적 의미로는 서로 다른 단체간, 그리고 모금장르 간 의사소통 방법과 절차에 대해 주체 간의 합의된 규약 등이며, 모금 캠페인간 상호운용선의 극대화를 목적으로 정하는 규약을 프로토콜(Protocol)이라 부른다.

영리처럼 디지털 사회로의 변화와 함께 표준과 기부 마켓 사이에 필수적인 관계를 갖게 되고, 새로운 모금전략 등의 단체활동이 표준화와 밀접한 관계를 갖게 되었다. 그래서 지금은 표준이 곧 비영리 사업의 경쟁력을 좌우하게 되고, 국제 모금시장에서 우위 확보를 위한 수단으로 인식되며, 표준선점은 선택 상황이 아니라 단체의 생존 문제로서 국가 간 치열한 총성 없는 전쟁이다. 하지만 필란트로피 영역은 시장 지배라는 개념보다 정보의 나눔으로 리더십을 갖는다는 차원에서 더 공감을 갖게 한다.

예를 들어 소프트웨어 경우는 초기 투자가 많이 들어가지만 나중에는 생산비용이 0에 가깝고, 윤리적인 문제와 프로세스에 관한 것들이다. 또한 기부자들이 어느 네트워크 시장 점유율이 다른 네트워크 점유율보다 높을 것으로 예상하면 그 네트워크에 가입하게 되고, 그 결과 시장 지배적 지위를 누리게 된다. 기부문화가 산업화되려면 교육과 승진에 관한 리더십 표준과 모금전문가들의 승진 표준을 만드는 것이 선행되어야 한다. 여기서 승진이란 직책별 혹은 직능별 사무분장(Job Description)과 그에 따른 공정한 보상의 표준이 포함되고 있다. 강병구씨(국표원 표준정책국장, 동북아 경제 협력을 위한 표준협력 중요성에 대한 고찰, 韓國東北亞經濟學會)(2009)는 표준이 된다는 의미에 대해 게임 규칙으로, 시장지배자로, 시장확장도구로서, 네트워크의 효과, 기술 융합화의 윤활유로서의 표준 등이 있다고 말한다.

또한 그는 "표준화 전쟁에서 이기기 위한 다섯 가지 전략은 여럿이 힘을 합치는 파트너십, 숨어서 표준 영역 확대하기, 움직이는 과녁 되기, 인터페이스 표준을 활용하여 한국만의 독자 기술 확보, 플랫폼 구축하기 등이다"라고 말했다.

제 12장

국제 필란트로피 산업

1

비영리의 기록 경쟁

우주에서 가장 오래 머문 미국인(전 세계의 기록은 러시아인)인 페기 윗슨(Peggy Whiton)이 지구로 무사 복귀하면서 "앞으로 젊은이들이 자신만의 기록을 깰 기회를 얻게 될 때 그들이 한계를 뛰어넘을 수 있도록 조언을 아끼지 않을 것"이라고 말했다. 인간의 본능은 우주를 통해 진리를 안다는 것을 넘어 경쟁적으로 기록을 갱신하는 데 있다.

서양 사람이 동양 사람보다 도전의식이 강하다고 한다면 그것은 바로 기록에 대한 도전을 말한다. 사람들은 자신의 한계를 넘는 기록, 조직의 역량(capacity)을 넘는 기록, 그리고 국가의 기록 경쟁에 관심을 갖는다. 이러한 경쟁은 앞으로 나아가는 큰 동기가 되기도 한다. 기부생태계에도 최초(First), 최고(Best), 유일함(Only)이라는 기록이 존재한다. 특정 개인의 기부금액은 필요에 의해 결정이 나지만 가장 큰, 가장 먼저, 오로지 나만의 몫이라는 개인적 욕구에서 기록을 갱신하기도 한다. 아마도 기부자 가치제안의 핵심으로서 움직이는 동력이 되어 목표점을 구체적으로 제시해 주고 자신의 위치를 중간에서 점검하는 데 도움을 주는 것이다. 코치가 운동선수에게 용기를 주는 일이라든지, 기업의 판매부서장이 팀원들을 독려하는 것처럼 기부자가 자신이 낸 기부금을 늘리는 것, 해마다 모금단체의 기부금액을 늘리는 것, 국가의 총 기부금을 늘리는 것 등 건강하게 자신과의 싸움과 단체간의 경쟁이 비영리조직을 발전시킨다. 하지만 한국에서는 국가 차원에서 기부를 늘리는 컨트롤 타워의 역할을 하는 사람이나 팀이 없는 것이 아쉽다.

2

중국의 필란트로피

2.1 중국의 새로운 움직임

나라와 지역마다 그 사회의 문화와 정체성이 투영된 기부문화가 존재한다. 그런데 시작은 미약하지만 산업이 된다 싶으니까 급속히 진화하여 '폭풍 성장' 하는 나라가 중국이다. 2014년도는 그야말로 중국의 필란트로피 생태계에 지각 변동이 있어 전 세계의 주목을 받았다. 론리 찬과 가족이 350 million dollar를 하버드 대학에 기부하고 20 million dollar를 자신이 졸업한 남가주 대학에 기부하였으며, 전자 상거래 회사인 알리바바의 잭 마(Jack Ma)는 회사 지분의 2%를 자신의 재단(Charitable Trust)에 희사하기로 약정했다. 불과 수년 전만 하더라도 한국 기업이 싼 인건비 때문에 중국에 공장을 차리고는 했지만 현재 명동은 부자 요우커들이 주 고객이 되었으며, 전 세계에 BOT 방식으로 빈국 원조를 하고 있고 이미 한국의 IT 기술 수준을 넘보고 있다.

비영리도 마찬가지이다. 불과 몇 년 전만 하더라도 비영리단체가 법적으로 되니 안 되니 하면서 진통을 겪더니 어느새 China Foundation

Center(미국의 Foundation Center를 모델로 삼아 설립했다)를 설립하였다. 이들의 보고서에 따르면 중국이 폭풍 성장을 하여 지금은(2016년 현재 80만 곳이 비영리단체로 등록되어 있고, 5년 안에 300만 개를 목표로 한다고 한다. 한국은 2만 5,000개이고 미국은 200만 개) 재단 만해도 5,000개(주로 기아 대책에 관한 코즈)가 넘는다. 국가의 정책적인 뒷받침이 없으면 불가능한 일이다. 비영리 고용인구도 2,000만 명 정도여서 무시할 수가 없다.

한국은 그동안 제자리였지만 이런 성장 속도로 보면 곧 필란트로피 산업을 선도할 것으로 예상된다. 개인별 기부액은 한국보다 적지만 인구나 총물량으로 봐서 비교가 안 될 지경이다. 질적인 내용에 있어서도 투명성과 영향력에 중점을 두고 부패지수 공식까지 만들어 산학계와 연결하고, 필란트로피의 기간 산업인 정보 공유와 네트워크를 활발히 진행하고 있으며 한국과 비교해 진행속도가 무섭게 빠르다. 이제 중국은 서양의 필란트로피를 흉내 내는 나라에서 아시아의 필란트로피 주도국으로 성장 발전하고 있다.

2.2 중국의 코즈 마케팅

요즘 '중국 내에서 기부(Donation in China)'에서 '중국을 위한 기부(Donation for China)'로 바뀌고 있으며, 기업 일선에서는 기부산업의 기회가 온다라고 생각한다. 타오바오가 중국에서 이렇게 주목받는 것은 단순히 최대 규모의 온라인 쇼핑몰이어서가 아니다. 중국이 현재 당면하고 있는 농촌문제, 실업문제, 창업문제 등 여러 난점들을 타오바오 특유의 플랫폼과 연결하여 해결점을 모색하고 있기 때문이다. 타오바오의 코즈 마케팅이 돋보이는 것은 자신들이 가장 잘할 수 있는 온라인 플랫폼을 활용하여 사회문제를 해결할 수 있는 시스템을 만들었다는 점 때문이다. 중국 속담

중에 "물고기를 주기보다 물고기 잡는 법을 가르쳐 주는 것이 낫다(授其鱼不如授其渔)"라는 말이 있다. 도농 간 소득 격차 문제를 해소하기 위해 기부금을 모을 수도 있고, 중국 정부가 했듯 농업세를 폐지하는 등의 정책적 지원을 할 수도 있다. 하지만 이는 물고기를 주는 것이지 물고기 잡는 법을 가르쳐주는 것이 아니다. 반면 타오바오는 농촌에 전자상거래 인프라를 구축하고 온·오프라인을 통해 전자상거래 교육을 실시하는 등 물고기 잡는 법을 가르쳐주고 있다. 이것이 그들의 활동이 주목받는 이유이다. 중국에 진출해 있는 한국의 기업들 역시 공익 사업을 진행할 때 본인들이 가진 플랫폼을 활용하여 타오바오와 같은 새로운 형태의 코즈 마케팅을 고민해 볼 필요가 있다. 연탄 배달이나 바자회 등의 활동도 각 업체별 고유의 플랫폼과 결합한다면 새로운 형태의 공익활동이 될 수 있기 때문이다.

2.3 중국 자선법(China Charity Law)의 탄생

2016년에 중국에서 비영리단체가 모금한 기부금 중 미션을 위해 최소 70%를 사용하도록 하는 법안이 민정부(民政部, Ministry of Civil Affairs)에 의해 제안되었다. 사용 내역을 일 년에 네 번씩 웹이나 미디어에 공개하도록 하는 내용이 포함되어 있고, 또한 모금비용을 기부자가 동의하지 않는 한 10% 미만으로 하였고, 비영리단체가 상업적인 비즈니스를 하거나 물품을 파는 행위나 홍보를 금했다. 이 법안은 중국 내 활동하는 국내외 모든 단체에 적용된다.

중국 자선법에 대한 배경 설명이 필요하다. 어느 나라나 마찬가지이지만 스캔들은 늘 있기 마련이다. 중국의 국영 자선사업 단체인 중국 홍십자회(Red Cross Society of China)가 2011년 부정부패 스캔들 이후 국민들의 신뢰를 회복하는 단계에 있다. 당시 인터넷상에서 수입 스포츠카와 명품 가방을 자랑하며 스스로를 홍십자회 직원이라고 소개한 20대 여성이 홍십자회 고위 간부의 정부일 것이라는 의혹이 퍼지면서 단체는 명성에 큰 타격을 입은 바 있다. 실제로 그 당시 홍십자회가 1,000만 달러를 모금한 것에 비해, 시나 마이크로체리티스(Sina Microcharities)라는 이름의 신생 민간단체는 1,300만 달러 이상의 모금액을 기록하고 있었다. 환구시보(Global Times)도 이와 같은 사실을 보도하면서 "민간 단체가 더 투명하다고 믿는다"라고 말하면서 거액 기부자의 인터뷰를 싣기도 했다.

중국에서는 기부문화가 아직 서구만큼 확산되지 않았지만 부호나 유명인사들을 중심으로 재단 설립이나 기부가 시작되고 있다. 특히 약 9만 명의 사상자를 낸 2008년 쓰촨성 대지진은 현장으로 달려온 수천 명의 자원봉사자들과 수억 달러의 기부금을 기록하며 중국의 기부 역사에 큰 전환점으로 남았다.

2.4 중국 기부문화 배경

중국에서 필란트로피(Philanthropy)를 구제(Charity)와 혼용해서 쓰고 자선(慈善)으로 표기한다. 본래 "gongyi"(公益)이란 말이 이미 존재하는데 'public welfare', 'public benefit', 'public interest'의 의미로 쓰여 왔다. 중국 정부가 자선법을 내놓을 때 공식적으로 구분하지 않았지만 가난구제, 사회적 도움, 재난구호, 교육, 과학, 문화, 의료, 스포츠, 환경보호 등 포괄적인 공익적 행동을 포함하고 있다. 우리가 중국의 기부문화와 모금에 관심을 갖는 이유는 경제적인 것을 넘어 우리를 되돌아 보게 되고 우리의 미래를 예측하게 만들어주기 때문이다. 아직 우리보다 못하다고 멀리 강 너머 불 보듯이 보다가 이제 곧 우리가 배워야 할지도 모른다는 점이다. 중국은 기부문화가 이제 겨우 조직화되어 가고 있고 아직은 산업화되어 있지 않지만 앞으로 우리보다 산업화가 빠르게 진행될 것으로 보인다. 필란트로피 관련 교육, 컨설팅에 여러 각국 단체와 회사들이 중국으로 모이고 있으며, 중국인으로 외국에서 비영리를 전공한 사람들이 들어와 하나씩 재단에 자리를 잡거나 컨설팅 회사를 준비하는 사람들이 늘고 있다. 명암을 주고 받고 영어로 대화로 가능한 사람들은 대부분 미국이나 홍콩, 싱가포르의 대학에서 비영리 경영 관련석사를 한 사람들이었지만 대부분은 영어 소통이 제한적이었다. 필란트로피나 비영리 경영 정도를 내부적으로 교육하지만 좀 더 디테일 한 모금교육은 이제 막 시작 단계인 것 같다.

국제컨퍼런스에 참여하여 느낀 점은 일반인들은 아직 직업으로 인식하기보다는 자원봉사나 사업적인 아이템을 찾고 있는 호기심 어린 눈초리로 바라보고 있다는 것이다. 그래서 모금교육도 모금운동 정도이지 전문가로서의 교육은 이제 막 시작 단계에 있다. 이것마저도 2016년 9월 1일부터 발효된 중국 자선법 영향이 큰 것이고 정부 주도의 정책의 일환으로 조직을 하기에 정부는 금전적인 주요 후원자인 셈이고 막강한 영향력을 행사한다. 외국 비영리단체도 특히 한국과 일본의 사회적 기업 단체를 자체 비용으로 초대하여 박람회 부스를 주는 등 외형적인 면에 신경을 매우 쓰는 것 같았다.

빌 게이츠를 비롯해서 미국 유명 재단의 장들이 대거 참여하고 반드시 사진으로 남겨 홍보에 적극적이다. 중국은 세계 필란트로피의 리더십을 꿈꾸는 것 같다. 기존의 패러다임 안에서는 힘드니 아시아적 혹은 중국적 필란트로피 패러다임으로 바꾸고 싶어한다. 사실 필란트로피 생태계에서 '힘의 역학관계(power dynamic)'에 관한 중요한 이론이 있다. '3급 단체는 모금을 하는 단체이고(Product), 2급 단체는 브랜드로 모금하는 단체(Brand)이고, 1급 단체는 모금의 스탠더드(Standard)를 만들어 다른 단체도 따르게 하는 단체이다'라는 말이 있다. 그래서 처음에는 외국 유명 이름이 필요하고 노하우를 습득한 뒤에 나름대로 스탠더드(리서치, BOK, 베스트 프렉티스)를 만든 뒤 외국의 힘이 더 이상 필요 없게 만드는 것이다. 외국에서 중국과 거래하고 싶으면 중국 스탠더드에 따라 납품하면 된다는 것이 현재 일어나고 있는 전형적인 무역 산업형태를 그대로 담고 있는 셈이다.

현재 중국의 자선법이 중국 사회에 미치는 양향이 큰 것처럼 동시에 한국에도 필란트로피 산업에 영향을 주는 김영란법이 실행 중이다. 한국도 해마다 비슷한 소규모 나눔이라는 필란트로피 축제를 하고 있지만 해외 단체와의 연계가 필요하다. 그동안 한국이 사람을 키우지 못했다는 점에서 참 아쉬운 대목이다. 더 이상 필란트로피 생태계는 '너는 너, 나는 나'가 아니다.

2.5 중국의 기부문화: 관계모금

미국에서의 모금과 기부는 '관계(Relationship)'에서 시작하고, 중국은 '꽌시'에서 시작한다고 하는데 그 차이점이 무언인지 알아보자.

모금의 기본 원리는 인간관계를 통한 모금이다. 아무리 인터넷이나 모바일 등 테크놀로지를 이용한 모금 방법이 성행한다고 해도 그 기본 원리는 변하지 않는다. 특히 요즘같이 어려운 경제 상황 속에서 이 원리는 다시금 각광받고 있다. 심지어 새로운 모금 방법으로 유행하는 Web 2.0, 소셜 네트워크, 소셜 미디어 분야에서도 인간관계의 역학을 이해하지 못하면 그 분야에서 퇴출당하고 만다. 아무리 기술이 발전하고 새로운 방법이 등장한다 해도 그 기본 원리는 무시될 수 없기 때문이다.

그런데 서양식 관계를 중국식에 대입하려면 조율이 필요하다. 관계는 행복처럼 추상명사로서 각 개인마다 겪은 경험을 바탕으로 다르게 말하기 마련이다. 꽌시는 한마디로 접대라고 생각한다. 유가를 근거로 하는 중국의 근본사상으로 볼 때 관계 속에서 역할과 의무를 강조했다. 상대와의 관계(왕과 신하인지, 친구인지)가 성립되면 '내가 어떻게 하야 하는가'가 정리된다. 즉 관계가 곧 강력한 동기인 셈이다. 서양에서는 한 사람을 독립된 개체로 보는 반면 중국은 관계 속에서 구성원으로 보는 경향이 강하다. 중국인에게 관계는 자신을 인지하는 상대적 위도와 경도인 셈이다. 길거리에 사람이 쓰러져도 아무도 도와주지 않는다고 하지만 만약 관계 있는 사람이 쓰러지면 행동은 달라진다. 눈도 닫고 귀도 닫던 공무원이 꽌시로 적극적으로 움직이는 것이 역시나 관계 속에서 분명해지고 강해지는 자기인식과 동기 때문이다. 한국도 혈연, 학연, 지연 등과 같은 관계 속에서 자기의식과 동기가 발생하곤 한다.

합리와 합법을 넘으려고 일부러 정을 만들려는 것은 이미 본질에서도 벗어나고 되지도 않는다. 알라바바의 회장인 마윈(Marwin)은 "미국인은 상대를 우선 좋은 사람으로 가정하고 만난다. 상대가 특별히 실수하거나 못 미더운 행동을 하기 전에는 그 생각을 고수한다. 하지만 중국인은 반대로 사람은 믿지 못할 사람으로 가정하고 관계를 맺는다. 상대가 믿음을 주는 계기가 없으면 잘 믿지 않는다"라고 말한 적이 있다. 그러니 시간을 두고 신뢰를 갖기 전에 '꽌시'를 앞세우는 것은 우매한 짓이다.

중국에서 예의를 표하고 마음을 전달하는 데 선물이 이용된다. 하지만 잘못 해석하면 뇌물이 되기에 조심해야 한다. 중국인 특정상 상대를 믿지 않는 것 때문에 '듣고 나면 없어지는 말'보다 '눈에 보이는 유형의 것'으로 감사하는 마음의 정도를 가름할지도 모른다.

3

일본의 기부산업

일본은 한국을 포함한 아시아의 기부문화에 대한 관심이 많아 정보 수집에 투자를 한다. 일본도 한국처럼 기부문화가 뿌리 깊지 못하기에 먼저 기부산업화를 통해 기부문화 정착에 노력하고 있다. 일본은 한국의 기부시장에 관심도가 한국의 일본 기부시장 관심도보다 더 크다. 일본은 기부산업에 있어서 특히 정보수집에 투자를 하고 있으며 한국보다 그 규모가 크다. 국가 총기부금 규모는 한국과 비슷하지만 많은 해외 유명 비영리단체가 아시아 본부를 일본에 두고 있다. 한 나라의 정보력은 그 나라 국력과 실력을 그대로 반영한다. 여러 기부관련 정보는 일본 정부기관에 깊숙이 연이 닿지 않으면 들을 수 없는 정보가 수두룩하다. 일본은 우리보다 깊이 동남아를 연구하고 우리보다 훨씬 더 많이 동남아에 투자했다. 일본의 시장이자 안보 파트너로서 동남아에 그만큼 공을 들여온 것이다. 동남아국가연합(ASEAN) 10개국에 진출한 일본 기업은 1만 1,328곳인데, 우리 기업은 4,500곳이 채 안 된다. 정부도 적극적이었다. 일본이 2015~2020년 아시아 각국 인프라 확충을 지원하는 데 쓰겠다고 밝힌 돈만 1,100억 달러에 이른다.

4

미얀마의 기부문화와 산업

미얀마의 따비에(THABYAE) 대표 마웅저를 만나 세계기부지수 1위로 선정된 미얀마의 기부문화에 대한 내막을 물어봤다. 미얀마에서 단체를 운영하면 모금이 잘 될 것이라는 일반의 추측과 달리 그로부터 뜻밖의 대답을 듣게 되었다. 사실 그리 기쁘지 않다는 것이다. 미얀마의 기부문화가 활성화된 것은 사실이지만, 기부금이 주로 사원이나 종교시설을 짓는 데 사용되어 사회 전반으로 영향이 미치지 않는다고 했다. 기부 동기는 하늘에서 주는 축복(retribution)을 기대하기에 오직 종교적 테두리 안에서만 주로 일어나기에 외부에 알려진 대로 미얀마에는 비영리단체가 거의 없고 단체기부도 잘 이루어지지 않아 일반적으로 생각하는 기부문화와는 많이 다르다.

그는 세계 기부지수 1위라는 것을 너무 강조해서 미얀마 국민들이 이를 자랑스러워 하는 것이 오히려 해가 될까 염려된다는 말을 했다. 민도가 발전해야 기부문화가 건강해지고 단체의 필란트로피 문화도 왕성해지며 국가적 차원에서 법도 뒷받침되어주어야 하지만 미얀마는 비록 좋은 기부문화라 하더라도 서양형 기부산업으로 발전하기 힘든 전형적인 사례

그림 12-1 기부문화의 성숙 단계

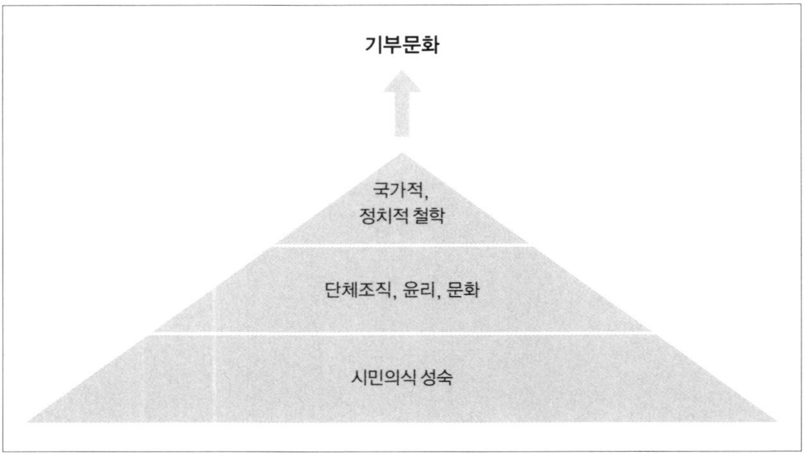

라 할 수 있다.

5

미국의 기부산업화

5.1 기부산업화의 영향

기부문화가 활성화된 나라는 대부분 기부가 산업화된 나라들이다. 산업화된 후 기부문화는 탄력을 받았다. 이미 선진국은 기부가 문화에서 산업으로 발전한 지 오래되었다.

보통 문화가 산업을 이끌고 가지만, 산업이 오히려 문화를 이끌 수도 있다. 문화와 산업이 어느 정도 균형이 맞는다면 좋지만 산업이 문화로 이끌고 가서 꽃을 피워 성공한 예가 많이 있다. 미국의 기부산업이 기부문화의 발전을 이룩한 것이 좋은 예이다. 미국은 자연히 기부문화가 활성화된 뒤 산업으로 발전한 것이 아니고 산업을 먼저 이루고 문화를 이끈 것이다. 사람의 욕망을 자극하고 기부자의 만족을 위해 애쓴 것은 산업화된 후부터이다.

미국의 기부금이 국방비의 절반을 넘고, 비영리단체의 수가 이백만 명이 넘으며, 종사자는 수백만 명이 넘는다. 그야말로 거대한 산업이다. 미국의 필란트로피 교육은 기부문화 차원을 넘어서 기부산업으로 승화되어 있고, 리더십 교육으로 재단 관리, 비영리, 개발전문가, 정치인을 만들기 위한 직업교육(vocation)화 되었다. 예를 들어 폐품 재활용이 환경운동도 되지만 그것이 산업을 만났을 때는 직업이 되고 또한 열정, 동기와 보상도 생겨 활력이 생기게 된다.

5.2 미국의 온라인 기부 통계

온라인 기부금 요청 시 어떤 금액이 가장 적절한가를 알기 위해 나라별 비영리단체의 평균 기부금에 관심을 갖게 되고 한국 내 단체의 실제 평균 기부금과 비교하게 된다. Blackbaud(미국에 가장 큰 모금 컨설팅 상장회사로서 Blackbaud is the world's leading cloud software company providing software, services, expertise, and data intelligence powering social good)에서 제공한 미국의 경우는 다음과 같다.

① 2016년 중간 규모 온라인 기부금 크기는 178달러였다. 온라인 기부는 전통적인 오프라인 모금액보다 더 큰 경향이 있다. 비교하자면, 2016년 온라인 오프라인 기부 중 1000달러 미만의 경우에 중간(Median) 기부금은 20달러였다.

② 교육 관련 기관이 온라인 중간 기부금 크기가 가장 크다. K-12 학교는 온라인 중간 기부금액이 276달러이고 고등 교육 기관의 온라인 기부금은 2016년에 232달러였다.

③ 의료 연구(medical research) 기관은 가장 작은 온라인 기부금액 크기를 가지고 있다. 의료 연구 부문의 온라인 중간(Median) 기부 금액은 89달러이다. 피어 투 피어(peer-to-peer) 기금모금의 목표금액 규모가 작아지면 다른 분야에 비해 기부 크기가 작아진다.

④ 온라인 기부금액 크기는 계절적 성격이 있다. 모든 단일 부문은 일 년 내내 변동이 있다. 그래서 계절에 따라 온라인 요청금액을 변경해야 할 필요성을 강조한다.

⑤ 중간 규모의 기부금 크기(median)는 평균(average) 기부금 크기보다 나은 측정 방법이다. 비영리단체가 1000달러, 5000달러, 또는 그 이상의 온라인 기부금을 받는 것이 일반적이다. 이러한 아웃라이어(Outlier)는 평균금액을 왜곡하는 경향이 있기 때문에 중간 크기의 기부금 크기는 온라인 기부금액 추세를 더 잘 측정한다.

제13장

법과 윤리적 관점에서의 산업

1

필란트로피 산업의 윤리 문제

필란트로피를 보는 시각이 각 나라의 문화마다 다르고 시대에 따라 다른데 특히 윤리적인 관점에서는 더욱 차이가 크다. 한국에서는 단체의 윤리를 넘어 잘 기부하는(giving well) 문제, 더 나아가 기부자의 윤리문제를 논하는 것은 터부시 하고 생소한 논제이다. 필란트로피 생태계의 윤리 문제는 크게 기부자 혹은 기부자가 설립한 재단이나 단체의 윤리 문제, 모금가 혹은 모금을 하고 배분하는 단체의 문제, 정부 역할의 윤리적 문제, 그리고 기업의 사회공원이나 기업기부 문제로 나뉜다.

예를 들어 미국인의 총기부금 내역을 분석해 보면 60%는 종교 관련 코즈에 기부하고 2% 정도는 해외 구제에 기부한 것으로 나타난다. 영국은 총기부금의 14%는 해외 코즈에 보내고 8% 정도만 종교기관에 기부하는데, 물론 이것은 프랑스나 다른 유럽 국가보다는 10배 정도이다. 유럽 국가는 개인적으로 기부하는 것보다 세금이 사회에 대한 책임을 대신한다고 믿는 사고 방식을 갖고 있긴 하다. 과연 필란트로피를 가장 잘 실천하고 있다는 미국은 윤리적으로 문제가 없는가? 무턱대고 해외를 지원하는 비효율적 원조는 과연 옳은가? 라는 질문을 던지게 된다. 자연히 필란트로피의 윤리문제가 대두되는데, 주요 논제로는 누가 기부해야 하는가? 얼마를 해야 하는가? 누구에게 어떤 목적으로 해야 하나? 왜 해야 하나? 모금을 어떻게 해야 하나? 모금한 기금을 어떻게 배분해야 하는가 등이 대표적인 주제이다.

철학자 피터 싱거는 가난한 나라의 아이를 돕는 문제는 마치 얕은 연못에 빠진 아이를 구하는 것으로 비유했다. 기부하지 않는 것은 비싼 옷을 버릴까 염려되어 연못에 들어가지 않아 아이를 그냥 빠져 죽게 내버려두는 것과 같다라고 본다. 그래서 아프리카 아이들에게 등을 돌리는 것은 미국인의 윤리에 이율배반적이라는 것이다. 그래서 세금 혜택을 받는 기부는 미국 영내 안에 등록된 단체에게만 준다는 'Water Edge Policy(즉 모든 정책이 미국 국내에서만 허용된다는 뜻)'는 바로 윤리적 문제의 이슈가 된다.

미국은 1907년에서야 세제혜택이 시작되었고 토커빌(알렉시 드 토크빌[Alexis de Tocqueville]은 프랑스의 정치철학자, 역사가로, '미국의 민주주의'와《구체제와 프랑스 혁명》이라는 책을 남겼다. 이 두 가지 작품에서 개인의 행상된 삶의 기준과 사회적 환경을 분석했으며 이 두 가지 개념과 시장 및 서구 사회의 상황와 연관지었다. 미국 여행 후 그가 집필한《미국의 민주주의[Democracy in America]》라는 책은 오늘날 사회정치학 분야에서 그 중요하게 생각된다.)이 미국 방문 시에는 세제혜택 법이 없었다. 정치적 이론을 바탕으로 본 필란트로피를 권장하기 위해 정부가 주는 세제혜택의 논리적 근거는 첫째, 개인소비와 부의 축적에 본인이 낸 기부금을 포함시켜서는 안 되기에 처음부터 세금대상이 아니라는 논리이다. 둘째, 보조금 이론으로 정부가 세제혜택으로 기부를 장려하는 이유는 정부가 세금은 이용한 사회적 효과보다 세제혜택으로 주는 단체의 영향력이 더 클 것이라는 가정이다. 또 하나는 다원화의 합리성(Pluralism Rational)인데, 세금은 만인을 대변하는 것이고, 또한 자유민주주의를 대변하기에 세제혜택을 받은 단체는 여러 계층과 코즈에 쓰여져야 한다는 것이다.

세제혜택과 관련된 정당성의 이슈, 즉 세제혜택을 얼마나 많이 줘서 기부를 독려하느냐 혹은 이러한 세제혜택이 기부의 양적 증가에 얼마나 효과적이냐의 이슈도 중요하지만, 이를 넘어 민주주의 사회에서 이러한 세제혜택이 어떻게 정당한 근거를 가질 수 있느냐는 질문에 귀를 기울여 봐야 할 필요가 있다. 이와 관련하여 미국의 사례에서 세제혜택의 비용, 즉 세제혜택을 통해 사회가 얻게 되는 편익이 세제혜택으로 인해 포기된 세금의 가치를 능가해야 한다는 점, 세제혜택이 소득 상층부에 더 유리하게 만들어져 있다는 점(up-side down effect), 이러한 세제혜택을 통하여 기부된 자원의 1/3 이상이 종교기관으로 간다는 증거를 들어 세제혜택으로 부여된 편익은 사회적으로 배제되고 소외된 계층의 복지를 위해 사용되어야 한다는 점 등을 예시하면서, 이러한 현상들이 필란트로피가 갖는 사회적 정당성, 그 행위에 대한 세제혜택의 정당성을 무력화시킨다는 주장이 제기되기도 한다. 따라서 이러한 정당성을 복원하기 위해서는 대안이 필요하며, 그 대안은‘ 다원화의 합리성(Pluralism Rationale)’이라는 것이다. 즉 민주주의의 토대라 할 수 있는 다양하고 분권화된 그리고 다원적인 결사체들의 영역에서 시민의 목소리와 주장을 독려하고 강화하는 역할에 세제 인센티브를 부여하는 것, 그래서 다양한 형태의 조직이 만들어지고 이를 지속시킴으로써 얻게 되는 결사체적 삶(Associational Life) 그 자체가 공공재(Public Goods)이며 사회적 편익(Social Benefit)이라는 주장이다.

필란트로피는 사회자본의 부산물이다. 사회가 인정하는 가치규범이 사회자본의 원천이 된다. 사회환원에서 사회자본(Social Capital), 즉 사회적 협동을 부르는 네트워크, 평균 가치, 활동 등이 매우 중요하다. 그 중에서 제일 중요한 신뢰가 필요하다. 일반화된 상호작용(Generalized Reciprocity) 중에서 내가 주면 받은 사람이 다시 나에게 주는 것을 기대하는 것(Pay Backward)이 아니라 나에게 받은 것을 남에게 줄 것이라는(Pay Forward) 기대가 중요한데 모금가는 그 콘셉트에 초점을 맞추고 일반화된 상호 작용으로 받은 뒤에 바로 되돌려 준다면 진정성이 떨어지기에 시간이 제일 중요하다. 진실을 말하고, 약속을 지키고, 개인적 성실함, 공정성, 이타주의, 신뢰를 심어 주는 가치와 원리가 포함되어 있어야 한다. 사실 법은 사회규범(Social Norm)의 주요 원천이 된다. 기부 관련 어떤 사항에 관하여 집단이나 사회가 성원들에게 기대하고 있는 의견·태도·행동의 비교적 지속적 성격을 가진 태도 준칙이 사회규범이다. 그 법이 사회자본에 지대한 영향을 준다. 강제 집행은 사회자본이 사회의 규범을 강제 이행하기 위해 사회 메커니즘을 파괴하기도 한다. 하지만 사회 규범이 무엇인가 아는 것이 중요하고 마음대로 바꿀 수 있는 것도 아니다.

사회공익을 위한 기부를 보상하기 위해 정부가 세제혜택을 줌으로써 상호 보상이 되어야 하며, 법은 바로 그 과정을 보호해야 한다(The Norm of Reciprocity).

기부문화는 여러 사람이 개인적으로 헌신한다고 이루어지는 것이 아니라 글로벌 스케일로 이루어져야 한다는 것이다. 또한 과연 기부자가 새로 기관을 설립하는 것의 장점과 단점이 무엇이고 윤리적으로 문제가 있다면 무엇인지에 대해 생각해야 한다. 왜 기존 단체에 주지 않고 자신이나 가족을 운영진에 앉게 해서 직접 관여했을 때 윤리적으로 어떠한지에 대한 질문에 대답할 수 있어야 한다.

2

윤리적 관점에서 동양과 서양 모금: Moral Free Space

동양과 서양이 모금하는 방법에 있어서 차이가 날 수 있다. 물론 모든 것을 일반화할 수는 없지만 동양은 눈으로 감정을 표현하고 서양은 입으로 감정을 표현한다. 이모티콘의 차이를 보면 이것을 발견할 수 있다. 동양은 같은 성질의 물체를 전체로 표현하고 서양은 같은 성질의 물체도 구분하여 한다. 프로젝트 진행 시 동양은 하나가 나빠도 전체가 좋으면 좋은 것이고 서양은 하나가 나쁘면 전체가 나쁘게 취급한다. 동양은 어릴 때부터 동사적 답을 얻도록 가르치는 반면 서양은 명사적 답을 얻도록 가르치려 한다. 영어의 '예스'나 '노'는 동양에서 상대의 입장을 배려해 '예'라 하고 서양은 자신의 관점에서 '노'라고 대답한다. 동양은 자신이 외부에 어떻게 보이는가에 관심이 많으며 타인의 시각과 생각을 우선시하고, 서양은 자신이 보는 것, 그리고 자신의 시각과 생각에 중점을 둔다. 동양은 문제가 생기면 마음을 우선 풀려고 하고 서양은 대화를 우선적으로 하여 풀려고 한다. 동양은 마음으로 간직하고 싶어하고 이미 마음으로 고감되면 표현을 그리 중요시하지 않지만 서양은 표현하는 것을 확인하려 한다. 그래서 서양은 결과를 놓고 역추적해서 원인을 분석하기에 보이는 것을

그림 13-1 Integrated Social Contract Theory(ISCT)

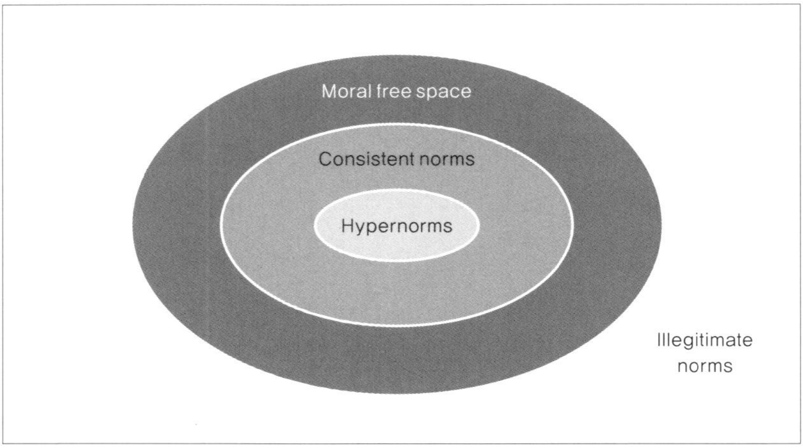

출처 http://slideplayer.com/slide/9145789/

추적하여 원자를 찾아내지만 사물의 근본 이치부터 눈으로 보이지 않는 자연의 이치를 찾는 것에 동양이 앞서 있다.

이런 문화의 차이를 흑백논리로 서로 배척하거나 대립각을 세울게 아니라 적응할 필요가 있다. 기부와 모금의 방법과 윤리를 접목시켜 이론적으로 생각할 필요가 있다.

도덕적 자유공간(Moral Free Space)은 개인이 공동체를 형성하거나 가입할 수 있는 자유이며, 공동체 구성원에게 적용 가능한 도덕 규칙을 수립하기 위해 공동으로 행동하는 자유이다. 도덕적 자유공간은 통합적 사회계약 이론(Integrative Social Contract Theory)의 핵심 개념이다. 이 이론의 창시자 토마스 도날드슨(Thomas Donaldson)은 도덕적 자유공간을 '지역 사회가 올바른 행동에 관한 집단적 관점을 대표하는 윤리적 규범을 발전시키는 하이퍼 놈(Hypernorms, 기본적인 규약)에 부닥친 영역'으로 정의한다. 공동체의 도덕적 자유공간의 존립은 통합사회 계약이론(ISCT)의 중요한 기초이다. '도덕적 자유공간'이라는 용어는 필란트로피가 기부와 모금의 윤리에 대한 중요한 측면을 스스로 정의하는 것이 옳고 적절하다는 것을 의미한다.

통합사회 계약이론(ISCT)의 이론적 개념은 어느 문화나 섹터가 옳고 그름을 결정해주는 기준이 아니라 서로 다름을 인정한다는 데 있다. 동양과 서양의 문화차이를 극복하기 위한 방법으로 도덕적 자유공간이 필요하다. 하지만 동양이든 서양이든 모든 문화·정서·조직 안에서 반드시 지켜야 할 하이퍼 놈(Hypernorms)이 모금에는 존재한다. 우선 모금을 공부한다는 것은 바로 그 하이퍼 놈(Hyper norms)을 불법 규약과 구별해내는 것이다.

다음은 도덕적 자유공간(Moral Free Space)으로서 하이퍼 놈(Hyper norms)과는 갈등은 있지만 완충역할을 하는 것을 인정하는 공간을 만들어주어야 한다. 하지만 독특한 기부문화 안에 모금문화가 형성되어 있다. 그 중간에 일관성규범(Consistent Norm)은 조직의 문화와 하이퍼 놈(Hyper norms)이 정서적으로 부합되는 규약들이다. 비슷한 예를 들자면 영리회사에 근무했던 임원이 비영리로 옮길 때 생기는 윤리적 차이도 같은 이론으로 설명될 수 있다.

어차피 필란트로피적 기부문화가 서양에서 건너왔다면 문화상대주의(세계문화의 다양성을 인정하고 각 문화의 독특한 환경과 역사적·사회적 상황을 고려하여 이해해야 한다는 것)(Cultural Relativism)란 차원에서 보면 모금이나 기부문화의 함정에 빠지는 것을 조심해야 한다. 한국의 정서상 행해지는 기부윤리가 잘못된 것을 용납해서는 안 된다.

3

김영란법과 기부산업

어느 공중 화장실에 갔더니 〈그림 13-2〉의 장면을 목격했다. 어떤 느낌이 오는가? 오죽하면 그럴까라는 생각도 있지만 씁쓸하다. 흥미로운 것은 2016년 9월 1일 시행된 중국의 자선법은 궈메이메이라는 여성이 2011년 SNS에 자신을 홍십자회 고급 간부라고 소개하며 고급 스포츠카와 별장, 명품 가방을 자랑하는 사진을 올려 세상을 놀라게 한 사건이 도화선이 되었고 아이러니하게도 2016년 9월 28일 시행된 한국의 김영란법도 2010년 스폰서 검사, 2011년 벤츠 여검사 사건 등이 김영란법 입안의 근거가 되었다.

김영란법의 국민권익위원회의 공식 약칭 명은 '청탁금지법'이다. '청탁'의 사전적 의미는 "청하여 부탁하는 것"이다. 이 세상에 존재하는 좋은(good) 부탁, 나쁜(bad) 부탁, 또는 흉한(ugly) 부탁에 대해 기준을 세워 금지한다는 것은 그리 말처럼 쉽지 않다. 김영란법 실행의 부정적인 시각은 공무원 습성상 하지 말라고 하면 해도 되는 일까지 안 하는 '보신주의'가 만연하게 된다는 점이다. 그동안 "밥 한번 먹자"라는 인사가 흔했던 것은 우리 사회가 정이 많아서였기도 하지만 용처(用處)에 관대했던 법인카드 탓

● 그림 13-2

도 있다. 사람을 만나 밥 먹는 것은 물론이고 술 먹고 골프 치는 것까지 업무의 연장으로 인정되는 접대 관행 때문에 접대비 명목으로 사용한 법인카드의 결제 금액이 엄청난 액수를 보여주었다. 기부에도 조건 없이 순수한 마음으로 하지만 기부 총액에는 여러 이유가 섞이기도 한다. 김영란법에는 기부나 선을 목적으로 주는 것은 일반적으로 적용에 제외되지만 그래도 기부 의욕은 떨어지고 있다. 이러한 이유에는 두 가지가 있다. 하나는 사람들이 법을 오해하고 있거나 아니면 그 법을 통해 평소에 본인이 기부하지 않는 것에 대한 변명거리를 만드는 것이다. 진정으로 기부하기를 원치 않았는데 마침 이 법을 이유로 기부를 멈추는 것이다. 청렴하고 투명한 사회를 만드는 것과 기부문화의 윈-윈이 아니라 제로섬 현상을 우려하게 만든다.

또 다른 문제는 확대해석을 쉽게 불러오게 만들었다는 것이다. 문화를 법과 규율로써 만들겠다는 의도이다. 하지만 문화는 쉽게 변하지 않기에 사익에 의도를 갖고 있는 자는 소나기가 지나면 편법이 성행할 것이다. 기부를 관계의 '빚'으로 생각하는 한국의 기부문화에 엄청난 도전이기도

하다.

한편 이 법은 양극화 현상의 뿌리인 강고한 기득권 카르텔을 깨는 데도 유용한 수단이 될 수 있고, 공정 경쟁의 룰이 정착되면 우리 사회가 역동성을 회복하는 데 도움이 될 것이며, 또 제대로 시행되면 거래 비용을 낮추고 자원 배분의 효율성을 높여 경제 전반의 생산성 향상을 가져올 것이다라고 보는 긍정적인 시각도 있다. 이 지점에서 우리 사회 발전에 기여할 수 있는 기회를 만든다. 이런 노력이 축적되면 학연·지연에 기반한 '연줄 사회'가 '실력 사회'로 전환하는 단초가 마련될 것이다.

가. 김영란법이 모금에 끼치는 영향

모금에서의 문제는 '부정청탁'과 '직무관련성'의 의미에 대한 모호성이다. '부정'에 대한 사전적 의미의 기준이 분명하지 않기에 이제 모든 것은 법원의 판단을 기다려야 한다. 그 속에 있는 국민의 고통은 더욱더 커질 것이고, 시간이 걸리며, 그 안에 선의의 피해자가 나온다. '직무관련성'의 여부도 모호함 그 자체이다. 기부와 모금에 관한 한 직접적인 직무관련성과 간접적인 직무관련성의 경계는 무엇인가? 또한 행정부처에 대한 법 적용은 탄력적이고 교육관련기관에 대한 법 적용은 매우 경직적으로 이중잣대이다. 특히 선의의 기부 단체에 대한 예외 조항이 좀 더 명확히 해주었다면 기부문화에 덜 걸림돌이 될 것이다. '선물경제(Gift Economy)' 사회에서 청탁과 기부가 얽혀져 쟁점이 되었다. 대상자(공직자의 정의), 금액, 용도 등이 숫자가 포함되어 있어 지금까지의 어떤 법보다 아주 구체적이다. 일각에서는 이 구체적인 숫자가 오히려 이중장부를 만들고 '유도리'로 비윤리 행위를 조장할 수도 있다는 우려의 목소리도 있다. 기부하기 싫은 공직자들에게 기부와 모금 역할을 하지 않아도 되는 무임승객(free rider)의 기회를 주어서는 안 된다는 생각이 든다.

이 법으로 모금시장이 위축이 되는가 혹은 도움이 되는가를 살펴보

자. 우선 세 가지 단체 내(만약 있다면) 모금 관련 정책이 영향을 받을 것이다. 기부자 예우 정책(reward, recognition, appreciation policy), 기부자 관계 다지기(cultivation policy), 이해상충(conflict of interest policy) 등이다. 김영란법은 한마디로 반부패특별법으로 '직무 관련성이나 대가성'과 관계없이 일정 금액 이상의 금품을 받으면 처벌하는 구조이다. 하지만 이미 특정경제가중처벌법상의 뇌물죄, 금품수수죄, 이익공여금지죄 등 부정한 돈이 오가는 행위를 범죄로 규정한 각종 특별법이 한국사회에 운영되고 있었다. 김영란법에는 직무와 무관한 기부·후원·증여를 하고 선물을 받으면 처벌된다는 것이 골자인데 법 적용 대상자에게 돈을 주면 '부정한 의도가 있는 것'으로 추정한다는 것이다. 문제의 요지는 불법거래에 기부·후원·증여는 가면으로 행위를 정당화해왔다는 점을 지적한 것이다. 한편 김영란법으로 기업 등 민간 부문의 대관(對官), 대(對)정치권 업무 담당자들의 활동 영역이 위축될 가능성이 큰 상황인 데다 비공식적인 네트워크나 음성적인 접촉을 통해 이루어져 온 민관 접촉의 패러다임을 바꿔야 한다는 목소리도 높아지고 있다.

메디컬 부분에도 현행 리베이트 쌍벌제와 공정경쟁규약과의 충돌에 따른 혼란이 불가피한 상황에서 그 해법을 서둘러 찾아보고자 하는 노력이 있다. 특히 관심을 끄는 부분은 청탁금지법 제8조제3항 규정이다. '다른 법령, 기준 또는 사회상규에 따라 허용되는 금품 등은 수수 금지 대상이 아니다'라는 규정을 근거로 김영란법 적용에서 벗어나고자 하는 분위기이다. 각 모금단체가 모금현장에서 문제가 되지 않을 가이드라인을 정하는 게 목적일 것이다. 대부분 기부산업계 공통의 가이드라인이 없다 보니 궁여지책으로 각 단체마다 자체 법률 검토에 들어간 것이다. 구체적으로 기부행위, 학술대회, 시장조사, 전시광고, 강연자문 등 공정경쟁규약이 김영란법에서 규정한 사회상규에 해당되는지 짚어보겠다는 계획일 것이다.

물론 법률과 조직이 부족해 부패가 만연한 것은 아니기에 국민의 사적인 활동에 과도하게 국가의 형벌권이 개입해서는 안 된다고 믿는다. 이는 오히려 과잉범죄사회에 이르는 길이다. 사법 영역에 비해 공법의 지배력이 커지면 국민의 사(私)영역은 위축되고 국가에 대한 의존이 타성화한다. 하지만 한번쯤은 우리의 윤리적 'comfort zone(안락지대)'에서 벗어나 장래를 위해 도전을 받는 것은 필요하다. 선진화된 서양 모금이 한국에 제대로 적용하기에 가장 큰 어려움이 사회관습적인 이해상충(conflict of interest)에 관한 것이었기 때문이다. 기금요청에 윤리적 문제는 요청자와 기부자 사이의 눈높이 차이에 달려 있다. 눈높이에 따라 뇌물이 되고, 공여가 자발이 아니라 강압이 되고, 조건부 기부와 요청이 된다. 모금현장에서 늘 문제가 되어 왔기 때문에 지금까지 관례대로 해오던 것을 다시 한 번 돌아봐야 한다.

나 발전기금 모금과 Quid Pro Quo

김영란법은 이해상충(Conflict of Interest)과 Quid Pro Quo(보상) 규약에 대해 영향이 미친다. 늘 이 두 이슈가 한국 모금 생태계에서 가장 취약한 부분이기도 했다. 법 실행 후 문화예술공연계는 후원자에게 30만 원짜리 R석을 2만 5,000원에 판매했다고 하니 김영란법의 여파가 크긴 크다. 비영리기관은 기부금을 받기도 잘 받아야 하고 기부자도 기부를 잘 주어야 한다. 단체와 기부자 간 관계 역학은 그리 간단하지 않다. 특히 500만 원 이상의 고액모금에 더 큰 영향을 줄 것이다. 국제적으로 모금에 있어서 어느 정도, 즉 네가 나에게 뭘 주면 나도 그 대가로 뭔가를 주겠다는 의미의 라틴어인 Quid Pro Quo를 인정한다. 미국의 경우는 기부가 75불을 넘을 때 전체 기부금의 2%나 50불 중 작은 금액으로 답례의 상한선을 정하고 있다. 기부 후에 답례품의 가격이 문제인데 어느 일정 금액을 넘으면 기부금에서 답례품의 금액을 제한 금액이 실제 기부금으로 영수증을 발행하면 문제 없다. 이때 문제를 방지하기 위해 단체가 해야 할 것은 Due Diligence(상당한 주의)로 기부금 수령정책(Gift Acceptance Policy)과 예우프로그램(Reward, Recognition, Appreciation Policy)을 모금 전에 공표해야 한다.

예를 들어 병원모금에서 원활한 진료와 검사, 입원 등의 순서 변경과 특혜에 해당하는 각종 의전은 위법이 된다. 국민권익위원회는 "고액 기부자에게 진료접수 없이 의료서비스가 제공되거나 순번을 앞당겨 주는 것 등 우선 진료를 제공할 경우 문제가 된다"라면서 "위법에 해당하는 특혜는 더 이상 안 된다"라고 해석했다. 그동안 대학 기금모금에 큰 손인 은행들은 권익위원회의 가이드라인이 발표되기 전까지 영업활동을 최소화하고 추이를 지켜본다는 방침이었다고 하니 모든 것이 당분간 축소될 것이다. 일부에서는 사실상 강제동원이라는 불만까지 나오는 중에 정부가 김영란법 시행으로 "숨을 돌릴 수 있는 판을 깔아준 셈이다"라고 말하기도 한다. 그리고 대상이 공직인가 아닌가의 구분에 회색지대가 많다는 것이 문제이다. 그래서 발전기금 모금이 직무와 관계가 있는가 없는가가 이슈이다. 한국의 공직에 직간접적으로 누구든 연결되어 있기 때문이다. 초창기에는 심리적 위축이 될 것이다. 기부자 누군가가 불만이 있으면 소송으로 갈 빌미를 제공하게 될 가능성이 높다. 여기 몇 개의 케이스를 통해서 의문점을 알아보자.

Q. 대학교 학장이 대학발전기금을 낸 민간기업의 이사에게 5만 원을 초과하는 선물을 주는 경우에도 법에 위반되나?

A. 청탁금지법에서는 공직자 등이 금품 등을 수수하거나 공직자 등에게 금품 등을 제공하는 행위를 금지·제재하고 있다. 하지만 공직자가 민간인에게 금품 등을 제공하는 행위는 김영란법상 규율대상이 아니다. 따라서 대학교 학장은 민간기업 이사에게 5만 원을 초과하는 선물을 줄 수 있다. 하지만 대상이 공직자 혹은 가족일 경우는 위법이 된다.

Q. 사립학교 지방 대학 교수가 신입생을 모집하기 위해 지역 고등학교를 방문하면서 학교의 로고가 새겨진 5,000원 상당의 수건을 해당 고등학교 교직원에게 배포한 경우 허용되나?

A. 기관의 로고가 새겨져 있는 5,000원 상당의 수건은 불특정 다수인에게 배포하기 위한 홍보용품에 해당한다. 특정행사나 대상을 위해 제작된 것이 아니라면 허용된다. 하지만 어떻게 보는가에 따라 다를 수 있다.

Q. 학교법인 또는 사립학교 직원이 직무와 관련이 없는 지인으로부터 경조사비로 50만 원을 받을 수 있나?

A. 직무와 관련이 없는 자로부터 1회 100만 원 이하의 금품 등을 받는 행위는 허용된다. 따라서 직무와 관련이 없는 지인으로부터 50만 원의 경조사비를 받을 수 있다. 하지만 직무에 관계가 있는지 없는지는 회색지역이 있을 수 있다.

김영란법은 직무와 관련된 행사에서 대학 주최자가 참석자에게 통상적인 범위에서 일률적으로 제공하는 금품에 대해서는 예외적으로 금품수수를 허용하고 있다. 행사 참석자들이 설령 법에서 정한 '공직자 등'에 포함된다 하더라도 법에 저촉되지 않는다는 판례가 나왔다. 하지만 사례로 제시한 그대로 판결이 나온다는 보장은 없다. 적용대상인 의료기관들은 예상치 못한 다양하고 복잡한 상황에 직면하게 된다. 구체적인 사건에 대해 법원이 종합적인 상황을 고려해서 판단할 것이다.

김영란법이 모금에 미치는 영향은 많은 연구 대상이 된다. 앞으로 모금현장에서 좋던 나쁘던 많은 데이터가 생길 것이며 한국의 필란트로피 생태계의 내구성과 특성을 엿볼 수 있는 좋은 케이스가 나올 것이다.

4

기부와 희망고문

유대교 랍비가 고리대금업을 했다는 죄로 감옥에 갇힌다. 절망에 빠져 있던 그가 어느 날 탈출구를 발견하고는 희망에 부푼다. 마침내 탈옥에 성공하는 듯했다. 하지만 모든 걸 알고 있었다는 듯 종교재판소 소장에게 붙잡히고 만다. 그 순간을 작가는 이렇게 묘사한다. "이 운명적인 저녁의 매 순간이 다 예정된 고문(拷問)이었다. 희망이란 이름의 고문". 19세기 프랑스 작가 빌리에 드릴라당이 쓴 『희망 고문』이란 소설에 나오는 구절이다.

베트남 전쟁 때 미군 장교 짐 스톡데일은 8년간 포로수용소에 갇혀 있었다가 극적으로 살아났다. 스톡데일의 증언에 따르면 포로수용소에서 가장 먼저 죽음에 이른 사람은 비관론자가 아니었다. '크리스마스 때 풀려날 것'이라고 믿었다가 크리스마스가 그냥 지나고, '그럼 부활절 때 풀려날 것'이라고 다시 기대했는데 또 좌절을 맛보는 식으로 낙담을 거듭한 사람이 더 먼저 목숨을 잃더라는 것이다. 엄정한 현실은 인정하지 않고 막연한 희망에만 기대를 걸었다 더 큰 실패의 실망을 초래하는 현상을 '스톡데일 패러독스'라고 부른다. 희망의 역설이다.

필란트로피 산업이 잘못되면 희망고문 산업의 메카가 되는 불명예를 얻을 수도 있다. 성공할 수 없는 헛된 희망을 주어 기부자를 실망시켜 결국에는 희망고문이라는 말이 된다.

5

네 가지 펀드레이징 함정(4 Fundraising Trap)

필란트로피에 바탕을 둔 기부산업을 원조산업(Aid Industry), 비영리산업(Nonprofit Industry), 자선산업(Charity Industry) 등으로 부르기도 한다. 기부산업화는 비영리단체들이 모금의 함정에 빠지지 않도록 방지하는 기능을 갖고 있다. 노련한 모금가들은 기금모금 행사에서 최고와 최저의 모금 결과에 대해 이미 경험을 해왔기에 장애물 없이 나눔을 행하려는 그 열정이 얼마나 순진한 행동인지 안다. 기금모금은 단순히 여러 가지 원칙, 말의 의미, 문장을 암기하는 것 그 이상이다. 모금 교과서에서 말하는 모든 것을 그대로 따라 할 수도 있지만 원하는 결과를 얻지 못할 때도 많다. 잘못된 기금모금 개념에 갇히게 만드는 주요 원인은 다음과 같다.

① 지식의 함정(The Trap of Knowledge)

아는 것 같지만 잘 모른다. 잘못된 정보를 찾아내는 것은 기부자를 혼란스럽게 한다. 기금모금 운동을 위해 후원자를 얻으려는 경우, 이론을 뒷받침할 수 있는 완전한 정보가 있는지 확인해야 한다. 간단하지만 공감을 주는 진술은 복잡한 진술보다 더 강력한 영향을 준다. 기부자가 보낸 여러 메시지를 경청할 수 있다면 기부자를 명확하게 이해하게 된다. 지식의 함정은 모금활동에 좋지 않은 해를 끼칠 수 있다. 기부자를 설득하기 위해 단순함을 고수해야 한다.

② 숫자의 함정(The Trap of Number)

문제를 너무 크게 잡으면 기부자가 도망간다. 숫자가 적을수록 효과적이다. 모금가들은 종종 기부자들에게 동기를 주기 위해 숫자를 사용하는 함정에 빠지게 된다. 문제가 많기 때문에 기금모금 캠페인 지원에 더 많은 관심을 기울일 것이라는 생각 때문이다. 그러나 기부자는 문제가 커서 그것을 해결해야 되겠다고 기부하는 것은 아니다. 사실, 작은 문제는 큰 문제보다 더 매력적이다. 큰 문제에 대해 이야기하면 실패 가능성이 더 크게 느껴진다. 기부자를 끌어들이는 것이 아니라 오히려 기부자를 몰아내게 된다.

③ 영리함의 함정(The Trap of Cleverness)

늘 습관적으로 똑똑한 것처럼 보였거나 말을 했던 행동에서 어떤 변화도 보이지 않는다면 장기적 관점에서 볼 때 좌절감을 맛 볼 수 있다. 잠재 고객의 관심을 끄는 재미있는 기금모금 편지를 작성하다가 삼천포로 빠지는 함정에 빠진다. 지금은 어디로 가고 있는지 재확인해야 한다. 영리함은 좋지만 말장난이나 단어 트릭과 같은 것은 피할 필요가 있고, 가능하면 상징주의와 추상적 개념 전달을 피해야 한다. 기부자와 연결하여 나쁜 인상을 주지 않도록 메시지를 명확하게 작성해야 한다.

④ 희소식의 함정(The Trap of Good News)

좋은 결과만을 이야기하면 더 도와줄 것이라는 착시 현상을 갖게 되는데, 사실 더 이상 도울 필요가 없다는 신호를 보내는 것과 같다. 기부자를 조직에 가입하게 하려면 좋은 소식을 전하거나 기금모금 방법을 사용하는 것이 좋지만 조직의 주요 목표를 생략하면 실패할 수밖에 없다. 기부자의 마음을 움직이는 데 있어 필수적인 단계는 문제해결의 중요성을 깨닫게 하는 것이다. 희소식의 함정은 기부자에게 혼합 신호를 보내고 있기 때문에 그 반대 결과가 나온다. 좋은 소식에 너무 많은 관심을 기울이면 기부자에게 더 이상 필요 없다고 말하고 있는 셈이다.

6

비영리의 거버넌스(Governance) 이슈

비영리의 거버넌스라고 하면 이사회의 조직구조, 구성원 선발 절차, 이사의 권리, 의무, 책임 등을 의미한다. 비영리기관은 이론적으로 국가에서 설립을 인정해줄 때 국민의 세금과 연결이 되어 있기에 이사는 단체의 이익을 생각하면서 동시에 국민의 입장을 대변하는 역할이 주어진 것이다. 비영리 거버넌스의 효과성은 이사의 구성, 조직, 정책 등에 따라 결정된다. 외형적인 것도 중요하지만 내부적인 소프트웨어가 뒷받침되어야 전정한 효과가 나온다. 한국에서 비영리 거버넌스의 이슈는 이미 서양에서 책이나 학교, 실무자들이 이야기하는 문제들이 거의 다 포함되어 있으며, 더하여 그것보다 더 많은 문제점을 갖고 있다. 영리조직에서 임원으로 있다가 비영리로 온 사람들이 많이 있기에 아직도 영리조직의 임원으로 착각하는 경우가 많다. 충분한 교육이나 직분에 대한 규정이 없기에 제대로 된 일을 하기가 매우 어려운 실정이다.

특이한 점은 권한에 대해서 상당히 포괄적이지만 책임에 대해서 자세한 규정을 하지 않고 있다. 대부분이 주인이 없는 곳이 비영리라는 인식과 법적인 책임을 지지 않는다는 인식이 팽배하다. 비영리조직의 자원봉사 중에서 이사로 봉사하는 것이 가장 값진 것이라는 인식이 필요하고 자신의 재능을 발휘하기 가장 좋은 곳도 비영리조직이라는 인식의 전환이 필요하다. 권한과 책임의 차이가 무엇인지 많은 경험을 얻을 수 있는 곳이기도 하다.

2017년 대통령 탄핵까지 만든 최순실 스캔들의 핵심도 재단 설립과정의 거버넌스 이슈로 시작되었다. 설립 요건인 이사회의 구성원이 재단의 미션과 전혀 관계없는 서류상에서 이름만 보여주는 이사들이었다. 한마디로 이사회가 고무도장(rubber stamp) 역할만 한 셈이다.

지금까지 한국의 비영리조직은 '카리스마 있는 리더'가 효율성을 강조하며 양적 성장을 목표로 달려왔다. 이제는 질적인 도약을 이루기 위해 거버넌스 체계를 구축하기 위한 논의가 시작되어야 한다.

제14장

테크노 필란트로피

1

필란트로피 산업 혁신

1.1 필란트로피 다섯 가지 혁신 수준

자선(Charity)에서 필란트로피(Philanthropy)로 발전하면서 핵심적 이론상에서는 재단(Foundation)이 조직적 시스템의 상징으로 사회적 문제를 해결해주는 최적의 대안으로 떠올랐다. 이후로 여러 혁신기술이 발전하여 전에는 해결하지 못했던 문제에 대해 새로운 필란트로피 산업이 해결에 도움이 되어 왔다. 다른 기술의 발명품처럼 필란트로피의 발명 수준을 5단계로 나눌때 기술적 혁신도 같이 발전하여 왔다는 것을 보여준다. 이미 제4차 산업혁명에 따르는 기술의 발전은 이론상의 아이디어만 있고 실행이 불투명했던 발명품의 완성도를 높이는데 도움을 주고 있다. 예를 들어 블록체인 기술은 필란트로피 산업에 잠재적으로 큰 돌파구가 되고 있다. 그래서 책무성(Accountability)이 중요시되고 많은 기부자들이 돈을 어디에 쓸지에 대해 투명성을 요구하는 비영리단체의 세계에서는 게임 체인저(game changer)가 될 수 있다.

다음 표에서 필란트로피의 여러 사례를 살펴보면, 일부는 단순히 1

표 14-1 필란트로피 혁신 다섯 가지 수준

발명수준	특징	요구되는 지식	특징	일반 사례	필란트로피 사례	비율
1수준	자명함	모순 없음	조금만 생각하면 해결 가능. 문제와 해결책이 동일 직업영역 내에 존재	두꺼운 단열재 사용, 빗물 방지 덮개 있는 장비, 가벼운 재질로 바꿈		30% 내외
2수준	개선	해당 분야 지식 이용	문제와 해결 수단이 해당 산업 범주 안에 존재	속 빈 손잡이, 용접공의 눈 보호장비에 오목 거울을 장착	P2P Fundraising Crowd funding 사회적 기업	40~50%
3수준	혁신	다른 분야 지식 이용	문제가 발생된 해당분야 내의 지식 응용으로 해결 가능	볼펜, 자동 변속기	Logic Model Change of Theory Impact Investing Social Impact Bond 재단 Blodckchain	15~20%
4수준	발명	자연과학 원리 이용	해당 분야 밖의 지식을 응용하여 해결가능	직접회로, 형상기업합금		4% 이하
5수준	대발견	과학적 원리 발견 또는 응용	해결수단이 당시 학문의 범주 밖에 존재함. 새로 발견된 원리를 응용해서 해결이 가능	레이저, 비행기, 첨단 선박		1% 이하

수준의 발명으로 어떤 것은 좀더 사회의 영향력을 지켜본 다음에 대발견이라고 할 수 있을지 시간을 두고 조심스럽게 지켜봐야 한다.

1.2 필란트로피의 혁신 기술과 전략

하버드의 Gary P. Pisano 교수는 "당신은 혁신전략이 필요하다"라는 제목의 JUNE 2015 HBR 판 기고문에서 네 가지 혁신(Innovation) 범주를 다음과 같이 표현했다. 이것을 토대로 과연 필란트로피와 관련된 혁신기술이 어떤 범주에 있는지 알아보고 이에 대응하는 전략을 생각해보고자 한다.

표 14-2 네 가지 혁신 타입

REQUIRES NEW BUSINESS MODEL	**DISRUPTIVE** • **Open source software** For software companies • **Video on demand** For dvd rental services • **Ride-sharing services** For taxi and limo companies	**ARCHITECTURAL** • **Personalized medicine** For pharmaceutical companies • **Digital imaging** For polaroid and kodak • **Internet search** For newspapers
LEVERAGES EXISTING BUSINESS MODEL	**ROUTINE** • **A next-generation 3 series** For BMW • **A new index fund** For VANGUARD • **A new 3-D animated film** For PIXAR	**RADICAL** • **Biotechnology** For pharmaceutical companies • **Jet engines** For aircraft manufacturers • **Fiber-optic cable** For telecommunications companies
	LEVERAGES EXISTING TECHNICAL COMPETENCES	LEVERAGES EXISTING TECHNICAL COMPETENCES

자료 CORNING; GARY P. PISANO
출처 "YOU NEED AN INNOVATION STRATEGY," JUNE 2015

① 일상적인(Routine) 혁신

모순이라고 생각될 수도 있지만, 이러한 유형의 혁신은 매우 효과적이다. 실제 대부분의 이익은 일상적인 혁신을 통해 만들어지며, 세계에서 가장 성공적이고 겉으로 보기에 혁신적인 회사(예를 들면 Apple, Microsoft 및 Intel 등) 중 일부의 일상적인 혁신은 회사의 기존 기술역량을 기반으로 하며 기존 비즈니스 모델 및 고객 기반과도 잘 어울린다. 즉, 기업이 강점을 발휘할 때이다. 예를 들어 Apple의 CEO인 Steve Jobs는 가장 유명한 일상적인 혁신가 중 하나이다. 아이팟, 아이폰, 아이 패드와 같은 스티브 잡스의 가장 혁신적인 기술 중 상당수는 모든 사람들이 이용할 수 있는 기존 기술을 기반으로 했으며 정교한 디자인과 정교한 마케팅으로 연결했다. 재창조를 통해 그는 평범한 사람들을 특별한 사람으로 탈바꿈시킬 수 있었다. 다른 예로 마이크로 소프트는 윈도우즈 프랜차이즈를 강화함으로써 경쟁력을 유지하고 있으며, 인텔은 마이크로 프로세서의 기술적 개척을 성공으로 이끌었다.

② 파괴적(Disruptive) 혁신

하버드 비즈니스 스쿨의 클레이튼 크리스텐슨(Clayton Christensen) 교수는 1997년 "혁신가의 딜레마(Innovator's Dilemma)"에서 이 용어를 처음 소개했다. 그는 "제품 또는 서비스가 처음에는 시장의 바닥에 있는 단순한 응용 프로그램에서 뿌리를 내린 다음, 시장을 가차없이 끌어 올려 결국 경쟁자를 대체하는 프로세스"라고 정의한다. 파괴적인 혁신은 새로운 비즈니스 모델을 필요로 하지만 반드시 기술적으로 획기적이어야만 하는 것은 아니다. 한 예로 구글의 안드로이드 모바일 운영체제가 있다. 애플과 마이크로 소프트가 혼란에 빠질 수 있다. 이것은 비즈니스 모델과 관련이 있고 기술과는 관련이 없다. 안드로이드는 무료로 다운로드 받을 수 있지만 다른 운영 체제는 무료로 다운로드 받지 못한다.

③ 급진적인(Radical) 혁신

파괴적인 혁신과 종종 혼동 되기는 하지만 급진적인 혁신은 기술적인 문제에서 완전히 반대되는 것이다. 한 예로 1970년대에 생물 약제의 등장이 있었는데 완전히 다른 기술(화학 합성과는 반대로 생명 공학)을 사용하고 기존 약물로 치료할 수 없는 의료 문제를 해결했기 때문에 급진적인 혁신이었다. 급진적인 혁신의 요점은 서비스가 부족한 시장이나 제공되지 않는 시장을 상대로 성과기준이 초과된다는 것이다. 파괴적인 혁신은 급진적인 기술혁신을 기반으로 할 필요는 없지만 일부 파괴적인 혁신은 급진적일 수 있다.

④ 건축(Architectural) 혁신

이러한 유형의 혁신은 파괴적인 (비즈니스 모델) 혁신과 급진적 (기술적) 혁신의 조합이다. 건축이라는 뜻은 '기존의 것을 좀 더 나은 것으로 바꾸기 위한 제안으로 최초의 상태와 변형의 방법이나 과정을 규정하고 구상된 미래의 상태를 이끌어내 기술적인 창조 행위가 가능하도록 하는 시스템'이란 의미이다. 예를 들어 디지털 사진이 등장하자 코닥(Kodak)과 폴라로이드(Polaroid)는 솔리드 스테이트 전자 제품, 카메라 디자인, 소프트웨어 및 디스플레이 기술 분야에서 완전히 새로운 역량을 습득할 수 있었을 뿐 아니라 '일회용품'과는 대조적으로 카메라의 이익을 얻을 수 있는 방법을 찾아야 했다. 케미컬 필름과 종이로 비즈니스를 하는 기존 조직이 이런 기술을 추구하는 것이 가장 어려운 혁신 유형이다.

우선 과장되고 혼동되는 용어 사용을 무시해야 한다. 혁신기술이라고 다 같지 않다. 파괴적인 혁신을 둘러싼 과도한 '호들갑'은 모든 종류의 혁신이 시작되더라도 시간이 지남에 따라 축적되는 일상적인 혁신의 흐름을 통해 대부분의 이익이 창출된다는 사실을 알게 된다. 사실 모든 혁신기술이 파괴적일 필요 없고, 혁신이 기술만일 필요도 없고, 창의적이거나 독특한 아이디어 이어야만 할 필요도 없다. 특히 블록체인이 혁신기술인 만큼 어떤 종류의 혁신이 될지 이에 대응하는 전략의 양상이 달라진다. 특이한 점은 필란트로피의 블록체인은 위의 네 가지 범주에 조금씩 다 걸쳐있다는 점이다. 시장이 어떻게 받아드리는가 아직 확실하지 않다. 대형 비영리조직은 마치 폴라로이드와 코닥이 디지털 이미징 기술을 받아드리는 입장이면 건축혁신이 될 것이고 소형 비영리조직은 탈 중앙화 문제로 비영리조직의 존폐를 걱정한다면 파괴적 혁신이 된다. 한편 블록체인은 기존 기술(암호화, P2P 합의 프로토콜 및 기본 저장 기능)로 구성되어 있으므로 일상적인 혁신일 수 있고, 비행기 회사의 제트 엔진처럼 블록체인의 코인과 토큰의 기부시스템이 잘 작동된다면 그건 급진적 혁신이 된다. 네 가지 유형의 혁신에 대해 전략적으로 생각할 때 균형이 문제이다. 조직은 기술혁신에 집중하려는 노력의 양과 비즈니스 모델 혁신에 대한 투자 정도에 대해 선택할 수 있다.

2

제4차 산업혁명과 필란트로피

미래를 이야기할 때 제4차 산업혁명이란 화두가 꼭 들어간다. 한국은 제4차 산업혁명이 야기할 소위 돈벌이, 미래 먹거리, 리더십 변화에만 골몰하고 있지만 사실 다보스포럼에서는 보다 본질적인 이야기가 논의되었다. 기술혁명으로 인한 경제, 사회, 인류의 행동양식에 초래할 근본적인 변화에 대한 심도 있는 논의가 이루어졌다. 쉽게 말해 미래의 개인은 어떤 문화를 원할지에 대한 감성적 간파가 필요하다는 뜻이다. 제4차 산업혁명은 좁은 의미의 생산 설비 및 기술의 변화만으로 이루어지는 것이 아니다. 오히려 더욱 중요한 열쇠는 사회의 변화에 있다. 따라서 제4차 산업혁명의 선진적인 담론에서는 '어떻게 사회를 혁신할 것인가'가 핵심적인 중요성을 차지하게 된다. 그래서 개인과 집단이, 이웃과 사회가 스스로 품고 있는 새로운 삶의 가능성에 대한 희망과 욕구를 적극적으로 표출할 수 있도록 만드는 것을 중요 요소로 꼽는다. 그래야 인간-사물-자연-사회가 전 방위적으로 연결되는 '초연결성'이 그때에 비로소 실현될 것이며, 현재의 여러 기술적 혁신에 잠재되어 있는 놀라운 생산성은 그때에 비로소 충분히 풀려 나오게 될 것이다.

제4차 산업혁명은 야누스의 두 얼굴로서 필란트로피 생태계에 영향을 줄 것이다. 하나는 여러 기술적인 발전으로 새로운 일자리나 문제해결에 효율을 높여주는 얼굴이고, 산업혁명으로 인해 발생되는 새로운 사회적인 문제에 대응하는 새로운 미션의 비영리단체의 출현 기회가 또 다른 얼굴이다. 제4차 산업혁명이 필란트로피의 혁신적인 발전을 앞당기기에 필란트로피에 종사하는 사람들은 제4차 산업혁명을 남의 이야기로 생각하지 않고 분주히 움직이고 있다. 한마디로 1만 원을 기부한 사람이 1억 원을 기부하게 되고 사회적 영향력이 커질 것으로 기대한다.

그것이 어떻게 가능할까? 만일 각 기부금에 센서가 붙어 있어서 그들 자신이 어떻게 처신할 것인지, 즉 어디에 가서 붙는 것이 좋을지에 대한 판단을 스스로 갖고 있다면 어떨까? 또 그 하나하나 기부통화에 자율주행 역량이 있어 그 판단에 따라 자신을 움직일 수 있다면 어떻게 될까?라는 상상도 해본다.

최근 제4차 산업혁명과 필란트로피와의 화합이란 화두 자체가 미래에 대한 호기심과 꿈과 희망을 주고 정치, 경제, 교육 전반에 영향을 주고 있다. 자연히 제4차 산업혁명이 비영리단체, 모금, 필란트로피에 주는 영향을 따져보게 된다. 점점 소유의 개념에서 공유의 개념으로 변화하기에 미래 기부자는 일종의 '이동 소비자(Mobility Customer)'의 형태로 탈바꿈할 것이다. 즉 기부자는 이동하는 타깃이 되기에 단체는 더 민첩해야만 살아남는다. 기부산업과 제4차 산업혁명의 관련성을 볼 때 가장 큰 이슈는 기부의 결제문제와 기부자 이동성(Mobility) 이슈이다. 21세기의 이동 기부자는 무엇을 원할까? 제4차 산업혁명 시대의 기부자는 한 멀티미디어 콘텐츠(영화, 음악 등)가 PC, 스마트폰, TV 화면에서 번갈아 가며 소비되듯, 그 시대의 다양한 이동 수단은 끊김 없이 이용 가능해져야 한다. 콘텐츠와 이동 수단 모두 일회용이 되어버리는 시대일 것이다. 그리고 이 모든 변화는 기부자의 모빌리티를 근거로 한 결제수단과 메시지 전달이서 따라가지 못한다면 비영리단체는 문을 닫게 된다. 처음에는 천천히, 그러다 어느 날 갑자기 순식간에 일어날 것이다.

제4차 산업혁명 시대의 데이터는 기부자가 직접 경험한 것이 되어야 한다. 그리고 그 전체를 인공지능(AI)이 조감하고 조율하고 있다면 충분히 가능한 일이다. 임팩트 측정이 가능해지고 투명성을 보장하면 기부와 모금에 신뢰자본이 축적된다. 다양한 분야의 전문가들이 특정 목적을 위해 단기 협업체제에 쉽게 돌입할 수 있는 초연결 사회가 다가오고 있다. 쉽게 전문가를 찾을 수 있는 초연결의 작은 세상에서 신뢰와 명성이라는 사회적 공유 자산이 물적 소유 자산보다 중요해지고 있다.

다행히 제4차 산업혁명으로 얻는 사회적 이득이 손해보다 크다는 사실에는 이견이 없다. 하지만 산이 높으면 골도 깊은 법, 역사가 말해주듯이 기술의 발전으로 인해 이용자들은 새로운 경험을 위해 돈을 지불하게 될 것이다. 돈이 들어가고 산업이 되면 자연히 또 다른 낙오자를 부산물로 내놓는다. 그리고 공유의 개념도 서서히 문제가 발생하는 것처럼 기대하지 않던 결과(Unexpected Consequence)에 대한 대비가 필요하다. 이렇게 어두운 면을 살펴보는 이유는 필란트로피 산업이 그 어두운 면을 보완하는 기능과 역할을 하기 때문이다.

3

제4차 산업혁명의 어두운 부산물

전에는 확실성의 시대, 연속성의 시대(The Age of Certainty and Continuity)였다. 그러나 산업사회를 지나며 제4차 산업혁명의 지식정보사회로 진입하면서 달라졌다. 새로운 경쟁자와 혁신적인 기술의 불연속적 출현으로 내일을 예측한다는 것이 거의 불가능하다. 비영리단체의 환경도 불확실성의 시대(The Age of Uncertainty)를 살아가게 된 것이다. 과거의 추세나 과거 자료의 분석은 더 이상 의미가 없다. 대신 미래에 펼쳐질 예측 불가능한 상황에 어떻게 대처하느냐에 따라 단체의 경쟁력이 결정되는 시대이다. 단체를 둘러싸고 있는 환경은 이제 언제나 변화하게 마련이며, 이 변화는 단체가 뿌리박고 있는 기부산업 환경 전체를 흔들어놓을 수도 있다는 사실은 여러 사례를 통해 증명되고 있다.

제4차 산업혁명은 난치병 치료 등 수많은 인류의 숙원을 해결하고 식량을 비롯한 대부분의 생필품 가격을 현격히 낮추고 사회안전망을 완비해서 직업이 없어도 생존이 가능하게 된다는 긍정적인 면이 있다. 그러나 사람들이 새로운 기술을 적용하는 과정에서 문제는 무엇인지, 사회적·심리적으로 발생할 수 있는 문제점은 무엇인지 등 질문이 생긴다. 그리고

표 14-3 Navigating the next industrial revolution

Revolution		Year	Information
	1	1784	Steam, water, mechanical production equipment
	2	1870	Division of labour, electricity, mass production
	3	1969	Electronics, IT, automated production
	4	?	Cyber-physical systems

새로운 기술을 다양한 사람들에게 적용할 때 새로운 사회적 문제가 발생됨을 발견하게 된다. 특히 한국이 이에 대한 합의를 이끌어내는 거버넌스가 미약한 상태에서 공급자 중심의 접근은 선진국보다 사람들의 거부감을 더 크게 불러 일으킬 수 있다고 본다. 역사적으로 각 산업혁명 때마다 필란트로피는 윤리문제와 함께 새롭게 진화한 것을 볼 수 있다. 영국의 산업혁명(1760~1830), 미국의 산업혁명(1790~1860)은 도시로의 인구집중과 이민을 받기 시작하면서 파생되는 사회적 문제도 대두되기 시작했다. 산업혁명으로 많은 이득을 본 부자들이 이러한 사회문제 해결을 위해 축적한 부를 사회에 환원하기 시작한 것이 현대 필란트로피의 기초가 되었던 것이 아이러니하다.

가장 큰 첫 이슈는 노동의 소멸로 오는 일자리 문제이다. 기술적 편리함과 효율성을 통해 새로운 일자리도 생기지만 점점 더 많은 일자리를 잃게 될 것이다. 특히 가난한 나라의 싼 노동력은 더 이상 필요 없게 되어 빈부 격차는 더 커질 것이고, 따라서 상대적 박탈감과 사회적 불안정은 심화될 것이다. 제4차 산업혁명은 여러 가지 긍정적인 면도 있지만 직업이 없어지면 수입이 감소하는 어두면도 함께 존재할 것이다. 제4차 산업혁명이 작게는 비영리단체의 조직상에 적지 않은 영향을 줄 것이다. 커뮤니케이션의 발달로 중간계층 팀장이나 본부장의 역할이 없어지고 직접 담당 스텝이 CEO와 대화하고 결정하게 되어 빠르고 효율적인 조직으로 변한다. 그래서 전체적으로 직책이 줄어 적은 인원이 더 많은 일을 하게 된다. 일 자체가 삶의 원천이 되는 시대를 살아왔는데 이제 많은 사람이 일을 하고 싶어도 할 수 없는 시대가 닥치고 있고 더 심각해 질 것이다. 그렇다면 장차 사람들은 일이 아닌 다른 것을 통한 자기 실현이나 존재 가치 확인의 길을 신속히 찾지 못하면 사회적 재앙을 맞게 될 것으로 추측된다. 필란트로피 산업이 그 길을 찾는 데 도움이 되어야 할 것이다. 두 번째 이슈는 산업혁명은 기술의 발달과 지식의 차이로 낙오자가 생기고 '가진 자'와 '못 가진 자'의 차이가 심화된다. 즉 지식과 소프트 파우어의 불균형(Inequality) 혹은 양극화 문제이다. 미래는 어떠한 문제나 이론에서 예측할 수 있는 분석적 사고(Analysis) 방식이 아닌, 종합적 사고(synthesis) 방식이 필요한 시대이다. 앞으로는 직관력, 통찰력, 감성을 가진 사람들, 즉 창의력이 뛰어난 사람들만이 기계보다 우위에 설 수 있는 것이다. '못 가진 자'는 낙오자가 될 수밖에 없다.

산업혁명으로 만들어질 작업장은 제1~3차 산업혁명에서 나타난 노동환경의 '약점'이 집약된 곳이 될 수 있다. 제1차 산업혁명의 가장 큰 고통은 사람 취급을 못 받는 저임금 장시간 노동이다. 고용이 불안정할 때 공장주가 악용하기 가장 좋은 대상이 여성과 아이들이다. 여성노동과 아동노동은 제1차 산업혁명의 부산물이다. 노동 뒤에 수입 불평등과 불공정 배분으로 인해 신분차이가 심화된다. 그리고 교육기회를 잃은 결과 가난이 대물림 되어 점점 격차가 커진다. 제2차 산업혁명은 중화학 공업으로 가는 산업화인데, 이때 일어난 중요한 변화는 테일러주의와 포드주의

이다. 사람의 노동이 기계적 작동의 일부가 되어 비인간화된다. 완전한 관료조직 안에서 나사부품으로 전락하는 것이다. 한마디로 인간성 회복에 관한 문제이다. 제3차 산업혁명은 밸류 체인 문제가 있었다. 전화기를 하나 생산한다고 해도 많은 이익을 제조사가 가져가고 정작 공장 노동자들에게는 조금만 배분된다. 한 나라 안에서 물건이 생산되는 게 아니라 정보화, 탈 산업화가 진행되어 생산과정이 길어지어 경영자는 부가가치로 큰 돈을 벌고, 가장 물질적인 사람들의 노동은 폄하가 되며 극악한 상태가 된다.

그동안은 인간–사회–사물–자연을 매개하기 위해 '일자리'란 개념이 필요했는데, 이제는 직접적·전방의적 관계를 맺는다는, 누군가에게 고용되어서 일하는 형태가 '보편적'으로 변한 건 200~300년밖에 안 된다. 지금까지는 우리가 돈을 주고 고용하는 사람이 인정하는 활동만 '노동'이었다. 이제 아무도 우리에게 돈을 주고 고용하지 않는 상황이 된다면, 인간의 어떤 활동이 사회적 가치와 의미가 있는지를 이야기하고 그것을 노동으로 '인정'해야 한다. 이에 따른 사회 문제를 해결하려는 또 다른 새로운 장르의 비영리단체가 나타날 것이다. 따라서 사회의 불균형이 심화되어 다른 어느 시대보다 더 필란트로피의 도움이 필요한 시대가 도래할 것이다. 여기에 사회문제를 해결하기 위한 새로운 필란트로피의 역할도 변화되어야 한다.

4

파트너십 역량 필요

'나눔의 빅뱅'이 일어나면서 필란트로피는 점점 더 다양해지고 기업가 정신이 늘어나 영리와 비영리의 경계가 무너지고 점점 세계화되어 협동을 강조하는 것이 세계적인 트랜드이다. 제4차 산업혁명 시대가 도래한다면 비영리단체의 협동과 네트워크, 그리고 민관의 파트너십이 점점 중요해진다. 그동안 한국도 u-시티(유비쿼터스 도시), 스마트 도시 등 미래 도시에 대한 여러 프로젝트를 추진했지만 도시 전문가들로부터 성공적이었다는 평가를 받지 못하고 있다. 그 이유는 오랜 기간 추진했지만 성공 사례가 별로 없고 시범사업은 많이 벌이는데 본 사업으로 발전하지 못했기 때문이며, 또한 신도시 브랜드로 많이 사용되지만 정작 현장의 만족도는 높지 않았기 때문이다. 마찬가지로 여러 기부 관련 프로젝트도 민관의 역할 분담의 모호성, 파트너십의 부재, 정부 부처 간 칸막이 현상 등의 이유로 지속 가능한 모델을 만드는 데 실패해왔다. 근본적으로는 사회 문제를 기술의 관점에서만 접근하기에 반복되는 현상이다. IoT, 빅데이터 등의 기술을 활용해 센싱, 감시, 통제 등을 더 잘 할 수 있다는 공급자 중심의 사고 때문이다.

특정 기술로 시범사업을 하기 전에 행정부가 부처 간의 통합적인 정보 연계 인프라를 구축하는 것이 먼저인데 이를 등한시한다. 부처의 성공 사례만 만들면 된다는 발상 때문이다. 이렇게 용도별로 중복 투자되고 많은 자원을 투입해 그럴 듯하게 정부 주도로 시범 서비스를 성공시킬 수는 있다. 문제는 공통으로 사용할 수 있는 인프라가 없기 때문에 그런 사업을 하나하나 할 때마다 새롭게 접근해야 한다는 것이다(http://it.chosun.com/news/article.html?no=2835654).

비영리단체가 새로운 기부프로그램을 구상해도 인프라가 없거나 개방되어 있지 않아서 시도할 수 없다. 많은 돈을 들이거나 행정력을 발휘할 수 없기 때문이다. 지금까지 정부의 기부산업정책도 다양한 비영리단체의 글로벌 경쟁력을 높이고 지원하는 방식으로 집중적으로 추진되지 못했고, 할당된 예산을 골고루 나눠주는 양산정책이었다. 정부의 역할은 새로운 서비스가 등장할 수 있도록 하는, 공동으로 사용할 수 있는 인프라를 구축하는 것이다. 그래야 단체가 저렴한 투자로 새로운 서비스를 개발할 수 있고, 기부자는 다양한 서비스를 받게 되어 제4차 산업혁명을 대처할 수 있다. 기부산업은 사회문제 해결 포장 수단과 기술이라는 1차원에서 제품과 서비스의 근원적 경쟁력 차원, 비즈니스 차원의 핵심 경쟁력으로 자리 잡게 되었다. 기부산업을 독자적인 하나의 자원, 하나의 역량, 하나의 혁신으로 여기게 될 것이고 인간·환경·기술·사회를 연결하는 역할로서 무엇을 할 것인지를 찾게 될 것이다. 기부산업은 과학기술 및 산업과의 융합을 통해 산업의 핵심적 활동으로 자리 잡게 될 것이다. 개별 맞춤형 상품을 대량 생산 단가로 제조할 수 있는 제4차 산업혁명 시대에는 기부산업 파워가 미래 경쟁력을 이끄는 시대가 된다.

인류가 개발한 모든 기술을 융합하는 제4차 산업혁명이 무서운 것은 그것이 기하급수적 변화를 가져오기 때문이다. 왜 제1차, 제2차, 제3차 산업혁명과 달리 이것만 기하급수적 변화라는 것일까? 그 이유는 이것이

'융합의 혁명'이기 때문이다. 융합에서는 파트너십이 생명이다. 지금까지 인류가 개발한 모든 기술이 한꺼번에 융합되는 혁명이며 예상치 못한 파생 효과는 엄청나다. 그렇다면 도대체 무엇이 융합된다는 것일까? 이것은 크게 네 가지 융합이다.

첫째, 인간과 기계의 융합이다. 이 세상의 모든 기기가 사물인터넷으로 컴퓨터에 연결되고 그 컴퓨터가 인간과 융합되면서 인간의 힘도 거의 무한대로 커질 것이다. 개인간의 차이로 인한 불평등을 허소시키는 데 큰 도움이 된다.

둘째, 현실 세계와 가상 세계의 융합이다. 인간이 하는 실수도 다 사이버 스페이스에서 하고 실수에서 새롭게 배우기 때문에 현실 세계에서의 실수는 크게 줄게 될 것이다. 시간, 장소에 취약한 약자에게 가상세계는 또 다른 기회를 만들어줄 것이다. 유엔 세계식량계획(UWFP)에서 출시한 '셰어더밀(sharethemeal.org)'은 전 세계 난민 어린이에게 하루 식사를 기부할 수 있는 애플리케이션(앱)이다. 스토리텔링과 가상현실(VR)을 결합해 앱을 업그레이드하고 기부 문화를 확산시킬 것이다.

셋째, 공학적인 것과 생물학적인 것의 융합이다. 지금까지 인간은 공학적으로 물건을 만들었고 신은 생물학적으로 물건을 만들었다. 머지않아 동네 의사가 사람의 기관지를 3D 프린터로 만들어 이식하는 세상이 올 것이다. 문자 그대로 인간과 신의 경계가 없어지는 것이다. 한편 적정기술과 의료로 적은 비용으로 장애 어린이의 팔 다리를 만들어주는 것이다.

넷째, 조직과 개인의 융합이다. 지금까지는 대기업만이 가질 수 있었던 모든 자원이 소위 공유경제라는 것을 통해 평범한 소시민들도 가질 수 있게 됨으로써 지금까지 거대 조직만이 할 수 있었던 거의 모든 일을 몇 명의 개인이 할 수 있게 되었다. 정보공유를 통해 지식은 폭발적으로 증가하며 사회적 가치를 창출한다. 물질의 공유를 통해 자원은 최적화되고 비용은 감소한다. 관계의 공유를 통해 자기 조직화하는 사회는 궁극적으로

부분이 전체를 반영하는 생명 현상을 띠게 된다. 공유경제는 인간 진화의 차원을 한 단계 더 높여 준다. 개인의 힘을 거대 조직의 힘만큼 올려 주기 때문에 조직의 힘이 점점 무의미해질 것이다. 이제 얼마나 큰 단체인가는 아무런 의미가 없어지고 작은 비영리단체나 개인도 예전보다 적은 예산으로 필란트로피 정신으로 공유할 수 있는 것이다.

그런데 정말 기대되는 것은 이 네 가지 각기 다른 융합이 또 서로 융합된다는 것이다. 그래서 거대한 폭발이 일어나는 것이다. 새로운 형태의 '필란트로피 빅뱅'이 일어날 것이다. 이것은 개별 기업에는 잔인한 경쟁을 의미하지만 궁극적으로는 필란트로피적으로 인류에게 너무 좋은 일이다. 두 가지 거대 변화를 대비하기 위해서는 복지 학자, 의학자, 정치학자, 경제학자, 공학자, 미래학자들이 함께하는 통합적 파트너십 노력이 절실하다.

제15장

블록체인 필란트로피

1

블록체인 개론

블록체인이 탈 중앙화된 기술이라는 말은 블록체인에서의 거래는 어떤 서버나 중앙집권적인 시스템을 거치지 않고 참여자들 간의 거래, 즉 P2P 거래로 이뤄진다는 것이다. 이 거래는 모두에게 공유되는 분산형 장부로 설명된다. 이로 인해 투명성·신속성·안전성·효율성·저비용성 등 5가지 원칙아래 중점적인 혁신분야로 관심이 집중되고 있다.

블록체인에서 A와 B 간의 송금 거래내역은 어느 한 장부에만 기록되면 C, D, E 모든 장부에 기록 된다. 처음에 A와 B 간의 거래내역이 신뢰할 만한 기록인지를 판단하고 장부에 적는 사람이 필요한데 만약 D가 다른 사람보다 빠르게 검증해 장부에 기록했다면 D에게 코인이 주어진다. 누가 가장 먼저 장부에 기록했는지를 판단해 코인을 주는 것이 '비트코인' 방식이고, 더 많은 장부를 시간을 들여 기록했는지를 따지는 것이 '이더리움' 방식이다.

한번 암호화된 기록은 되돌릴 수 없으니 블록체인은 위·변조가 불가능하다. 참여자들은 블록체인을 공동으로 유지하고 보수할 의무를 가지고 있어서 보다 민주적이다. 매 거래내역마다 검증해야 하니 실시간으로 감시가 가능하고 어느 하나의 거래장부만 고친다고 해서 모든 장부의 내용을 바꿀 수 있는 것이 아니니 공개된 신뢰성이 확보된다.

블록체인 과학연구소의 설립자 멜라니 스완(Melanie Swan)은 블록체인의 기술 발전이 3단계로 나뉜다고 설명한다. 그가 '블록체인 1.0'이라고 부른 단계는 디지털 화폐와 관련돼 있다. 결제시스템과 송금방식을 바꾸고 현재의 화폐시스템에 혁신을 가져오는 것으로 비트코인이나 이더리움이 화폐로 대체 가능한지 논하는 단계다. 그리고 이 단계에 대한 논의가 현재 한국에서 이뤄지고 있는 블록체인에 대한 논의의 상당 부분을 차지한다.

2

블록체인과 필란트로피의 현주소

세계 기부산업의 규모를 1조 달러 정도로 보는데, 전 세계 암호화폐 시장은 짧은 시간 안에 이미 1조 달러에 달한다고 한다. 정부의 입장은 블록체인 기술이 물류, 보안, 의류 등 여러 산업과 접목해 유용하게 활용될 수 있는 제4차 산업혁명 시대의 핵심 기술로 올해 블록체인 관련 예산을 크게 늘렸고, 곧 '블록체인 산업발전 기본계획'도 발표할 예정이라고 말할 정도로 호의적이다. 하지만 가상화폐에 대한 규제를 동시에 하고 있어 블록체인과 가상화폐를 분리해서 생각할 수 없다고 보는 측에서는 마치 악셀러레이터와 브레이크를 동시에 밟고 주행하여 연기가 나고 있다고 느낄 것이다. 이런 논란 속에서 모금에 목말라 하는 비영리단체의 일원이라면 가질 수 있는 근본적인 질문 2가지는 다음과 같다.

2.1 새로운 종류의 기부금이 생길 수 있을까?

자선가가 거래 수준에서 공익을 위해 필요로 하는 사람들에게 자산을 제공하는 것과 자산의 새로운 시장을 창출하는 기술의 역할 또는 완전히 새로운 유형의 자산을 얻는 것은 다르다는 것을 알고 있어야 한다. 비트코인(Bitcoin), 이더(Ether), 리플(Ripple)과 같은 암호화폐(cryptocurrencies)의 계속되는 상승은 새로운 형태의 화폐 자산시장이 있음을 보여주고 있다. 마찬가지로 블록체인 기술은 이전에는 불가능했던 방식을 사용하여 모든 종류의 디지털 자산과 무형 자산의 기록 및 거래 수단을 제공할 수 있다 (예: 지적 재산권, 사회적 가치 혹은 기부 등).

스마트 계약을 사용하여 거래를 자동화하면 마이크로 및 나노 지불을 실현할 수 있는 가능성이 높아진다. 각각의 개인 지불액은 매우 적지만 볼륨은 엄청나게 커질 수 있으므로 상당한 액수의 돈을 더할 수 있다. 이 시나리오에서 한 가지 흥미로운 특징은 각 거래에 대해 사람의 감독이 불가능한 것처럼 보일 수 있으므로 자선 단체로 비율을 전환하려는 경우 AI를 사용하여 코즈 자체의 선택과정을 자동화해야 한다는 것이다.

사물 인터넷 진화는 많은 사물이 기계와의 관계에 있어서 본질에 변화를 가져올 것이다. 사물을 완전하게 소유하는 규범에서 벗어나 공유된 물건에 접근하는 규범으로 향하게 된다. 이것이 필란트로피 안에서 무엇을 의미할까? 사람들이 자신의 자산을 더 이상 사회문제에 제공하지 않거나 사람들이 공유된 객체에 액세스 할 수 있는 권리의 전부 또는 일부를 기부하는 새로운 방법을 찾지 않을까 생각한다.

2.2 과연 가상화폐 보유자가 기존 비영리단체에 기부함으로써 새로운 기부금이 늘 것인가?

가장 많은 의문은 과연 비트코인, 이더리움, 리플 등 다른 코인 소유자가 쉽게 번 돈으로 기부도 쉽게 할 것이라는 가정은 있지만 아직 결론적인 데이터가 없다. 다만 블록체인의 본질이 탈 중앙화를 주장하는 '가상 자유주의' 철학을 가진 사람이 많기에 조직화된 재단이나 비영리단체를 정부나 은행처럼 중앙에서 컨트롤하는 것처럼 보일지 모른다는 것이다. 그런 경우는 과연 기존 단체에 기부를 할 것인가는 미지수다. 또 다른 가능성은 점점 더 많은 필란트로피적인 결정이 데이터의 중심으로 될 것이다. 이것은 인간 기부자가 'AI 구동자선'(자선결정을 AI 알고리즘이 포함된 시스템) 조언에 의존하거나 또는 M2M(Machine-to-Machine) 성장의 결과로 완전히 자동화된 자선 사업이 호황이 될 가능성이 크다.

3

블록체인과 필란트로피 산업

현재 블록체인의 적용 가능성을 A부터 Z라고 한다면 A는 금융 장부 관련 산업이고 Z는 구제를 위한 기부/모금 관리라고 말한다. 가상화폐를 넘어서 블록체인의 여러 분야 응용이 스타트업 기업의 핫 아이템으로 떠오르고 있다. 인터넷이 정보의 평준화를 이끌어냈다면 과연 블록체인은 가치의 평준화를 이끌어낼 것인가? 바로 고개만 넘으면 목적지라고 생각하지만 언덕 위에서 지평선을 보면 넘어야 할 더 큰 산이 많이 있음을 보게 된다. 블록체인과 가상화폐의 분리가 맞는 길인가를 놓고 정부와 업계, 그리고 전문가들 간에도 주장이 첨예하게 갈리고 있다. 정부는 두 사안이 분리되어 가상화폐는 규제, 블록체인은 육성이 가능하다는 주장이지만 업계에서는 가상화폐의 규제가 사라져야 블록체인 기술 활성화가 가능하다는 점을 강조하고 있다.

제4차 산업혁명으로 자연히 테크노 필란트로피(Techno Philanthropy)가 관심을 받고 있다. 단순히 결제수단과 투명성 확보를 넘어 새로운 가치를 창출하기 위해 노력하지만 아직도 필란트로피와 테크놀로지가 합작된 제품이 시중에 나오지 않아 애를 먹고 있다. 블록체인도 마찬가지로 아이디어만 있지 사용자(user) 테스트를 거친 결과물을 찾기 쉽지 않다. 그래서 컨셉만 갖고 있는 회사나 조직은 펀딩이나 ICO로 투자를 받아 제품을 완성하려고 세일즈 피치용 백서만 갖고 있다. 사회적 코즈를 깊게 이해하여 해결하기보다는 코즈만 갖고 사업에 이용한다는 생각들로 비춰진다. 대부분의 투자가는 리스크를 갖지 않으려고 완성된 제품의 판로를 넓히는 데에만 투자하려 하기에 이것도 만만치 않다. 그래서 지금은 혁신의 샌드박스(sandbox)를 만들어 몇 번의 시행착오를 용납하는 환경을 만든 뒤에 솔루션이 아니라 문제를 깊숙이 이해하는 단계가 필요하다. 잘못된 문제 인식이 엉뚱한 솔류션을 남발하게 만들기 때문이다.

블록체인이 사회전반에 걸쳐 가장 큰 혁신이 될 것이라고 예견하고 있는데 필란트로피 산업과 관련된 구제모금(Charity Fundraising) 중에서 클라우드 모금(Crowd Funding)이 가장 큰 영향을 받을 것이라고 말들 한다. 이때 잘 만든 블록체인 기술은 역기술(Reverse Engineering)로 이용이 가능하지만 아직 시장성이 없어 누군가가 투자하여 비영리시장으로의 진출엔 나서지 않는다. 블록체인을 필란트로피에 적용한 예로, 2017년 11월 29일 이탈리아의 자연재해 비영리단체인 헬퍼비트(Helperbit)는 로마 상공 회의소에서 열린 '블록체인으로 사회 부문에 자금 지원하기' 행사에서 투명한 기부를 위한 플랫폼 공개를 발표했다. 이 단체는 기금이 어떻게 쓰이는지 실시간으로 추적할 수 있도록 투명한 방식으로 기부하는 서비스를 제공한다. 비상 구호기관과 관련된 사회 사업 및 비영리기관에 기부할 수 있는 기회를 제공하고 공인된 재무 투명성을 제공한다. 금융 흐름을 블록체인을 통해 모니터링 및 추적할 수 있으며, 기부는 신용 카드 및 직불 카드 또는 비트 코인을 통해 직접 수행할 수 있게 디자인 되었다. 개인 사용자의 경우 플랫폼 액세스 권한은 두 가지이다. 등록된 단일 사용자는 재원을 추적하는 것 외에도 자신이 재난으로 영향을 받는 경우 전 세계로부터 기부금을 받을 수 있다. 실제로 자연 재해가 발생한 직후 황폐화된 지역에

그림 15-1 인간 중심 혁신 방법론

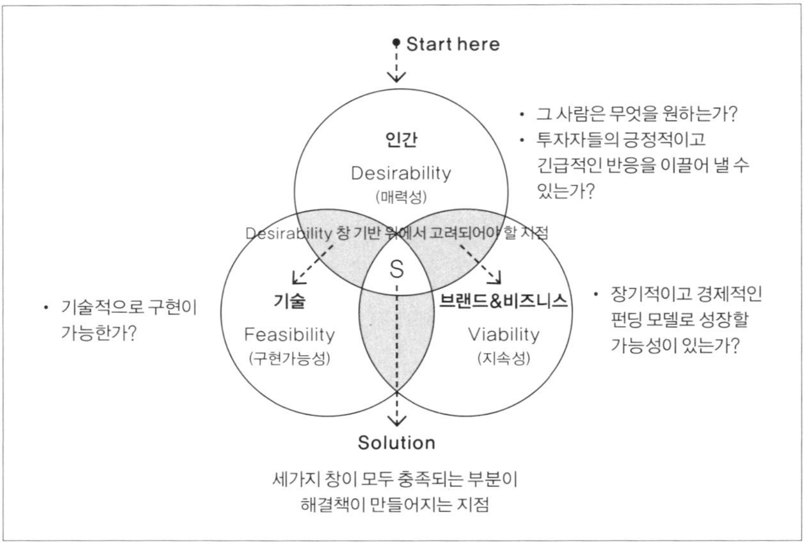

살고 있는 등록된 사람들은 잠재적인 수혜자로 자동 표시된다. 하지만 이 기술도 그들의 발표일 뿐 검증은 아직 이루어지지 않고 있다.

블록체인 전망에 거품이 끼었다는 얘기도 있다. 시장조사 전문기관 가트너는 2017년 5월 보고서에서 블록체인 기술이 과대평가되고 있으며, 현재 진행 중인 프로젝트 중 블록체인 기술 없이도 구현 가능한 게 90%에 이른다고 지적했다. 가상화폐에 맞물린 블록체인의 경우 수많은 참가자들이 참여하기 때문에 위조가 어렵지만, 소수만 참여하는 보안형 블록체인의 경우 해킹이 가능할 수도 있기 때문에 보안 이슈가 발생할 수 있다. 블록체인이라고 무조건 보안성이 보장되지는 않는 것이다. 예를 들어 세계 최고가의 미술품이 운송되는 정보를 입수한 해커들이 당사자들의 정보를 정교하게 위조해 컨테이너를 중간에 빼돌릴 경우에는 속수무책이 된다.

현재 블록체인 기술을 인간중심의 하나의 혁신으로 본다면 인간의

그림 15-2 블록체인 상 새로운 블록 생성 방법 개념도

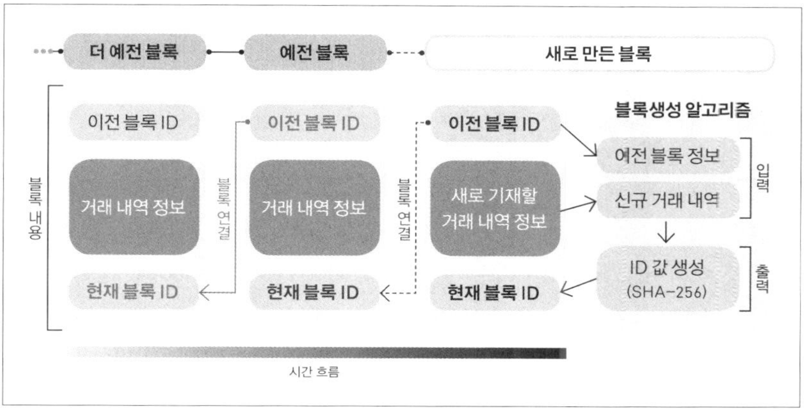

매력성과 기술적인 구현 가능성에 대해 많은 관심을 불러오지만 비즈니스 모델은 누구도 장담하지 못하고 있다. 그래서 앞으로 블록체인 기술만이 가진 파괴적 혁신의 특성을 이해하는 시간이 필요하다. 과장된 블록체인이 거품이 되어 가라앉을 것인지 물류 프로세스의 기본 인프라가 될 것인지 그 향방을 가늠할 수 있는 시간, 즉 이론을 현장에 적용하는 시간이 필요한 것이다.

처음에 질병치료에 DNA 조사법이 큰 도움이 된다는 이론이 발표되었을 때 아무도 지금처럼 메디컬에 큰 영향을 끼칠 것이라고 예상하지 못했다. 휴먼게놈프로젝트(HGP)가 완성되어 이제는 하나의 일반적인 프로토콜이 되었다. 마찬가지로 블록체인이 필란트로피와의 관계에서 비슷한 양상이 보인다. 화폐 흐름이 블록체인 공공 장부에 표시된다면 기금의 재분배와 '배달 사고'에 관련된 많은 문제는 줄어들 것으로 보인다. 일부 연구를 통해 많은 사람들이 투명성 부족뿐 아니라 기금이 수혜자로 가는데 시간의 지연, 비효율성 및 임의적인 재배포로 인해 기부를 피하는 것으로 나타났다. 시스템이 사용자에게 더 많은 제어와 투명성을 제공한다면 이러한 모든 문제는 해결될 것이다.

비트코인의 기부를 넘어 블록체인 기술이 비영리 문턱에 와 있다. 비트코인 유통이 불안함을 보이지만 블록체인 기술에는 각국이 관심을 갖고 있다. 블록체인 기술은 현 모금의 패러다임을 바꿔 기금모금을 촉진하고, 쉽고 간단하게 만든다. 분권화, 암호화 통화 및 스마트 계약은 기금을 모으는 캠페인을 위한 새로운 솔루션이다. 그동안 안타깝게도 자선 부문은 투명성, 비효율, 자금의 불공정한 재분배 등의 역사가 부족하지만 이탈리아의 헬퍼비트(Helperbit)라는 단체는 블록체인 기술을 통해 인도주의적 원조를 투명하게 제공하고 있다. 2016년 이탈리아의 비영리단체인 레가암비안떼(Legambiente는 Helperbit)와 협력하여 비트코인 및 블록체인 기술을 채택했다. 제기된 기금은 이 지역의 지진의 영향을 받는 지역에서 젊은 농부와 같은 젊은 기업가들에게 헌정하는 '젊음의 재탄생 캠페인'에 기부되고 있다.

블록체인 앱은 자선단체, 기부자 및 수령인 간의 관계에 혁명을 불러올 잠재력을 갖고 있다. 분산 원장을 사용하여 거래를 추적하고 자금을 수령자와 이를 돕는 조직에 직접 송금하는 암호화폐(cryptocurrencies)를 사용하여 일반적인 자선활동에 참여하는 방식을 근본적으로 바꿀 것이다. 재정적 누출과 사기의 기회를 상당 부분 없앰으로써 투명성을 장려하고 자선 단체가 현재 기금을 기부하는 방법에 회의적인 사람들로부터 더 많은 신뢰감을 얻을 수 있다.

블록체인은 공공장부를 통한 탈중앙화(Decentralization)로 인해 안전성, 보안성, 속도 등의 장점이 있다.

- 분산 공공장부에 의한 정보관리로, 일부 정보 손실 시에도 복구가 가능한 안전성
- 과거 및 미래를 위변조 할 수 없는 높은 보안성
- 중앙 관리 및 중간 연계가 필요 없는 빠른 속도

- 모든 거래 이력을 한번에 볼 수 있는 투명성

그러나 위협요인도 있는데 그 요인은 다음과 같다.

- 전체 시스템이 잘못된 방향으로 움직일 경우 중앙 관리 부재에 따른 유사시 대응 방안이 필요함
- 전체 시스템의 성능대비 특정 수준의 이상 다수의 처리 능력을 확보할 수 있을 때에는 임의의 정보기재가 이론적으로 가능함
- 신규 블록 생성 및 전체 블록 동기화 소요 시간에 의한 리드 타임이 존재함

가. 관리비

예를 들어 아이티(Haitians) 재난 시 적십자사 구호활동의 행정비용으로 자선기금이 어떻게 사용되었는지에 대한 사례 연구가 있다. Pro-Publica(프로퍼블리카는 미국의 비영리 인터넷 언론이다. 공공의 이익을 위해 '돈과 권력으로부터 독립'을 표명한다. 탐사 보도는 정규직원들이 제작하고 협력 언론사들에 무료로 배포되어 보도된다. 프로퍼블리카 기자들과 협력 언론사들이 함께 기사를 작성하기도 한다)가 발표한 데이터를 보면, 아이티에 사용된 기금의 40% 이상이 적십자사의 프로그램 관리 및 적십자사가 작업하기로 계약한 기관의 간접비에 지출되었다. 이 지출된 돈은 아이티의 프로젝트인 아이티를 직접 돕거나 고용하는데 지출되지 않은 2억 달러이다. 적십자사는 기부금의 91%가 직접 지원에 사용되었다고 주장했지만 이러한 대규모 조직을 주의 깊게 관찰하면 금융 누출이 국제 자선 단체에서 얼마나 많이 발생하고 있는지, 그리고 실제로 얼마나 효과적으로 보이면서 지출을 잘못 보고하는 빈도가 잦은지 궁금하게 만든다.

많은 경우, 사람들이 잘 기부하는 그야말로 잘 나가는 자선단체는 실

제로 직접적인 원조를 많이 하지 않는다. 목표 국가에서 목표를 달성할 수 있는 현지 전문 지식을 갖춘 NGO 및 기타 조직과 계약을 맺는다. 프로세스에 추가된 각 조직에서 일반적으로 7~9%의 참여 계약자에 의해 오버헤드를 충당하기 위해 사용된다. 블록체인 기술을 통해 실제 업무를 수행할 조직 및 계약자에게 기부자를 직접 연결함으로써 이러한 역동성을 바꿀 수 있다.

나 Middle Man을 없앤다

자선단체와 의도된 수혜자 사이에는 자선단체 및 비정부기구(NGO)가 해결하려고 하는 문제를 악화시키는 관료, 세금 징수기관, 세관 공무원 및 부패한 정부의 복잡한 경로가 있다. 돈 세탁, 탈세 및 테러리스트에 대한 자금 지원을 막기 위해 이러한 경로를 막아야 하는데, 전반적으로 너무 많은 돈이 횡령 대상이 된다. 휴머니크(Humaniq)와 같은 블록체인(Blockchain) 애플리케이션을 사용하면 기부자를 직접 조직에 참여시킬 수 있고, 조직과 개인이 직접적으로 관련 맺을 수 있다. 부가가치보다는 가치가 있는 여러 관료 계층을 우회할 수 있다. 블록체인 원장을 사용하면 투명성을 제공하고 기부자에게 돈을 가장 많이 필요로 하는 사람들에게 직접 돈을 주고 있다는 사실을 보고 안심시킬 수 있다.

블록체인은 공공 거래장부, 즉 디지털 장부(Distributed Ledger)의 개념이다. 이 방식이 왜 매력적일까? 예를 들어 A라는 사람이 B라는 사람과 거래를 했다. 그리고 B라는 사람이 C라는 사람과 거래를 했다면 이러한 과정은 각자가 가진 모든 거래장부에 자동으로 기입된다. 여기에서 누군가 장난을 치고 싶다면 기존 은행의 경우 거래장부를 해킹하거나 훼손하면 그만이지만, 블록체인의 경우 사실상 불가능하다. 예를 들어 CAF(Charities Aid Foundation)는 블록체인을 기반으로 기부를 위한 펀드레이징 방안을 구상해낼 수 있고, 소셜 미디어가 가진 여러 가지 장벽을 뚫고 신속하며 투명한 기부가 가능하다는 논문을 냈다. 이 논문에서는 화폐의 이동에 있어서 디지털 세계와 물리적, 즉 현실 세계의 결합은 블록체인 기술로 가능하며, 특히 기부(Charity)에 있어서 디지털 화폐의 이체가 매우 중요함에도 불구하고 우리 사회는 블록체인 기반의 기부 모델을 무시 또는 생각조차 하지 않고 있다고 말한다. 블록체인은 아직 세계 사회에 완벽히 정의되고 적용된 기술이 아니다. 이 때문에 미래창조과학부, 한국은행, 행정자치부 등의 기관에서 블록체인에 관한 금융 관련 법령 개선이 필수적이다. 또한 블록체인은 신규 기술이며 다방면으로 개발 진행 중인 만큼 공공의 이익을 위한 시장과 사업에 먼저 시도되어야 블록체인 산업의 포괄적인 인프라와 경제적 기반을 마련할 수 있다.

이더리움(Ethereum)(이더리움은 스마트 계약을 가능하게 하는 분산된 플랫폼이다[Ethereum is a decentralized platform that runs smart contracts])이 개발되었으며, 현재는 은행들이 앞다투어 블록체인 도입을 논의하고 있다. 또한 무역결제도 아직은 갈 길이 멀지만 리플을 포함한 몇 개의 프로젝트가 시장에서 시도되고 있다.

이더리움을 통해서 디지털 화폐를 더 유연하고 다양하게 프로그래밍할 수 있고, 이는 스마트계약을 가능하게 한다. 특정 조건이 충족되면 철수로부터 영희한테 돈이 송금되는 시나리오는 이더리움이 없으면 중간에 여러 중개인이 개입되어야 하며, 이는 거래 자체를 더 복잡하고, 더 느리고, 더 비싸게 만든다. 서로 모르는 개인들이 거래를 할 때 예를 들면 집이나 자동차를 사고 팔 때 신뢰의 문제가 존재하기 때문에 이를 극복하기 위해 중개인들이 개입되는데, 이 자체가 거래를 더 복잡하고 위험하게 만든다. 이더리움을 활용하면 이런 복잡한 구조를 코드 몇 줄로 해결할 수 있다. 거래하는 사람들이 합의에 도달하고, 특정 조건들이 충족되면, 집이나 자동차의 소유권이 이전되도록 계약 자체를 프로그래밍할 수 있기 때문이다. 블록체인과 이더리움 같이 분산된 시스템은 신뢰할 수 없는 네트워크에서 안전하게 거래를 할 수 있는 근간을 제공하기 때문에 스마트계약을 가능하게 하는 이더리움이 상용화되면 이 위에서 운영될 수 있는 서비스의 종류와 가능성은 무궁무진해진다.

새로운 것에 대해 항상 물어야 할 질문은 '과연 이것이 세상을 더 나은 공간으로 만드는가?'인데, 블록체인은 이러한 질문에 만족스러운 답을 주기에는 아직 이르다. 하지만 지켜볼 가치는 충분히 있어 보인다. 블록체인이 모금계를 다 바꿀 수는 없지만 현재 블록체인 기술에 대해 관심을 갖지 않는 것은 마치 왜 손 편지 대신에 이메일을 쓰는가라고 하는 것이나, 메디컬 치료에 인간 게놈 DNA 분석이 왜 필요한가 라고 반문하는 것과 같을 것이다.

4

블록체인과 사회적 투자(Impact Investing)

GIIN(Global Impact Investing Network)의 최근 보고서에 따르면 영향력에 기반을 둔 투자자들과 자선 단체들은 SDGs(지속가능 개발목표)에 대한 자금 조달을 점차 늘리고 있다. 그러나 투자가 실제로 기대되는 결과를 창출하고 프로젝트 평가 비용을 절감한다는 보다 큰 확신이 필요하다고 주장한다. 그들의 견적에 따르면 개발 프로젝트의 효과를 평가하는 데는 전체 예산의 5~7%가 소요된다. 공공기관이 투자자 및 서비스 제공 업체와 계약을 체결하여 사전 합의된 성과(감옥 재투자 율을 줄이거나 어린 시절의 소양을 향상시키는 것과 같은)를 제공하는 사회적 영향 채권(SIB)은 훨씬 더 비싸다고 생각된다. 일부 연구에 따르면 투자자가 투자 수익을 지불해야 하는지 여부에 대한 평가 비용이 사회 영향 채권(SIB) 비용의 30%까지 육박할 수 있다고 한다.

사회적 투자자들이 일반적인 임팩트 측정도구 및 인프라를 구축함에 따라, 예를 들어 남아프리카 공화국의 Ixo Foundation은 블록체인 기술을 사용하여 '임팩트의 증거' 프로토콜을 개발하고 있다. 블록체인은 시간이 지남에 따라 블록이라고 하는 주문된 레코드의 항목을 저장하는 분산된 데이터 베이스이다. 각 블록은 타임 스탬프가 적용되어 이전 레코드에 연결되는데 암호화를 사용하면 은행계좌나 의료기록처럼 블록을 소유할 수 있으며 이전 입력기록은 소급 변경될 수 없어 신뢰성이 높다. 블록체인(blockchain)은 종종 비트코인(bitcoin)과 같은 크립토 통화(crytocurrencies)와 관련이 있지만, 잠재적인 애플리케이션은 광범위하다. Ixo Foundation은 사회 부문 프로젝트에 관한 데이터를 허용하는 프로토콜을 개발 중이다. 예를 들어, 어린이가 블록체인을 사용하여 백신 접종을 받았다고 가정하자. 이를 통해 임팩트가 있다는 주장을 인증함으로써 전에는 볼 수 없었던 결과를 투자가가 실시간으로 볼 수 있게 되었다. Ixo Foundation은 남아프리카 공화국의 학교 아동을 위한 디지털 신원을 만들고 거기에서 보조금을 받는 교육 프로그램의 영향에 대하여 평생의 통계를 추적하기 위한 노력인 Amply 프로젝트를 통해 블록체인 측정을 조종하고 있다. Amply 프로젝트는 투명성 향상, 비용 절감 및 부패 감소를 위한 하나의 방법으로 블록체인 기술을 개발에 사용한 예이다. 유엔 세계식량 계획(UNDP)을 비롯한 몇몇 구호 단체와 자선 단체는 이미 블록체인 기반 시스템을 사용하여 지불금을 분배하고 그 영향을 추적한다. 그러나 블록체인의 잠재력은 단순히 자금을 분배하는 새로운 메커니즘이 아니다. 또한 빈곤과 기아를 종식시키고 기후 변화를 억제하며 대양, 산림 및 기타 천연 자원을 보존하는 것을 목표로 하는 지속 가능한 개발 목표의 표제하에 프로젝트를 위한 기금을 모으는 새로운 방법을 제공할 수 있다.

사회적 투자금으로 자녀가 학교에 다니고 있다고 하는 임팩트 결과의 토큰화는 잠재적으로 영향력을 찾는 투자시장을 열어준다. 일부는 초기 동전 제공(ICO)으로 누구나 토큰을 발행하는 회사에 투자할 수 있게 됨에 따라 Ixo 영향 프로토콜을 통해 더 많은 사람들이 사회 및 환경을 고려한 프로젝트에 자금을 지원하게 될 것이라고 주장한다. ICO는 신생

기업을 위한 기금모금 프로세스를 분산시킬 수 있다. 여기에서 흥미를 끄는 것은 분권화와 자금 조달의 민주화와 영향력 전달이다. 약간의 기부할 돈이 있는 사람이라면 어디서나 프로젝트 자금을 기부할 수 있게 될 것이다. 하지만 과연 이 기술이 혁신적인 모금 기술인가 아니면 신기루인가가 실행을 통해 곧 밝혀질 것이다.

5

모금 분야에 블록체인이 필요한가?

최근에는 블록체인 플랫폼을 현실에 접목하겠다는 가상화폐가 늘고 있다. 화폐 기능에 집중하는 가상화폐가 1세대, 블록체인 플랫폼 개발을 노리는 가상화폐가 2세대라면 이 플랫폼을 이용해 가치를 창출하겠다는 새로운 가상화폐들이 탄생한 것이다. 이들을 새로운 블록체인을 구축한 가상화폐(코인)와 구분하고자 '토큰'이라 부른다. 이 중 세계적으로 가장 널리 알려진 것이 트론(TRX)이다. 트론은 블록체인 플랫폼을 이용해 전 세계 엔터테인먼트 콘텐츠의 유통망을 구축하는 것이 목적이다. 동영상, 음악, 게임 등 다양한 엔터테인먼트 상품을 구매, 배포하는 데 사용될 예정이다. 국내에도 이처럼 현실세계에 직접 영향을 끼칠 만한 가상화폐 개발진이 등장했다. 메디블록은 블록체인을 의료정보 관리에 접목한 프로젝트다. 보안성이 높은 블록체인 기반의 플랫폼에 의료정보를 입력해 환자 스스로 자신의 의료정보를 관리하게 하는 것이 목표다. 지금은 병원을 옮길 때마다 문진, 검사를 다시 해야 하지만 메디블록을 이용한다면 자신의 의료정보를 의사에게 직접 보여줌으로써 이 같은 절차를 생략할 수 있다. 게다가 반복되는 의료정보 해킹도 예방할 수 있다. 메디블록은 한국 개발자들이 한국 의료시장의 문제를 해결하고자 만든 토큰인 만큼 국내 투자자들로부터 지지를 받고 있다(현재 시가총액 93위).

하지만 좀더 안으로 들어가 살펴보면 의료 관련 조직이 블록체인을 '수용', '도입', '연구 중'이라고만 말하고 있고 아직 결과물을 내놓지 못하고 있다. 또한 이름만 있고 블록체인의 본질이 없는 사업 아이템이 많이 있다. 만약 블록체인 AI에 최대한의 이익을 내는 알고리즘을 심어 작동시키면 누군가 부당하게 사익을 챙기는지 알 길이 없다. 그래서 오픈 소스 조차 잘 모르는 사람들에게는 아직 블랙박스이다. 블록체인 기술도 국가 주도 아래 앞서 나가고 리더십을 갖기를 원하지만 그것은 욕망이고 원하는 것일 뿐 사정은 다르다. 실패를 용납 못하는 정서 때문에 앞서 나갈 수도 없다. 또한 기술적인 디테일에 있어서 막상 무언가 하려면 비트코인 논문을 보고 연구하는 수준이고 '원천 기술'이 없어 인력과 기술력의 기초가 약하니 외국 것을 참조하거나 분점 정도로 전락하게 된다. 블록체인은 생각보다 매우 어려운 기술이다. 그래서 첫째, 시간과 비용을 어느 정도 투자해야 한다. 개발이 끝났다 하더라도 우선 시장과 욕구가 있어야 하기에 유저(User) 테스트 하기가 매우 힘들다. 둘째, 출시 후 수정이 매우 어려워 Test and Learn이 안 되고, 그리고 블록체인 전문 인력이 부족하다. 대부분 ICO 내용을 보면 '과연 그 사업이 블록체인이 필요한 사업인가'라는 것과 '발행하는 코인이 해당 사업에 무슨 역할을 하는 가'라는 의문이 생긴다.

과연 기부 관련 사업에 반드시 블록체인이 필요한지 따져 봐야 한다. 예를 들어 지역 화폐를 블록체인과 연결하려는 시도나 나눔과 구제를 블록체인에 적용하는 시도는 더 쉬운 다른 기술로서도 충분히 구현 가능한 예도 많이 있다. 사실 두 개의 문제를 분리해서 생각해야 한다. 지역 화폐 시장이 죽은 원인을 블록체인으로 살릴지 의문이 든다. 지역 화폐의 문제는 시스템의 문제가 아니라 그 지역의 상권의 문제이거나 기부문화 자체가 형성이 안된 경우가 더 크다. 지역 화폐의 활성화가 이미 되고 있는 지역이나 기부문화가 이미 활성화되고 있는 경우에는 블록체인이 더 좋은 결과를 낳을 것이다. 기부의 이타적 행동 역시 인정욕구로부터 발현된다. 이타적 행동은 타인으로부터 호감을 이끌어내며 사회 구성원으로서 위치를 공고히 해주는 역할을 한다. 모든 선의는 다른 사람에게 인정받기 위한 이기적 욕구에서 나타난다는 것이다. 연인 간 사랑이나 부모가 자식에게 주는 사랑 역시 이런 논리로 설명 가능하다. 연인 간의 사랑과 관련된 가장 명확한 생물학적 기제는 '보상심리'라며 '내가 사랑한 만큼 사랑 받고 싶은 마음'을 기반으로 상대방을 위해 행동하는 것이다. 그래서 블록체인을 적용하고 싶은 모금가는 사람들이 인정욕구를 긍정적으로 발현하는 데 집중해야 한다. 인정욕구라는 존재를 의식하고 욕구가 나아가는 방향을 끊임없이 모니터링 하지 않으면 왜곡된 인정욕구에 기반한 행동이 나타나기 때문이다. 건강한 음식을 먹거나 소식하도록 노력하며 식욕을 억제하듯이 인정욕구도 끊임없이 감찰해야 한다. 그 과정에서 인정욕구를 제거하고도 자신이 진짜 원하는 게 무엇인지 발견할 수 있도록 도와주어야 한다. 그런 면에서 새로운 혁신적인 모금방법인 블록체인 기반 기술이 투명성, 탈중앙, 그 자체가 과연 기부자의 인정욕구를 충족시키는데 도움이 되는지 아니면 오히려 감소시키는지에 대해 깊이 생각해야 한다.

특히 모금분야에 블록체인 기술을 도입하려는 시도들이 많아지고 있다. 그런데 때로는 블록체인 기술에 대한 이해가 부족해서 현재 적용하기 어려운 혹은 적용할 필요가 없는 부분에까지 블록체인 기술을 도입하고자 하는 경우가 있다. 블록체인 기술은 다른 기술들과 마찬가지로 기존 기술들에 기반하여 만들어졌지만 모든 것이 가능한 만능 솔루션은 아니다. 문제는 기술을 사용한다면 무엇을 얻고 무엇을 포기할 것인가의 이슈이다. 또한 블록체인을 만드는 시스템 자체는 싼 것처럼 보이지만 비즈니스 운영은 비용이 생각보다 많이 발생한다. 사실 "블록체인 전에 갖고 있던 문제가 해결 되었습니까?"라는 질문은 매우 중요하다. 블록체인은 이미 수년

● **그림 15-3** 정말로 블록체인이 필요한가?

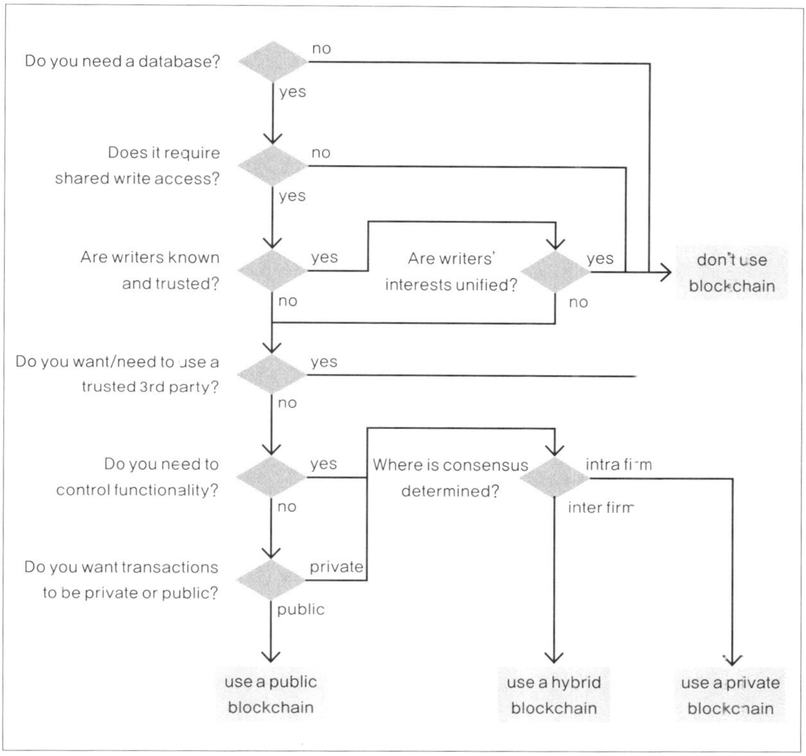

출처 https://www.linkedin.com/pulse/when-do-you-need-blockchain-decision-models-sebastien-meunier

전 나와 있는 기존 기술(암호화, P2P 합의 프로토콜 및 기본 저장 기능)로 구성되어 있으므로 이전에 이러한 기술을 사용할 수 없었던 이유에 대해 스스로 물어 보는 것이 중요하다. 또한, 결정경로(Decision Path)의 끝에서 여전히 블록체인 대신에 일반 데이터 베이스를 시도할 수 있음을 염두에 두어야 한다.

따라서 도입에 앞서 먼저 블록체인 기술을 적용하는 것이 타당한지에 대해 여러 단계를 거친 검토가 필요하다. 여러 모델이 현재 있으나 이에 대한 한 가지 모델(Suichies Model)을 소개하고자 한다.

〈그림 15-3〉은 블록체인 결정경로(Decision Path)를 결정하는 과정을

잘 보여준다. 위에 나열된 질문에 대한 답을 아래와 같은 블록체인의 기술적 특성과 연관 지어서 꼼꼼히 생각해보자.

첫째, 블록체인은 공유되는 데이터를 저장하는 장소를 제공한다. 따라서 공유 데이터 베이스가 필요하지 않다면 블록체인은 필요하지 않다. 단체가 투명성을 강조한다고 모든 후원자의 기부내역의 데이터를 공유할 것인가 아닌가 고민하게 된다.

둘째, 블록체인은 여러 사용자간에 신뢰성 높은 데이터를 공유하기 위한 것이다. 따라서 혼자 사용하는 데이터 베이스를 블록체인에 넣을 이유는 없다. 모금매개기관(funding intermediaries)이 탈 중앙화를 포기하고 블록체인의 한 노드(node)일 경우 자신들만이 관리하던 데이터 베이스를 공유할 생각이 있는지를 물어봐야 한다.

셋째, 블록체인을 사용하는 사용자 간에 이미 충분히 신뢰가 존재한다면 굳이 블록체인을 사용할 필요는 없다. 대부분 기존 기부자는 신뢰를 기반으로 하지만 신뢰가 없다면 처음부터 기부하지 않는다. 또한 블록체인 기반의 모금이 새로운 기부층을 불러올지는 미지수다.

넷째, 일반적으로 참여자들은 동일한 권한을 갖는다. 단, 프라이빗(private) 블록체인에서는 개인정보 보호 및 일부 기밀 정보에 대해서는 정해진 참여자만 공유할 수 있도록 제한을 두는 경우도 있다. 모금에 프라이버시가 중요한 경우에 블록체인을 사용한다면 프라이빗 블록체인을 사용할 수 있다. 다른 어떤 모델에서는 '모든 사람이 장부를 사용할 수 있는가?'라는 질문과 '왜 그리고 누가 성실히 시스템을 운영하나?'라는 질문에 대한 대답에 따라 공적/사적 블록체인으로 나눈다.

다섯째, 블록체인은 객관적면서도 변조하기 어려운 기록을 남기는 방법이다. 따라서 기록이 필요하지 않다면 블록체인도 필요하지 않다.

여섯째, 블록체인 거래에 적용되는 규칙을 변경하기 위해서는 참여자들의 동의가 필요하다. 이는 때때로 매우 번거롭기도 하고, 때로는 데이터의 불일치 등의 위험을 수반한다. 따라서, 잦은 변경이 필요하다면 블록체인을 적용하는 것은 현재로서는 합당하지 않다. 실제로 모금에 관한 변경상황이 자주 일어날 수 있다.

이런 조건이 만족되어 블록체인을 사용하기로 결정했다면 거래가 공개적으로 공유되는 것인지, 그렇지 않은 것인지에 따라 공적 혹은 프라이빗 블록체인을 선택할 수 있다. 위에서 언급한 여러 조건들 외에도 현재 몇 가지 기술적인 문제로 인해 초당 수천 건의 거래를 처리해야 하는 경우나 사이즈가 큰 데이터를 저장하는 비즈니스 모델의 경우에는 블록체인 기술을 적용하는 것은 현실적으로 어렵다. 마지막으로 블록체인 적용이 타당하다면 프라이버시(privacy)와 확장(scalability) 문제를 고민하면 된다.

이제 막 태동하기 시작한 블록체인 기술은 여러 산업 분야에서 다양하게 시험되고 있다. 이 과정에서 발생하는 시행착오는 당연하다고 할 수 있다. 다만 이러한 시행착오를 줄일 수 있는 방안에 대한 고민이 필요할 따름이다. 그래서, 무엇보다도 기술에 대한 이해를 바탕으로 적용 분야를 올바르게 선택하는 것이 무엇보다도 중요하다. 그 선택 과정에 모금단체별 결정 경로를 구성하는 것은 많은 도움이 될 것이다.

6

블록체인 적용을 위한 과제

블록체인이 기대에 부응하여 잠재력을 충분히 발휘하려면 다음의 과제를 해결해야 한다.

① 속도: 비트코인(Bitcoin)과 이더리움(Ethereum) 같은 공공 블록체인은 오늘날 초당 7~30 건의 거래(transaction)만 처리할 수 있다. 모든 에너지 생산 및 소비 장치를 디지털화하여 그리드에 통합시키면 초당 수백만 건의 거래 처리능력이 필요하다.

② 안전한 상호 연결: 그리드 작업이 완전히 디지털화되고 자율적으로 수행되기 위해서는 블록체인 연결 장치를 인증, 등록 및 모니터링 할 수 있는 확장 가능한 수단이 필요하다. 이는 현재 독점적인 개방 프로토콜을 필요로 하며 연결을 가능하게 하는 다양한 장치를 채택한다.

③ 규제 개혁: 표준화된 블록체인 기반 시장 정책 및 프레임 워크를 구현하려면 규제 당국이 거래가 어떻게 처리되는지에 대한 접근 방식을 조정해야 한다(블록체인 커뮤니티에서 합의 메커니즘이라고 함).

대체 솔루션을 개발하려면 기존 솔루션을 사용하기가 어려울 수 있으므로 신중한 계획이 필요하다. 한 가지 방법은 최종 사용자가 자신의 행동을 많이 바꾸지 않아도 되지만 비용이 많이 드는 솔루션이나 매력 없는 솔루션의 대안을 제시할 수 있는 대체 솔루션에 집중하는 것이다. 견인력을 얻으려면 대용품이 기존 솔루션만큼이나 우수한 기능을 제공해야 하며 생태계가 흡수하고 채택하기가 쉬워야 한다.

7

ICO와 블록체인 필란트로피

7.1 ICO 시장 문제

ICO(Initial Coin Offerings)가 점차 대중화됨에 따라 점점 더 많은 기업들이 이 기법을 모금 메커니즘에 적용하려고 준비하고 있다. 그러나 이것은 새로운 게임장으로 그 주위에는 규제가 아직 없다. 결과적으로 창업자가 기금을 모으기만 하면 사라져 대중을 사기로 몰아가는 사기성 캠페인이 많이 발생할 수도 있다.

ICO 창설자들 또한 문제에 직면해있다. 이 공간은 현재 매우 분열되어 있으며 ICO에 대한 포괄적인 목록은 없으며 개발자는 처음부터 독자적인 방문 페이지 및 홍보 캠페인을 만들어야 한다. 이렇게 반복되고 중복된 노력은 시간과 자원을 낭비하여 비록 더 나은 제품을 개발하려는 의도는 있지만 이러한 단편화는 잠재적 후원자에게 오히려 부정적인 영향을 주게 된다. 누군가가 ICO에 참여하겠다는 결정을 내린 후에는 ICO가 여러 다른 통화를 사용하게 함으로써 종종 긴 검증 과정을 거쳐야 한다는 또 다른 어려움이 있기에 더 많은 잠재적인 지지자들이 이 단계에서 사라진다. 그리고 마지막으로 ICO 시장에 진출하려 하지만 자신의 암호 해독 또는 토큰이 없는 회사는 그러한 기회를 완전히 박탈 당한다. 이더리움(Ethereum) 개발자가 아닌 경우 ICO를 실행하는 것은 매우 어렵다. 따라서 오늘날 ICO 캠페인 작성자 또는 후원자를 위한 편리한 장소는 하나도 없으며 사전 기술에 대한 지식 없이도 캠페인을 편리하게 보고 토론할 수 있는 단일 플랫폼이 없다.

7.2 크라우드 펀딩(Crowd Funding) 시장 문제

크라우드 펀딩에도 나름대로 어려움이 있다. 많은 기금이 모인 후, 대규모 프로젝트가 쇄도하지만결국 약속을 지키지 못해 완전히 사라져버린 경우가 많다. 그 결과 많은 사람들이 크라우드 펀딩에 대한 신뢰와 함께 돈도 잃었다. 프로젝트 중 80~90%가 기대한 제품을 제공하지 못하고 있는 실정이다. 크라우드 펀딩의 주요 문제점은 후원자에게 돈을 잃지 않을 것이라는 보장이 없다는 것이다. 캠페인 작성자가 처리해야 하는 문제도 똑같다. 킥 스타터(Kick Starter) 캠페인을 시작하면 입스자가 공식 업무국가 중 하나에 거주해야 하며 작성해야 할 서류가 많이 있다. 결과적으로 많은 제작자는 대형 크라우드 펀딩 플랫폼에 액세스 할 수 없기 때문에 모금 기회가 제한되고 플랫폼의 범위와 다양성이 좁아진다. 이제는 인디 개발자가 아닌 대기업이 자금난에 시달리는 캠페인에 대해 홍보하여 기금을 모으는 것이 일반화 되어 있다. 크라우드 펀딩의 의도된 목적을 반전 시키는 것은 재정적 및 법적 사유로 발생했다. 크라우드 펀딩 캠페인 운영과 관련된 숨겨진 비용은 일반적으로 인정되지 않고 있다. 숨어 있는 비용의 내용은 다음과 같다.

- 플랫폼에 5% 수수료
- 지불 처리를 위해 3~5%
- 후원자에 대한 보상 비용
- 플랫폼 기숙사 기반 중개 수수료(기금 모금 플랫폼이 운영되는 국가에 프로젝트가 없는 경우)
- 캠페인 홍보를 위한 전문 홍보 서비스
- 모금된 펀드에 세금 등

결국 제작자는 자금의 60~80% 만 올리게 되어 많은 군중 집행 프로젝트가 약속대로 제공하지 못하는 이유 중 하나이다. 캠페인 경비를 지불한 후에 남은 돈이 충분하지 않다. 일부 크라우드 펀딩 캠페인을 통해 제작자가 모금하는 것보다 더 많은 비용이 들게 된다. 결론적으로 ICO와 토큰 발행이 자선단체의 맥락에서 실제로 좋은 아이디어인지, 그리고 도전과 기회가 무엇인지 알아야 한다. 우선 출발점은 블록체인 자선사업을 위해 토큰을 발급해야 하는 이유를 살펴보는 것이다. 현재 다음과 같이 네 가지 이유를 생각할 수 있다(실제로 더 많을 수도 있고, 실제 동기는 두 가지 이상의 조합으로 구성될 수도 있다).

① 토큰 화를 통해 피아트(명목 화폐) 기부를 가능하게 할 수 있는가?
② 플랫폼이나 조직을 구축/개발하기 위해 ICO로 자본을 조달하려 하는가?
③ 자체 조직 내 사회적 미션을 위한 고유 통화를 만들어 내려는가?
④ 궁극적으로 참여 토큰을 통한 분산화된 자율조직(DAO, Distributed Autonomous Organization)을 구축하려 하는가?

제 16장

세상을 바꾸는 나눔의 통합적 디지털 혁신 통화 : IPDC

1

Executive Summary

그동안 수많은 사회적 코즈(Cause)에 대해 여러 기부 방법을 제안하여 실행했지만 IT 기술의 발달에도 불구하고 많은 문제발생으로 별 효과를 거두지 못하고 있다. 이러한 시점에서 기부생태계에도 획기적인 성능 향상이나 비용절감의 가능성을 제공할 전례 없는 특징을 갖고 있는 제품·공정·서비스를 일컫는 근본적인 혁신(Radical Innovation)이 필요하다. 이러한 근본적인 혁신의 대안으로 PDC(본래 'Global Integrated Philanthropic Digital Currency, 국제 통합 나눔 전자 화폐)'에서 간단하게 줄인 말)를 제시한다. 이것은 여러 디지털 화폐의 장점만을 골라 통합적으로 모든 기부를 PDC로 환전하는 획기적인 발상이라 할 수 있다.

특히 코즈 마케팅의 허점과 현금기부의 약점을 보완하여 빠르고 정확하게 적은 비용으로 투명하게 디지털화한다. 이것은 기부자의 동기가 self interest(사욕)에서 enlightened self interest(남을 위해 기부하지만 결국 자신에게 이익이 돌아온다는 승화된 사욕)로의 전환을 용이하게 만들어준다. 개인의 기부 전용계좌를 만들고 개인적인 여러 형태의 기부나 봉사가 코드화된 PDC로 전환되어 개인 계좌에 입금됨으로써 새로운 기부생태계의 블록체인과 웹 알고리즘으로 이중기부를 막도록 디자인된다. 이것은 미래에 혁신적인 일자리 창출, 투명성 확보, 기부자 확대, 게임 요소와 투자 재미, 비용절감 등으로 사회적 영향력을 극대화하고 기부문화에서 기부산업으로 확장시키는 결과를 가져온다.

PDC 멤버십은 비트네이션(Bitnation, 최초의 블록체인 기술 방식 가상 국가)의 시민권(Citizenship)을 갖는다는 콘셉트로 발전시킬 수 있다. 그리고 제4차 산업혁명에 발 맞추어 가상물리시스템(CPS: Cyber Physical System)의 환경 안에서 국제적인 통화교류가 리플(Ripple) 알고리즘을 이용해 비용을 절감하고, 기부의 유연성과 자유를 주고, 클라우드 펀딩 등은 PDC를 사용하여 좀 더 자유롭게 되며, 기부의 진정성을 보다 효과적으로 전달하게 한다. 마침 필란트로피 산업의 발달이 경험경제, 선물경제, 공유경제의 확장과 맞물려 가치창출(Value Creation)과 가치확보(Value Capture)의 균형을 가능케하여 결과에 근거한 가격책정(Outcome-Based Pricing)과 수익공유모델(Revenue Share Model)을 도입한다면 PDC는 참여형 기부에 적합한 통화가 되어 혁신적 변화가 지속가능하고 사회변화의 스케일 문제를 용이하게 해결해 주는 열쇠가 된다.

1.1 Need Statement

지금도 나눔에 대한 수많은 미담이 쏟아져 나오고 있지만 이것은 하나의 미담일 뿐 지속 가능한 산업화로 이어지지 못하고 있다. 많은 아이디어와 이벤트는 기부 촉진을 도왔지만 보통 일회성으로 끝나고, 그 이후 서로 연결하여 연합된 시스템적인 방법이 없었다. 실제 GDP 관점에서 볼 때 더 많은 사람들이 기부에 참여할 수 있는 환경이지만 신뢰성 부재와 함께 시스템 또한 따라가지 못하고 있다. 개인이나 기업이 좋은 일을 한다고 하지만 어떤 일을 어떻게 했는지 도무지 알 길이 없고 객관적인 수치로도 확인할 방도가 없다. 투명성 문제에 있어서 전문가들은 현금 횡령이 17~20% 정도라고 생각하니 그만큼 비영리단체의 신뢰성은 바닥이다. 사회문제를 해결할 기금은 턱없이 부족한데 이러한 복잡한 문제를 일회성 해결방법으로 부족한 재원을 낭비하고 있다. 가장 큰 문제는 지금 이 순간에 부를 갖고 있는 베이비 부머 세대의 부의 이전이 원활하게 이루어지지 않으면 다음 세대에는 기부 암흑기의 도래가 예상된다.

그러나 우리가 꿈꾸는 세상을 그릴 수만 있다면 기술적으로 점점 가능해지고 있다. 예를 들어 RFID칩이나 비콘을 제품에 삽입시키는 비용을 최저로 낮출 수만 있다면 상상하는 모든 것이 가능해진다고 전문가들은 말해왔다. 바로 그 시대가 도래한 것이다. 그리고 SNS나 스마트폰을 이용한 웹의 개발로 전에는 이론적으로만 가능했던 것들이 현실적으로도 가능해진다. 하지만 이런 기술은 기부를 편리하게 할 뿐 근본적인 문제는 해결하지 못한다. 그래서 기부의 시스템적 사고의 전환이 필요하다.

우린 어떤 혁명적인 생각의 전환이 필요하다. 기부자들은 좀 더 투명하게 그리고 기금이 임팩트 있게 쓰이기를 원하고, 비영리단체는 좀 더 많은 기부의 통로를 마련하고 비용이 적게 들기를 바라고 있다. 이러한 갭을 연결하는 것이 바로 PDC이다. 모든 관련된 사람들이 좋던 싫던 서로 영향을 주고받으면서 연결을 가능하게 할 수 있는 것은 인간의 최대의 발명품 중 하나인 화폐이다. 주고받은 생각의 원동력은 나눔 화폐의 혁신을 가져왔다. 인간이 재미를 갖고 몰입할 수 있는 것이 무엇일까? 포켓몬 열풍처럼 몰입과 동시에 사회문제를 해결하는 방법을 찾아낸다면 큰 변화가 올 것이다. 모든 것이 기부자의 필요에 의해서 시작된 것이므로 만약 기부자의 요구까지 연결시킨다면 나눔 화폐는 지속성까지 보유하게 된다.

1.2 PDC '착한 돈'의 개념

세상에는 이기심과 이타심이 있다. 이기심의 예로는 현재 우리가 사용하는 화폐와 은행이 있고, 이타심의 예로는 기부자 모두가 주주가 되는 '행복 나눔 주식회사: 착한 돈'이라는 은행계좌이다. 이것은 경험경제, 선물경제, 공유경제에 통용되는 국제적인 나눔 화폐로서 교환의 기록이 남아 결국 '나눔의 흔적'을 볼 수 있으므로 투명한 기부가 되어 기부산업으로 확산된다. 중복 투자와 과도한 선물과 환경문제 또한 해소된다.

PDC는 소위 '수혜자 직접지불 보증금'이기에 일반 기부보다 PDC 기부를 더 인정해주는 국민 정서가 뒷받침해준다면 성공할 수 있다. 다음은 PDC가 왜 '착한 돈'의 개념으로 쓰이는지 예를 들어 설명한 것이다.

① 기업은 상품을 출시할 때 미리 PDC를 구입하고 구입한 만큼만 상품에 내장시켜(imbed) 판매하기 때문에 기업은 사회에 공헌한(commitment) 셈이 된다. 기업이 이 점을 강조하면 충분한 홍보 가치도 있다. CRM(코즈 연계 상품)의 문제점을 해결하는 데 결정적으로 도움이 된다.

② 사행심으로 도박을 하고 게임을 즐기지만 일부는 사회에 환원하는 사람들이 있을 것이다. 사행산업을 하는 사람들도 이미 지불한 참가자에게 PDC를 보상용(Reward) 선물로 줄 수 있다. 게임업체에서는 PDC를 게임머니로 받아 다시 사회에 기부하는 형식이 된다. 하지만 윤리적 문제가 생길 수 있기에 머니코드를 다르게 해야 된다. 음지에 있는 돈과 산업을 양지로 끌어올린다.

③ 만약 100PDC가 발행되었고 100만 원이 예치가 되어 있다면 한 PDC당 만 원의 가치가 있지만 50PDC가 남아 있고 80만 원이 있다면 한 PDC 당 1만 6,000원이 되는 셈이다. 그래서 매일 주식처럼 가격 변동이 있으며, 점점 기금이 쌓이고 쓰지 않는 사람이나 포기한 사람이 있으면 그 사람의 몫(portion)까지 가격이 올라간다. 이론적으로 시간이 갈수록 적

립금이 쌓여 사회적 투자 가치가 생긴다.

④ PDC는 현금이 주는 불명확성과 유혹을 근본적으로 차단하며 '감사 수표'라 말할 수 있다. 기업이나 개인이 감사해서 미리 내주어 발행하는 일종의 은행권(bank note)의 개념이다. 모든 감사가 모인 은행으로 PDC Central Bank가 있고, 그런 감사를 여러 사람에게 전달하는 도구가 PDC 이다.

⑤ 진정한 기부는 돈뿐 아니라 명예, 명성, 그리고 사회적 지위도 포함된다. 만약 어느 유명인이 자원봉사로 공익활동에 참여하고 PDC를 선물로 받았다면, 그 PDC는 자신이 사회에 환원한 것에 대한 값이고 증표이다. 인생을 통해 국민들에게 얻었던 존경을 사회에 환원한 만큼의 값을 PDC로 환산해준 것이다. 의심의 여지가 없고 계산이 깨끗해 연말 정산이 가능하다. 유명인이 평생 동안 보유한 PDC로 그들이 얼다만큼 기부했는지 행적을 볼 수 있어서 공익활동의 자원봉사 참여율이 늪아진다. 이렇게 받은 PDC로 고마운 사람들에게 줄 수도 있고 아니면 자신이 원했던 코즈에 재기부할 수 있다.

2

PDC Mechanism 요약

실제로 눈에 보이지는 않지만 기부산업을 움직이는 동력과 순환을 위해 새롭고 혁신적인 개념의 나눔에 관한 통화가 필요하다. 세상에는 현재 거래되는 통화가 있는데, 통화는 객관적이고 공정하게 화폐로 교환되었다는 신뢰에 근거할 때 지속 가능하다. 통화가 가치를 표상하고 있는 것처럼 기부도 마찬가지로 가치를 표상하고 있기 때문에 교환이 가능하다. PDC는 '물질적·정신적 세계의 통합'이라는 의미를 갖고 있으며, 나라마다 화폐는 다르지만 필란트로피가 추구하는 정신은 국제공용이므로 국제적 통화 교환도 가능하고, 이를 위해 PDC의 단위는 국제적으로 통일할 수 있다. 즉 PDC는 가상(Virtual)의 통화로써 얼마든지 실제로 통화 교환이 가능하다는 혁신적인 메커니즘이다.

PDC라고 하는 새로운 가상 화폐는 기존의 기부문화가 갖고 있던 불편함과 다양한 단점들을 극복하고 사회 전반에 걸쳐 긍정적인 선순환 구조를 이루기 위해 고안한 것이다. 발행 후부터 수혜자에게 전달되는 과정에서 개인적인 이익을 제한하고 사이버테러나 횡령을 줄일 수 있는 시스템이다.

2.1 통화의 메커니즘

개인의 나눔 기록을 자료로 추적할 수 있다면 좀 더 나눔을 양지로 인도할 수 있다. 기부산업으로 선도하기 위해 '자선'의 의미로 다른 어떤 소모품보다 PDC를 선물로 주고 이것을 디지털화하여 투명한 사회 자본을 확보할 수 있다. 또한 PDC는 Bitcoin처럼 투자되어 그 가치가 상승될 수도 있다.

개인은 실제 현금 통장(일반 통장)과 나눔 통장(PPA: Personal Philanthropic Account) 두 가지 계좌를 소지하게 되는데, 이 PPA를 통해 인생 전반에 걸쳐 나눔 활동 내역을 볼 수 있으며 일종의 선의의 경쟁을 유발시킨다. 인성교육의 일환으로 가정에서나 학교에서 권장하여 일인당 '나눔 계좌 만들기' 운동을 전개할 수 있다. 그 계좌는 남을 돕는 데만 쓸 수 있고, 이 기록을 영원히 남게 해 나눔 실적을 쌓도록 한다. 현재 에너지 효율 전자제품에 붙는 '10% 리베이트'처럼 코드를 받아 소비자가 직접 신청서를 작성하고 정부로부터 보상을 받는다.

2.2 How?

비영리단체는 자원봉사자에게 고마움의 표현으로 PDC를 구매해서 전달할 수 있다. 그러나 수령자는 현금화하지 못하고 다른 사람에게 다시 선물로 줄 수 있다. 이러한 개인 간의 PDC의 이동을 통해 결국에는 등록된 비영리단체가 PDC은행에서 현금화할 수 있다. 물론 다지막 PDC 기부자에게 기부영수증을 발급할 수 있다.

그림 16-1 The Good Card

- 기업은 자신의 물품에 PDC를 부여하여 해당물품을 산 구매자에게 일정량의 PDC를 양도하게 된다. 이를 통해 구매력이 향상되고 투명성까지 제고된다. 결국 PDC를 통하여 현재의 CRM 문제를 해결할 수 있다.
- 카드형태의 PDC, 혹은 PDC가 부여된 제품을 구매함에 따라 PDC를 획득할 수 있다. 구매를 통해 얻은 PDC는 전화나 단말기로 어느 특정인에게 증여할 수 있다. 또한 '교통카드'처럼 카드에 PDC를 입력하여 비영리단체에 기부가 가능하다. 'Charity Gift Card' 역할로 필요하면 충전도 가능하다.
- 현금을 지불하고 구매한 'PDC카드'나 'PDC칩'을 다른 사람에게 선물로 줄 수 있다.
- 장차 '크레딧 카드'의 용도로서 '나눔의 VIP'에게는 기부나 선물을 할 수 있도록 혜택을 제공하는 등의 다양한 예후도 가능하다.
- PDC는 '양도'뿐 아니라 개인적으로 '축적'할 수 있고, 시장 형편에 따라 주식처럼 '투자' 또한 가능하다.

2.3 PDC 운용의 네 가지 Sub-System의 구조

기업이 PDC센터에서 기부/구매 활동을 하게 되면 센터는 기부금액에 해당하는 PDC Unit을 기업에 제공한다(PDC Convert System). 기업은 자사에서 판매하는 물품에 일정 값의 PDC를 부여하고 소비자에게 판매하게 된다. 소비자는 RFID나 비콘이 붙은 물건을 앱을 통해 구매함으로써 기업으로부터 PDC를 제공받게 된다. 그리고 기프트콘 형태로도 발행할 수 있는데 발행한 만큼 PDC 구매를 위해 선지불해야 한다는 점이 다르다.

이처럼 소비자의 구매활동과 기부행위를 통해 결국 FDC센터에 등록된 비영리단체에게 PDC가 기부된다. PDC를 기부 받은 각 단체들은 PDC센터에서 이에 맞는 금액을 수령하여 비영리단체의 기금으로 사용한다.

기본적으로 모든 거래의 5%는 PDC센터의 운영비용으로 충당하지만, 기타 증빙서류 요청 시 적절한 비용을 추가할 수 있다. PDC센터는 전

그림 16-2 PDC의 전반적인 구조 및 순환도

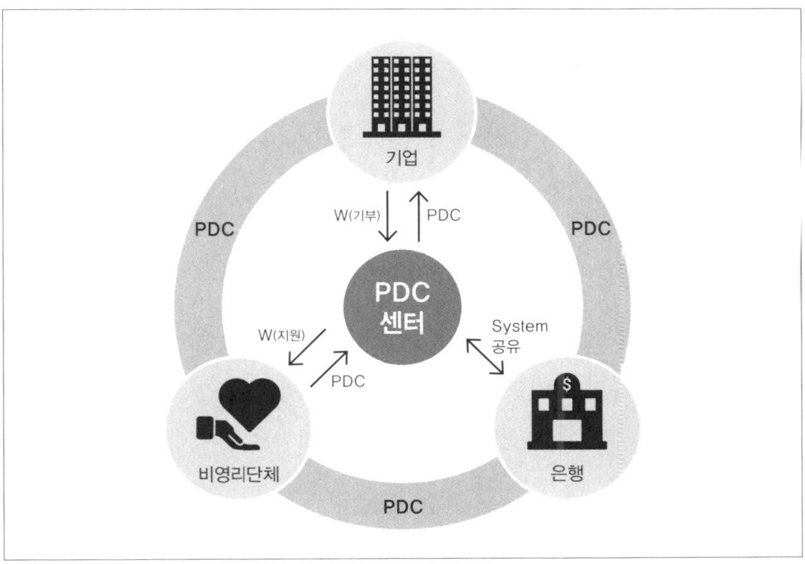

그림 16-3 PDC 운용 System

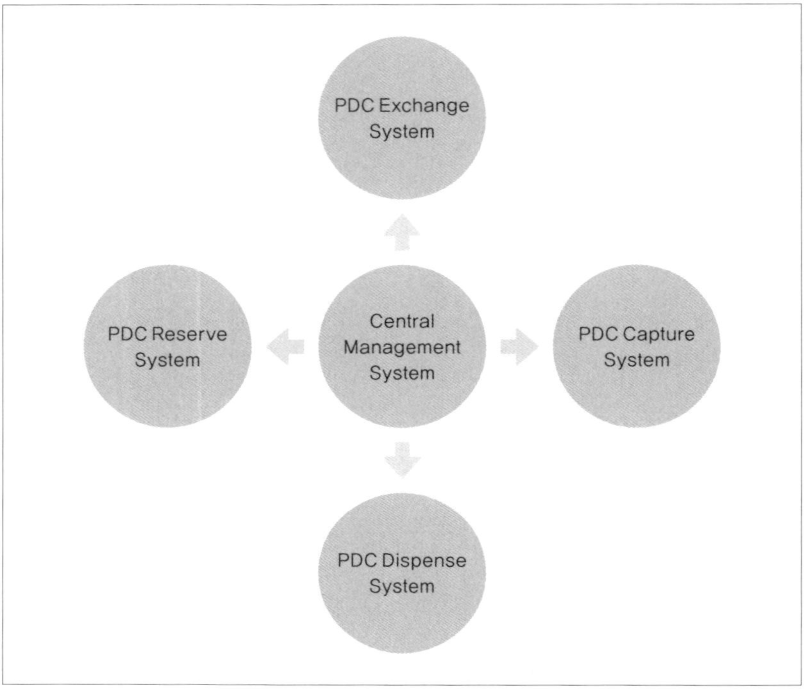

반적으로 PDC와 관련된 행정을 수행할 뿐 기부금 관리는 PDC 은행을 독립적으로 개설하거나 기존의 은행들과 제휴한다. 이것은 기부금을 관리하여(PDC Reserve System) 안전성과 신뢰성을 확보하기 위함이고, 결국 센터와 은행 간 시스템적 공유가 존재하게 된다.

전반적으로 구조 내부에는 PDC가 존재하며, 이러한 일련의 과정들 중에 PDC가 움직이는 곳은 모두 '추적'이 가능하다. 이동 기록이 남기 때문에 기존에 이슈가 되었던 '투명성' 문제해결에 상당한 도움으로 작용하게 된다. 즉 PDC의 순환으로 인해 사회 전체에 선순환을 가져온다.

2.4 PDC은행 알고리즘

PDC은행이라는 '저장창고(Reserve Pool)'의 알고리즘을 설명하면 다음과 같다. 수익 자원(Revenue Resource) 측면에서 바라볼 때 첫째, 기업이 PDC센터를 통하여 기부를 하게 되면 센터는 그에 상응하는 PDC를 다시 기업에게 제공하고 지급한 Total PDC에 해당되는 재화는 PDC 은행이 관리하게 된다. 두 번째, 전반적으로 PDC 시스템에 대한 '순수기부'가 존재한다. 마지막으로는 '투자'인데, 개인의 이익을 위한 투자가 아닌 사회 전반에 걸쳐 긍정적인 효과를 내기 위한 'Philanthropic Investment(필란트로피적 투자)'인 것이다. 그리고 한 방면으로 기부활동 및 PDC에 상응하는 재화 또한 일종의 Philanthropic Investment(필란트로피적 투자)에 속한다.

그런데 이러한 투자는 지속적인 반면, 재화는 사회의 소외계층이나 약자(일명 수혜자)에게 돌아가기까지는 '체류 기간(Detention Time)'이 존재한다. 따라서 이러한 체류 기간의 존재로 인해 PDC은행에서는 일반 은행과 유사하게 다양한 사업을 기획하고 실현할 수 있다. 다만 PDC은행은 영리

그림 16-4 PDC 은행의 기본적인 알고리즘

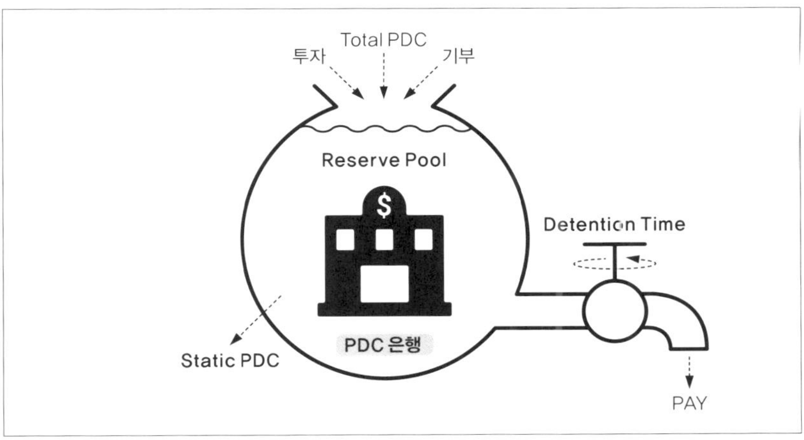

그림 16-5 Detention Time(체류 기간)의 모식도

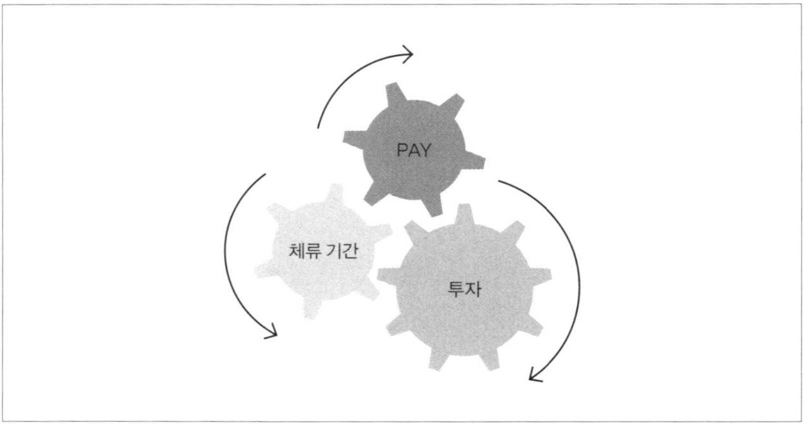

그림 16-6 PDC의 사회적 투자 가치

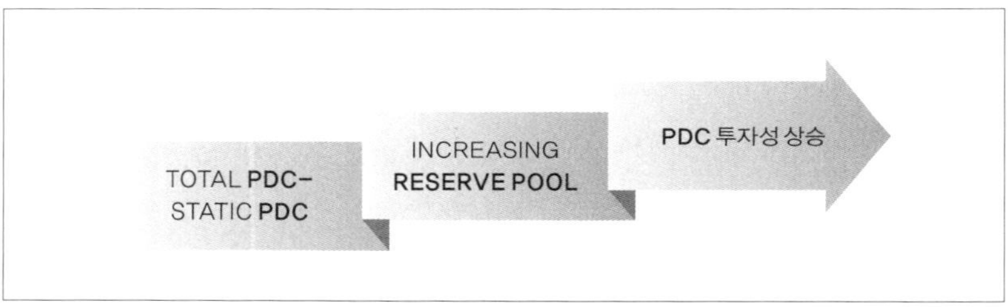

를 추구하는 것이 아니라는 점에서 일반은행과 다르다. 따라서 체류 기간 동안 다양한 '비영리 프로젝트'를 통해 사회에 2차적으로 긍정적 효과를 줄 수 있다.

또한 한 가지 주목할 점은 바로 'Static PDC(잉여 PDC)'이다. 처음에 PDC센터에서 기업에게 기부금에 해당하는 PDC를 제공하면 기업은 자사가 생산하는 제품에 PDC를 내장하여 구매자에게 일정부분 양도하고 이를 받은 개인은 양도와 교환하는 시스템을 통해 PDC가 이동하게 된다. 그런데 소비자가 제품을 구매하지 않거나 PDC를 받은 개인이 '기부와 나눔 활동'에 사용하지 않는다면 결국 잉여 PDC가 된다. 한편 PDC은행에는

Total PDC에 해당하는 재화뿐 아니라 일종의 '투자금액'까지 그 영역은 점점 넓어진다. 결국 시중에 통용되는 PDC(Total PDC-Static PDC)의 가치는 상승하게 된다.

여유자금은 PDC 회원으로 구성된 배분위원회에서 다른 코즈에 배분할 수 있다. 이때 PDC 지급 환율(Rate)은 전문가 배분위원회에서 수학적 모델을 통해 결정한다. 가치가 상승한다는 것은 쉽게 말해 수혜자가 받을 수 있는 혜택이 증가함을 의미한다. 따라서 PDC 알고리즘은 비영리투자의 가치가 있을 뿐 아니라 사회 전반에 걸쳐 긍정적인 효과를 불러온다.

이러한 알고리즘이 PDC에 잘 정착된다면, PDC은행에서의 Resource Pool(자원풀)은 계속 그 영역을 넓혀 갈 것이며, 자율적' 시스템 구축으로 그 효과는 점점 증대될 것이다. 내가 기부한 '10'이라는 가치가 '100', '1,000'이 되어 수혜자에게 가는 것, 이것이 바로 PDC이다. 이러한 전체적인 알고리즘을 일련의 'System Theory'로 구체적이고 체계적으로 풀고자 한다.

2.5 PDC 분류체계(PDC Taxonomy)

분류방법(기준)은 대상의 특성에 맞게 설정할 수 있는데, 공공기관의 경우 생산맥락이 중요하기에 조직분류나 업무기능분류를 사용한다. 재단이나 비영리단체에서 모금가나 기부자의 경우 이용자가 원하는 내용이 중요하므로 주제 분류를 사용한다. 주제 분류를 하는 경우에는 분류 대상을 미리 설계된 분류체계에 분류하면서 연역적인 지식을 근거로 삼게 된다. 분류대상의 특성에 맞고 객관적인 예외사항을 처리하되 일정 분량 이상 축적되면 새로운 분류를 설정할 수 있고, 그리고 분류 관련 기부관리가 가능한 분류체계가 설계되고 적용되며 발전해가는 것이 '관리자' 입장에서는 중요하다. 따라서 본 PDC의 메커니즘 내부에 Taxonomy 기법을 적용하여 PDC에 해당하는 기부금을 효율적으로 활용, 배분하고 이를 기록에 남겨 투명성을 제고한다.

2.6 PDC 생태계의 Player 및 Stakeholder

- PDC 중앙관리 회사 혹은 재단
- PDC 은행 혹은 Trust Fund
- 등록된 비영리단체
- PDC Account Holder(기부자/기업/투자자)
- 중간 Ledger(Bookkeeping)
- PDC 배분 위원회

① Transaction에 들어가는 비용은 전산화의 산업효과를 이용한 청년 일자리 창출로 정부와 기업을 설득할 수 있다. 좀 더 개인적인 측면에서 접근해 보면 〈그림 16-7〉과 같다.

② PDC 계좌 멤버는 기부를 통해서뿐만 아니라 단순한 제품구매로 PDC를 획득(센터로부터 지급된 PDC Capture System) 할 수 있으며, 이를 타인과 공유할 수 있다. 다시 말하면, 물품 구매라는 단순한 활동으로 사회 전반

그림 16-7 개인적 측면에서 바라본 PDC의 흐름

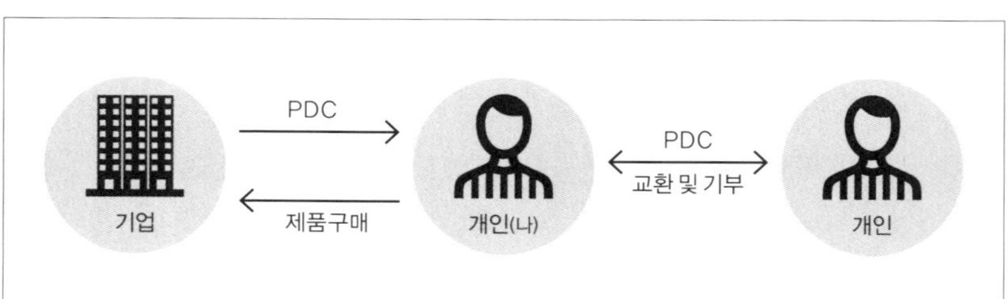

에 걸쳐 긍정적인 효과를 주게 되는 것이다.

③ PDC를 기업과 비영리단체들의 수혜자에게 전달 시 코드화된 PDC Payment System으로 '흔적'이 남게 되어 기부금 사용에 있어서 투명한 결과를 가져온다. 그리고 코즈(cause: 기부이유, 기부명분)는 기업이 결정하는 것이 아니라 코즈와 기부방법까지 구매자가 결정하게 되는 것이다.

④ 단체는 어떤 개인의 자원봉사에 대한 보답으로 PDC를 자원봉사자에게 줄 수 있으며, 그 자원봉사자는 다시 단체에게 기부할 수 있다. 봉사 크레딧도 PDC Capture System으로 PDC를 받을 수 있다.

⑤ 청소년의 인성교육으로 나눔 교육을 실시하지만 실제로 동기를 부여할 메커니즘이 없었기 때문에 청소년들에게 PDC를 모으는 재미도 주고, 부모는 자녀들에게 교육적 차원에서 선물로 줄 수 있다.

⑥ 각 개인마다 실제 현금 통장과 개인 나눔 통장(PPA: Personal Philanthropic Account)이 있다고 했을 때 평생 동안 자선의 기록이 남는다.

IPC(Individual Philanthropic Capacity) = Net Asset + PPA(Personal Philanthropic Account)

⑦ 남을 돕고 좋은 일에 쓰라고 주는 선물로써 통화의 PDC Unit 1(아프리카의 어린이 한 명의 하루 식사비용)을 국제적으로 통일할 수도 있다.

⑧ 개인적으로 PDC를 축적할 수 있으며 Bitcoin처럼 투자되어 시장 형편에 따라 주식처럼 투자가 가능하여 그 가치가 상승될 수도 있다.

⑨ PDC를 개인적인 교환이나 선물로 사용하려면 데이터를 함부로 고칠 수 없도록 장치를 해둬야 한다. 비트코인의 '블록체인(Block chain)' 기법의 일부 알고리즘이 교환 장치에 넣어져 있다. 이 점이 PDC를 혁명적인 기술로 만드는 가장 큰 특징이다.

⑩ 기업은 자사의 물건에 PDC를 부착시키면 구매자가 어느 정도의 PDC를 갖고 있는지가 결정되어 구매력을 향상시킬 뿐 아니라 투명해진다.

그림 16-8 PDC가 불러올 사회적 효과

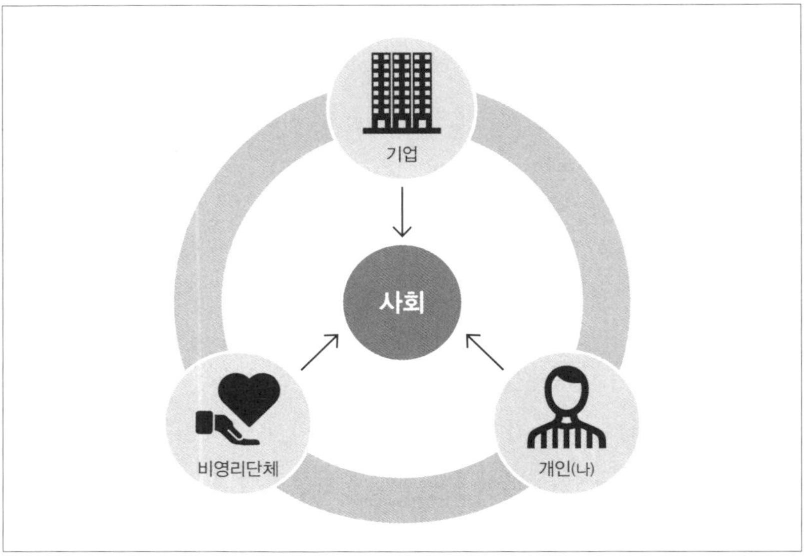

⑪ SRI(Socially Responsibility Investment) 관련 국내 주식형 펀드마저 수익률이 마이너스를 기록하면서 SRI의 인기가 시들해지고 있다. SRI는 지배구조가 우수하고 친환경, 사회공헌활동, 윤리경영 등이 우수한 기업에 투자하는 것으로 SRI 펀드는 일명 '착한기업 펀드'로 불린다. 그래서 PDC는 시들해진 펀드를 다시 살릴 수 있는 기회를 마련한다.

⑫ 필란트로피 세계에서 통합된 화폐로 지정될 경우 각 나라 간 PDC trade와 투자가 가능하며, 국제적으로 나눔의 표준화된 용량으로 금을 보유하는 것처럼 공유된 가치로써 사용될 수 있다. 투자 메커니즘 차원에서 보면 해마다 PDC 1 Unit(unit은 단위를 말함)의 투자가치가 상승한다. 국제적인 통화교류가 리플 알고리즘을 이용해 비용을 절감할 수 있다.

2.7 PDC와 가상물리시스템(CPS: Cyber Physical System)

가상물리시스템(CPS: Cyber Physical System)은 인간과 사물의 인터넷이다. 가상물리시스템을 이해하기 위해서는 우선 가상(Cyber) 환경과 물리적(Physical) 환경을 구분해야 한다. 가상 환경은 컴퓨터 프로그램이 만든 세계로서 계산하고 커뮤니케이션하며 관리되는 디지털 환경이다. 쉽게 컴퓨터 게임의 세계를 생각하면 된다. 물리적 환경은 시간의 흐름 속에서 운용되며, 물리적 법칙에 의해 지배 받는 자연과 인공의 시스템 환경이다. 쉽게 말하면 컴퓨터 골프 게임이 아니라 필드에 나가서 하는 골프 게임으로 생각하면 된다. 제조 환경에서 이러한 가상물리시스템은 스마트 기계시설, 스마트 물류 및 창고 시스템, 스마트 생산 시설이 가능한 것처럼, PDC의 가상물리시스템은 자체적으로 정보를 교환하며 상호 독립적으로 작동하고 컨트롤 된다. 또한 서로 다른 가상과 물리적 체계에서 모든 규모(scale)와 수준(level)에서 치밀하게 통합하는 시스템을 말한다. PDC 네 가지 시스템의 가상물리시스템(CPS)은 인공지능과 시스템 자동화의 결합으로 이루어진다. 지능형 산업용 사물인터넷(IoT)과 스마트 공장에서 하는 것처럼 가상물리시스템(CPS)은 기부 교환 터미널 시설, 중앙은행 시스템과 교환을 통합하는 글로벌 네트워크, 임베딩 시스템(소프트웨어, 전자 하드웨어, 센서, 액추에이더 등)을 모두 포함한다. 중요한 것은 인간과 기계의 인터페이스, 그리고 다른 시스템과의 연결이다. 자세히 보면 산업용 사물인터넷과 중복되는 부분이 많다.

이것은 현재까지 인터넷이 나와 다른 사람들 사이에서 상호작용하고 서로 영향을 주고 교류하면서 이 세상을 변화시킨 것처럼, 미래에는 물리시스템과 상호작용하고 서로 영향을 주고 교류하면서 세상을 변화시킬 것이다.

2.8 PDC 시스템의 Benefit

기부를 '행복을 전달'이라는 개념으로 생각해 볼 때 기부산업을 운송산업으로 비유해 볼 수 있다. 그렇다면 기부를 한다는 것은 행복열차를 타는 것이며, 열차를 운영하는 입장에서는 승객의 만족을 위해 노력한다. PDC를 구입한다는 것은 이미 자신의 돈이 PDC 은행에 입금된다는 뜻이고, 행복 열차의 승차권을 발권했다는 뜻이 된다. 우대 손님이 따로 있고 그에 맞는 우대 프로그램이 있기 마련이다. 기부 배가 개념은 경쟁이 없는 새로운 분야(White Space)를 찾는 노력을 한다는 것이다.

기부자 가치 제안(Donor Value Proposition)의 차원에서 기부자 중심적 사고란, 고객의 고통(Pain Point)에 대한 관찰에서 시작하여 혁신적인 솔루션을 창조하기 위해 고객 관점에서 끊임없이 생각하는 것을 말하며, 실행이란 이런 사고를 통해 얻은 창조적 솔루션을 실제로 구현해내는 활동을 의미한다. 아무리 세상을 바꾸는 이론과 가치가 있더라도 인간의 본성이 자신에게 돌아올 이익은 과연 무엇인지에 대해 밝히지 못하면 실현하기 힘들다.

PDC가 갖고 있는 근본적인 가치 제안(Value Proposition)은 아래와 같다.

① 세상의 변화를 위해 실제 임팩트의 구현에 참여하여 심리적 보상을 받음(Psychic Benefit)
② 투명성 때문에 향후 기부계획에 도움
③ 기록이 남아 자신이 '좋은 사람' 이라는 것을 증명하는 자료
④ 게임 요소가 가미되어 collector의 재미를 주고 경쟁심을 유발
⑤ 기부금 횡령과 배달사고를 미연에 방지
⑥ 기부의 배가 개념 확대
⑦ 기부생태계의 파이를 키움

● **그림 16-9** Value Creation

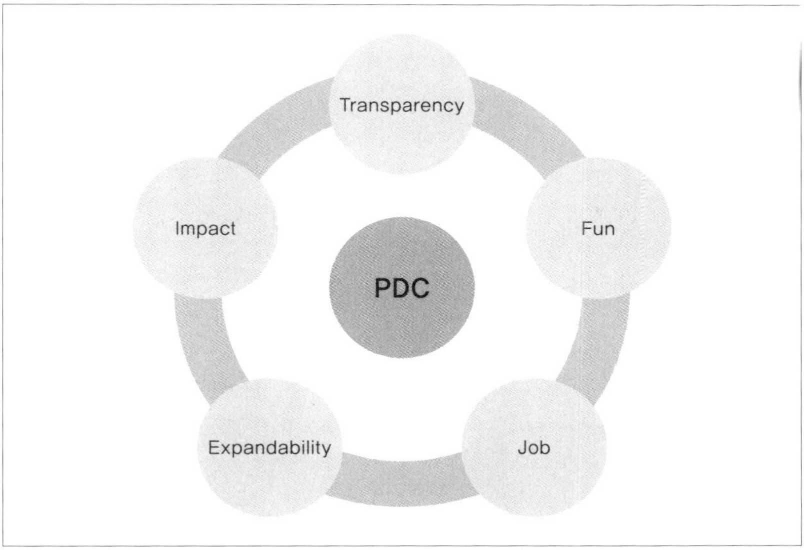

⑧ 데이터 축적으로 분석이 용이해져 빅테이터화 가능

⑨ 사회적 영향력 측정(Social Impact Measurement)을 가능하게 함

⑩ 가치사슬을 넘어 순환이 되고 지속 가능하게 되어 스스로 진화함

이때 가치창출(Value Creation)과 가치확보(Value Capture)가 동시에 일어나야 된다. PDC센터는 다음에 열거한 다섯 가지 가치를 창출하는 역할을 해야 하고, 지속 가능한 운영을 위해 가치확보시스템이 가동되어야 한다.

가. 투명성

기부산업으로의 확장에 가장 큰 걸림돌은 투명성에 관한 것으로서 실제 총모금액의 20%는 세고 있다. PDC는 기부자가 낸 기부금의 흔적(finger print)이 남아 정확히 어디로 쓰였는지를 알 수 있다. 개인적 목적과 같은 파괴적인 이기주의를 원천적으로 막고 현명한 이기주의(enlightened self interest)로 안내한다.

나. 확장성

지역과 문화권을 넘어 국제적으로 사용이 가능해지고 환율에 근거해 서로 교환도 가능하므로 산업으로 확장된다. 또한 개인 간 교환이 가능해서 만약 1 unit의 PDC가 5명을 통해 전달되면 5 unit의 PDC 통화량과 같다.

다. 영향력(Impact)

사회변화를 위한 아이디어가 많이 창출되어 실제로 사회가 긍정적으로 변화할 것이다.

라. Fun + Entertainment

게임 요소가 가미되어 흥미를 유발시켜 나이 고하를 막론하고 재미를 주어 동기부여가 된다.

마. 일자리 창출

IT와 스마트폰 등 인터넷 기반이므로 젊은 층이 가담하게 될 것이고 많은 일자리가 창출된다.

2.9 Assumption

해결해야 할 문제는 각 나라마다 기부금법이 다르다는 점이다. 한국은 현행법상 영수증 발급을 정부에서 해주어야 하는데 누구에게 언제 줄 것인가에 대해 더 의논되어야 한다. 그리고 기업의 코즈 마케팅으로 물품에 PDC를 내장시키고(inbed) 구매자가 자신의 PDC 계좌에 입력하는 데 필요한 기술적 문제가 해결되어야 한다. 웹을 이용하여 손쉽게 교환이 가능한 시스템을 구축하고 개인정보 보호와 외부 해킹 시도에 대한 안전장치가 마련되어야 한다.

- 세금 감면(Tax Deductable) 문제
- 기술적인 문제(Technical Issue)
- 법적인 문제(Legal Issue), 금융감독원 등이 있을 수 있다.
- 초기 R/D 들어가는 비용은 전산화의 산업효과를 이용한 청년 일자리 창출 등 공공이익을 창출하고 창조적 경제를 만들기에 정부와 기업에 사회적 투자에 대해 설득해야 한다.
- 국제적인 확장성을 갖기에 한국에서 모델을 만들어 Ripple 코인 알고리즘을 이용하여 확장 가능하고 국제적으로 PDC 합의가 관건이다.

3

신 사업 전략으로서 PDC 사업 목표

PDC 사업을 '망고(Mango) 프로젝트'라 명하고, 망고는 순수 우리말로 끝을 보다라는 말로 인간이 갖고 있는 것을 죽을 때까지 사회에 환원하여 필란트로피를 실현한다라는 말로 해석한다. 망고 과일은 열대지방을 대표하는 열매 과일로 대부분 국제 구호가 열대 지방에서 벌어지고 있고 기본적인 구호 식품이 되기에 이렇게 이름을 지었다. PDC 사업의 근본적인 목적은 '새로운 기부자 창출'이다. 그리고 이러한 기부자들은 세 부류로 나눌 수 있다. 바로 기존 기부자, 망설이는 기부자, 새로운 기부자이다. 기업의 존재 이유가 이윤 창출에 있는 것처럼 비영리세계는 이윤 창출을 넘어서는 다른 무언가에 더욱 초점이 맞추어져 있다.

PDC 사업은 기존 비영리들의 모금혁신 활동이 과연 '모금혁신에 기대했던 성과'를 창출하고 있는지에 대한 의문을 제기하는 것에서부터 시작되었다. 단체의 많은 구성원들이 경영혁신 프로젝트를 성공적으로 수행했음에도 불구하고 정작 단체의 재무성과나 기부문화에는 큰 변화가 일어나지 않았기 때문이다. 이는 2000년대 한국 기업들에게 크게 유행했던 '6시그마, Process Innovation, SCM, ERP' 등과 같은 경영혁신 프로그램이 기존 사업의 비즈니스 모델(Business Model)이라는 주어진 조건하에서 최적의 성과를 창출하는 것에만 초점이 맞추어져 있었다는 데 한계가 있었다. 그 일부가 비영리로 흘러 들어와 여러 시도는 있었지만 흐지부지되고 말았다. 즉 경영혁신 영역에서 기존의 목표인 '운영의 탁월성'만을 추구하는 것으로는 부족한 시대가 다가온 것이다.

비영리단체의 성장 동력이 될 수 있는 새로운 철학과 방법론이 필요하다는 주장 아래 본 글에서는 PDC라는 구체적 대안을 제공한다. 경제 정책, 문화 등이 빠르게 변화하고 있는 현시대에 아직도 비영리단체의 경영전략이 과거 수준에서 크게 벗어나지 못한다는 것은 비영리단체의 성과를 결정하는 기부자와 수혜자의 다양한 고통(pain point)을 제대로 이해하거나 해결하기 어렵다는 것을 의미한다. 비영리단체는 이제 새로운 혁신을 만들어내야 한다.

현 세대의 경영혁신은 '새로운 사업기회를 발굴하는 역할'과 '기존의 사업을 강화하는 역할' 전부 제대로 실행해낼 수 있어야 한다. 그중 가장 중요한 요소는 '기부자의 고통 해결'이다. 기부자를 이해하고 어떻게 도와줄 수 있는지가 목표가 되어야 하는 것이다. 또한 이 사업에서는 새로운 사업기회를 탐색하는 이른바 신 사업 영역에서도 혁신이 필요하다고 주장한다. 기존 사업 간의 경쟁에서 승리하기 위한 '경쟁전략'과 기존 사업과는 전혀 다른 가치를 기부자에게 제공함으로써 시장 독점을 지향하는 '신 사업전략'은 본질적으로 다르다. 여러 가지 원인으로 인해 고통 받고 있는 기부자들에게 지금까지와는 다른 가치를 제공함으로써 기존 사업들의 비즈니스 모델을 무너뜨리는 신 사업 전략은 기부자의 행복과 함께 성장하는 비영리단체의 패러다임을 제시할 수 있을 것이다.

지금 우린 무엇을 해야 하는가?

한국의 비영리단체(NPO) 관련 산업 규모는 아직 미비하나 성장 가능성은 매우 높다. NPO 수는 2013년 2만여 개 정도이며, 매출 규모는 4조 원 정도임 반면, 미국의 NPO 관련 산업 규모는 전체 GDP의 약 5.4%를 차지하고, NPO 전체 매출은 2013년 2조 2,600억 달러, 지출은 2조 1,000억 달러 규모이며, 이들의 GDP 공헌액은 9059억 달러로 추정되고 있다. 필란트로피와 관련해서도 기부금액만 3584억 달러로 GDP 대비 약 2.1%이고, 자원봉사자들이 투자한 전체 자원봉사 시간을 금액으로 환산하면 1792억 달러로 GDP 대비 1.0% 정도이다. 아직 한국은 경제규모에 비해 기부산업은 정점을 찍지 않았기에 많은 기회기 있을 것으로 생각된다.

우선 기부산업 안에서 사적선(私的善)을 지양하고, 공공선(公共善)을 넘어 공동선(共同善)을 지향하기를 소망한다. 여기서 사적선(private good)은 내 이익이 상대방에게 불이익을 줄 수 있다는 점이 있고, 공공선(public good)은 각자 얻은 이익이 다른 사람에게 가는 이익과는 무관할 수 있다.

공동선(common good)은 내 이익은 상대상 이익과 함께 실현되기에 각자 얻은 이익이 다른 사람들이 가져가는 이익과 분리 될 수 없다.

기부산업에서는 나이별로 다른 전략을 펴야 한다. 10~20세는 주로 청소년 필란트로피 교육과 가벼운 모금운동에 참여시키고 20~30세는 기부산업을 통한 새로운 IT 기반으로 하는 창업과 창단에 관심을 갖도록 돕고, 30~40대는 소액으로 정기기부를 하도록 하고, 40~65세는 고액기부와 사회적 투자에 관심을 갖게 하고, 65세 이상은 유산 기부를 하도록 유도하는 전략을 써야 한다.

기부산업은 이해 관계자들의 가치의 변화를 읽고 바꾸는 '게임체인저(game changer: 어떤 일에서 결과나 흐름의 판도를 뒤바꿔 놓을 만한 중요한 역할을 한 인물이나 사건)'가 나타나면 '게임의 룰'을 정립하는 일을 해야 한다. 하지만 현재 가치관의 변화를 한국의 기존 비영리단체가 따라잡지 못하고 있다. 기부문화를 받치고 있는 네 개의 기둥이 있는데 어떤 것은 나름대로 튼튼하고 어떤 것은 약해서 균형이 안 맞는 것일 뿐 근본적으로 약한 것은 아니지만 자주 넘어지고 반응의 변화가 짧다. 정부의 규제(전문가 부족), 비영리단체(리더십 부족), 기부자(현명한 기부교육), 기부문화(사회환원의 문화), 균형, 순환, 진화가 되어야 한다.

비영리단체가 갖고 있는 데이터 베이스는 아무런 의미나 힘이 없다. 한국에 모금 핵심 첨단기술이 없다는 건 연구(R)가 아니라 개발(D)만 했다는 이야기이다. 외국에서 연구한 아이디어에 살을 붙여 모금상품을 개발한 것이다. 이제는 한국도 개발에서 연구로 가야 한다.

비영리단체의 고용을 통해 인력난과 청년실업을 해소하려면 무엇보다 영리기업 중심의 경제 구조 틀을 개선해 영리기업·비영리단체 간 '기울어진 운동장'을 바로잡는 데에 정책적으로 역점을 두어야 한다. 영리기업과 비영리단체 사이에서 발생하는 갑을 관계가 근절되고 불공정 관행을 타파해야 될 뿐 아니라 영리기업을 상대로 한 '교섭력(bargaining power)'

과 비영리단체의 사회적 위상이 높아질 수 있도록 지원하는 방안이 구체화되어야 한다. 기술 개발 및 기술 사업화, 특정 기술을 필요로 하는 영리기업과의 전략적 제휴, 거래처 다변화를 통한 해외 시장 진출, 현지화를 성공적으로 이끌기 위한 인력의 언어적, 문화적 역량 배양 등을 통해 비영리단체의 경쟁력이 향상되어야 한다. 그리고 이런 실력을 갖춘 영리기업들이 정당하게 청년들을 대우하고 미래의 꿈과 비전을 실현해 나갈 수 있는 환경을 조성할 수 있도록 하는 데에 정부의 정책적 우선순위가 놓여야 한다.

또한 E F 슈마허는 그의 저서 『작은 것이 아름답다』에서 경제를 일구어가는 작은 비영리단체의 역할에 주목했다. 작은 규모의 비영리단체를 통해 이루어지는 인간의 얼굴을 한 경영이 인류의 생활양식 개선에 기여할 수 있다고 본 그의 주장은 비영리단체가 이 시대에 갖는 함의와 잠재력을 상기시킨다. 비영리단체가 충분하면서도 지속 가능한 경쟁력을 확보하고 고용창출과 질적·양적 성장으로 이어지는 경제의 선순환 구조의 중요한 부분으로 기능할 수 있도록 뒷받침되어야 한다.

필란트로피 산업을 대하는 정부의 역할

정말 중요한 문제이고 임택트가 있는 기술이면 굳이 정부가 나설 필요가 없다. 하지 말라고 해도 단체들이 달려들고 어떻게든 기부를 끌어낸다. 어설프고 조급하게 연구개발, 기술개발 사업을 재단하고 평가하려고 하지 말고 보조금을 지원하는 데 주력하는 대신 무엇을 할지는 비영리단체의 자율에 맡겨야 한다.

다른 나라의 정부 역할 케이스를 보면 아시아에서 유일하게 기부문화를 촉진하기 위해 발 벗고 나선 싱가포르 정부는 2015년에 기부된 금액의 250%에서 300%(정부 매칭 세제 해택)까지 전격적으로 기부금에 대한 세금 공제를 늘리기로 결정했다. 2015년 1월 1일부터 2015년 12월 31일까지 기부금을 300% 공제했다(두 날짜 모두 모든 기존의 적격 기증자[개인, 회사, 신탁, 신체 단체, 힌두 공동 가족에게 허락된다).

어떤 규제를 풀고 어떤 규제를 강화하는지 아는 지혜가 기부문화 확산의 핵심인데 논리적인 데이터가 너무 부족하다. 그래서 기부산업에 '규제 샌드박스'가 도입되어야 한다, 어린이들이 자유롭게 뛰노는 모래 놀이터처럼 규제가 없는 환경을 주고 그 속에서 다양한 아이디어를 마음껏 펼칠 수 있도록 한다고 해서 샌드박스라고 부른다. 신사업, 신기술 분야에서 새로운 제품, 서비스를 내놓을 때 일정 기간 동안 기존의 규제를 면제 또는 유예시켜주는 제도이다. 이 제도는 영국에서 핀테크 산업 육성을 위해 처음 시작되었으며 사업자가 새로운 제품, 서비스에 대해 규제 샌드박스 적용을 신청하면 법령을 개정하지 않고도 심사를 거쳐 시범 사업, 임시 허가 등으로 규제를 면제, 유예해 그동안 규제로 인해 출시할 수 없었던 상품을 빠르게 시장에 내놓을 수 있도록 한 후 문제가 있으면 사후 규제하는 방식이다.

한국은 영리 분야에서 1980~1990년대까지 경제개발 계획 등 산업화 과정을 정부가 주도했는데 이 과정에서 산업 자본이 축적되고, 기업의 역량이 크게 성장해 2000년대 이후에는 민간 주도하에 성장과 발전을 이룩했다. 정부의 역할은 점차 축소되었고 태생상 비영리는 관주도에서 민주도로 넘어가는 것이 자연스러운 현상이다. 하지만 처음 기부문화를 기부산업으로 옮겨가는 과정에서 정부 역할은 매우 중요하다. 많은 정부 관료는 산업 정책, 기술 개발 사업을 추진하고 시행하는 데 사명감과 투지가 넘친다. 새로운 기술적·산업적 이슈가 등장하면 앞다퉈 관련 정책과 사업을 쏟아낸다. 이때 필란트로피 생태계의 흐름과 문제 이슈를 정확히 이해해야 하며 다음과 같은 문제에 심사숙고 해서 좀 더 현명하게 정책과 사업을 개발하고 시행할 필요가 있다.

첫째, 새로운 기술 개발 지원 사업을 기획·정의·시행하는 과정에서 정부의 간섭과 역할을 최소화하고 민간·연구자·기업의 창의성과 자율성에 맡기는 것이 바람직하다.

제4차 산업혁명의 핵심은 빠르게 발전하고 변화하는 기술과 비즈니스에 있다. 어떤 기술이 유망하고 성공할지 섣불리 판단하기 힘들다. 개발해야 할 핵심 기술이 무엇인지조차 분명치 않다. 정부는 멀리 앞을 보고 장기적 핵심 기반 기술 개발 환경을 조성하고, 자금을 지원하는 데 집중하는 것이 바람직하다. 선진국에서 혁신적 기술과 사례가 나오고, 매스컴에서 한동안 보도하고 나면 갑자기 급조한 모방성 연구개발 사업이 봇물처럼 나오는 게 현실이다.

세계 최고 수준 GDP 대비 연구개발비를 투자를 하면서도 정작 시장을 선도하는 혁신적·창의적 기술이 나오지 않는 것은 당연하다. 연구와 기술개발은 열심히 하는 것보다 무엇을 연구·개발할 것인지가 더 중요하다. 세상의 문제는 바로 문제가 무엇인지 모른다는 것이다. 무엇을 연구 개발할 것인지를 연구하는 데 더 많은 노력이 필요하다.

둘째, 규제를 과감히 개선해야 한다. 오늘날 신기술은 상상하지 못했던 전혀 새로운 개념의 비즈니스 모델과 산업 생태계를 만들어내고 있다. 과거 성역처럼 여겼던 의료·법률·교육 등 거의 모든 영역에서 새로운 서비스와 사업 방식이 등장했다. 진입장벽이 해체되고 생태계가 재편된다. 오프라인에서만 제공되던 서비스가 온라인 서비스로 대체되거나, 온라인과 경쟁한다. 온라인 전자상거래 업체인 아마존이 오프라인 매장에도 진출하기 위해 인공지능과 인식기술을 총동원해 점원이 없는 무인 상점 '아마존고'를 시작한 것도 같은 맥락에서이다.

기부산업을 감당하기에는 우리가 입고 있는 규제의 옷이 너무 무겁고 숨막힌다. 획기적인 발상의 전환이 필요하다. 현재 대륙법 체계를 따르고 있어 네거티브 시스템으로 전면 교체하기 힘들다면 정부 담당자와 관련 연구소, 대학 등이 급변하는 신기술·신산업 규제와 관련 법률을 철저하게 연구해 선행적으로 대응하는 법률을 만들어야 한다. 정부 관료를 만나보면 정부는 별 규제가 없다고 주장한다. 하지만 실제로는 문제 이슈를 정확히 몰라 해당 법률 규제가 없다고 하거나, 실제로 여러 부서에 산재된 관련 규제를 잘 모르고 있는 경우가 많다. 감사·인증·권고 등의 무형의 규제도 많은 게 현실이다.

셋째, 새로운 시대에 맞게 교육을 근본적으로 바꿔야 한다. 최근 새로운 기술과 비즈니스, 그리고 산업은 과거와는 전혀 다른 역량을 요구한다. 교과서의 잘 풀리도록 설계된 문제는 현실 세상에는 절대 나오지 않는다. 이런 문제에 정답만 찾도록 훈련된 성실한 모범생만으로는 다가오는 세상의 문제를 감당할 수 없다. 국내외 전문가와 기업은 이구동성으로 창의성, 문제 식별, 정의, 해결, 비판적 사고, 커뮤니케이션, 팀워크, 리더십, 창업가적 역량을 요구한다.

더 나아가 사회적 가치를 추구하는 인성과 리더십을 필요로 한다. 생각하고, 질문하고, 문제를 만들어내는 교육이 필요한 것이다. 기부교육 체계를 전면 개편해 개인 맞춤형 교육, 평생교육, 재교육을 위한 체계를 갖춰야 한다.

제4차 산업혁명을 준비

제4차 산업혁명에서 센서는 인간으로 비유하면 감각세포, 감각기관들이다. 살아남기 위해 인간의 뇌는 감각세포들이 보내 온 데이터, 즉 보고 듣고 냄새 맡고 맛보고 만져 보면서 얻은 정보를 처리한다. 수십 종류의 센서가 이와 유사한 일을 한다. 하지만 인간보다 훨씬 잘하고 더 진화하고 있다. 필란트로피 산업에도 기부금의 이동 경로에 설치된 센서가 필요하다. 그래야 데이터도 나오고 분석도 해야지만 올바른 결정을 한다.

하지만 해커들의 입장에서 비영리단체는 초보 해커들의 연습장이라고 한다. 기부산업이 되면 제일 먼저 기부자 정보 및 민감한 자료를 보호할 장치에 투자해야 한다. 그리고 네트워크를 통해 단체별 '데이터 기부'를 받아 빅데이터에 기반을 삼도록 준비해야 한다.

앞으로의 비영리 생태계는 다가올 인공지능(AI), 블록체인(blockchain), 자동화된 모금조직, 빅데이터 등으로 과연 미래에도 펀드레이저라는 직업이 존재할까라는 논쟁이 있지만 확실한 것은 위기인 동시에 기회라는 것에는 이견이 없다. 새로운 기술인 블록체인과 이더리움 같이 분산된 시스템은 신뢰할 수 없는 기부산업의 네트워크에서 안전하게 거래를 할 수 있는 근간을 제공할 가능성이 크기 때문에 스마트계약을 가능하게 하는 이더리움이 상용화되면, 필란트로피 생태계에서 운영될 수 있는 서비스의 종류와 가능성은 무궁무진해진다. 새로운 연구 및 응용 분야의 창업과 비영리관련 단체가 생길 것이다.

시스템 발전을 위한 투자

기부산업을 이끄는 것은 영화감독의 자리와 비슷하다고 본다. 소프트웨어, 통계적 분석, 플랫폼 등에 각각의 역할을 부여해 그것들을 통합해서 가치를 창출하는 것으로, 성공은 결국 아이디어에 달렸다. 무엇을 어떻게 만들어야겠다고 목적이 분명히 정해졌을 때 그 뒤에 기술이 필요한 것이다.

사람인가 시스템인가? 늘 고민이다. 사람이 좋으면 시스템이 나빠도 결과가 좋은 경우도 있고 그렇지 않은 경우도 많이 있다. 반대로 시스템이 좋으면 사람이 나빠도 결과가 좋은 경우도 있기에 사람이냐 시스템이냐 어떤 것이 더 중요한가가 문제이다.

선진국에서는 둘 다 투자를 해서 처음부터 문제를 제거하려고 노력한다. 한국은 둘 다 문제이다. 대부분 좋은 사람이 나쁜 시스템을 이길 내공이 없는 것이고, 아무리 좋은 정책과 법을 만들어도 지키는 사람이 나쁘니 별 효과가 없다. 자연히 사람이면 DNA가 주된 이슈이고, 시스템이면 정치가 주 이슈이다. 기부 환경이 조성될 때까지 기다리는 것이 아니라 사람을 먼저 세워 조성할 시스템을 만들고 사람에 투자하여 기부 환경을 조성하자는 말이다. 다시 말해 기부문화는 기부산업을 먼저 만들어 따라오게 만들자는 말이기도 하다. 현재는 한국의 기부문화에 관한 기초 연구나 교육 투자가 미미하고 기부금을 늘리는 방법론에 투자하고 있고 미래를 바라 보는 응용 분야, 예를 들어 FinTech, AI, Big data, 블록체인 기술 투자에는 매우 소극적이다. 그러나 투자를 해야 기부문화에서 산업으로 진화가 가능해진다.

현재 한국의 나눔 정책은 사회학에서 말하는 국가주도적 발전(The Developmental Status)으로 진행하고 있다. 물론 기부가 부의 형평성 문제에 있어서 승자독식, 그리고 패자 부활전과 관련이 있다. 필란트로피는 게임에 참여조차 하지 못한 자에게나 순위에 밀린 사람에게도 기회를 주는 것이다. 사회환원을 통해 단순한 분배에 대한 관심보다 공평하게 분배되는 시스템 구축에 더 관심이 있어야 한다. 단순히 외치는 구호가 아니라 실제 구체적인 대안을 제시하는 것이 필란트로피 산업이다.

한국은 짧은 시간에 성장에만 치중했기에 혜택을 누리는 계층의 정도의 차이가 생길 수밖에 없었지만 뒤처진 사람에게도 새로운 잠재력과 재능을 발견할 수 있고 그것이 새로운 부가 가치에 도움을 주기 때문이라는 점을 간과해왔다. 교양을 가르치지만 대학을 가기 위한 전 단계로만 인식되고, 금메달을 딴 사람들만 치켜세우고 승자를 서포트하는 기능으로만 가르치는 것에 아쉬움이 많다.

필란트로피 교육은 물질을 획득하는 승자만이 행복의 전부나 성공의 지표가 아님을 깨닫게 만든다. 현재 시행되고 있는 나눔 정책으론 근본적인 시스템을 만들 만한 그릇이 안 된다. 필란트로피 산업으로 가능성을 높일 수 있다.

국가적 자아실현을 찾기 위해서라도 제한적 영역을 넘어서야 한다. 그동안 도움을 받던 나라에서 도움을 줄 수 있는 나라로 전환되었고, 이제는 유엔에서 G20이라는 타이틀도 갖는 나라로서 자아실현의 단계에 돌입하게 되었다. 이러한 단계에서는 필란트로피 산업이 절대적으로 필요한 것이다.

산업 간의 융합은 세계경제에서 중요 화두로 부상하고 있다. 2008년 이후 산업 간의 융합범위는 기술 제품 시장, 산업, 학문 등 모든 영역에서 다양하게 확산되고 있다. 제품 자체의 판매보다 더 큰 가치를 창출하는 이른바 스필오버 효과(spillover effect)가 기대된다. 실제 2012년 이후부터 드라마나 K-pop의 한류 스타들로 인한 관심은 미용, 성형, 패션 등과의 연관 산업을 비롯해 식품, 생활용품, 건설분야까지 확산되고 있다. 기부문화도 기부산업으로 확대될 수 있다. 마케팅 전략으로 4P(product, place, promotion, price)라고 하지만, 비영리에서는 첫째, 어떤 모금상품을 팔 것인가 둘째, 어디서 판매할 것인가 셋째, 어떻게 홍보할 것인가 넷째, 어떤 금액으로 요청할 층을 찾을 것인가에 달려 있다. 무엇보다 중요한 것은 상업 간 융합에 대한 끊임없는 연구와 노력일 것이다.

① 기부산업이 기존의 비즈니스와 파트너십이 필요한 이유

기업에 도움이 필요할 때만 기부요청을 하는 태도에서 기업과의 비즈니스 파트너로의 전환이 필요한 이유는 다음과 같다.

첫째, 지속 가능하다(It's more sustainable)

측정과 예측이 가능해서 계속적인 펀딩이 가능해진다. 마켓을 배경으로 파트너십이 형성되기에 스스로 펀딩이 가능하며, 일회성이 아니어서 커뮤니티의 변화를 볼 수 있다.

둘째, 더 확장할 수 있다(It's more scalable)

모델이 만들어져서 다른 부문까지 확장할 수 있는 메커니즘이 비즈니스 파트너십을 통해 가능해진다. 비즈니스 부문에서는 비영리에서 하지 못했던 것을 가능하게 한다.

셋째, 더 복제할 수 있다(It's more replicable)

다른 곳에서 교훈을 만들어 똑같이 적용할 수 있다. 물론 각기 다른 특별한 상황이지만 파트너십으로 인해 모델은 같은 결과를 얻는다, 새로운 마켓을 만들고, 새로운 서비스나 물건을 테스트 하고, 유통의 위험도를 낮추는 등 보조금(grant) 프로그램에서 하지 못하는 방법으로 재생산할 수 있다. 시행착오로 얻은 교훈은 가끔 다른 곳에서 유용하게 쓰인다.

② 기부산업을 위해 정부규제는 과연 필요한가?

규제에는 세 가지가 있다. 첫째는 인허가, 둘째는 지원을 해준 다음에 그 지원이 정책의 목적을 위한 방향으로 사용되고 있는가를 점검하는 감시형 규제, 셋째는 건강·안전·절약·환경에 관한 규제다. 반시장 규제에 해당하는 인허가는 가난한 나라의 정부가 부족한 재원을 효율적으로 쓰기 위해 고육지책으로 사용하는 것과 공무원이 '갑' 역할을 하기 위한 후

그림 Regulation of Charities

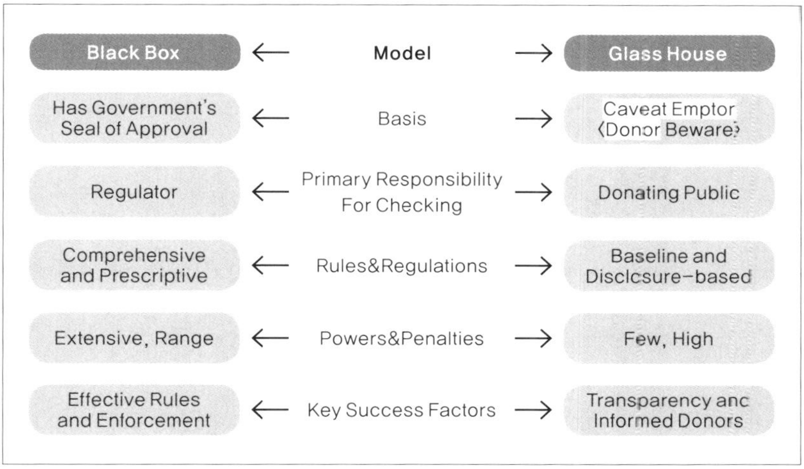

출처 Willie Cheng, Doing Good Well, 2015

진국형 규제이다. 지원 감시는 지원이 있는 한 반드시 따라가야 하는 규제이고, 건·안·절·환은 국민을 보호하기 위한 선진국형 규제이다.

모금 관련 또는 복지관련 공무원들이 버리고 싶어하지 않는 규제는 인허가다. 역대 대통령이 규제 개혁을 하라고 행정부를 다그치면 행정부는 후진국형 인허가 규제는 감추고 선진국형 규제를 줄여서 규제 건수를 줄였다는 전시형 성과를 보여주었다. 세월호 참사에 이은 판교 참사 역시 우리가 안전에 대해 당연히 갖춰야 할 규제를 규제 개혁의 이름으로 없애거나 아예 장치하지 않은 역대 정부에 책임이 있을 수 있다. 모금법에 관한 규제도 인허가에 관한 것이 대부분이다. 현장 모금가와 기부자의 편리를 감안하지 않은 경우도 많다.

물론 정부는 규제 완화를 통해 기부자와 단체가 자유롭게 기부할 수 있도록 하기 위해 인허가 제도를 기존의 포지티브(positive, 원칙금지 예외적 허용)에서 네거티브(negative, 원칙허용 예외적 금지) 방식으로 전환하려는 노력이 절실히 필요하다. 그리고 비영리기관의 책임(caveat venditor)은 강력한 정부의 규제가 필요하지만 기부자의 책임(caveat emptor)은 기부자 스스로 비영리조직들이 투명한지 검증하도록 돕는 역할이 필요하다.

③ 비영리조직에서 투자 실패 잘못은 누구의 잘못인가?

하버드 대학에서 영속기금(endowment) 32.7 billion dollar를 책임졌던 투자 담당인 멘딜로(Mendillo)가 실적 부족으로 임기도 못 채우고 떠난 일이 있었다. 경기가 좋을 때는 그런 대로 버티고 있었으나 투자금의 실적 부족에 대해 누군가는 책임져야 된다는 것이 미국식 재단 운용 방법이다. 주로 투자는 주식, 부동산, 채권 등 높은 리스크와 낮은 리스크를 나누어 밸런스를 맞추어 투자하지만, 사실 운하고도 무관하지 않다. 그렇다고 이자도 없는 은행에서 묵힌다면 그야말로 '게으른 종'이 되고 만다. 그래서 떠나는 담당자는 억울하다며 소송도 한다.

빌 게이츠 재단도 투자에 대한 고민이 많다. 워렌 버핏으로부터 받은 기금을 쌓아놓고 천천히 배분하는 것이 아니라 빠른 시일 내에 배분해야 한다는 조건으로 이양을 약속한 것이다. 게이츠 재단은 빌 게이츠가 죽은 뒤에도 영원히 존재하는 것이 아니라 25년 또는 50년 안에 모든 재산을 사용하도록 디자인(Sunset)했다. 미국 법에 재단은 일년에 순자산의 5% 이상을 반드시 사용하도록 규정짓고 있어서 투자하지 않으면 20년 안에 저절로 소진된다. 좀 더 연장하려면 어딘가에 투자해야 한다. 투자에 대한 리스크를 저·중·고로 구분하여 지혜롭게 포트폴리오를 만들기 위해서는 전문성이 요구된다. 그래서 재단 안에 배분뿐 아니라 투자를 담당하는 많은 인력을 두고 있다.

한국에서도 점점 이에 대한 이슈가 신문 지상에 오르내린다. 하지만 미래를 준비하기 위한 단체 내 투자 프로토콜은 있는지 여부는 투명성에 관한 문제이다. 어떻게 리더 그룹들이 판단하는가가 문제의 초점이다. 최근 이슈가 투자 손실에 대한 책임 문제보다 단체가 위치해 있는 지역의 시에 수용된 토지가 재단의 '기본재산'이라는 점에서 새로운 문제로 불거진 적이 있었다. 기본재산은 법인의 기초와 실체를 이루는 재산으로서 주무 관청의 승인 없이 함부로 사용할 수 없으며, 기본재산을 처분해 얻은 금액도 원칙적으로 다시 기본재산에 편입되어야 하기 때문이다. 주무 관청 관계자는 "재단이 기본재산을 고 위험 금융상품에 투자하는 것을 승인한 적이 없다"면서도 "토지는 기본재산인데, 토지 보상금이 기본재산에 해당하는지는 더 검토해봐야 한다"라고 밝혔다는 기사였다. 감사를 담당한 편에서는 당시 투자가 불법으로 드러나면 100년 이상의 역사를 가진 그 재단이 법인 취소까지 당할 수 있다는 우려를 표명했다고 했다. 그 이유는 민법 38조에 법인이 목적 이외의 사업을 할 때 주무 관청이 법인 설립허가를 취소할 수 있다고 규정하기 때문이라는 것이다. 만약 투자에 대한 이익이 발생했다면 과연 이것이 문제로 대두되었을까 의문이다.

어느 정도 실패에 대해 감수하고 포용해야 한다고 생각한다. 할 수 없다면 최소한 책임을 분산해야 한다. 그렇지 않으면 누가 투자를 하려고 하겠는가? 기부산업은 어느 정도 리스크를 감수함으로써 시작한다.

④ 기부는 지위재인가 비지위재인가?

자본주의는 사람들이 탐욕스럽다는 가정하에 출발한다. 국부론(Adam Smith, An Inquiry into the Nature and Causes of the Wealth Nations, State College, PA: Penn State University, 2005. p19)에서 가장 널리 인용되는 구절은 바로 "우리가 저녁을 먹게 된 것은 정육점, 양조장 혹은 빵집 주인들이 선의가 아니라 그들의 이기심 덕분이다"라는 말이다. 사회투자가들은 자신을 희생시키면서 사회층의 이해관계를 증진시키는 100% 이타주의자로 보면 곤란하다.

행복의 결정요인에 관한 연구도 상대적인 지위의 중요성을 입증한다. 과거의 학자들은 경제 성장률이 높아도 평균적인 행복지수는 시간이 지나면서 안정적인 경향을 띠는 반면, 특정 시점에서 개인의 행복지수는 소득에 크게 의존한다는 사실을 보여 주었다(Richard Easterlin, Will Raising the Incomes of all Increase the Happiness of All? Journal of Economic Behavior and Organization 27. 1995. pp35-47). 2005년 연구보고도 개인의 행복 지수와 주변사람의 평균 소득은 부의 상관관계를 갖고 있다고 했다(Erzo Luttmer, Neighbors as Negatives: Relative Earnings and Wellbeing' Quarterly Journal of Economics 120 [3], Aug. 2005).

간단한 사고의 실험은 서로 다른 상황 중 하나를 선택할 때 정황의 중요성을 깨닫게 해준다.

당신은 어떤 상황을 선택할 것인가?

상황A: 이웃사람들은 45평 아파트에 사는데 당신은 35평 아파트에 산다.
상황B: 이웃사람들은 15평 아파트에 사는데 당신은 25평 아파트에 산다.

비슷한 원리로 두 번째 상황에 대해 실험한다면,

상황A: 당신은 사고로 사망할 확률이 해마다 1만 분의 2의 직장에 다니고 있고, 다른 사람들은 1만 분의 1인 직장에 다닌다.
상황B: 당신은 사고로 사망할 확률이 해마다 1만 분의 4인 직장에 다니고 있고, 다른 사람들은 1만 분의 8인 직장에 다닌다.

첫 실험에서 대다수가 B를 선택하는 이유는 집이 작더라도 만족감이 더 크기 때문이다. 둘째는 사람들은 사망 확률이 다른 사람보다 두 배라는 사실을 불편하게 생각한다.

경재 학자 프레드 휘쉬(Fred Hirsch, Social Limits to Growth, Cambridge, MA:

Harvard University Press,1976)(Fred Hirsch)가 고안한 용어에 따르면, 주택은 지위재(Positional Good: 실용성보다는 그 상품을 소비함으로써 얻는 혹은 얻어진다고 믿어지는 사회적 지위가 더 중요한 상품)이고, 작업장 안전은 비지위재(Nonpositional Good)이다. 지위재의 가치를 평가할 때는 정황이 아주 중요하게 작용한다. 따라서 비지위재의 가치는 정황에 비교적 덜 의존한다.

마찬가지로 개인의 동기와 집단의 동기가 때로는 서로 상충한다. 기부를 지위재로 보는가 아니면 비지위재로 보는가에 따라 다르며, 또한 국가가 규제를 어떻게 하는가에 달려 있다. 기부를 지위재로 본다면 경기가 나쁠수록 주머니를 열지 않게 된다. 더욱이 기부의 결과는 민간재가 아니고 공공재로 보기에 사람들은 공공재는 이해관계상 논리적으로 더 잘 운용하지 못한다.

참고 문헌

Albert & Mary Lasker Foundation. 990-PF Return of Private Foundation http://www.guidestar.org/FinDocuments/2013/131/680/2013-131680062-0adeaba6-F.pdf. 2013.

Alexander M. Measuring Social Investments. Acumen Fund. 2012

ALIO. 공공기관 경영정보 공개시스템. http://www.alio.go.kr/. 2016

Andreoni, James (2006) "Handbook on the Economics of Giving, Reciprocity and Altruism

Arnsberger, Paul, Melissa Ludlum, Margaret Riley, and Mark Stanton. "A History of the Tax Exempt Sector: An SOI Perspective." Statistics of Income Bulletin (Winter 2008): 105-35

Arrillaga-Andreessen, Laura. Giving 2.0: Transform Your Giving and Our World. San Francisco: JosseyBass, 2012.

AUSiMED. AUSiMED's Venture Philanthropy Fund. http://www.ausimed.org/vpf/. 2016

Auten, G.E., C.T. Clotfelter, and R.L. Schmalbeck(2000) Taxes and Philanthropy among the Wealthy, "Does Atlas Shrug: The Economic Consequences of Taxing the Rich

Bakija, Jon and Bradley T. Heim (2011), How Does Charitable Giving Respond To Incentives And Income? New Estimates From Panel Data, National Bureau of Economic ResearchCambridge, Mass., USA

Beatty, Sally. "How Charities Can Make Themselves More Open." Wall Street Journal, December 10, 2007

Bekay Ahn, CFRE : 비영리단체 모금전략 2nd Ed. 한국기부문화연구소, 2014

Bekay Ahn, CFRE : 필란트로피의 이해와 실천, 한국기부문화연구소, 2015

Bernard Ross & Clare Segal, Breakthrough Thinking for NPO, Jossey Wiley, 2002

Bill & Melinda Gates Foundation. Executive Leadership Team. http://www.gatesfoundation.org/Who-We-Are/General-Information/Leadership/Executive-Leadership-Team. 2016b

Bill & Melinda Gates Foundation. History. http://www.gatesfoundation.org/Who-We-Are/General-Information/History. 2016a

Bishop, Matthew and Michael Green. Philanthrocapitalism. New York: Bloomsbury Press, 2008.

Blackwood, Amy S., Katie L.Roeger, and Sarah L.Pettijohn. The Nonprofit Sector in Brief. (Summarizes and expands on The Nonprofit Almanac 2012, prepared by the National Center for Charitable Statistics and published by the Urban Institute Press.).

Bond, Sharon (2009), U.S. charitable giving estimated to be 307.65 billion in 2008, Technical Report, Giving USA Foundation.

Bornstein, David. How to Change the World: Social Entrepreneurs and the Power of New Ideas. New York: Oxford University Press, 2007.

Boutilier, Robert. A Stakeholder Approach to Issues Management. New York: Business Expert Press, 2012

Bowler, R., Bull, D., Sabri, F. and Lumley, T. (2015) Tech for common good: The case fora collective approach to digital transformation in the social sector. New Philanthropy Capital (NPC)

Brest, Paul and Hal Harvey. Money Well Spent: A Strategic Plan for Smart Philanthropy. New York: Bloomberg Press, 2008.

Brody, Evelyn, and John Tyler. How Public Is Private Philanthropy? Separating Reality from Myth. 2nd ed. Washington: The Philanthropy Roundtable, 2012

Cain, Jeffrey J. Protecting Donor Intent: How to Define and Safeguard Your Philanthropic Principles. Washington: The Philanthropy Roundtable, 2012

Colby, Susan, Nan Stone and Paul Carttar. Zeroing in on Impact. Stanford Social Innovation Review (Fall 2004). Available at http://www.ssireview.org/articles/entry/zeroing_in_on_impact.

Crutchfield, Leslie and Heather McLeod Grant, Forces for Good: The Six Practices of HighImpact Nonprofits. San Francisco: John Wiley & Sons, 2008.

Design Management Review Volume 19, Issue 1, Winter 2008, pages 20–27

Design Thinking Philanthropy. Abiyt Design Thinking Philanthropy. http://www.designthinkingphilanthropy.com/mission-and-why/. 2016

Donaldson, Thomas and Lee E. Preston. "The Stakeholder Theory of the Corporation: Concepts, Evidence, and Implications." Academy of Management Review 20 (January 1995): 65–91

Double the Donation. https://doublethedonation.com/. 2016

Fleishman, Joel: The Foundation: A Great American Secret: How Private Wealth is Changing the World . New York: Public Affairs, 2007.

Focused Ultrasound Foundation. The Role of Philanthropy in Medical Device Development. http://goo.gl/Oc17bn. Accessed on 2016. 5. 9

Foundation Center. Top Funders: Top 100 US Foundations be Asset Size. http://foundationcenter.org/findfunders/topfunders/top100assets.html. 2015

Frumkin, Peter. Strategic Giving: The Art and Science of Philanthropy. Chicago: University of Chicago Press, 2006.

Frumkin, Peter. Trouble in Foundationland: Looking Back, Looking Ahead. Washington: Hudson Institute, 2004

Gordon L. Fundraising Initiatives and Vendor Solicitation: Avoiding Kickback Implications. Health Care Law Monthly 2007:3-6

GreateNonprofits. Corporate Matching Gift Programs – More than $10 Billion Left on the Table Annually. http://greatnonprofits.org/nonprofitnews/corporate-matching-gift-programs-money-unused/. 2012

Greene, Stephen. "A Donor's Obsession with Secrecy." Chronicle of Philanthropy, February 6, 1997

Gregary, Ann Goggins and Don Howard. The Nonprofit Starvation Cycle. Stanford Social Innovation Review (Fall, 2009). Available at

H. Sieg, and C.T. Clotfelter (2002), Charitable giving, income, and taxes: an analysis of panel data, The American Economic Review, 92 (1)

Hudson Institution. The Index of Philanthropic Freedom 2015. 2015

IFPMA. The Pharmaceutical Industry and Global Health: Facts and Figures 2014. 2014 Inspiring Impact (2013) The Code of Good Impact Practice

John R. Beyond the cheque: How venture philanthropists add value. Oxford SAID Business School. 2007

John R. Venture Philanthropy: The evolution of high engagement philanthropy in Europe. Oxford SAID Business School. 2006.

Kail, A. and Lumley, T. (2012) Theory of change: The beginning of making a difference.

Kazimirski, A. and Pritchard, D. (2014) Building your measurement framework: NPC's four pillar approach. New Philanthropy Capital (NPC)

Kim TH. Government-led Infrastructure Development for Clinical Trials and its Economic Impact in Korea. KoNECT Int' Conference. 2015

KISTEP. R&D 투자전략 고도화를 위한 R&D 투자 통합분석 및 활용방안 연구. 2015

Korten, Alicia Epstein. Change Philanthropy: Candid Stories of Foundations Maximizing Results through Social Justice. San Francisco: JosseyBass, 2009

Kramer, Mark R. Catalytic Philanthropy. Stanford Social Innovation Review (Fall, 2009). Available at http://www.ssireview.org/articles/entry/catalytic_philanthropy/.

Lenkowsky, Leslie. "In Philanthropy, It's Not Just About the Numbers." Chronicle of Philanthropy, January 29, 2009

Lester M. Salamon(2014) New Frontiers of Philanthropy, oxford

Lowell, Stephanie, Brian Treistad and Bill Meehan. The Ratings Game. Stanford Social Innovation Review (Summer, 2005). Available at

Lynn, Elizabeth, and Susan Wisely. Four Traditions of Philanthropy In Giving Well, Doing Good: Readings for Thoughtful Philanthropists, edited by Amy A. Kass. Bloomington: Indiana University Press, 2008. Available at http://civicreflection.org/images/external_resources/Four_Traditions_of_Philanthropy.pdf.

Michael S. Dobson and Ted Leemann, Creative Project Management, Mc Graw Hill, 2010

Mulder, P. (2015). McClelland Motivation Theory

Murray FE. Evaluating the role of science philanthropy in American research universities. 2012

Nemet, G. F. (2009), "Demand pull, technology push, and government-led incentives for non-incremental technical change", Research Policy, Vol. 38/5

Pallotta, Dan, Uncharitable: How Restraints on Nonprofits Undermine Their Potential. Medford, MA: Tufts University Press, 2008.

Payton, Robert L. and Michael P. Moody. Understanding Philanthropy: Its Meaning and Mission. Indianapolis: Indiana Press, 2008.

Roger Dawson, Secrets Power of Persuasion, Career Press, 2004

Stanford Social Innovation Review, multiple resources on philanthropy available at http://www.ssireview.org/topics/category/philanthropy.

The Gift Economy, Columbia University, The New Museum of Contemporary Art|Lars Muller Publishers |2009.11.30

Thomas Lockwood, et al, Design Thinking, Allworth Press, 2010

Zunz, Olivier Philanthropy in America: A History. Princeton New Jersey: Princeton University Press, 2012.

과학기술정책연구원(2011), 주요국 민간재단의 R&D 지원시스템 비교·분석에 관한 연구

과학기술정책연구원(2014), 민간R&D 투자 활성화 방안 연구

김대환, 김혜란(2010), 의약품 리베이트로 인한 문제점과 개선방향. 보험연구원

비케이 안 외 8명: 한국병원경영학회지: 민간비영리 조직을 통한 보건의료 R&D 방향 설정, 2017

사회복지공동모금회(2010), 배부기준. 이상신, 박훈. 계획기부 활성화를 위한 법제도 개선방안

【 Blogs 】

Center for High Impact Philanthrorpy Blog University of Pennsylvania

http://blog.naver.com/icnpmkorea

http://en.cgpi.org.cn/auto/index.html

http://jfra.jp/en/

http://www.ssireview.org/articles/entry/the_ratings_game.

http://www.ssireview.org/articles/entry/zeroing_in_on_impact.

https://blog.naver.com/icnpmkorea

https://tokenpost.kr/

https://www.cafonline.org/about-us/blog-home/giving-thought

https://www.hewlett.org/wp-content/uploads/2016/08/whitepaper.pdf

Inspired Dialogue Catalyzing Change

Philanthropy 2173: The Future of Good Lucy Bernholz

Tactical Philanthropy

【 TED Talks 】

Dichter, Sasha: The Generosity Experiment

Fulton, Katherine: You Are the Future of Philanthropy

Pallotta, Dan: The Way We Think about Charity is Dead Wrong

비케이 안 | **Bekay Ahn, CFRE** 나눔, 기부, 필란트로피 분야의 대표적인 전문가로 비영리 분야의 기금 조성 전문가 양성과 리더십 커뮤니케이션 교육을 위해 한국과 미국에서 활동하고 있다. 한국계 최초의 CFRE(Certified Fund Raising Executive, 국제 공인 모금 전문가) 자격증 소지자로서 ICNPM(국제비영리협의회) 대표와 한국기부문화연구소 소장을 역임하고 있으며, 국제 컨퍼런스 키노트 스피커와 대학, 병원 및 NPO/NGO 강사로 활동 중이다. 그동안 한국에서는 비영리단체 대상 특강, 워크샵, 세미나를 통해 인간관계를 중점으로 하는 선진국형 모금 방법과 한국형 기부와 모금 방법을 전해왔다. 현재 한양대학교 경영대학 학부 초청교수로 재직 중이며 인문학적 마케팅 및 필란트로피 산업론을 강의하고 있다. 저서로 『비영리 단체 모금 전략』(2010), 『푼돈의 달변, 큰돈의 경청』(2011), 『The Secret of Asking(착한 요청의 비밀)』(2012), 『나눔이 준 판도라의 상자』(2014), 『필란트로피 이해와 실천』(2015)등이 있다.

필란트로피 산업론 — 산업의 관점에서 바라본 한국의 필란트로피

펴낸날 2018년 3월 30일 초판 1쇄
지은이 비케이 안 ● **펴낸이** 이영무
펴낸곳 사곰 ● **출판등록** 제4-7호(1972.2.29)
주소 서울 성동구 왕십리로 222 ● **전화** 02.2220.1432-4 ● **팩스** 02.2220.1435
홈페이지 press.hanyang.ac.kr ● **이메일** presshy@hanyang.ac.kr
표지 안광일 ● **편집** 정준기·오은애 ● **인쇄** 현문

사곰은 '새김[刻]'과 '해석[釋]'을 뜻하는 중세 국어 '사곰'을 변형하여
한양대학교 출판부가 만든 출판 브랜드입니다.

ISBN 978.89.7218.572.7 (93300)